당신이 알던 MBTI는
진짜 MBTI가 아니다

당신이 알던 MBTI는 진짜 MBTI가 아니다

발행일   2022년 4월 7일

지은이   고영재
펴낸이   류정은
펴낸곳   인스피레이션
출판등록   제2016-000015호
주소   경기도 성남시 분당구 정자일로 177 C동 812
전화번호   0502-700-0115   팩스   031-726-1006

ISBN   979-11-88929-02-3 03180 (종이책)   979-11-88929-03-0 05180 (전자책)

MBTI를 '올바르게' 활용하여 '나다움'을 극대화하는 방법

당신이 알던 MBTI는 진짜 MBTI가 아니다

고영재 지음

인스피레이션

누군가를 '존중'하고 싶다면
그 사람의 '존재방식'을 이해하는 것이 선행되어야 합니다.

'성격'이란 그 사람만의 '고유한 존재방식'입니다.
'성격'을 이해하면 '깊이 있는 존중'이 가능해집니다.

이 원리는 자기 자신에 대한 존중에도
타인에 대한 존중에도 똑같이 적용됩니다.

이 책은 삶 속에서 그러한 존중감을 경험하기를 원하는 사람들을 위해 쓰였습니다.

MBTI를 맛과 영양이 가득한 '다이제스트'로 요리한 책

저자는 MBTI와 관련된 전문 교육과 도서들을 통합하여 일반인들이 쉽게 소화하도록 맛과 영양이 가득한 '다이제스트'로 요리했다. 이 책을 통해 우리는 MBTI의 효과와 유익을 누구나 균형 있게 흡수할 수 있도록 동기를 부여하고, 제대로 소화해서 삶이 윤택해지도록 격려하고 있는 저자의 상기된 얼굴을 볼 수 있다. 저자는 왜 MBTI로 자기다움을 깨우지 않고, 자신만의 탁월함을 발휘하지 않느냐고 재촉한다. 책을 읽는 동안 우리는 자신도 모르게 이런 저자에게 설득당하게 된다.

한국MBTI연구소 소장

신영규

'존중의 가치'를 실현하려는 저자의 따사로운 마음을 느낄 수 있는 책

MBTI에 대한 정보가 넘쳐나는 요즘, MBTI를 통해 자신과 타인에게 관심을 두고자 하는 따사로운 마음이 퍼지는 동시에 오용과 남용, 그리고 편견이라는 그늘도 짙게 드리워지고 있다. 이 책은 MBTI를 제대로 이해하고 올바르게 사용하여 '나다움'에 이르는 방법에 대해 말하고 있다. 그리고 '나다움'을 넘어 '우리다움'으로 나아갈 수 있도록 돕고 있다. 이 책을 통해 '존중의 가치'를 실현해나가고자 하는 저자의 따사로운 마음을 느낄 수 있을 것이다.

한국MBTI연구소 교육부장

안범현

마이어스의 꿈과 이상에 다가가기 위한 세르파(Sherpa)

MBTI를 개발한 이사벨 마이어스(Isabel B. Myers)는 사람들이 MBTI를 문제적·병리적 측면으로 활용하거나 유형의 틀에 자신을 가두는 모습에 염려를 표하였다. 그녀가 MBTI를 통해 실현하고자 했던 이상은 성격유형의 독특성과 강점을 인식하고, 자신의 성격을 가능한 가장 완벽하게 발달시키고자 하는 원대한 목적이었다. 이 책은 마이어스의 꿈과 이상에 다가가기 위한 세르파(Sherpa)의 역할을 할 것이다.

한국MBTI연구소 책임연구원

이정수

본서의 내용을 강의로 들은 MBTI 전문가들의 후기

- 지금까지 들었던 모든 MBTI 강의 중 최고의 강의입니다. 기존에 알고 있던 MBTI 지식들이 하나의 통합된 개념으로 정리가 되었습니다.

- 새로운 접근방법이었습니다. 'MBTI를 이렇게 활용할 수 있구나'라는 깊은 깨달음을 얻었습니다.

- 교수님이 강의 중에 반복해서 말씀하셨던 '살아 움직이는' MBTI를 경험할 수 있었습니다. 최고입니다.

- 유형역동과 유형발달이라는 이론적 개념을 실제로 어떻게 활용할 수 있는지 명확하게 이해하게 되었습니다. 교수님의 명쾌한 강의 최고였습니다.

- 명확한 설명, 적절한 예시, 박진감 넘치는 진행방식! 완벽한 강의입니다.

- 완벽한 강의, 역대급 강사!

본서의 내용을 강의로 들은 일반인들의 후기

- MBTI 유형에서 무언가 석연치 않은 부분이 있었는데 교수님의 심화된 강의를 들으면서 무릎을 탁 치게 되었습니다! MBTI 검사가 상당히 합리적으로 만들어진 성격검사라는 생각이 들었습니다!

- MBTI의 피상적인 부분만 알고 있어서 오히려 나를 왜곡되게 이해한 부분들이 있었는데, 오늘 강의로 내면 깊숙한 나를 알게 되어 위로가 되었어요.

- 사람들이 16가지의 유형으로 사람 판단하고 규정짓는 거 너무 싫었는데 속이 다 시원했습니다! 수박 겉핥기로 규정지어대는 MBTI를 깔끔한 논리로 풀어준다는 느낌!

- 지금까지 들었던 MBTI 강의 중 Top of top입니다! 명쾌하고 깔끔한 설명 너무 감사합니다!

- 역대급 교육이었습니다. MBTI가 무엇인지 정확히 알 수 있었고 실생활에 적용하는 방법을 알게 되었습니다.

- 오호, MBTI가 이런 것이었군요. MBTI에 대해 잘못 알려진 것들이 정말 많은 깃 같습니다. 교수님의 강의를 더 많은 사람들이 들었으면 좋겠습니다!

왜 이 책을 펼쳤는가?

당신이 이 책을 펼쳤다면 당신은 아마도 MBTI를 알고 있는 사람일 것이다. MBTI 전문가 교육을 받은 사람일 수도 있고 또는 MBTI 검사를 통해 자신의 성격유형에 대해 막 이해하기 시작한 사람일 수도 있다. 아니면 인터넷을 통해 MBTI를 접하고 자신의 성격에 대해 호기심이 생겼을 수도 있다. 어쨌든 당신은 MBTI를 좀 더 깊이 있게 알고 싶어 하는 사람일 것이다. 그렇지 않다면 이 책의 제목을 보고 책을 펴보지는 않았을 거라 생각한다. 만약 그렇다면 이 책을 잘 선택했다고 말해주고 싶다. 이 책은 제목 그대로 진짜 MBTI가 무엇인지 제대로 알고 싶은 사람을 위한 책이기 때문이다. 책의 두께를 보고 읽을 엄두가 나지 않는 사람도 있을 것 같다. 그러나 그런 걱정을 할 필요는 없다. 당신의 성격유형 위주로만 읽는다면 이 책의 50% 정도만 읽으면 된다.

MBTI 무료 검사는 가짜?

최근 인터넷에서 유행하고 있는 무료 성격검사('16Personalities'라는 사이트의 검사)는 MBTI 검사가 아니다. MBTI의 표기방식을 거의 그대로 따라 하고 있긴 하지만, 그것은 성격 5요인(Big five) 모형에 근거한

'NERIS 유형검사'라는 검사이다. 두 검사가 가지고 있는 유사한 부분 때문에 NERIS 검사를 통해서도 MBTI 성격유형을 파악하는 데는 어느 정도 도움이 될 수 있다. 그러나 NERIS 검사만으로는 MBTI가 가지고 있는 '차별적인 유익'을 경험하긴 어렵다.

무엇보다 MBTI의 '성격유형을 측정하는 기준'을 정확히 알지 못한 상태에서 검사를 하면 자신의 유형이 잘못 나오는 경우가 허다하다. 측정기준을 모르면 대부분은 '현재 상태'가 검사에 반영되기 때문이다. 예를 들어 당신이 스트레스를 받거나 연애를 하는 중이라면 검사결과가 달라질 가능성이 매우 높다. 따라서 검사를 받기 전에 측정기준에 대해 올바로 이해해야 하고, 검사를 받은 이후에는 충분한 상담을 통해 자신의 유형이 맞는지 확인해야 한다. 단순히 당신의 검사결과에 ENFP가 나왔다고 해서 당신이 곧 ENFP가 되는 것은 아니라는 말이다. 그럴 수도 있고 아닐 수도 있다.

많은 사람들이 MBTI를 단순한 심리테스트 정도로 생각한다. 그러나 MBTI는 '심리테스트'라기보다는 '자아탐색을 위한 도구'에 가깝다. 심리검사를 받는 것은 자아탐색을 위한 출발점에 불과하다. 진짜 MBTI가 무엇인지 알고 싶다면, MBTI는 단순한 심리테스트가 아니라 '자아탐색을 위한 도구'라는 점을 분명하게 인식하는 것이 필요하다. 이 책은 MBTI를 '자아탐색의 도구'로 활용하는 방법을 알려주는 책이다.

책을 쓴 첫 번째 이유: MBTI를 올바르게 이해하고 사용하도록 돕는 것

본서를 쓰게 된 이유는 크게 두 가지다. 첫 번째 이유는 'MBTI를 좀 더 깊이 이해하고 올바르게 사용하도록 돕는 것'이다. 대한민국은 지금 'MBTI 열풍'이다. '유형별 연애스타일', '성적이 잘 나오는 유형 TOP5', '유형별 스트레스 반응' 등 정말 다양한 콘텐츠가 수없이 쏟아져나오고 있다. 필자 역시 그런 콘텐츠들을 재미있게 시청하고 있다. 문제는 재미 위주의 콘텐츠가 많아지면서 부작용도 함께 늘고 있다는 점이다.

부작용은 크게 두 가지로 분류할 수 있다. 첫 번째는 '규정짓기'다. MBTI에 대한 깊은 이해 없이 유형의 특징을 근거로 소위 '낙인을 찍는 것'이다. 보이는 몇 가지 특징만으로 유형을 판단하게 되면 심각한 문제가 발생할 수 있다. 먼저 자신이 할 수 있는 것과 없는 것을 규정하고, 그 모습이 자신이라고 생각하게 된다.

이러한 관점은 '자기합리화'로 이어지기 쉽다. 자신의 불성실함이나 부족함을 성격 탓으로만 돌리는 것이다. '내가 계획과 일정을 자꾸 어기는 이유는 P이기 때문이야. 이해하지? 그러니까 이제 뭐라고 하지 마' 하는 식이다(물론 모든 P성향을 가진 사람이 그렇다는 뜻은 당연히 아니다. 하나의 극단적 예를 들었을 뿐이다). 그러나 이것은 말도 안 되는 소리다. 같은 유형이라도 인성이나 태도까지 같을 수는 없다. 성격적 요소로 기인한 것과 태도나 인성으로부터 기인되는 것은 엄연히 구분되어야 한다. 성격은 일의 과정을 존중해줄 때 활용하는 것이지, 그 결과까지 합리화하기 위한 것이 아니다. '결과에 대한 책임'은 성격유형과 상관없이 자기 자신이 져야 한다.

'규정짓기'는 '인간관계'에도 심각한 악영향을 끼친다. 어떤 사람이 자신과 맞는지 안 맞는지를 성격의 잣대만으로 판단하게 되면 인간관계의 폭은 현저히 좁아진다. 아울러 갈등의 원인을 잘못 찾을 가능성이 높다. 성격유형이 한 사람에 대한 매우 핵심적인 정보를 주는 것은 분명하다. 하지만 사람을 성격유형만으로 이해할 수는 없다. 가치관, 태도, 인성 등 다양한 요소가 어우러져 그 사람만의 고유한 특성이 결정되기 때문이다. 같은 성격유형을 가진 사람이라도 저마다 역량이 다르고 인품이 다르다. 다만 그 모든 과정에서 심리적 구조로 인한 공통된 특성을 가지고 있을 뿐이다. '성격유형이 같다'라는 것의 의미를 정확히 모르면 모든 것을 싸잡아서 성격유형으로 해석하는 오류를 범하게 된다.

'규정짓기' 외에 또 하나의 대표적 부작용은 '추론에 의한 부정'이다. MBTI를 제대로 알아보려고 하지 않고 논리적 추론에만 입각해 MBTI 자체를 부정하는 것이다. 그런 사람들은 흔히 "어떻게 사람을 16가지 유형만으로 나눌 수가 있어?"라는 반론을 제기한다. 이는 아마도 '규정짓기'로 인한 파급효과로도 볼 수 있다. MBTI를 어설프게 아는 사람으로부터 '규정짓기'를 당해본 사람은 MBTI에 대해 좋지 않은 감정을 가지고 있는 경우가 많기 때문이다. 필자 역시 '추론에 의한 부정'으로 MBTI를 바라봤던 사람이기도 하다. 이런 관점을 가지고 있으면 MBTI가 주는 유익 자체를 경험하지 못하게 된다.

MBTI가 양적으로 팽창하면서 질적인 문제가 생기는 것은 어찌 보면 당연한 과정이라고 생각한다. 하지만 누군가를 성격으로 잘못 규정지었을 때 생기는 파급효과는 생각보다 크다. 흔히 MBTI를 '양날의 검'이라고 한다. 아무리 좋은 명검을 가지고 있더라도 그 검을 잘 사용할 줄 모르면 자칫 누군가에게 큰 상처를 줄 수 있다. 그것이 누군가의 삶에 평생 동안 치명적인 '낙인'이 될 수도 있다는 의미다. 이 책을 쓰게 된 첫 번째 이유는 MBTI라는 명검을 명검답게 사용할 수 있도록 돕는 것이다.

책을 쓴 두 번째 이유: 자아존중의 깊이를 더하는 것

책을 쓴 두 번째 이유는 MBTI를 활용하여 '자아존중의 깊이를 더하는 법'을 알려주고 싶었기 때문이다. 현재 MBTI는 여러 분야에서 널리 사용되고 있지만, 대부분 기본적인 유형 설명 수준에서만 다루어지는 경우가 많다. 그러다 보니 깊이 있는 활용으로 이어지는 경우는 극히 드물다. 물론 성격유형의 기본적인 정보만으로도 많은 도움이 될 수 있다. 다만 그것만으로는 '성장'으로 이어지는 깊이 있는 적용을 하기는 어렵다.

필자가 이 말을 하는 이유는 단순히 적용이 잘 안되고 있다는 안타까움 때문만은 아니다. 그보다는 MBTI가 깊이 있게 다루어졌을 때 사람들에게 어떤 유익을 끼치는지를 목격한 탓이 크다. 자신을 건강하게 사랑해야 한다는 것은 누구나 아는 사실이지만 생각처럼 쉽지 않은 일이다. 특히나 자신의 성격특성의 패턴만을 이해하면 자신을 '더 구체적으로' 싫어하게 되는 경우도 허다하다. '나는 역시 무계획적이고 감정적으로 취약한 사람이라 어쩔 수 없구나' 하는 식으로 말이다. 하지만 단순히 성격유형의 특성 정보를 넘어서서 그 특성이 나타나는 근본원리를 이해하게 되면 자신만의 고유한 성장과정을 좀 더 객관적으로 받아들일 수 있다. 그리고 그 과정에서 자신만의 탁월함에 이르는 길을 발견하게 된다. 한마디로 MBTI를 보다 깊게 이해하고 활용할 수 있으면 '자아존중의 깊이'가 훨씬 더 깊어진다. 사람은 '자기 자신의 모습으로 살아갈 때 가장 행복하고 유능감을 느낀다'라는 당연한 명제를 더 명확하고 구체적으로 이해할 수 있기 때문이다.

이처럼 적용을 할 수 있게 도움을 주는 것만으로 내담자의 인생 자체가 근본적으로 변화되는 것을 여러 차례 경험했다. 마치 딸기나 포도를 그 '재배방법에 맞게' 기르는 방법을 알려줬을 뿐인데 스스로 적용하면서 싱싱하고 아름다운 열매를 맺게 되는 것을 목격했다고 하면 적절한 비유일까.

그런 경험들이 십수 년간 쌓여오면서 자연스럽게 더 많은 사람들에게 도움을 주고픈 소명의식을 갖게 됐다. 아주 작은 도움일 수 있지만 그것이 큰 변화로 이어지는 중요한 디딤돌 역할을 할 수 있다는 것을 깨달았기 때문이다. 그런 깨달음이 책을 쓸 용기를 준 것 같다.

따라서 이 책의 목적은 분명하다. MBTI를 보다 깊이 있게 석용함으로써 '자아존중의 깊이를 더하는 것'이다. MBTI를 통해 '자아존중의 깊이를 더하는 것', 이것이 이 책을 쓰게 된 두 번째 이유이다.

책의 내용: 어떤 내용을 다루고 있는가?

그렇다면 이 책에서는 어떤 내용들을 다루고 있을까? 결론부터 말하자면 기존의 MBTI 책에서는 잘 다루어지지 않고 있는 '유형역동'과 '유형발달'의 내용을 다룬다. 시중에 나와 있는 MBTI 서적들은 대부분 각 유형에 대한 특징 설명에 중점을 두고 있다. 반면 본서는 '각 유형이 왜 그런 특징을 보이는지에 대한 이유'와 '각 유형에 맞는 성장 방법'을 중점적으로 다룬다.

유형역동과 발달을 다룬 MBTI 도서들도 있긴 하지만 대부분 학술적인 형태로 기술되어 있어서 일반인들이 이해하기가 어려운 경우가 많다. 본서는 그런 내용을 일반인들도 이해하기 쉬운 형태로 풀어놓은 것이다. 따라서 이 책을 읽은 후에 다른 여러 MBTI 관련 도서들을 읽어보면 훨씬 이해가 쉬울 것이다.

유형역동이란 '성격유형이 발현되는 메커니즘(작용원리)'이다. 유형역동을 이해하게 되면 왜 그러한 성격적 특징이 나타나는지 이해하게 된다. 어떤 것이든 깊이 있게 활용하기 위해서는 메커니즘(작용원리)의 이해가 중요하다. MBTI 역시 성격유형이 형성되는 분명한 원리를 가지고 있다. 이 책에서는 그러한 원리를 보다 쉽고 단계적인 방식으로 설명한다.

유형발달이란 자신의 성격유형에 근거한 '탁월함에 이르는 길을 찾는 원리'라고 보면 된다. 유형발달을 이해하게 되면 자신의 장점을 극대화하고 개선점을 건강하게 보완하는 방법을 이해할 수 있게 된다. 자신만의 잠재된 능력을 의식적으로 개발시키기 위해서는 유형발달을 이해하는 것이 필수적이다.

하지만 유형역동과 발달을 잘 이해하고 활용하기 위해서는 MBTI의 기본적인 개념 이해가 전제되어야 한다. 기본적 개념 이해가 부족하면 유형역동과 발달을 이해하는 것이 매우 어렵기 때문이다. 따라서 본서는 기본적인 개념으로 시작해서 자연스럽게 유형역동과 발달로 이어지도록 구성되어 있다.

본서는 총 네 Part로 나누어져 있다. 먼저 Part 1에서는 '꼭 알아야 하는 기본 개념'을 다룬다. 성격유형을 결정하는 기준, 4가지 선호지표 등 제목 그대로 꼭 알아야 할 개념을 설명한다. Part 2에서는 보다 심화된 내용으로 '성격유형이 발현되는 메커니즘(작용·원리)'을 설명하고, Part 3에서는 그 원리를 활용하여 스트레스, 커뮤니케이션, 커리어 등의 영역에 적용해본다. 그리고 마지막 Part 4에서는 '각 유형에 맞는 성장 원리'를 다룬다. 모든 Part가 하나의 큰 흐름으로 연결되어 있기 때문에 그 흐름을 인식하고 쭉 읽어나가는 것이 가장 효과적인 방법일 것이다.

Part별로만 놓고 봤을 때는 매우 단순해 보이지만, 세부적인 내용으로 들어가면 전체 흐름을 놓치는 경우가 종종 생길 수 있다. 그럴 경우 다시 Part 단위로 돌아와서 큰 주제의 흐름을 확인하기 바란다(목차를 확인).

책의 활용방법

본서는 워크숍(Workshop)에 참여한 것처럼 상호작용하면서 읽었을 때 가장 효과가 좋은 책이다. 따라서 교과서를 읽듯이 개념을 중심으로 읽기보다는 자신만의 통찰 포인트를 찾는다는 생각으로 읽어나가기 바란다. 만약 당신이 MBTI 선문교육을 받은 전문가라면 유형역동과 발달을 상담 현장에서 쉽게 활용할 수 있는 방법을 정리한다고 생각하면서 읽는 것도 좋은 방법이다. 만일 당신이 MBTI를 처음 접한 사람이라도 상관은 없다. 본서는 기본적 개념으로 시작해서 심화적인 내용으로 연결되어 있기 때문이다. 다만 그런 경우라도 자신의 유형을 찾아가는 과정으로 본서를 활용하기 바란다.

'활용을 위한 Key Point' 활용하기

최대한 쉽게 쓰려고 노력했지만, 어렵게 느껴지는 부분도 있을 것이다. 본서에서 다루고 있는 내용들은 기본적으로 MBTI 전문가 교육에서 다루어지는 것들이기 때문이다. 무엇보다 앞의 내용을 기억하지 못하면 뒤의 내용을 이해하기가 어렵다. 그래서 각 챕터 말미에 '활용을 위한 Key Point'를 정리해놓았다. 기억이 안 나거나 다시금 정리가 필요할 때는 해당 챕터의 Key Point를 다시 들춰보면 된다. 매우 간략하게 정리되어 있기 때문에 부담은 없을 것이다.

이 책이 의미 있는 디딤돌이 되기를

이 책이 일반인들도 편하게 읽을 수 있는 'MBTI 매뉴얼'이 되기를 바란다. MBTI를 더 자세히 알고 싶어 하는 누군가를 떠올리며 글을 쓰려고 노력했다. 책을 읽으면서 그러한 배려의 마음이 꼭 전달되었으면 좋겠다. 단순히 지식이 전달되기보다는 누군가의 '나다움'이 깨어나는 아름다운 상호작용이 일어나기를 바라기 때문이다.

책을 통해 누군가를 만난다는 것은 언제나 감사하고 설레는 일인 것 같다. 부디 이 책이 당신 자신과 당신 주변의 소중한 누군가가 '자아존중의 깊이'를 더하는 데 의미 있는 디딤돌이 되기를 기도한다.

감사의 말씀

어떤 결과물이든 그것이 나오기까지 많은 이들의 직간접적인 도움을 거치기 마련이다. 이 책 역시 그러하다. 먼저 오랫동안 신앙 안에서 함께 하고 있는 '리빌더스' 멤버들에게 감사한다. 덕분에 신뢰가 기반이 된 공동체 안에서 MBTI를 깊이 있게 적용해볼 수 있었다. 소중한 경희대 제자들에게도 고마운 마음을 전한다. 학생들과의 상호작용은 MBTI에 '존중'이라는 가치를 더하게 된 직접적인 계기가 되어주었다. 특별히 이제는 훌륭한 사회인으로 성장해서 큰 노움을 준 마케팅팀 주연, 정윤, 은비에게 감사한 마음을 전한다(서로 몰랐던 세 사람이 한 팀으로 만나 시너지를 내는 모습은 그 자체로 감동이었다. 잘 키워놓은 제자들이 나를 매개로 연결되는 과정에서 커다란 의미를 느꼈던 것 같다). 매우 바쁜 와중에도 꼼꼼히 책을 읽고 의견을 준 경은, 소피아, 세림에게도 고맙다는 말을 전한다.

본서의 내용이 MBTI 전문가 과정으로 잘 정착될 수 있도록 도움을 주신 한국MBTI연구소 심민보 내표님과 신영규 소장님, 안범현 부장님, 이정수 책임님께도 감사함을 전한다. MBTI 전문가로서 이제 막 활동을 시작했을 때 다양한 곳에서 MBTI 강의를 할 수 있도록 도움을 주신 어세스타 김명준 대표님께도 감사드린다. 아울러 나의 탁월한 면을 알아봐주시고 오랫동안 진심 어린 신뢰와 지지를 보내주신 트랜스코스모스 코리아 류정은 상무님께도 깊은 감사의 마음을 전한다. 수많은 강의와 코칭을 통해 만났던 모든 분들께도 고개 숙여 감사드린다. 그 모든 경험들이 차곡차곡 쌓여서 이러한 결과물로 이어질 수 있었다.

끝으로 나의 삶의 원동력이 되어주는 사랑하는 아내와 나의 가장 큰 보물인 사랑하는 두 딸 하연, 하빈에게 사랑과 감사의 마음을 전한다.

2022년 4월

고영재

Part 1 /
꼭 알아야 하는 기본 개념

Part 2 /
성격유형의 심리구조 파악하기: 유형역동의 이해

Part 3 /
성격유형에 맞는 자기 계발 원리:
유형역동 활용하기

Part 4 /
나만의 탁월성을 깨우는 원리: 유형발달

꼭 알아야 하는
기본 개념

Part 1에서는 꼭 알아야 하는 핵심개념들을 정리했다.

여기서 다루는 내용을 정확하게 알아두어야

뒤에서 다루는 심화적인 내용을 이해할 수 있다.

따라서 이미 아는 내용이 있더라도

다시금 정리하는 차원에서 읽어볼 것을 권한다.

Chapter 1

MBTI는
'완벽한' 심리도구가 아닌
'유용한' 심리도구

MBTI가 무엇의 약자인지 알고 있는가? 전문가 교육을 받았거나 특별히 관심을 가지고 찾아본 사람이 아니라면 아마 정확히는 모를 것이다. 이런 얘기를 하면 내 유형의 특징만 알면 됐지, MBTI의 약자가 뭐가 중요하냐고 반문하는 사람도 있을 것이다. 물론 그렇다. MBTI가 무엇의 약자인지가 뭐가 그리 중요하겠는가. 다만 필자는 당신이 MBTI에 대해 얼마나 잘 알고 사용하고 있는지를 확인해보고 싶은 거다. 특히 MBTI에서 말하는 자신의 성격유형 정보를 매우 신뢰하는 사람이라면 더욱 그렇다.

"당신은 MBTI에 대해 얼마나 잘 알고 있는가?"

MBTI를 삶의 다양한 영역에서 활용하고 싶은 사람이라면 매우 진지하게 생각해봐야 할 질문이다. 프롤로그에서도 이야기했듯이 MBTI는 매우 유용한 도구임에 틀림없지만, 잘못 사용하면 매우 위험해질 수밖에 없는 양날의 검이다. 따라서 MBTI를 올바로 사용하고 싶다면 MBTI에서 말하는 성격이 의미하는 바가 무엇인지, 또 MBTI를 통해서 알 수 있는 것과 알 수 없는 것은 어떤 것인지 등에 대한 분명한 이해가 있어야 한다.

따라서 꼭 부탁하고 싶은 점은, 자신의 성격유형 특징만 찾아보는 식으로 이 책을 읽지 말아달라는 것이다. 물론 16가지 유형에 대해 모두 다 정독하라는 뜻은 아니다. **다만 다른 챕터의 내용을 제대로 읽지 않고 유형 설명으로만 직행하지는 말아달라는 뜻이다. 그렇게 읽는다면 이 책에서 주고자 하는 유익을 제대로 경험하지 못할 것이다.** 필자와 마주 앉아 대화를 나누듯이 흐름을 따라가면서 자신의 유형에 대해 정리하는 식으로 읽어줄 것을 부탁한다. 그러다 보면 자연스럽게 MBTI 활용의 고수가 되어 있을 것이다.

Part 1에서 다루는 내용

Part 1에서는 다섯 챕터에 걸쳐 꼭 알아야 할 기본적인 개념들에 대해 설명한다. MBTI에 대한 독자들의 지식수준은 천차만별일 것이므로 당신의 수준에 맞게 넘어갈 것은 넘어가도 좋다. 다만 이 책은 기본적인 내용부터 시작해서 심화적인 내용에 이르기까지 하나의 큰 흐름으로 연결되어 있다. 따라서 이미 알고 있는 내용이 포함되어 있다 하더라도 정리하는 차원에서 자세히 읽어볼 것을 권한다. 기본적인 개념을 정확히 알고 있어야 뒤에서 다루는 심화적인 내용들을 잘 이해할 수 있기 때문이다.

자, 그럼 챕터 1에서는 MBTI라는 심리도구를 어떤 관점에서 바라보아야 할지에 대해 생각해보는 것으로 첫걸음을 떼어보자.

MBTI란?

MBTI는 프로이트, 아들러와 함께 유럽의 3대 심리학자라고 불리는 칼 융(C. G. Jung)의 심리유형론에 근간을 두고 있으며, 후에 캐서린 브릭스(Catherine Briggs)와 이사벨 마이어스(Isabel Myers)가 그 이론을 확장하고 실용화한 성격유형 검사이다(캐서린 브릭스와 이사벨 마이어스는 모녀지간이다). 그래서 그들의 이름을 따서 Myers Briggs Type Indicator라고 하며 각 단어의 앞 글자를 따서 MBTI라고 부른다. 1900~1975년에 걸쳐 개발되었으며, 우리나라에는 1990년에 도입되었다.

MBTI는 '진단성 검사가 아니다. 우울증, 정신장애, IQ, 스트레스, 도덕성, 역량과 같이 진단이 필요한 요소들은 측정이 불가능하다. **MBTI는 개인의 심리적 고유성만을 측정하기 때문에 평가나 진단의 요소가 전혀 없다.** 이러한 부분을 이해하는 것은 매우 중요하다. 그렇지 않으면 성격으로 모든 것을 일반화하는 오류를 범할 수 있기 때문이다.

따라서 MBTI는 검사 자체보다는 전문적인 해석이 훨씬 더 중요하다. MBTI에서 말하는 성격의 개념이 무엇이고, 어떤 관점에서 성격을 이해하고 받아들여야 할지를 올바로 이해했을 때 제대로 된 적용이 가능하기 때문이다. 온라인상에서 가능한 무료 검사들은 타당도와 신뢰도가 검증되지 않은 간소화된 검사이므로 단순히 그 검사결과만을 가지고 자신의 유형을 확신하는 것도 주의해야 한다. 가급적이면 정식 검사를 받고 전문가로부터 충분한 해석을 듣는 것이 좋다. 이 책을 자신의 성격유형에 대한 해석의 매뉴얼로 인식하고 읽는 것도 좋은 방법이다.

MBTI에 대한 비판적 시각

MBTI는 전 세계적으로 가장 많이 사용되는 성격검사 중 하나이다. 포춘 500대 기업을 비롯하여 대학, 교회, 군부대, 병원 등 다양한 조직에서 지속적으로 활용되고 있다. 어떤 것이든 양적으로 팽창되면 질적인 문제가 생기기 마련이다. MBTI가 전 세계적으로 많이 쓰이고 있고 대중적인 심리검사로 자리 잡은 만큼 피상적인 적용으로 인한 부작용도 적지 않다(이 부분은 프롤로그에서 간략히 언급했다).

따라서 MBTI를 비판적으로 바라보는 시각도 많다. 그중 대표적인 것은 '비전문가가 만든 검사'라는 것이다. MBTI가 저명한 심리학자인 칼 융의 이론에 근거하고는 있지만 그것을 심리검사로 만든 마이어스와 브릭스는 정식으로 심리학 교육을 받지 않은 아마추어 심리분석가로 알려져 있다. 그렇다 보니 그들이 제시한 성격 측정 방법이 매우 비과학적이라고 보는 심리학자들이 많다. 심지어는 '별자리 운세와 비슷한 수준의 과학적 타당성을 가진 검사'라고 언급한 사람도 있다. 필자 역시 마이어스와 브릭스가 MBTI를 개발한 과정에 대한 자료를 접해본 적이 있는데, 이러한 비판은 충분히 나올 만하다고 생각한다.

또 다른 대표적인 비판은 MBTI가 '검증되지 않은 이론에 기초하고 있다'라는 것이다. 『MBTI 검사의 한계』라는 글을 쓴 펜실베니아주립대학교의 조직심리학자 아담 그랜트(Adam Grant)는 MBTI가 '심리학이 실험과학이기 이전에 만들어진 이론'에 기초해 있음을 지적한다. 심리학자 칼 융의 이론이 자신만의 경험에 의거해서 만들어졌다는 것이다. 체계화된 실험이나 데이터로 나온 것이 아니기 때문에 이론적인 근거가 될 수 없다는 것이 그랜트의 주장이다. 이 역시 충분히 나올 만한 비판이다. 현대 심리학의 체계화된 실험과 데이터에 근거한 연구방법론에 비춰보면, 이 시기에 나온 이론들은 검증되지 않은 이론일 수밖에 없기 때문이다.

미국의 인터넷 매체인 VOX에는 이러한 비판들을 근거로 "MBTI가 완전히 무의미한 이유(Why the Myers-Briggs test is totally meaningless)"라는 글이 기고되기도 했다. 말 그대로 MBTI는 아무런 의미가 없는 심리도구라는 것이다. MBTI가 널리 사용되는 가장 큰 이유는 거대한 마케팅 때문이며, 검사결과는 사람들의 성공을 예측하는 데 전혀 효과가 없다는 극단적인 주장을 적었다.

비판에 대한 반론

MBTI가 널리 퍼져 있는 만큼, 그에 대한 건강한 비판은 필요하다고 생각한다. MBTI의 유형 측정 방법, 적용상의 문제점, 이론의 불완전성 등과 같은 주제에 대해서는 지속적으로 토론할 가치가 충분하다고 본다. 그러나 'MBTI가 완전히 무의미하다'라는 식의 극단적인 주장에는 전혀 동의할 수 없다. 그에 대한 반론을 두 가지로 정리해 보겠다.

먼저 MBTI가 전 세계적으로 가장 많이 쓰이는 핵심적 이유는 '이론적 완벽함'이 아니라 '실용적 효과성'이다. 비단 MBTI뿐 아니라 모든 심리검사들은 일차적으로 실용적 효과성이 전제되어야 시장에서 살아남을 수 있다. 아무리 이론적으로 완벽한 검사라 하더라도 그 검사를 받은 사람들이 실용적 효과성을 크게 느끼지 못한다면 그 검사는 사라질 수밖에 없을 것이다. 필자는 MBTI 이외에도 에니어그램, 버크만, OPQ, CPI, DiSC 등 다양한 심리도구를 사용하고 있다. 각 검사가 그것만의 고유한 장점을 가지고 있지만 공통점은 현장에서 실용적인 결과로 이어질 수 있는 콘텐츠를 제공한다는 점이다.

여기서 말하는 실용적 효과성이란 단순히 내담자가 '맞다'라고 동의하는 정도를 의미하지 않는다. 그것은 '전문성을 바탕으로 올바른 적용이 이루어진 실제적 결과'를 뜻한다. 즉, 유형 정보를 근거로 솔루션을 제공했을 때 나타나는 효과를 의미한다. 필자는 지난 15년 동안 교육, 상담, 코칭 등에 지속적으로 MBTI를 활용해왔다. 그렇게 만난 사람들만 족히 만 명은 넘을 것이다. 그 과정에서 기억에 남는 사례들이 너무 많다. 조직의 리더가 자신의 성격유형에 맞는 리더십을 발휘하도록 도왔던 일, 자녀와 심각한 갈등 관계에 있던 한 임원이 아이의 성격유형을 이해하고 관계가 회복되었던 일, 팀 내 갈등을 유형의 이해를 통해 풀어냈던 일 등 적용된 상황들도 다양하다.

그중에서 가장 큰 효과를 느꼈던 점을 말해보자면, 필자 자신의 고유한 존재방식을 이해하고 스스로를 있는 그대로 사랑하게 된 일과, 어린 시절 너무나 미워했던 아버지를 이해하고 용서하게 되었던 일인 것 같다. 그러한 과정을 통해 '각 사람의 독특한 잠재력이 깨어나는 과정이 다르다'라는 것을 이해하게 되었고, 다양한 사람들이 그들의 스타일에 맞게 성장할 수 있도록 돕는 일에 헌신하게 되었다. 무엇보다 그러한 과정을 거치면서 '사람 부자'가 됐다.

따라서 MBTI가 오래도록 살아남아 널리 퍼져나갈 수 있었던 이유에 대해 단순히 거대한 마케팅 덕분이라고 주장하는 것은 심각한 논리적 비약이라고 생각한다. 마케팅은 제품을 선택하게 할 수 있을지는 몰라도 지속적인 사용으로 이어지게 하지는 못한다. MBTI가 심리학 교육을 정식으로 받지 않은 비전문가로부터 탄생했든, 칼 융의 개인적인 경험에 의거해서 시작되었든 간에 MBTI는 강력한 '실용적 효과성'을 만들어내는 콘텐츠를 포함하고 있고, 그것이 MBTI가 지속적으로 활용되는 핵심 이유라고 본다.

필자는 '실용적인 효과만 있으면 된다'라는 말을 하고 싶은 것이 아니다. 균형 잡힌 비판을 위해서는 MBTI의 '실용적 효과성'을 현장에서 충분히 경험해보는 것이 전제되어야 한다는 점을 지적하고 싶은 것이다. MBTI로 인한 부작용만을 접하고 이론적으로만 분석하는 것은 '추론에 의한 비판' 이상의 의미를 갖기 어렵다는 것을 말하고 싶은 것이다. 충분한 경험이 수반된다면 적어도 'MBTI는 완전히 무의미하다'라는 식의 극단적인 주장은 나오지 않을 거라고 생각한다. 많은 비판의 경우, 합리적이고 논리적인 형태를 띠고 있을지는 모르지만 MBTI를 충분히 경험해보지 않은 사람의 주장이라는 느낌이 들 때가 많다.

둘째로 MBTI에 대한 비판은 초기 이론에 초점을 두고 있는 경우가 많다. 앞서 언급한 대표적 비판들도 초기 이론의 한계점에 기반하고 있다. 현대 심리학이 등장하면서 칼 융의 이론뿐 아니라 그 시기에 생긴 많은 이론들이 큰 비판을 받고 있다(프로이트도 그중 한 명이다). 시대적 상황, 연구방법 등 많은 것들이 달라졌으므로 그러한 비판은 당연한 것이라 생각한다. 문제는 초기 이론에만 집중하다 보면 계승·발전되어온 부분이 간과될 수 있다는 점이다.

비슷한 예로 프로이트의 정신분석학은 아직도 '성적 욕망에만 치우친 분석을 한다'라는 비판을 받는다. 프로이트 시절에는 내담자의 성적 억압이 중요한 주제였다. 하지만 지금은 그 시절만큼 성에 대한 문제가 큰 갈등이 되기 어려운 시대가 되었다. 그에 맞추어 정신분석학 역시 지속적으로 변화하고 발전되어왔다. 국제공인 정신분석가이자 수면치료 전문의인 정도언 교수(서울대학교 의과대학병원)는 그의 책『프로이트의 의자』에서 다음과 같이 말한다. "비평을 하는 사람들의 눈길은 프로이트가 살아 있던 100년 전의, 그것도 초기 이론에 있습니다. 그래서 아직도 '정신분석학은 성적 욕망만 논한다'는 식의 비판이 어이없게 나오는 것입니다. 프로이트의 생전과 사후에 수많은 사람들이 정신분석학이라는 학문 안에 인간의 마음을 들여다보는 도구들을 만들어 쌓아놓았습니다. 현대 정신분석학은 오래된 프로이트의 이론만을 그대로 따라하는 것이 아닙니다."

MBTI 역시 초기 이론에만 머물러 있지 않다. 오랜 시간 동안 보완되고 발전되어왔다. MBTI가 칼 융의 이론에 뿌리를 두고 있는 것은 맞지만, 칼 융의 초기 이론만을 그대로 사용하고 있지는 않다. 다양한 경험과 시도가 더해지면서 보다 세분화되어 발전되고 있는 것이다. 이 점 역시 간과되어서는 안 된다고 생각한다. 그리고 그 과정에서 수많은 사례들이 쌓여왔다는 점 역시 중요하다.

MBTI는 '완벽한' 심리도구가 아니라 '유용한' 심리도구이다

여느 심리도구와 마찬가지로 MBTI 역시 '완벽한' 심리도구는 아니다. 앞서 간략히 살펴본 것처럼 이론적인 비판도 많고, '규정짓기'와 같이 적용 과정에서 생기는 부작용도 적지 않다. 그러나 동시에 매우 '유용한' 심리도구인 것도 확실하다. 한 사람에 대한 모든 것을 말해주진 않지만 '매우 중요하고 핵심적인 정보'를 제공해주는 것은 분명하기 때문이다.

MBTI를 대하는 관점은 크게 3가지로 나누어볼 수 있다. 첫째로 '맹신'이다. 말 그대로 MBTI를 굳게 믿는 사람들이 여기에 속한다. 반대쪽 극단에는 '불신'이 있다. 그리고 마지막 '그 중간 어딘가'라고 분류해볼 수 있다. 불신 쪽으로 조금 더 치우쳐 있거나 신뢰 쪽으로 치우쳐 있을 수 있지만, 아직 확실하게 어느 한쪽에 있다고 보기 어려운 사람들은 이 세 번째에 속한다고 볼 수 있다. 당신은 어디에 속해 있는가?

당신이 맹신 쪽에 가까운 사람이라면 이 책을 통해 좀 더 균형 잡힌 관점을 형성하는 데 적용 포인트를 잡아보는 것도 괜찮을 것 같다. 특히, 보이는 행동만으로 누군가의 성격유형을 판단하는 데 익숙하다면 그런 부분에 더욱 주의를 기울여보기 바란다. MBTI를 처음 접했을 때는 모든 것을 성격유형의 관점에서 보게 되는 경향이 있다. 그러면서 MBTI의 이론적 개념들이 이해되는 측면도 있기 때문에 초창기에는 그런 과정을 즐기는 것도 나쁘지는 않다. 그러나 그 단계에만 계속 머무르는 것은 문제가 된다. 그렇게 되면 자신도 모르는 사이에 고정관념으로 자신과 타인을 대하게 된다.

MBTI가 '제공하는 정보'와 '줄 수 없는 정보'를 구분하는 것도 중요한 포인트다. 서두에 간략히 언급했듯이 MBTI는 고유한 성격유형을 알게 해줄 뿐, 우울증, 정신장애, 스트레스 등의 정서적 상태를 파악하지 못한다. 인지적 능력이나 역량 등도 마찬가지다. 물론 이런 모든 요소들과 밀접한 연관은 있다. 예를 들어 우울감을 느끼거나 스트레스를 받는 이유를 유형적 측면에서 파악하거나 특정 성격유형이 역량을 잘 발휘하는 직업 등을 고려하는 식으로 성격은 모든 영역에 연관성을 가진다.

반대로 MBTI를 부정하는 쪽에 있다면 그러한 판단을 잠시 내려놓고 일단 MBTI의 유용한 효과를 경험하는 데 초점을 두고 함께 해주기 바란다. 필자의 경험에 따르면, MBTI를 부정하는 관점을 가진 사람들은 누군가에 의해 규정되거나 평가받는 것을 매우 불편해하는 성향을 가지고 있는 경우가 많았다. 또는 MBTI를 어설프게 아는 사람으로부터 '규정짓기'를 당해서 MBTI에 대한 감정이 좋지 않은 경우도 많았다. 그리고 그들의 거의 대부분은 논리적인 사람들이었다. 당신이 이러한 경우에 해당한다면, 이 책을 통해 스스로 판단하고 정리해볼 수 있는 충분한 시간을 가져보기를 조심스럽게 권한다. 그러한 사람들이 MBTI의 효과를 경험하게 되면 매우 깊고 정교하게 이해하는 경우가 많았다는 사실도 전한다.

첫 번째 챕터를 약간은 무겁게 시작한 이유는 당신이 MBTI를 조금 더 진지하게, 그리고 주의 깊게 바라보았으면 하는 마음 때문이다. MBTI는 단순히 재미로만 접근하기엔 너무나 아까운 심리검사이다. 내용을 제대로 알고 사용한다면 당신의 인생의 많은 부분을 달라지게 할 만한 도구이다.

앞서 말했듯이, 필자 역시 MBTI를 '완벽한' 도구라고 생각하진 않는다. 그러나 MBTI가 '매우 유용한' 도구라는 것은 아주 분명하게 말할 수 있다. 이 책은 일과 삶 속에서 MBTI의 '실용적 효과성'을 오랫동안 경험한 MBTI 전문가의 입장에서 쓰인 책이다. 이 점을 분명히 하면서 다음 챕터로 넘어가보자.

활용을 위한 Key Point　　이것만은 꼭 기억하자!

 # MBTI는 '완벽한' 심리도구가 아닌 '유용한' 심리도구

- MBTI는 전 세계적으로 가장 많이 사용되는 심리검사이지만, 그만큼 비판도 많이 받고 있다. 그러나 그 '실용적 효과성'을 보았을 때 매우 '유용한' 심리도구임에는 분명하다. 단지 균형 잡힌 사용이 필요할 뿐이다.

 # 당신은 MBTI '맹신론자'? 혹은 '불신론자'?

- MBTI에 대한 당신의 관점은 어느 쪽인가? 이 책을 어떤 관점에서 활용할 것인지 방향부터 설정해보자.

Chapter 2

MBTI 검사 이후
자주 나오는
질문 3가지

MBTI 검사를 받고 나면 여러 궁금증이 발생할 수 있다. 여기에서는 MBTI 검사 이후 나오는 다양한 질문 중 가장 자주 나오는 세 가지 질문에 대해 살펴보려고 한다. 이 질문들에 대한 답을 찾아간다고 생각하고 책을 읽는다면 자신만의 적용 포인트를 찾을 수 있을 것이다.

첫 번째 질문

"이 유형인 것도 같고, 저 유형인 것도 같아요. 각각의 특징들이 어느 정도씩 섞여 있는 것 같습니다. 어떻게 제 유형을 분명하게 찾을 수 있을까요?"

첫 번째 질문은 상담 현장에서 가장 많이 나오는 질문이다. MBTI 검사를 통해 바로 자신의 유형을 찾는 사람들도 있지만 정확한 자기 유형이 무엇인지 헷갈린다는 사람들도 적지 않다. 무엇보다 본인의 성격유형을 찾았다 하더라도 유형에 대한 설명을 읽어보면서 맞는 부분도 있고 틀린 부분도 있다는 얘기를 많이 듣는다.

문제는 이런 의문점이 명확하게 해소되지 않으면 활용으로 이어지기 어렵다는 점이다. 자신의 유형에 대한 확신도 들지 않는데 그 정보를 커리어 결정과 같은 중요한 사안에 적용하고자 하는 사람은 없을 것이다. 그런 사람들 중에는 '어떻게 유형을 칼로 자르듯 나눌 수 있느냐'라고 반문하면서 MBTI 유형론 자체를 신뢰하지 않는 사람들도 있다.

두 번째 질문

"성격유형이 변한 것 같은데, 그럴 수도 있나요?"

두 번째 질문도 단골손님이다. MBTI에서는 '성격유형은 타고나는 것'이라고 말한다. 따라서 환경과의 상호작용을 통해 많은 영향을 받기는 하지만 기본적으로 타고난 유형은 바뀌지 않는다고 말한다. 하지만 인생을 살아보면 우리는 자신에게서 많은 변화를 경험한다. 조용했던 성격이 많이 활발해지기도 하고, 감성적이던 성격이 좀 더 논리적인 성격으로 바뀐 것처럼 보이기도 한다. 그런 실제적인 변화들과 MBTI에서 말하는 타고난 '유형의 불변성'을 어떻게 연결할 수 있을까?

이 또한 MBTI의 깊은 적용을 어렵게 만드는 요인이다. MBTI를 인생의 여러 영역에서 활용하기 위해서는 성격유형의 변화 여부는 매우 중요하다. 성격유형이 변한다면 적용의 과정도 달라져야 하기 때문이다.

세 번째 질문

"유형 설명은 잘 맞습니다. 그런데 단점을 개선하기 위해서는 무엇을 어떻게 해야 하죠?"

세 번째 질문을 조금 더 자세하게 풀어보면 더 공감이 갈 것이다. "유형에 대한 설명은 이미 제가 어느 정도 알고 있었던 내용들이에요. 하지만 단점을 극복하는 게 어렵더라고요. 장점은 이미 잘 알고 있으니 그렇다 치고, 단점들을 어떻게 극복할 수 있는지가 궁금합니다."

유형 정보를 진지하게 활용해보고자 했던 사람이라면 한번쯤은 생각해봤을 질문이다. 필자 역시 이 부분에 대해 많은 고민이 있었다. 하지만 쉽지는 않았다. 예를 들어 '직설적인 성격이라 상처를 줄 수 있다'라는 단점이 있다고 하자. 그런 단점을 인식하고 조심할 순 있지만 참는 것 이외에 할 수 있는 것이 많지 않다. 때때로 너무 신경을 써서 스트레스를 받기도 하고, 또 실수했다는 마음에 자책감을 느끼기도 한다. 무엇보다 단점으로 인식해도 개선하기 어려운 특징들이 많다. 내향적 사람에게 말을 많이 하라고 하는 것은 또 다른 짐을 지우는 것이 될 수도 있다. 감정형에게 논리적으로 말하라는 것도 마찬가지다. 단점을 보완하려다 오히려 자존감이 낮아지고 장점마저 잘 활용되지 못하는 경우를 너무 많이 봤다. 심한 경우 '원래 이렇게 생겨먹어서 변화가 어렵다는 거네요. 슬프네요'라는 반응으로 이어지기도 한다.

MBTI를 건강하게 활용하려면 건강한 자존감을 유지하면서 균형 있게 성장하는 원리를 이해할 수 있어야 한다. 그렇지 않으면 성격을 아는 것이 오히려 자신을 제한하는 부정적 요소로도 작용할 수 있기 때문이다.

　MBTI를 올바로 이해하고 깊이 있게 활용하기 위해서는 위와 같은 세 가지 질문에 대한 명확한 대답이 전제되어야 한다. 본서를 차근차근 읽어나가다 보면 위와 같은 궁금증이 자연스럽게 해소될 것이다. 그러면서 자신의 유형에 대한 이해가 깊어지고 자신만의 성장 계획을 세울 수 있게 된다. 따라서 세 가지 질문 중 자신에게 특히 더 와닿는 질문이 있다면 그 질문에 답을 찾는다고 생각하면서 책을 읽어보기 바란다. 틈틈이 다시 이 질문들을 언급하면서 내용을 설명하도록 하겠다.

활용을 위한 Key Point　　이것만은 꼭 기억하자!

 # MBTI 검사 이후 가장 자주 나오는 질문 3가지

- 이 유형인 것도 같고, 저 유형인 것도 같아요. 어떻게 제 유형을 분명하게 찾을 수 있죠?
- 성격유형이 변한 것 같은데, 그럴 수도 있나요?
- 단점을 개선하기 위해서는 어떻게 해야 하죠?

Chapter 3

자아존중을 위한
아름다운 개념:
선천적 심리 선호경향

이 책을 읽고 있는 사람이라면 아마도 한번쯤은 MBTI 검사를 받아 봤을 것이다. 꼭 정식 검사가 아니더라도 말이다. 그렇다면 아주 중요한 질문을 하나 던져보겠다.

"MBTI 성격유형을 결정하는 기준은 무엇인가?"

행동? 의도? 태도? MBTI는 무엇을 기준으로 성격유형을 결정할까? 매우 중요한 질문이다. 성격유형을 측정하는 기준이 무엇인지에 대한 이해가 불분명하다면 자신의 유형을 정확하게 찾는 것이 쉽지 않을 것 이다. 무엇보다 자신의 유형을 잘못 파악하는 경우가 발생한다. 안타깝 게도 MBTI 검사를 받아본 많은 사람들이 그것을 측정하는 기준이 무 엇인지 알지 못한다.

MBTI를 깊이 있게 활용하기 위해서는 먼저 '성격유형을 결정하는 기준'을 명확히 이해해야만 한다. 이번 챕터에서는 '성격유형을 결정하 는 기준'이 무엇이며 그 기준에 대해 '어떤 관점에서 접근해야 하는지'를 설명하고자 한다.

앞으로 이어지는 모든 내용을 이해하는 데 핵심적인 열쇠가 되는 개

념이므로 주의 깊게 읽어주기 바란다.

선천적 심리 선호경향: 성격유형을 결정하는 기준

MBTI에서는 '성격'을 '타고나는 것'으로 본다. 물론 환경과의 상호작용을 통해 크고 작은 변화를 수반하지만, 기본적인 성격유형 자체는 변하지 않는다고 본다. 그리고 그러한 고유한 성격유형을 파악하는 기준을 '선천적 심리 선호경향'이라고 한다.

보다 쉬운 이해를 위해 다음의 활동을 해보자. 먼저 흰 종이와 펜을 준비하고, 종이에 자신의 이름을 써보라. 최대한 빠르고 동시에 예쁘게 써야 한다. 어떤 느낌이 드는가? 아마 어렵거나 힘들다는 느낌은 들지 않았을 것이다. 이번에는 다른 손으로 써보라. 역시 빨리, 예쁘게 써야 한다. 이번에는 어떤가? 아마도 어색하거나, 어렵거나, 불편하거나, 부자연스럽다고 느꼈을 것이다. 글씨도 훨씬 못 썼을 것이고 시간도 더 들었을 뿐만 아니라 더 많은 노력을 들여야 했을 것이다. 이렇게 사람에게는 왼손과 오른손 중 더 능숙하고 편안하게 사용할 수 있는 손이 있다. 물론 양손을 다 쓰는 사람도 있지만 그래도 좀 더 편한 손이 분명히 있다. 그리고 평소에 그 손이 자연스럽게 먼저 사용될 것이다.

우리의 내면에도 이와 같은 심리적 경향성이 존재한다. 더 좋아하고 편안한 심리기능과 태도가 있다는 말이다. 이것을 '선천적 심리 선호경향'이라고 한다. 오른손잡이가 오른손을 사용할 때 자연스러움과 편안함을 느끼듯이 선호경향은 '편하다, 자연스럽다, 쉽다, 확실하다, 당연하다, 빠르다' 등으로 표현될 수 있다. 우리의 마음속에도 '심리적 오른손(왼손잡이라면 왼손)'이 있다고 생각하면 이해가 쉬울 것이다.

조금 더 자세히 살펴보면, '선천적'이란 말은 '태어날 때부터 가지고 있는 고유한 특성'이 곧 성격이라는 의미다. 물론 이 말은 성격이 고정적이라서 전혀 변하지 않는다는 뜻은 아니다. 고유한 성격은 타고난다고 해도 다양한 환경과의 상호작용을 거치면서 그 특성이 강화되기도 하고 약화되기도 하기 때문이다. 장미를 예로 들어보면, 똑같은 장미의 씨앗을 뿌려도 환경에 따라 여러 모습의 장미가 될 수 있다. 하지만 장미라는 고유성은 모두 다 그대로 가지고 있을 것이다. 사람 역시 태어날 때부터 가지고 있는 고유한 특성의 큰 줄기가 있다. 환경의 영향으로 인해 변화를 겪을 수 있지만 변화는 '고유한 특성'의 한도 내에서 이루어진다. MBTI에서는 그러한 변하지 않는 고유한 특성을 성격이라고 보는 것이다.

'심리 선호경향'이란 말은, **행동이 아닌 '내면적 특성'을 근거로 성격이 결정된다는 의미다.** MBTI는 행동이 아닌, '심리적' 선호경향을 측정한다. 따라서 행동이 바뀐 것을 성격이 바뀌었다고 말하지 않는다. 사람은 이성을 갖고 있기 때문에 상황적 필요에 따라 행동을 달리할 수 있다. 예를 들어 논리적인 성격의 아빠가 아이를 대할 때 일시적으로 정서적이고 감성적인 행동을 할 수는 있다. 하지만 그러한 행동을 지속적으로 해야 한다면 불편함을 느낄 것이다. MBTI에서는 행동의 변화가 곧 성격의 변화라고 보지 않는다. 따라서 MBTI에서 말하는 성격유형을 정확히 이해하고 활용하려면 행동이 아닌 자신이 더 편안해하고 선호하는 '내면적 특성'을 살펴봐야 한다.

MBTI의 목적은 태어날 때부터 가지고 있는 '선천적 심리 선호경향'을 발견하는 것이다.

MBTI의 적용이 적절치 않은 경우

정신질환이나 우울증을 앓고 있는 사람에게 MBTI 검사를 실시하는 것은 적절치 않다. 정신적 질환을 앓고 있는 사람은 검사결과가 제대로 나올 가능성이 매우 희박하기 때문이다. 또한 심리적 질환까지는 아니더라도 이혼이나 사업 실패 등 극심한 상황 변화로 인해 심리적 불안감을 겪고 있는 사람 역시 검사 대상으로 적절하지 않다. 이러한 상태에서는 '타고난 심리적 고유성'을 측정하기가 어렵다.

자신이 처한 상황이나 환경으로 인한 영향을 최대한 배제한 상태에서 검사를 실시하는 것도 주요 포인트다. 직업, 사회적 위치, 사회적 통념 등의 환경요인은 검사 과정에서 충분히 영향을 미칠 수 있는 요소들이다. 사람은 누구나 환경의 영향으로 인해 자신의 '의도'와 '본래의 특성'을 혼동할 수 있다. 자신이 처한 환경에서 요구하는 모습으로 맞춰가려는 '의지적 행동변화'를 '성격의 변화'로 오인할 수 있다는 말이다. 연애 중일 때 MBTI 검사를 실시하면 검사결과가 달라지는 경우가 많은 것도 이러한 부분이 반영됐을 가능성이 크다.

MBTI 검사는 결과 못지않게 검사 '과정'이 매우 중요하다. 검사 전 전문가로부터 충분한 설명을 듣는 과정이 반드시 필요하다는 의미다. 최소한 무엇을 측정하는지 제대로 이해한 상태에서 검사가 이루어져야 한다.

어떤 관점에서 접근할 것인가?

'선천적 심리 선호경향'을 개념적으로 올바로 이해하는 것도 중요하지만 '어떤 관점에서 접근할 것인가'도 매우 중요하다. 왜 그럴까? MBTI가 선천적 심리 선호경향에 따라 사람을 16가지 성격유형으로 나누는 것에 대한 '심각한 오해'가 생길 수 있기 때문이다.

"사람을 16가지 유형으로 나누는 것이 가능한가요?"

"사람을 성격유형의 패턴으로 규정짓는 것이 거북합니다."

이러한 생각의 저변에는 자신을 특정 성격유형으로 규정하는 것에 대한 불신 또는 불쾌감이 내재되어 있다. 이런 관점에서는 MBTI를 깊이 있게 활용하는 것은 고사하고 자신의 유형을 찾는 것도 어려울 것이다. 그렇다면 어떤 관점에서 '선천적 심리 선호경향'이라는 개념을 받아들여야 할까?

'선천적 심리 선호경향'의 개념 안에는 '사람의 고유한 특성에 대한 깊은 존중감'이 전제되어 있다. 즉, 사람을 규정짓고 평가하려는 의도보다는 **'당신은 당신만의 고유한 특성에 따라 존중받고 이해받아야 합니다'라는 의도가 담겨 있다.** 다음의 글을 읽어보자.

"다른 수업들과는 다르게 학생 개개인의 성향을 파악하고 배려해주시는 모습을 보고 신선한 충격을 받았던 기억이 납니다. 그동

안에는 소심한 성격을 고치고 적극적으로 나서라는 이야기만 들어왔는데, 처음으로 '그 모습 그대로 있어도 좋다'라는 말을 들어서 감동과 감사함을 크게 느꼈기 때문입니다. 말주변이 없어서 그때의 감동을 제대로 표현하지는 못하겠지만, 그 장면을 오랫동안 잊을 수 없을 것 같습니다."

지난 학기 경희대 수업 이후 한 학생이 남긴 후기의 일부분이다. 매 학기 성격유형과 관련된 수업을 하고 나면 비슷한 내용의 후기를 발견하곤 한다. 필자가 위와 같은 소감을 접하면서 가장 많이 들었던 생각은 '있는 모습 그대로 있어도 좋다'라는 말을 처음 들어봤다는 사람이 생각보다 많다는 것이다. 당신은 어떤가? 그런 말을 자주 들으면서 살아가고 있는가? 삶의 곳곳에서 그런 존중의 느낌을 충분히 경험하고 있는가? 이것은 단순히 좋은 성과를 내서 칭찬받는 것과는 다르다. 성과에 대한 칭찬은 결과에 대한 것이지만 **고유한 특성에 대한 지지는 '존재'와 관련된 것이기 때문이다.**

우리는 누구나 학교, 가족, 회사 등 다양한 환경 안에서 다양한 기대와 요구를 받으면서 살아간다. 그것이 자신의 성격특성과 잘 맞으면 좋겠지만 그렇지 못할 때가 많다. 맞지 않는 정도가 심하면 심할수록 심각한 심리적 타격을 입게 되고 자존감이 낮아진다. 그리고 그것은 인생 전반에 걸쳐 악영향을 미친다. 아무리 노력해도 자신은 무언가 부족한 사람으로 인식되고, 그런 단점을 보완하기 위해 사는 것이 인생의 주요 주제가 된다. 그 강도가 강할수록 인생은 획일화된 요구와 평가에 대해 '나다움'을 인정받기 위한 몸부림이 되어버린다.

"있는 모습 그대로 있어도 좋다."

사람은 누구나 이 말을 듣고 싶어 한다. 자신만의 고유한 특성을 존중받고 싶어 한다. '나다움'을 인정받기 원한다. 사람의 마음속에는 자기다운 모습으로 인정받기 원하는 근본적 욕구가 있다. 대학생들을 대상으로 하는 수업에서 필자가 하는 역할은 그리 크지 않다. 성격유형론을 근거로 각자가 자신에게 맞는 인생의 페이스가 있음을 지속적으로 일깨우는 일을 해줄 뿐이다. 그러나 그에 대한 반응은 생각보다 크다. 인생 전체를 다시 돌아보고 건강한 자존감을 회복하는 것은 물론이고 인생의 계획을 스스로 세우기 시작한다. 그 결과 이전에 실패했던 똑같은 스펙을 가지고도 예기치 못한 성공을 거두는 것을 자주 목격하게 된다. 자신에 대한 이해가 달라지면서 모든 과정이 달라졌기 때문이다. 마치 딸기를 딸기에 맞는 재배방법으로 기르면 싱싱한 열매를 맺을 수밖에 없는 원리와 같다. 만일 딸기의 속성을 모르고 그와는 반대되는 방법으로 최선을 다해 딸기를 재배했다면 노력의 정도만큼 결과는 참혹해질 수 있다. 자신의 고유한 특성을 존중할 줄 알게 되면 사람은 '행복감'과 '유능감'을 느끼기 시작한다.

이것은 꼭 학생들만의 이야기는 아니다. 여러 기업에서 소위 엘리트로 불리고 있는 사람들에게 강의를 하고 나서도 흔히 볼 수 있는 반응이다. 기업에서 강의를 할 때도 '성격의 이해'는 '역량을 발휘하기 위한 전제조건'임을 강조한다. 획일화된 방법과 기준으로는 자신만의 성과패턴을 만들 수 없음을 이야기한다. 단지 그런 깨달음만으로도 생각보다 큰 위로를 받는 것을 보게 된다. 물론 강점 위주의 성과 전략을 세우는 것으로도 이어진다.

이렇듯 사람이라면 누구에게나 존중받아야 하는 자신만의 고유한 특성이 내재되어 있다. 이것을 MBTI에서는 '선천적 심리 선호경향'이라고 부르는 것이다. **그런 의미에서 '선천적 심리 선호경향'은 아름다운 개념이다. 인간존중의 아름다운 가치를 실현해주는 개념이기 때문이다.** 이번 챕터의 제목을 '자아존중을 위한 아름다운 개념'이라고 붙인 이유이기도 하다.

이런 관점으로 접근하게 되면 성격유형을 활용한 자아탐색은 또 하나의 신비로운 여행이 된다. 그 안에서 자신이 무엇 때문에 상처받았는지, 어떤 욕구를 가지고 있는지, 앞으로 나를 중심으로 인생을 어떻게 살아가야 할지를 자연스럽게 알아가게 된다.

당신에겐 분명 당신만의 고유한 선천적 특성이 있다. 그리고 그 특성을 존중할 때 자연스레 '나다움'의 열매를 맺게 될 것이다. **'선천적 심리 선호경향'은 당신을 제한하기 위한 개념이 아니라, 가능성을 열어주기 위한 개념이다.**

당신만의 잠재력을 계발하라

MBTI 이론의 창시자라고 할 수 있는 심리학자 칼 융은 어떤 훈육이나 통제, 조건형성, 교육도 어린아이들의 선천적 경향성을 감소시킬 수 없다고 주장했다. '선천적 심리 선호경향'에 따르면 아이들은 '처음부터 서로 다른 존재'이기 때문이다. 따라서 **'교육의 목적은 아동이 모든 경**

향을 똑같이 발달시키도록 돕는 것이 아니라 아동 자신만의 고유한 경향을 지닌 잠재력의 계발을 돕는 것'이라고 하였다.

필자 역시 이 말에 동의한다. 당신만의 고유한 잠재력을 발견하고 그에 적합한 이해와 존중의 과정을 겪다 보면 자연스레 당신만의 탁월함에 도달할 수 있음을 믿는다. 수많은 사람들을 통해 경험한 바이기도 하다. 이 책이 당신만의 '탁월함에 이르는 길'을 발견하는 데 작은 디딤돌이 되기를 진심으로 바란다. 그런 기대감으로 이 책을 읽어나갔으면 한다.

당신은 당신만의 유일하고 독특한 잠재력을 가진 소중한 존재이다. 진정한 '나다움'의 의미는 그러한 잠재력을 구체적으로 이해하면서 발견할 수 있다. 그런 기대감을 가지고 다음 챕터로 넘어가보자.

활용을 위한 Key Point　　**이것만은 꼭 기억하자!**

 # 성격유형을 결정하는 기준 = 선천적 심리 선호경향

- MBTI는 행동이 아닌 '심리적 특성'에 대한 것이다. 마음속에 있는 '심리적 오른손(왼손잡이는 왼손)'을 찾는다고 생각하자.

 # '선천적 심리 선호경향'은 '평가나 규정'이 아닌 '존중과 이해'를 위한 개념

- MBTI는 평가나 규정을 목적으로 성격을 이야기하지 않는다. 그 사람만의 고유한 특성을 존중하고 이해하는 데 초점을 둔다. 딸기는 딸기에 맞는 재배방법으로, 포도는 포도에 맞는 재배방법으로 재배해야 싱싱한 열매를 맺는다. 재배방법이 잘못되면 아무리 심혈을 기울여도 좋은 열매를 맺을 수 없다. 사람 역시 자신만의 '고유한 특성'을 존중받아야 아름다운 열매를 맺게 된다. 거기에 초점을 두고 내면의 여행을 떠나보자.

Chapter 4

유형이해의 기본요소:
4가지 선호지표

앞 챕터에서 성격유형을 결정하는 기준이 '선천적 심리 선호경향'임을 살펴봤다. 지금부터는 그 기준을 근거로 자신의 유형을 파악하는 시간을 가져보려 한다. 당신이 MBTI 검사를 받아봤더라도 이 과정을 통해 다시금 검증해보는 시간을 갖는 것이 좋다. MBTI 검사는 '자기보고식 (자신에 대한 질문에 스스로 답하는 형태)'이기 때문에 자신에 대한 인식에 따라 얼마든지 검사결과가 달라질 수 있기 때문이다. 지금 당신이 처한 상황에 따라 일시적으로 검사결과가 달라질 수도 있다는 의미다. 예를 들어 논문을 쓰는 상황에서는 '감정형(F)'의 사람이 '사고형(T)'으로 나올 수 있다. 그러나 이러한 변화는 특정 영역에서의 부분적인 변화일 뿐, 성격유형이 변했다고 보기는 어렵다. 감정형(F)이 논문을 쓰는 기간 동안 '사고(T)'를 많이 쓴다 하더라도 선천적인 '사고형(T)'과는 분명한 차이가 난다.

가(假)유형(Falsified Type)

MBTI에서는 이러한 부분에 대한 이해를 돕기 위해 가(假)유형, 직업유형, 참유형의 개념을 제시한다. 먼저 가유형에서 '가'는 '거짓 가(假)'이다. 말 그대로 자신의 성격유형이 아닌 '가짜 유형'을 의미한다. 영어로는 'Falsified Type'이라고 한다. 자신의 선천적 선호경향과 반대되는 행동을 지속적으로 요구하는 환경에서 생활할 때 가유형이 나타날 수 있다. 예를 들어 감정형(F)의 아이에게 지속적으로 사고형(T)의 반응을 요구하는 경우를 떠올리면 된다. 그런 환경 속에서 오랫동안 자신을 인식하게 되면 자신이 사고형(T)이라고 생각하면서 살게 된다. 물론 그렇게 될 경우 '유능감'과 '만족감'은 떨어진다. 자신의 원래 모습과 다른 모습으로 사는 사람은 힘든 삶을 살 수밖에 없다. 따라서 어린 시절의 환경이 자신의 선천적 심리 선호경향을 지지했는지, 아니면 반대되는 반응을 요구받으면서 어린 시절을 보냈는지를 인식하는 것은 매우 중요하다.

예전에 MBTI 워크숍에서 자신을 정반대의 유형으로 인식하는 사람을 만난 적이 있다. 물론 검사결과가 그렇게 나왔기 때문이었다. 하지만 같은 유형끼리 모이는 그룹 작업에서 자신이 그 유형의 사람들과는 심각할 정도로 다르다는 것을 인식하게 되었다. 잠시 대화를 나눠본 결과 어린 시절 부모님으로부터 자신의 심리 선호경향과는 반대되는 요구를 받으면서 자랐다는 것을 알게 됐다. 부모님은 매우 논리적이고 냉철한 성향을 가진 분들이었는데, 자신의 감정적인 면에 대해 '나약하다, 사람이 왜 일관성이 없냐, 남자가 왜 자꾸 눈물을 흘리냐' 등 지속적인 비판을 하셨다고 한다. 물론 그 의도가 사랑에서 비롯되었음은 그 역시 잘 알고 있었다. 그러나 결과적으로 그로 인해 그의 자존감은 매우 낮아져 있었다. 항상 '나는 부족하다'라는 인식으로 살아왔으며, 자신의 감정적인 면이 매우 싫다고 했다. 그래서 그와는 반대되는 사람이 되려고 노력한 것이 검사결과로 나온 것 같다고 했다. 이러한 검사결과를 '가유형'이라고 보면 된다.

결국 자신의 유형을 찾으면서 상처받은 이유와 우울감의 원인을 정확히 발견하게 되었고 자신에게 맞는 커리어를 선택할 수 있게 됐다. 자신의 정확한 유형을 찾는 것은 이만큼 중요하다. 그리고 자신의 유형을 정확히 찾을 수 있는 가장 효과적인 방법 중 하나는 방금 들었던 사례에서처럼 워크숍에 참여해보는 것이다. 같은 유형의 사람들과 직접 만나보면 가유형은 쉽게 판별된다.

당신이 만약 가(假)유형을 당신의 유형으로 인식하고 있다면 당신의 자존감은 매우 낮을 것이다. 그리고 자신이 무능하다고 생각하거나 인생이 행복하지 않다고 느낄 가능성이 높다. 가(假)유형은 말 그대로 자기 자신에게도 거짓말을 하고 있는 유형이다. 내가 누구인지, 무엇을 원하는지를 알지 못하도록 스스로를 속이기 때문이다.

직업유형(Occupational type)

'직업유형'이란 직업에서 요구하는 특성으로 인해 나타나는 유형이다. 영어로 'Occupational type'이라고 한다. 필자의 경험에 따르면 '가유형'보다는 '직업유형'으로 인해 자신의 유형을 잘못 아는 경우가 훨씬 더 많다. 필자 역시 논리를 선호하는 사고형(T)이지만 사람들을 대해야 하는 직업적 특성으로 인해 감정형(F)의 특성을 적지 않게 사용한다.

직업유형은 특정 영역에서 일시적으로 '심리적 왼손'을 사용하는 상황이라고 보면 된다. 예를 들어 필자는 오른손잡이지만 가위질은 왼손으로 한다. 어린 시절부터 왼손으로 가위질을 해왔기 때문이다. 하지만 왼손의 익숙함은 가위질을 하는 '특정 영역'에서, 그러한 행위를 하고 있는 '일시적'인 상황에서만 나타난다. 다른 모든 영역에서는 오른손에 비해 미숙할 뿐 아니라 불편함을 느낀다. 이렇듯 직업유형으로 나타나는 성격적 특성은 선천적인 특성을 가진 것과는 확연히 구분이 된다. 필자도 감정형(F)의 특성을 많이 사용하다 보니 감정형이 된 것 같다는 착각이 들 때가 있었다. 하지만 선천적 감정형인 필자의 아내는 그건 필자의 생각일 뿐, 자신과는 분명히 다르다고 말한다. 선천적으로 타고난 유형을 가진 사람이 느끼기에는 분명한 차이가 있는 것이다. 사고형(T)이 감정형(F)을 의식적으로 사용하는 것과, 선천적 감정형(F)이 자연스럽게 감정형(F)으로 반응하는 것은 분명히 다르다. 여기서 중요한 포인트는 **'일시적, 부분적으로 성격유형과 다른 행동을 한다고 해서 성격유형이 변한 것은 아니라는 점'**을 기억하는 것이다.

참유형(True Type)

'참유형'은 선천적으로 타고난 자신의 진짜 성격유형을 의미한다. 영어로 'True Type'이라고 한다. 결국 이것을 찾는 것이 MBTI의 목적이다. 어렵지 않게 참유형을 찾는 경우도 있지만, 여러 환경의 영향으로 인해 자신의 참유형을 잘 찾지 못하는 사람들도 적지 않다. 그래서 검사결과만으로 자신의 유형을 판단하는 것은 위험하다. 왜 그런 검사결과가 나왔는지를 전문가와 함께 검증해나가는 과정이 반드시 필요하다. 지금부터 필자와 함께 할 작업이 중요한 이유가 바로 이것이다.

내가 찾은 성격유형이 참유형(True type)이 맞을까?

가(假)유형, 직업유형, 참유형의 개념을 듣고 나니 어떤 생각이 드는가? 우선 검사결과가 달라졌다고 해서 성격유형이 달라지는 것이 아니라는 사실을 알게 되었을 것이다. '가유형'과 '직업유형'은 그러한 상황에 대한 이해를 제공한다.

그러나 그보다 더 중요한 점은 '참유형'을 찾아야 할 필요성을 일깨워준다는 것이다. '가유형'과 '직업유형'은 현재 자신의 상태를 분명히 자각하게 하는 개념이다. 자신의 참유형을 찾기 위해 현재 상태를 보다 정확히 파악할 수 있도록 돕는 역할을 한다. 자신이 찾은 유형이 참유형이 맞는지에 대한 궁금증만 갖게 되어도 MBTI의 적용 범위는 넓어진다. MBTI를 통해 더 자세히 자신을 탐색하게 될 것이기 때문이다. 필자 역시 처음 찾은 유형은 '직업유형'이었다. 필자가 MBTI를 깊이 있게 활용하기 시작한 것은 '참유형'을 찾으면서부터였다. 당신 역시 지금 알고 있는 자신의 유형이 참유형이 아닐 수도 있다. 이 점을 염두에 두고 이번 챕터를 읽어나가기 바란다.

지금부터 '4가지 선호지표'를 가지고 자신의 유형이 '참유형'인지를 확인해보고자 한다. 딱딱한 이론적 개념을 정리한다는 느낌보다는 이 개념을 가지고 자신의 내면적 특징을 살펴본다는 느낌으로 읽어보자.

4가지 선호지표

4가지 선호지표를 설명하기에 앞서 이번 챕터의 내용은 필자의 또 다른 책『셋업』의 내용을 인용했음을 밝혀둔다. 만약 당신이 그 책을 읽었거나 4가지 선호지표에 대해 완벽하게 잘 알고 있다고 생각한다면 바로 다음 챕터로 넘어가도 무방하다. 하지만 그렇지 않다면 반드시 이 챕터를 읽으면서 정리할 것을 권한다. 그것이 후반부의 이해도를 훨씬 더 높여줄 것이기 때문이다.

MBTI의 4가지 선호지표는 다음과 같다.

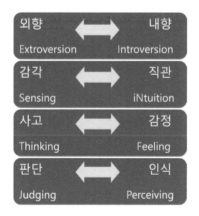

각 지표마다 2가지 알파벳이 있는데 둘 중에 자신의 선호경향을 선택하면, 총 4가지 알파벳이 나오게 된다. 첫 번째 지표인 외향(E)과 내향(I)

을 예로 들어보면, 둘 중에 자신이 더 선호하는 것을 선택한다. 외향이면 E, 내향이면 I를 선택한다. 두 번째도 마찬가지다. S와 N 중에 더 선호하는 것을 결정하면 된다. 세 번째와 네 번째 지표도 같은 방식으로 선택하다 보면 ESTJ, ENTP와 같이 네 가지 알파벳의 조합이 나오게 되는데, 그것이 자신의 성격유형이다.

앞에서 양손으로 자신의 이름을 써봤던 경험을 기억하면서 '내 마음 속의 오른손(왼손잡이라면 왼손)'을 찾는다고 생각하면 쉽다. 즉, 둘 다 우리 안에 있지만 자신이 오른손처럼 더 쉽고 편안하게 사용하는 선호지표를 선택하면 된다. 즉 자신의 유형을 결정하는 기준이 '선천적 심리 선호경향'이라는 것만 기억하면 된다.

앞서 말했듯이 성격은 자신이 처한 환경에 따라 검사결과의 오차가 생길 수 있다. 자신의 '참유형'을 찾는 것이 가장 중요하다는 점을 기억하면서 차근차근 접근해보자.

① 외향(E) - 내향(I)

외향은 Extroversion의 머리글자 'E'로 표시하고 내향은 Introversion의 머리글자 'I'로 표시한다. 이 둘을 나누는 핵심 기준은 **'에너지의 방향'**이다. 외향은 에너지가 바깥을 향하고 있고 외부에서 에너지를 얻는다. 반면 내향은 에너지의 방향이 안을 향하고 있고 자신의 내부로부터 에너지를 얻는다. 이 둘을 구분하는 핵심이 에너지의 방향임을 기억하면서 다음 몇 가지 질문들에 답을 해보자.

"화가 났을 때 어떻게 반응하는가? 외부로 표출하는가? 안으로 삭히는가?"

외향적인 성격은 화가 나면 그것을 바깥으로 표출한다. 얼굴 표정에서 화가 났다는 것이 확연히 드러나고, 과격한 행동을 하기도 한다. 그러나 내향이 화가 났을 때는 그가 화가 났다는 것을 다른 사람들은 모르는 경우가 많다. 외부로 표출하지 않았기 때문이다. 화가 나면 내향은 조용히 자신만의 공간을 찾는다. 그곳에서 화가 났던 상황을 다시금 정리하려 한다. 그러다 보면 화가 슬슬 올라오기 시작한다. 그리고는 아까 그 상황에서 했어야 할 말이 떠오른다. 하지만 다음 날이 돼도 그 말을 하지는 못한다.

"다른 사람들에게 적극적이고 활발한 사람으로 인식되고 있는가? 아니면 신중하고 차분한 사람으로 인식되고 있는가?"

외향적인 사람은 보통 활기가 넘친다. 그들은 생각을 적극적으로 표현하며, 몸짓을 사용해서 핵심을 강조한다. 예를 들면 두 팔을 크게 휘두르거나 손짓을 동원하여 의사를 표시하는 식이다. 표정의 변화 역시 다양하다. 반면 내향형은 말투도 차분하며 동작도 크지 않다. 그래서 조용하고 신중한 인상을 풍긴다. 아침에 출근하면 내향형은 보통 차분하게 하루를 시작한다. 옆 사람과 가벼운 인사를 나누고 자신만의 업무공간에서 조용히 일을 시작하고자 한다. 외향은 이와는 매우 다르다. 특별히 기분이 안 좋거나 문제가 있는 게 아니라면 외향의 등장은 내향에 비해 시끄럽고 요란스러워 보일 수 있다. 밝은 표정과 큰 손동작으로 "Hi, everyone!"하면서 들어오는 모습을 떠올리면 된다.

"대화를 주도하는 편인가? 듣고 있는 편인가?"

일반적으로 외향적인 사람이 내향적인 사람보다 말로 표현을 많이 한다. 외향적인 사람은 가라앉은 분위기를 불편해하기 때문에, 대화 중에 조금이라도 간격이 생기면 즉시 무언가로 채우려는 습성을 보인다. 그러나 내향적인 사람은 그런 침묵을 굳이 앞장서서 깨려고 하지 않는다. 회의나 모임 등에서도 외향적인 사람은 말이 많을 뿐 아니라, 점점 목청이 높아지는 경향을 보인다. 반면 내향적인 사람은 대화를 듣는 것으로 만족하면서 서둘러 의견을 개진하지 않는 경우가 많다. 내향적인 사람이 대화를 주도하는 경우는 특별히 중요하다고 생각하는 주제를 이야기할 때이다. 그 외에는 보통 자신의 의견을 드러내거나 대화를 주도하려는 행동을 하지 않는다.

"폭넓은 인간관계를 맺는 편인가? 깊이 있는 소수의 인간관계를 선호하는 편인가?"

외향적인 사람은 내향적인 사람보다 폭넓은 인간관계를 즐긴다. 학창 시절 새 학기가 되면 반 전체 아이들과 금세 친해지고 옆 반 친구까지 사귀는 스타일이 외향성의 사람이다. 여자친구와 데이트를 할 때 다른 친구를 끼워넣으려는 남자 역시 외향적인 사람일 가능성이 높다.

반면에 내향적인 사람은 학창 시절 친구가 많지 않다. 심한 경우엔 새 학기가 시작되고 한 달이 지났는데도 같은 반 친구인지 긴가민가할 정도로 조용한 사람도 있다. 내향적인 사람은 사람을 사귀는 데 시간이 걸린다. 처음부터 너무 급격하게 다가서면 부담스러워하는 경우가 많다. 반면 외향적인 사람은 처음 만난 그날에 "우리 평생 친구 합시다!" 하면서 적극적인 표현을 하기도 한다. 이러한 외향적 사람의 행동을 내향적인 사람은 이해하지 못한다.

"나는 사람들과 함께하면서 에너지를 충전하는가? 아니면 혼자서 보내는 시간을 통해 에너지를 충전하는가?"

외향적인 사람은 주변 사람들과 어울리고 대화하면서 에너지를 충전한다. 반면 내향적인 사람의 경우는 지나치게 교류가 많으면 배터리가 금세 소진되어 혼자 재충전할 시간을 필요로 한다. 이런 차이를 이해하지 못해서 종종 문제들이 발생하기도 한다. 외향적 사람은 종종 내향적인 사람이 혼자 있고 싶어 한다는 말을 이해하지 못한다. 그래서 회식이나 모임 참석을 지나치게 강요하다가 핀잔을 듣기도 한다. 필자의 아내는 내향형인데 가끔 "집에 아무도 없고 혼자 있었으면 좋겠어"라는 말을 하곤 한다. 처음엔 그것을 이해하지 못했지만 지금은 그 말의 의미를 충분히 이해하고 혼자만의 충전 시간을 주려고 노력한다.

지금까지의 설명을 중심으로 자신의 선호지표를 결정하라. 둘 중에 좀 더 선호되는 내 마음속의 오른손이 분명히 있다. 아까 이름을 썼던 종이에 당신이 외향에 속한다면 E라고 적고 내향이라고 생각되면 I라고 적어보자.

② 감각(S) - 직관(N)

외향과 내향을 결정하는 핵심 기준이 에너지의 방향이었다면, 감각과 직관을 결정하는 핵심 기준은 '**정보를 인식하는 방법이 무엇인가?**'이다. 감각은 Sensing의 머리글자인 'S'로 표시되는데, Sensing의 의미 그대로 주로 오감(시각·청각·촉각·미각·후각)을 통해 외부의 정보를 받아들이는 사람들을 지칭한다. 직관은 iNtuition의 두 번째 글자인 'N'으로 표시된다(내향의 I와 겹치므로 두 번째 글자로 표시). N적인 사람은 직관을 활용하여 정보를 받아들이는데, 이로 인해 이면의 의미나 대상들 간의 연관성, 함축적 의미 등에 관심을 갖는다.

정보를 인식할 때 오감과 직관 중 어느 것을 더 '내 마음속의 오른손'처럼 사용하는지가 결정 기준임을 인식하고 다음의 질문들에 답해보자.

"사물의 실제적인 정보에 더 관심을 기울이는가? 아니면 그 사물로 인해 연상되는 것이나 그 속에 담긴 의미 등을 찾게 되는가?"

감각과 직관의 성향을 가진 두 사람에게 꽃 한 송이를 보여주고 잠시 뒤 무엇이 생각나는지 물었다. 오감을 주로 쓰는 감각형의 사람은 꽃의 색깔, 촉감, 향기, 세부적인 모양들의 정보를 나열했다(오감적인 정보). 반면 직관을 쓰는 사람은 눈시울을 붉히며 "헤어진 오빠가 생각나요"라고 말했다. 꽃의 있는 그대로의 정보가 아니라 꽃에서 연상되는 것, 그 속에 담긴 의미 등에 초점을 두고 정보를 받아들인 것이다.

"누군가 길을 물어보면 정확하고 세세하게 답변하는가? 세세한 것보다는 전체적인 방향을 설명하는가?"

감각적인 사람은 오감을 바탕으로 사실과 특징에 초점을 두기 때문에 단계적인 설명을 하며 또한 정확하게 묘사하려는 경향을 보인다. 누군가 길을 물어보면 다음과 같은 방식으로 설명할 것이다. "○○역 3번 출구로 나와서 200m를 가면 '우리 문방구'가 보일 거야. 문방구를 끼고 왼쪽으로 돌아서 300m 가다가 '쭈꾸미 사랑'이라는 음식점이 보이면 음식점을 끼고 오른쪽으로 돌아. 그럼 바로 '스타 빌딩'이 보여. 거기 3층에 네가 찾는 커피숍이 있어." 반면 직관적인 사람은 세세한 것에 신경을 쓰지 않고 생각이 건너뛰는 경향이 있기 때문에 같은 목적지를 설명할 때도 전혀 다른 식으로 설명한다. "음… 거기가 아마 6번 출구인가 3번 출구인가 그럴 거야. 전화해서 다시 한번 물어봐. 일단 거기로 나가서 쭉 가다가 왼쪽으로 돌아서 얼마 동안 걷다 보면, 커피숍이 보일 거야."

감각적인 사람이 세세한 실제 정보에 초점을 두고 '나무'를 본다면, 직관적인 사람은 전체적인 '숲'을 본다. 세세하고 사실적인 정보가 잘 들어오지 않기 때문이다. 필자도 직관형에 속한다. 어린 시절 감각형인 어머니께서 학교에서 돌아오는 길에 양말 가게에 들러 무언가를 찾아오라고 하셨는데 필자는 4년 동안 등하굣길에 그 길을 지나다녔음에도 거기에 양말 가게가 있는 것을 그때 처음 알았던 기억이 난다. 특히 관심이 있는 정보가 아니라면 직관형에게 세부적인 정보는 인식되지 않거나 생략된다. 만일 당신이 직관형이라면 방금 벗은 양말을 어디에 두었는지 기억조차 하지 못하는(또는 이와 비슷한) 상황을 경험해보았을 것이다.

"나는 반복적인 업무를 더 선호하는가? 아니면 창의성을 발휘할 수 있고 다양한 변화가 있는 업무를 더 선호하는가?"

창의력을 발휘할 수 있는 상황은 직관적인 사람에게 더 큰 활력소가 될 수 있다. 이들은 틀에 박힌 업무나 반복적인 일을 좋아하지 않는다. 창조적인 도전이 성취되는 순간부터 관심을 잃어간다. 예를 들어, 신개념 자전거를 발명한다고 하면 이들은 새로운 아이디어와 창의적인 업무에 몰입한다. 그러나 일단 그 컨셉이 결정되고 그에 맞게 자전거가 조립되는 단계에서는 관심이 급격하게 떨어진다. 아이디어가 구체적으로 실행되는 과정에는 흥미가 없는 것이다. 단순 반복적인 업무를 하게 되면 직관형은 에너지가 급격히 소진된다. 반면 감각형은 새롭고 창의적인 아이디어를 내는 것을 힘들어하지만 반복된 절차를 따르는 과정에서는 집중력을 보인다. 신개념 자전거에 대한 아이디어를 내는 것은 곤혹스러워하지만 그것이 절차에 따라 조립되고 생산되도록 하는 것에는 편안함을 느끼는 것이다. 감각형은 기술을 배워서 능숙해질 때까지 반복하는 경향이 있다.

결국 직관적인 사람이 '새로운 아이디어를 제공하는 사람'이라면 감각적인 사람은 그 아이디어를 구체적으로 '실현시키는 사람'이라고 볼 수 있다. 하나 더 살펴볼 점은 감각형은 창의성이 없는 사람이 아니라 창의성의 형태가 다른 사람일 뿐이라는 것이다. 직관형이 이전과는 다른 새로운 방법을 제시하는 창의성을 갖고 있다면, 감각형은 기존에 있던 것을 응용하는 방법으로 창의성을 보인다.

그렇다면 공무원 업무는 어떤 유형에게 더 적합할까? 아마도 감각형이 더 잘 어울릴 것이다. 실제로 공무원 교육에 가보면 감각형이 압도적으로 많은 분포를 보인다. 반면 공무원 생활 15년차가 된 직관형을 만난 적이 있었는데, 업무가 성격에 맞지 않아 심적으로 많이 어려웠음을 토로하였다. 그의 원래 꿈은 디자이너였다고 한다. 그러나 집안 형편으로 어쩔 수 없이 공무원을 선택하게 되었고, 지금은 그 선택을 너무 많이 후회한다고도 했다. 물론 이와는 다른 느낌을 가진 직관형 공무원도 있을 수 있겠지만, 직업 선택 시 자신의 성격을 충분히 고려해야 하는 것만은 분명하다.

"나는 미래 가능성에 초점을 두는가? 아니면 현실에 초점을 두는가?"

자녀 교육에 관심이 많은 필자는 직관형이다. 따라서 미래 가능성에 초점을 두고 아이들의 교육 문제에 접근한다. 물론 직관형답게 혁신적이고 새로운 방법들이 주를 이룬다. 홈스쿨링이나 대안학교 등을 알아보고 아이들이 가장 행복하면서도 잠재력을 최대한으로 발휘할 수 있는 빙법이 무엇일까 고민한다. 아이들이 미래에 신성으로 행복해질 수 있다면 새로운 도전을 하는 것이 두렵지 않다. 반면 감각형인 아내는 현실에 초점을 두고 이 문제를 바라본다. '비용은 얼마나 들까요? 홈스쿨링을 하면 누가 아이들을 가르치죠? 제가 혼자 다 해야 하나요? 검정고시를 보게 할 건가요? 관련 자료들은 찾아보셨어요? 학교를 그만두게 하면 사회성이 잘 길러질까요?'와 같은 현실적 질문들이 주를 이룬다. 아내는 종종 내 아이디어들이 너무 비현실적이지 않냐고 반문한다. 내가 하는 얘기와 관련된 구체적 사례나 실제적 정보들을 얻고 싶어 한다. 물론 이 둘의 관점을 모두 고려해야 최상의 선택이 이루어질 수 있을 것이다. 필자가 직관형이라고 해서 감각형인 아내가 제시하는 생각들을 하지 않는 것은 아니다. 필자 역시 내 마음속의 왼손인 감각을 가지고 있고 여러 경험을 통해 다각적인 접근을 시도한다. 여기서 중요한 것은 직관형과 감각형의 초점이 확연히 다르다는 것이다.

"사실적이고 구체적인 언어를 사용하는가? 아니면 비유적이고 암시적인 언어를 사용하는가?"

감각적인 사람은 언어를 전달의 도구로 생각하며, 언어를 사용하는 목적 역시 가장 효과적으로 생각을 전달하는 것이다. 따라서 대부분의 감각적인 사람에게 언어는 효율성이 중요하다. 감각적인 사람은 정확하고 곧이곧대로 말한다. 사용하는 문장이 짧은 편이며, 한 문장에 하나의 생각을 담고 있고, 보통 끝맺음이 분명하다. 이러한 특징들로 인해 이들의 묘사는 매우 사실적이다. 헤밍웨이의 소설 『노인과 바다』에서 감각적 상황 묘사가 나타난다. "노인은 낚시를 빼고 그 줄에다가 다시 정어리를 매달아서 물에 던졌다. 왼손을 씻고는 바지에다 닦았다. 무거운 낚싯줄을 왼손에 옮기고 오른손을 바닷물에 씻었다…. 미끼 하나를 40길 아래로 던졌다. 두 번째 것은 75길 아래로, 세 번째 것과 네 번째 것은 각각 100길과 125길 아래 푸른 물속으로 던졌다."

　반면 직관적인 사람은 복문을 사용하여 상당히 장황하게 말하는 편이며, 복잡하고 끝맺음이 명확하지 않다. 또한 상징적인 표현과 비유를 즐겨 쓴다. 또한 어휘의 미묘한 차이를 고려하여 함축적으로 여러 의미를 내포하는 단어들을 즐겨 사용한다. 이들에게 언어란 효율적인 전달 수단을 넘어서는 하나의 예술이라고 할 수 있다. 직관적인 표현을 즐겨 쓰는 사람 중에 대표적인 인물로 그룹 부활의 리더인 김태원을 들 수 있다. 직관형들의 언어 표현은 주로 '어록'으로 회자된다. 그의 표현 중 한 가지를 살펴보자. "인생의 모든 지나간 순간은 쓰고 버리는 연료가 아니라, 그 순간들은 타버린 숯이 되어 그대의 미래를 지배할 것입니다. 모든 순간에 최선을 다해야 하는 이유입니다." 스티브 잡스 역시 직관적인 언어 표현을 주로 썼다. "난 죽음이 삶의 가장 훌륭한 발명품이라고 생각한다." "미래를 보면서 인생의 점들을 연결할 순 없다. 오직 과거를 돌아봐야 점이 연결된다. 그 점들이 미래에 어떻게든 연결될 것이라 믿어야 한다."

　지금까지의 내용을 토대로 자신의 선호를 선택하라. 당신 마음속의 오른손이 직관형에 가깝다면 N이라고 적고, 감각형에 가깝다면 S라고 적어보자.

③ 사고(T) - 감정(F)

L과 K는 입사 동기이며 친한 친구 사이다. 그들은 서로의 개인적인 부분까지 나눌 정도로 친분이 두터운 편이다. 그러던 어느 날 업무회의 중에 심각한 의견 충돌을 겪게 됐다. 둘은 각자의 생각을 주장하며 열띤 토론을 벌였다. 주변에선 싸우는 것처럼 보일 정도로 강렬한 토론이었다. 회의가 끝난 뒤 L은 여느 때와 같이 점심식사를 하러 가자고 제안했다. 그러나 K는 감정이 이런데 어떻게 그럴 수가 있냐며 L의 요청을 거절했다. K는 개인적인 감정이 해소되지 않은 모습이었고 L은 토론과 관계는 별개로 인식하고 초연한 반응을 보이고 있다. 당신은 둘 중어느 쪽에 더 가까운가?

'**어떻게 결정을 내리고 결론에 도달하는가?**'는 사고형과 감정형을 나누는 핵심 기준이다. 토론 이후 태연히 식사 요청을 하는 L은 사고형에 속한다. 상황과 자신을 분리해서 판단을 내리고 있다. 반면 K는 개인적 감정과 상황이 잘 나뉘어지지 않는 경향을 보인다. 감정형은 상황을 개인화해서 판단을 내리기 때문이다. 사고형은 Thinking의 머리글자 'T'로 표시하고, 감정형은 Feeling의 머리글자 'F'로 표시한다.

"**나는 논리적이고 분석적인가? 감정적이고 정서적인가?**"

사고형은 어떤 사실을 듣게 되면 자연스레 분석을 한다. 친구가 속상한 일을 얘기하면 가만히 듣고 있다가 "네가 잘못한 것 같은데?" 또는 "이건 네 잘못이고 그건 그 사람이 잘못했네" 하는 식으로 상황을 논리적으로 평가한다. 반면 감정형은 그 사실에 대해 자신의 정서를 대입하여 공감하려 한다. "속상했겠다", "힘내"라는 식의 반응은 감정형의 전형적인 모습이다.

따라서 애정표현 역시 감정형이 훨씬 더 자연스럽다. 감정형의 친밀해지려는 욕구는 포옹, 등을 가볍게 두드리거나 팔로 어깨를 감싸는 행위 등으로 나타난다. 고맙다, 사랑한다는 표현도 감정형이 더 편안하게 한다. 사고형은 그런 애정표현을 상대적으로 불편하게 받아들인다.

"객관적 판단을 내리는 것이 편안한가? 아니면 주관적 공감이 더 편안한가?"

사고적인 사람과 영화를 보면 어떤 일이 발생할까? 필자는 사고형이다. 그래서 감정형인 아내와 드라마나 영화를 보면서 욕을 먹는 경우가 많다. 주인공이 죽는 장면에서도 연기가 어설프면 바로 지적하기 때문이다. "죽는 연기 저렇게 하면 안 되지" 또는 "연출자가 날로 안 뇌세 스토리를 전개해나가네. 지금 저기서 죽는 장면이 개연성이 있나?" 등의 객관적 판단이 자연스럽게 나온다. 그리고 옆을 보면 아내는 극에 몰입하여 이미 눈물을 흘리고 있다. 그리고는 조용히 말한다. "그런 식으로 볼 거면 방으로 들어가." 사고형은 객관적 판단이 오른손과 같이 먼저 튀어나온다. 반면 감정형은 자신의 감성코드에 입각한 공감을 중심으로 상황을 바라보고 해석한다.

"상대가 상처를 받더라도 정직한 것이 편한가? 아니면 선의의 거짓말로 얼버무리는 것이 편한가?"

누군가를 진심으로 사랑하고 걱정한다면 사고형은 솔직한 지적과 평가를 통해 비판을 한다. 예를 들어 똑같은 패턴의 실수를 반복하는 친구가 있다면 "그렇게 하니까 성적 관리가 안되고 사람들이 무책임한 사람으로 생각하는 거 아니겠어? 그런 식으로 계속 나가면 결과는 똑같아" 하는 식으로 적나라한 지적을 한다. 이런 비판이 가능한 이유는, 사고형은 사건과 사람을 분리해서 분석하는 것이 어렵지 않기 때문이다. 이들은 누군가를 진정으로 돕는 방법은 똑같은 실수를 반복하지 않도록 하는 것이라고 생각한다. 이런 모습은 감정형에게는 차갑고 퉁명스럽게 보이기도 한다. 반면 감정형의 사랑은 다른 방식으로 표현된다. 감정형은 지적할 사항이 있어도 상대방이 상처를 받을 것 같으면 쉽게 말하지 못한다. 종종 선의의 거짓말을 하기도 한다. 적나라한 비판을 통해 관계가 틀어지는 것을 원치 않기 때문이다. 다른 의견이 있어도 공감대를 먼저 형성하고 조심스럽게 표현한다. 감정형은 비판해야 할 상황보다는 칭찬하고 지지하는 상황을 훨씬 더 편안하게 받아들인다.

"나는 객관적으로 의사결정을 내리는 편인가? 아니면 개인적 감정과 주변 상황을 고려해서 의사를 결정하는 편인가?"

R은 전형적인 감정형의 사람이었다. 어느 날 지방으로 출장을 가게 됐는데 자신이 가장 싫어하는 H와 함께 가야 했다. 이동 방법은 두 가지가 있었는데 하나는 H와 함께 승용차를 타고 장시간 동행해야 하는 것이었고, 다른 방법은 대중교통을 이용하여 개인이 직접 세미나 장소로 가는 것이었다. 이렇게 되면 교통비, 식비 등의 비용이 들고 시간 역시 훨씬 더 많이 들여야 하는 상황이었다. 여름이었기 때문에 이동하면서 찌는 듯한 더위까지 감당해야 했다. 정상적인 상황이라면 승용차를 타고 이동하는 것이 모든 면에서 훨씬 더 좋은 선택이었을 것이다. 하지만 R은 대중교통을 선택했다. H가 싫은 것도 이유였지만, 싫어하는 사람과 함께 차를 타고 가는 과정에서 아무렇지 않은 듯 연기(?)를 해야 하는 자신을 보면 위선자처럼 느껴질 것 같았기 때문이다. 그러자 사고형인 동기 K는 "너 바보 아냐? 단지 H가 싫다는 이유로 그 많은 비용과 시간을 허비해? 일은 일이니까 일로만 동행한다고 생각하고 가면 되잖아. 앞으로 이런 일 생길 때마다 이럴 거야?"라면서 비판적 조언을 했다. 사고형은 한발 물러서서 공과 사를 구분하여 논리적이고 냉정한 분석을 거쳐 의사결정을 내리기 때문이다. 반면 감정형은 그 결정에 대한 자신의 감정이 어떠한지, 또 이 결정이 다른 사람에게 어떤 영향을 미칠지 등을 고려하여 결정을 내린다. 결국 감정형은 상황을 개인적으로 받아들인다.

자, 사고형과 감정형 중 당신이 더 선호하고 자주 쓰는 내 마음속의 오른손은 무엇인가? 사고형이라면 T, 감정형이라면 F라고 쓰라.

④ 판단(J) - 인식(P)

마지막 선호지표는 판단과 인식이다. 판단형과 인식형을 나누는 핵심 기준은 **'삶을 어떤 방식으로 살아가는가'**이다. 판단형은 Judging의 머리 글자 'J'로 표현한다. 말 그대로 판단을 내리는 사람은 일정 선에서 결정을 하거나 판단을 내리고자 하는 성향을 보인다. 어떤 미션이 주어졌다면 '언제, 어떻게, 무엇을 할지' 신속히 결정하고 추진하려 한다. 따라서 계획적인 성향을 보인다. 반면 인식형은 Perceiving의 머리글자인 'P'로 표현되는데, 그 이름대로 개방적으로 정보를 계속 인식하고 받아들이려 한다. 따라서 융통성을 보이거나 결정을 유보하려 한다. 미션이 주어지 더라도 그 미션에 대한 정보를 계속 받아들여 그 미션을 진행할 것인지 말 것인지 결정하기까지 시간이 더 걸리고, 결정하더라도 새로운 정보가 생기면 계획을 쉽게 변경한다. 판단형과 인식형이 중국집에 간다면, 판단형은 시간과 가진 비용, 자신의 평소 습관을 고려하여 신속하게 결정을 내릴 것이다. "난 짜장면!" 하는 식이다. 반면 인식형은 "짜장면을 먹을까? 음… 아냐, 이번엔 짬뽕이 나을 것 같아"라고 하면서 시키려 하다가 "아니, 아니, 볶음밥이 낫겠어" 하는 식으로 신속히 결정을 내리지 못하거나 번복하는 모습을 보일 것이다. 정보가 들어올수록 개방적으로 받아들이려 하기 때문에 판단을 유보하거나 바꾸려는 것이다.

"나는 대체로 시간을 잘 지키는 편인가? 아니면 자주 늦는 편인가?"

판단형과 인식형은 시간 개념이 완전히 다르다. 판단형에게 시간이란 목표를 달성하는 중요한 수단이기 때문에 소중하고 유한한 것으로 생각한다. 즉, 시간을 낭비하지 않으려 한다. 누군가와 약속이 있다면 그전에 장소를 검색하고 어떻게 이동할지를 결정한다. 그리고 만약에 있을 변수를 고려하여 30분 이상 일찍 나간다. 판단형은 차를 갈아타는 시간, 걷는 시간 등을 미리 생각하고 약속 장소에 나간다. 그러니 늦는 경우가 거의 없다. 과제를 제출할 때도 마찬가지다. 미리 시간을 따져보고 가용한 시간에 맞춰 가급적 미리 하려 한다. 따라서 마감 시한을 초과하는 일이 드물다.

반면 인식형에게 시간이란 재생 가능한 자원, 항상 넘치도록 많은 자원으로 인식된다. 따라서 판단형에 비해 유유자적한 인상을 준다. 약속에 늦을 만한 시간인데도 여유를 부린다거나, 갈아타거나 이동할 시간 등을 고려하지 않고 출발하기도 한다. 인식형은 보통 일찍 출발하는 경우가 드물다. 그래서 항상 늦거나 시간에 딱 맞춰 아슬아슬하게 등장하는 사람으로 주변 사람들에게 인식된다. 인식형은 소위 '벼락치기' 강자들이 많다. 마감 시한이 다가와서 턱까지 찼을 때 일을 시작하기 때문이다. 마감 시한을 넘기는 경우도 적지 않다.

"나는 계획적으로 일을 하는 편인가? 아니면 유연하게 일을 하는 편인가?"

판단형인 K는 시간을 최대한 활용하기 위해 일과표에 따라 움직인다. K의 다이어리는 항상 계획으로 가득한데, 그런 계획에 따라 움직일 때 편안함을 느끼며, 실천하면서 계획된 내용을 하나씩 지워갈 때마다 쾌감을 느낀다고 한다. 여행을 갈 때도 미리 예산을 세우고 여행지 정보를 충분히 검색하여 이동 계획을 짜는 것을 선호한다. 그 과정에서부터 여행이 시작된다고 말한다. 따라서 K와 여행을 가면 돈이 새지 않고 시간을 효율적으로 활용하여 알찬 여행을 할 수 있다. 반면 인식형인 M은 일을 하면서 체계화하려고 많이 노력하고 계획을 세우지만, 계획이 그대로 실행되는 경우는 드물다. M 역시 연초에 야심차게 다이어리를 구입하지만, 시간이 갈수록 일과표로 쓰이기보다는 그냥 수첩이 되는 경우가 많다. 계획한 것들은 대부분 다음 날, 또는 다음 기회로 미뤄진다. M에게 여행이란 자유를 만끽하는 것이다. 카드 한 장 들고 필요한 최소한의 물품을 가지고 즉흥적으로 떠나서 가고 싶은 곳에 들르고, 자고 싶을 때 자고, 일어나고 싶을 때 일어나는 식의 여행을 좋아한다. 계획을 세우더라도 좀 더 느슨하게 압박감을 느끼지 않는 선에서 짜려한다. 물론 예산을 짜지 않아 비용이 초과되거나 미리 알아보지 않아서 숙박할 곳을 못 찾는 일도 생긴다.

"나는 정해진 절차와 전통을 중시하는가? 아니면 편안하고 자유로운 것을 중시하는가?"

판단형은 정해진 절차와 형식, 전통, 관습 등을 중시한다. 군대는 전형적인 판단형 문화가 주를 이루는 곳이다. 군화 끈을 묶는 법, 소매를 접는 법, 경례하는 손의 위치, 말투, 정해진 문서 양식 등등. 판단형은 이렇게 짜여진 관습과 전통이 있는 환경에서 더 적응을 잘한다. 반면 인식형은 전통과 관습에서 벗어나려는 자유주의자라고 할 수 있다. 정해진 절차와 양식을 지키는 것이 인식형에게는 중요하지 않고 심지어 불편함을 느낀다. 압박감을 느끼기 때문이다. 인식형은 보다 자연스럽고 자유스러운 분위기를 선호한다. 위아래가 분명치 않고 업무 시간에 자유롭게 이동할 수 있는 것이 허용되는 수평적 문화에서 편안함을 느낀다.

"나는 평소에 정리를 잘하는 편인가? 아니면 쌓아두고 어질러놓는 편인가?"

판단형은 일반적으로 '정리하는 사람'이다. 판단형의 책상을 보면 물건들이 제자리에 놓여 있고 나름의 질서를 가지고 정돈되어 있음을 볼 수 있다. 예를 들어 같은 주제의 책끼리 가까이 꽂혀 있다던가, 서랍을 열어보면 물품별로 나누어 정리가 되어 있는 식이다. 차 트렁크를 열어봐도 질서 있게 정리가 되어 있는 편이다. 판단형은 사용한 물건을 즉시 치워두려는 습성이 있다. 반면 인식형의 책상은 난장판인 경우가 흔하다. 인식형은 흔히 '쌓아두는 사람'들이 많다. 물건들이 여기저기 흩어져 있고 가끔 정리를 해도 금방 흐트러진다. 차 트렁크를 열어봐도 여러 물건들이 섞여서 어질러져 있는 경우가 많다.

주의할 점은 판단형과 인식형은 성격의 한 특성이지, 능력의 차이로 이해해서는 안 된다는 점이다. 우리나라의 문화는 판단형 쪽에 가깝기 때문에 인식형이 게을러 보이고 무책임해 보일 수 있다.

하지만 어느 대학, 어느 기업에 가도 판단형 혹은 인식형 둘 중 한 유형만 있는 경우는 없다. 성과를 내고 능력을 발휘하는 방식이 다를 뿐이지, 한쪽이 무조건 더 탁월한 성과를 낸다고 볼 수는 없다는 의미다. 다만 각각의 특성에 잘 맞고 그 특성을 더 높게 평가하는 분야와 직업이 있다는 것은 분명하다.

자, 당신 마음속의 오른손을 정했는가? 판단형에 가깝다면 J, 인식형에 가깝다면 P라고 적어보자.

1차 성격유형 결정

지금까지 살펴본 내용을 토대로 자신의 성격유형을 정리해 보자. '외향(E) - 내향(I)', '감각(S) - 직관(N)', '사고(T) - 감정(F)', '판단(J) - 인식(P)'의 선호지표 중에서 자신이 선택한 지표의 4가지 조합이 당신의 성격유형이다. ENTJ, ISTJ 하는 식으로 총 16가지 유형으로 구분된다. 이번 챕터를 차근차근 잘 따라왔다면 자신의 성격유형을 확인할 수 있었을 것이다. 혹 자신의 유형을 알았던 사람도 자신의 유형이 결정되는 과정에 대해 좀 더 입체적으로 이해할 수 있었을 것이다.

가끔 '저는 반반인 것 같아요'라는 이야기를 듣곤 하는데 '반반 유형'은 존재하지 않는다. 본인이 그렇게 느낄 뿐이다. 우리가 왼손과 오른손을 다 사용하듯이 부분적으로 양쪽의 특성이 모두 나타날 수 있기 때문이다. 하지만 우리는 '100% 일치하는 특성'을 찾고 있는 것이 아니라 '둘 중 오른손(왼손잡이는 왼손)이 무엇인가'를 결정하고 있는 것이다. 둘 중 '내 마음속의 오른손'에 더 가까운 선호지표를 결정하고 있음을 꼭 기억하자. 혹시 자신의 유형을 확실히 찾지 못했다면 이 부분을 인식하면서 일단 자신의 유형을 결정해보기 바란다. 앞으로도 자신의 성격유형을 계속 검증해나갈 것이기 때문에 여기서 찾은 유형은 1차 유형 정도로 생각하고 부담 없이 결정해보자.

자, 그럼 여기서 찾은 유형이 당신의 '참유형'이 될 수도 있고 '직업유형'이나 '가유형'일 수도 있음을 기억하면서 다음 챕터로 넘어가보자. 뒤로 갈수록 자신의 유형에 대한 이해가 점점 더 분명해질 것이다.

MBTI에서 말하는 성격유형이란 '참유형'을 의미한다.

- 가(假)유형(Falsified type): 자신의 선호경향과 반대되는 경향을 지속적으로 요구하는 환경에서 생활할 때 나타나는 유형이다. 가유형으로 자신을 인식할 경우 '유능감'과 '만족감'이 떨어진다.

- 직업유형(Occupational type): 직업에서 요구하는 특성으로 인해 나타나는 유형이다. 직업유형은 '특정 영역'에서 '일시적'으로 나타나는 유형이라고 볼 수 있다.

- 참유형(True type): 선천적으로 타고난 자신의 진짜 성격유형을 의미한다. 이것을 찾는 것이 MBTI의 목적이다.

4가지 선호지표를 결정하는 기준

- 에너지의 방향: 외향형(E)과 내향형(I)을 결정하는 핵심 기준은 '에너지의 방향'이다. 외향형은 마음의 안테나가 주로 외부를 향해 있고 외부와의 상호작용을 통해 에너지를 얻는다. 내향형은 마음의 안테나가 주로 내부를 향해 있고 자신의 내부로부터 에너지를 얻는다.

- 정보 인식 방법: 감각형(S)과 직관형(N)을 결정하는 핵심 기준은 '정보를 인식하는 방법이 무엇인가?'이다. 감각형은 주로 오감(시각·청각·촉각·미각·후각)을 통해 외부의 정보를 받아들이는 사람들을 지칭한다. 직관형은 육감이라 불리는 직관을 활용하여 정보를 받아들이는데, 이로 인해 이면의 의미나 연관성, 함축적 의미 등에 관심을 갖는다.

- 의사결정 방식: 사고형(T)과 감정형(F)을 나누는 핵심 기준은 '어떻게 결정을 내리고 결론에 도달하는가?'이다. 사고형(T)은 주로 상황과 자신을 분리해서 판단을 내린다. 반면 감정형(F)은 상황을 개인화해서 판단을 내리는 것을 선호한다.

- 생활양식: 판단형(J)과 인식형(P)을 나누는 핵심 기준은 '삶을 어떤 방식으로 살아가는가'이다. 판단형은 언제 어떻게 무엇을 할지 신속히 결정하고 추진하려 한다. 따라서 계획적인 성향을 보인다. 반면 인식형(P)은 정보를 계속 인식하고 받아들이려 하기 때문에 융통성을 보이거나 결정을 유보하려 한다. 결정을 내린 사항에 대해서도 새로운 정보가 생기면 계획을 쉽게 변경한다.

Chapter 5

16가지 성격유형의 특징

지금까지의 여정을 잠시 돌아보자. 우리는 먼저 '선천적 심리 선호경향'이라는 개념을 통해 성격유형이 결정되는 '기준'을 분명히 했다. 그리고 그 기준을 '4가지 선호지표'에 적용하여 자신의 성격유형을 확인했다. 이번 챕터에서는 그렇게 결정된 16가지 성격유형에 대해 간략히 살펴보려 한다.

각 유형을 이해하는 데 가장 좋은 방법

16가지 유형을 이해하는 데 가장 좋은 방법은 각 유형에 해당되는 '실제 인물'을 경험해보는 것이다. 일방적으로 상대방을 분석하는 것보다는 함께 서로의 유형을 공부하면서 대화하는 것이 가장 효과적이다. 유형 설명만으로 성격을 파악하면 오류가 생길 수밖에 없다. 필자 역시 16가지 유형을 모두 관계를 통해 파악했다. 그러한 경험을 하고 나니 텍스트만으로 접한 유형 설명은 잘못 이해되는 부분이 있을 수밖에 없다는 사실을 알게 됐다. 따라서 자신과 가까운 사람들과 스터디를 하듯이 한 유형, 한 유형을 공부해나갈 것을 권한다. 실제 경험이 수반될수록 특정 유형이 가지고 있는 고유한 느낌과 패턴을 파악하는 것이 점점 더 쉬워질 것이다. 연인이 있다면 함께 읽어보면서 서로의 유형을 알아가는 것이 가장 좋을 것 같다.

이번 챕터의 목적: 성격유형의 '구조'와 '패턴' 확인하기

이번 챕터에서는 각 성격유형의 특징이 나타나는 기본적인 '구조'와 그로 인한 '패턴'을 중심으로 살펴보려 한다. 16가지 유형에 대한 설명은 인터넷이나 여러 책에도 충분히 나와 있다. 그런 설명이 자신에게 잘 맞는다고 생각하는 경우가 많지만, 맞는 부분도 있고 틀린 부분도 있다고 말하는 사람들도 적지 않다. 틀린 부분에 대한 괴리감이 클수록 유형 설명에 대한 신뢰도는 현저하게 떨어진다.

하지만 성격유형의 특징이 단순히 몇 가지 행동을 나열해놓은 것이 아니라 **심리적 구조로 인한 패턴**임을 알게 되면 이야기는 달라진다. 다음 Part부터 자세히 살펴보겠지만, MBTI에서 말하는 성격유형은 심리적 구조로 인해 나타나는 하나의 패턴이다. 이런 원리를 이해하고 나면 유형 설명에 대한 이해가 높아지면서 MBTI에 대한 신뢰 또한 높아진다.

따라서 이번 챕터에서는 16가지 유형별 특징에 대해 패턴을 중심으로 살펴보려 한다. 그리고 다음 챕터부터는 그러한 패턴을 형성하는 '메커니즘(작용원리)'을 설명할 예정이다. 사실 다음 챕터부터가 이 책의 가장 핵심이 되는 내용들이다. 다만 그러한 내용을 잘 이해하기 위해 기본이 되는 개념들을 차근차근 학습하고 있는 중임을 기억해주기 바란다.

이번 챕터의 목적은 각 유형에 대해 자세한 설명을 하는 것이 아니다. **자신의 성격유형이 심리구조로 인한 '패턴'이라는 것을 확인하는 것이 본 챕터의 핵심 포인트**라는 점을 꼭 기억하자.

반대유형을 꼭 함께 읽어볼 것

이해를 돕기 위해 반대되는 두 유형을 서로 매칭시켜놓았다. **자신의 유형과 반대유형을 함께 살펴보면 '장점과 단점이 반대'라는 점이 극명하게 드러난다. 그러면서 자신의 성격유형의 '패턴'이 보다 선명하게 보일 것이다.** 반대되는 두 유형을 함께 살펴보면 이면의 패턴과 구조가 더 쉽게 들어온다. 따라서 반드시 자신의 유형과 반대유형을 함께 읽어보기 바란다.

두 유형을 비교할 때 먼저 외향적 성격유형을 설명하고 내향적 성격을 비교하는 식으로 정리했다(예를 들면 ENTJ를 먼저 설명하고 ISFP를 비교). 그렇게 한 이유는 외향적 성격의 특징이 더 쉽게 이해되는 경향이 있기 때문이다. 외향형은 성격의 특징이 외부로 표출되기 때문에 그만큼 실제 인물을 떠올리며 적용해보기가 쉽다.

반면 내향형의 사람들은 겉으로 드러나는 행동만으로는 심리적 특징을 분명하게 파악하기가 어렵다. '내향적'이란 '심리적 특성을 내면에서 사용하고 겉으로 드러내지 않는다'는 의미다. 그래서 겉으로 보이는 행동패턴만으로 성격유형을 파악하기가 쉽지 않다. **따라서 자신의 성격이 내향적이라 하더라도 자신과 반대되는 외향형의 성격을 먼저 읽고 자신의 성격을 읽는 것이 효과적이다. 두 유형이 대비되면서 자신의 심리 패턴이 더 확연히 드러나기 때문이다.** 물론 외향, 내향 상관없이 자신의 유형을 먼저 읽어도 된다. 다만 그런 경우라도 반드시 반대유형의 설명도 함께 비교하면서 읽어보기 바란다.

모든 유형 설명을 다 읽을 필요는 없다. '자신의 유형'과 '반대유형'만 읽어봐도 무방하다. 후에 자신에 대한 이해가 깊어지면 다시 돌아와 자신이 궁금한 유형의 패턴을 확인하면 된다. 각 유형마다 '특징을 나타내는 별명'을 정리해두었다. 별명은 실제 MBTI 워크숍에서 나왔던 것들이다(자신의 특징에 근거한 별명 짓기). 별명에 담긴 의미와 이미지를 떠올려보면 각 유형의 핵심적 특징을 이해하는 데 도움이 될 것이다.

다시 한번 말하지만 이번 챕터의 목적은 **반대유형과 비교하면서 자신의 성격유형의 '패턴'을 확인하는 것**이라는 점을 꼭 기억하자. 그런 다음 인터넷 등에 나온 자신의 유형 설명을 읽어보면 새롭게 보이는 것이 있을 것이다.

ESTJ	
특징을 나타내는 별명	**장점**
사업가형, 일의 불도저, 도 아니면 모, 속전속결, 기세등등	조직을 이끄는 리더십, 추진력, 규칙 중시, 높은 성과, 합리적
단점	**특징과 잘 매칭되는 직업**
지나치게 일 중심, 속단속결, 정서 관심 무, 이면의 가치 고려 못 함	경영 관리자(기업·공무원), 은행원, 영업직, 학교장, 군 장교

   ESTJ의 대표적 별명은 '사업가형'이다. 논리와 현실 감각을 바탕으로 체계적으로 일을 추진해나가는 타입이기 때문이다. '속전속결'로 일을 처리해나가는 사업가의 모습을 떠올리면 된다. '일의 불도저'라는 별명에서 알 수 있듯이 이들은 추진력이 매우 뛰어나다. 또한 '도 아니면 모'라는 별명처럼 애매모호한 상황을 매우 싫어한다(맺고 끊음이 분명한 상황을 선호). 절차를 중시하고 사무적인 느낌을 풍기며 실용적이고 체계적인 방식으로 높은 성과를 낸다(조직을 이끄는 리더십). 따라서 이들은 경영 관리자(기업·공무원), 군 장교, 은행원 등의 직업에서 두각을 나타내는 경우가 많다. 이들은 자신감 있게 자신의 생각을 표현한다. 그런 모습에서 상대방은 '기세등등'하다는 느낌을 받게 된다.

   반면 이들의 어투는 직설적이기 때문에 상대방에게 의도치 않은 상처를 줄 때가 많다(감정을 배제한 논리와 사실 위주의 대화). 솔직한 피드백을 요구하는 친구에게 "너의 문제점은 첫째…, 둘째…", "너 계속 그런 식으로 하면 망한다" 하는 식의 직설적 비판이 가능한 사람이다. 정리해보면 이들의 강점이 나타나는 부분은 '일과 계획', '추진력'의 영역이며, 단점은 주로 '인간관계', '감정'과 연관된 영역에서 나타난다.

INFP	
특징을 나타내는 별명	**장점**
몽상가, 3느, 고독한 로맨티스트, 자유바라기	온정적, 이해심, 관대함, 통찰력, 의미와 신념 중시, 이면을 보는 안목
단점	**특징과 잘 매칭되는 직업**
모든 사람을 만족시키려 함, 일은 많이 벌이나 마무리는 안됨, 이상과 현실의 구분 어려움	순수예술가(작가, 연주가 등), 카운셀러, 교육, 컨설턴트, 성직자, 선교사

INFP는 ESTJ와는 정반대의 심리 선호를 가진 사람으로 장점과 단점 역시 정반대라고 생각하면 된다. ESTJ가 '현실적인 감각과 체계적인 추진력으로 성과를 내는 사람'이라면 INFP는 '자신이 부여한 의미를 바탕으로 자신만의 이상을 따라 사는 사람'이라고 할 수 있다. 이들에게는 '계획, 성과, 추진력'은 상대적으로 덜 중요한 영역이다. 이들은 기본적으로 빡빡한 일정과 계획 안에서 생활하는 것을 좋아하지 않는다(3느: 느리며, 느끼며, 느긋하게). 이들의 강점은 '온정적, 따뜻함, 사람에 대한 이해' 등과 같이 '인간이해와 감정'의 영역에서 드러난다(ESTJ와 반대). 내향형이기 때문에 드러내서 감정을 표현하지는 않지만 인간 심리에 대한 통찰력이 뛰어나고 이면을 보는 안목 역시 뛰어나다. 유명한 CF에서 등장하는 '말하지 않아도 알아요'는 INFP를 잘 표현하는 문구다. 이들은

조용히 누군가의 마음을 공감하고 이해하면서 온정적으로 다가가는 타입이다. 또한 '현실 감각'을 바탕으로 '계획을 주진'하는 ESTJ와는 반대로 '이상적인 신념'을 추구하며 '삶의 의미'를 찾으려 한다. 이들에게 "무엇이 되고 싶으세요?"라고 묻는다면 "아름다운 파랑새가 되고 싶어요"와 같이 추상적으로 대답하는 경우가 많다(그 안에 여러 의미가 담겨 있음). 만약 ESTJ라면 "군 장교요", "CEO가 되고 싶습니다"와 같이 구체적인 직업을 얘기했을 것이다. 그런 의미에서 '몽상가'라는 별명은 이들을 잘 표현하는 별명이다. 이들의 장점은 순수예술가, 카운셀러, 성직자, 교육 컨설턴트와 같은 직업에서 잘 발휘된다. 계획을 세우고 성과를 관리하는 일보다는 사람에 대한 관심과 자신의 신념을 바탕으로 누군가에게 선한 영향을 미치는 일을 선호하기 때문이다.

반면 현실 안에서 계획을 세우고 구체적인 성과를 내는 것을 힘들어한다. 이들에게 현실적인 계획을 세우고 속도감 있게 일을 추진하도록 몰아붙인다면 이들은 심한 압박감을 느낄 것이다. 계획을 세우더라도 마무리까지 이어지는 경우는 드물다. 그래서 '일은 많이 벌이지만 마무리가 잘 안 된다'는 평을 듣곤 한다(다만 자신이 '의미와 신념'을 발견한 영역에서는 평소와는 달리 높은 실행력을 보이기도 한다). 종종 이상적인 면이 지나쳐서 목표 자체를 두리뭉실하게 설정하기 때문에 구체적인 계획을 세우는 것을 힘들어한다. 이는 가시화된 성과로 이어지지 못하는 주요 원인이 된다. 계획적으로 목표를 달성하는 ESTJ와는 정반대의 장단점을 가지고 있는 셈이다.

② ENTJ & ISFP

ENTJ	
특징을 나타내는 별명	**장점**
지도자형, 사령관, 카리스마, 조국의 태양, 유아독존, 고독한 개척자	논리·분석적, 장기적 안목, 추진력, 지적 아이디어, 통솔력, 복잡한 문제에 강함
단점	**특징과 잘 매칭되는 직업**
경청이 약함, 감정을 인정하고 표현하기가 어려움, 강압적, 독단적 요소, 약한 인내심	CEO, 경영 컨설턴트, 판사, 검사, 변호사, 재무분석가, 공인회계사

ENTJ는 카리스마 넘치는 리더이다. '장기적 안목을 토대로 큰 그림을 그리면서 전략적으로 이끌어가는 사령관'의 모습을 떠올리면 된다. 그래서 이들은 '지도자형', '사령관', '조국의 태양'과 같은 별명으로 불린다. ENTJ는 타고난 지도자다. 이들은 단지 몇 가지 행동이나 제도가 아닌 전체적인 구조와 운영원리를 통제하고 관리하려고 한다. 그리고 거기에는 자신만의 '논리적이고 분석적인 개념'에 근거한 '확고한 신념'이 전제되어 있다. 따라서 이들의 말을 제대로 이해하려면 이들이 어떤 개념적 구조와 전제를 가지고 있는지를 알아야 한다. 그렇지 않으면 단순히 고집이 세고 주장이 강한 사람으로만 판단할 수 있다('유아독존'이라고 불리는 이유). 이들은 자신만의 철학에 근거한 원칙과 그것을 현실세계에 구체화하기 위한 전략을 가지고 있다. 큰 그림을 그리고 비전과 전략을 세우기 때문에 함께하는 사람들이 생각을 다 이해하지 못하는 경우가 많다(고독한 개척자). 전체를 보는 시야와 전략적 안목, 추진력 등으로

CEO에 적합한 타입이다. 자신의 분야에서 전문가가 되기 원하며, 사람과 자원을 조직해서 전체를 아우르려고 한다.

반면 자신의 안목을 매우 확신하기 때문에 다른 사람에게는 강압적이고 독단적이며, 경청하지 않는 사람으로 비춰진다. 자신이 생각하는 큰 그림의 비전을 이해하지 못하거나 그 흐름을 잘 따라오지 못하는 사람에 대한 인내심이 부족하기 때문이다. 따라서 무능하다고 판단되는 상사와 일하는 것을 매우 힘들어한다. 그런 답답함을 직설적인 언어로 표현하기도 한다. 상대에게 직설적인 피드백을 하는 것이 이들에게는 크게 어렵지 않은 일이다. 그 대상이 상사라 해도 할 말은 하려고 하는 타입이다.

ISFP	
특징을 나타내는 별명	**장점**
성인군자형, 순둥이, 어리버리 천사, 벙어리 냉가슴, 솜사탕	동정적, 겸손함, 적응력, 여유 있는 일처리, 개방적, 융통성, 예술적 감각
단점	**특징과 잘 매칭되는 직업**
남을 비판하지 못함, 자신의 능력을 알릴 필요, 객관적 분석력, 추진력	초등학교 교사, 사회복지사, 미용사, 가정 간호사, 물리치료사, 요리사, 디자이너

ENTJ가 '큰 그림을 그리는 전략적 사령관'이라면 ISFP는 '소소한 일상을 함께 하는 편한 친구'와 같은 사람이다. 일 중심인 ENTJ와는 반대로 '사람, 관계'를 중시한다. '순둥이', '어리버리 천사', '솜사탕'과 같은 별명에서 알 수 있듯이 이들은 착하고 순수한 느낌을 가진 사람들이다. 진취

적이고 자신감 있어 보이는 ENTJ와는 반대로 이들은 겸손하고 소박한 느낌을 준다. 이러한 성격 탓에 100의 능력을 가지고 있어도 50~60 정도로 보이기도 한다(반대유형인 ENTJ는 100의 능력이 있으면 120 정도로 보인다). 예를 들어, 어느 대학 수업에서 교수가 "엑셀 함수를 활용해서 이 자료들을 정리해줄 사람이 있나요?"라고 묻자 ENTJ 학생은 "제가 해보겠습니다"라고 바로 손을 들었다고 한다. 반면 비슷한 능력을 가지고 있던 ISFP 학생은 속으로 "나도 할 수 있는데…"라고 생각만 했다고 한다. ISFP는 따뜻한 감성을 바탕으로 배려하는 사람이다(성인군자형). 기본적으로 경청을 잘하며 다른 사람을 쉽게 비판하지 않는다. 그래서 이들과 함께 있으면 자연스럽게 위로받는 느낌을 갖게 되는 경우가 많다. 어느 조직에서나 협조적인 팔로워 역할을 잘하는 이유이기도 하다.

단점 역시 ENTJ와는 반대다. 이들은 '지시와 명령'을 어려워한다. 따라서 누군가를 비판해야 하는 상황을 피하려 한다(갈등 회피). 거절 또한 이들에게는 어려운 일이다. 이런 면이 때로는 우유부단한 행동으로 이어져서 곤란을 겪기도 한다. 예를 들어 옷가게에서 점원이 추천한 옷을 어쩔 수 없이 구매하고 집에 돌아와 후회하거나 싫은 사람과 같이 일하면서도 표현하지 못하고 끙끙대면서 참고 일한다('벙어리 냉가슴', 정작 상대방은 모름). 아마 ENTJ였다면 바로 표현했을 뿐 아니라 자신이 원하는 쪽으로 상황을 통제하려 했을 것이다. 상황을 객관적, 논리적으로 분석하거나 계획을 세우고 강하게 추진하는 일이 이들에겐 상대적으로 매우 힘든 일이다. 이들은 자신의 의견을 강하게 주장하거나 격렬하게 토론하는 것을 불편해한다.

③ ENTP & ISFJ

ENTP	
특징을 나타내는 별명	**장점**
발명가형, 상상초월, 카오스 이론, 맞짱, 만능 아이디어맨	넓은 안목(흐름 파악), 다재다능, 독창적 혁신가, 자신감, 박식함, 열정적이고 활기참
단점	**특징과 잘 매칭되는 직업**
세부사항 경시, 일상 반복 취약, 이론에 강하나 현실 취약, 질서 무시	정치가, 정치 분석가, 전략기획자, 컴퓨터 분석가, 광고 기획자, 언론인, 배우, 사진작가

'발명가형', '상상초월', '카오스 이론'이라는 별명이 말해주듯이 ENTP는 '풍부한 상상력을 바탕으로 새로운 것에 도전하는 것을 즐기는 사람'이다. '가능성, 미래, 꿈, 새로운 것'에 대해 항상 열려 있기 때문에 보통 이들은 다방면에 관심과 재능이 많다(만능 아이디어맨). 이러한 성향 때문에 보통 한 직장에서 정년퇴직하는 것이 가장 쉽지 않은 사람들이기도 하다. 전공도 자주 바뀌는 경우가 많다. 한마디로 다재다능한 타입이지만 그로 인해 깊이가 결여될 위험도 있는 타입이다. 넓은 안목으로 흐름을 잘 파악하고 판에 박힌 틀을 깨는 '혁신적 방식'을 선호한다. 따라서 이들의 문제해결 방식은 새롭고 획기적일 때가 많다. 그래서 일상생활에서도 상식에서 탈피하는 행동을 하기도 한다. 예를 들어 장롱을 책꽂이로 쓰는 식의 독특한 창의성을 보인다. 이들은 틀에 얽매여 있는 전통적인 분위기를 매우 싫어한다. 새롭고 혁신적인 도전과 시도를 할 수 있을 때 열정과 활기가 넘치는 사람이다. 관심 분야에 있어서 매우

박식한 사람들이 많으며 새로운 도전을 두려워하지 않기 때문에 자신감이 넘쳐 보인다. 또한 '맞짱'이라는 별명에서 알 수 있듯이 이들은 자신이 발견한 모순적인 면에 대해 서슴없이 비판한다(기존의 틀을 깨는 혁신적 의견 제시).

반면 새롭지 않은 일상적인 것에는 관심이 없어서 세부사항을 가벼이 여기거나 일상적인 반복을 지루해한다. 그래서 종종 '아이디어는 좋으나 불성실하다'는 평을 듣기도 한다. 아이디어가 막상 실행되는 단계에서는 에너지가 급격히 떨어지기 때문이다. 이러한 면이 지나쳐서 질서를 무시하거나 세부사항을 경시하는 모습으로 나타나기도 한다. 또한 종종 현실적이지 않은 주장을 펼쳐 이론적인 궤변을 늘어놓는다는 평을 듣기도 한다.

ISFJ	
특징을 나타내는 별명	**장점**
임금 뒤편의 권력형, 아낌없이 주는 나무, 왕배려, 가시고기, 가슴앓이, 현모양처	온정적, 헌신적, 침착하고 끈기 있음(안정감), 세심한 관찰력, 현실 감각 뛰어남
단점	**특징과 잘 매칭되는 직업**
주체성 개발 요함, 명령·지시·통제 리더십 약함, 잔걱정 많음(비관적 경향), 현상의 이면을 못 봄	비서, 초등 교사, 간호사, 치위생사, 사서, 교육행정, 실내 장식가

ENTP가 '새로운 것을 추구하고 현실적이고 세부적인 것을 경시'하는 사람이라면 ISFJ는 '현실적이고 세부적인 것들을 꼼꼼하게 챙기지만 새

로운 것을 받아들이는 것은 힘들어하는' 사람이다. 말 그대로 장점과 단점이 정반대다. 이들은 책임감과 온화함을 바탕으로 협조를 잘해주는 타입이다. '아낌없이 주는 나무', '가시고기' 같은 별명에서 볼 수 있듯이 이들은 헌신적인 가치관으로 자신의 의무를 다하기 위해 최선을 다한다. 보통 이러한 특성은 가정에서 자연스럽게 나타난다. 이들은 매우 가정적이며 가족들을 세심하게 보살피는 사람들이다. 꼼꼼하고 현실적이기 때문에 그들의 돌봄을 받는 사람들은 세심한 배려를 경험하게 된다. 이들의 행동은 꾸준하고 일관성이 있으며 그로 인해 주변 사람들에게 안정감을 준다. 이들은 거창하고 큰 선물보다 '배려 있는 작은 행동이나 말'에 감동을 받는다. 자신 역시 '세심한 배려'를 받을 때 크게 반응하는 것이다. 사람들 앞에 나서는 것을 꺼려하며 무대 뒤에서 조용하고 묵묵하게 자신의 책임과 의무를 다한다(임금 뒤편의 권력형).

반면 새로운 것에 도전하거나 상식에서 벗어나는 행동을 받아들이는 것을 매우 어려워한다. ISFJ는 기존의 방식을 토대로 일을 진행하는 것을 선호하는 사람이다. 또한 갈등을 회피하려는 성향 때문에 자신의 의견을 강하게 표현하거나 명령·지시하는 것을 불편해한다. 그래서 자신은 책임감 있게 여러 일을 도맡아 하면서도 남에게 도움은 요청하지 못한다. 그렇게 억울함을 참고 일을 하다가 한참 지나서 표현하는 경우가 많다('가슴앓이'). 혁신적인 방법을 제시하고 거침없이 구조적 모순을 비판하는 ENTP와는 정반대의 특성을 가지고 있는 것이다. ISFJ는 잔걱정이 많은 사람으로 일컬어지기도 하는데 꼼꼼한 성격으로 인해 세부적인 정보에 민감하기 때문이다. 이러한 면은 상황을 비관적으로 해석하는 경향으로 이어지기도 한다.

④ ENFP & ISTJ

ENFP	
특징을 나타내는 별명	**장점**
스파크형, 궤도이탈, 매일을 새날같이, 영원한 청춘	창의적, 영감과 통찰력, 아이디어, 열정적, 강렬한 호기심, 만남 즐김, 가능성에 도전
단점	**특징과 잘 매칭되는 직업**
일상 반복 약함, 세부사항 간과, 마무리 약함, 조직적 일에 미숙, 일을 너무 많이 벌임	저널리스트, 작곡가, 작가, 예술가, 카피라이터, 특수교사, 상담가, 성직자, 언어치료사

ENFP는 '새로운 가능성에 열려 있는 인간적인 사람들'이다. 이들은 새로운 아이디어와 가능성에서 에너지를 얻는다. '매일을 새날같이', '영원한 청춘', '스파크형'과 같은 별명은 그러한 특성을 잘 나타내준다. 이들은 창의성과 직관적 통찰력으로 기존의 관습에서 벗어난 새로운 아이디어들을 손쉽게 생각해낸다. 한마디로 현실 감각보다는 '창의적 아이디어'로 문제를 해결하는 사람들이다(궤도이탈). 이들은 호기심이 강하고, 관심사도 다양하기 때문에 보통 어릴 적 꿈도 여러 가지인 경우가 많다. 목사, 축구선수, 만화가, 배우, CEO 등 식풍도 나양하다. 이들은 '불가능은 없다'는 신념으로 새로운 가능성에 도전하는 것을 즐긴다. 이들에게 중요한 건 현실보다는 가능성이다. 그래서 새롭고 독창적인 접근 방식으로 문제를 해결할 수 있는 환경에서 자신의 능력을 가장 잘 발휘한다. 또한 이들은 사람을 매우 좋아한다. 사교적이고 활력이 넘칠 뿐 아니라 공감을 잘하기 때문에 새로 알게 된 사람들과도 빠르게 친밀

감을 형성한다. 따뜻하고 온정적인 성격으로 주변 사람들을 돕는 데도 적극적이다. 무엇보다 자신이 가진 아이디어를 가지고 누군가에게 좋은 영향을 주고 싶어 하는 사람들이다. 저널리스트, 작곡가, 작가, 특수교사, 상담가, 성직자 등에 ENFP 유형이 많은 것은 결코 우연이 아니다.

하지만 일을 벌이는 일만큼 마무리가 잘되지 않는 경우가 많다. 이들은 처음 떠오른 아이디어로 일을 시작하는 것은 좋아하지만 현실적이고 세부적인 계획으로 이어가는 것을 어려워한다. 어떤 책의 앞부분만 읽다가 다른 책을 본다든가(그 책도 앞부분만 읽음), 학원 등록은 먼저 했지만 금방 그만두는 것이 ENFP 유형에게는 자연스러운 일이다. ENFP에게는 계획에 따른 반복과 실행이 매우 어려운 일이다. 어린 시절 '머리는 좋은데 공부를 안 한다'는 말을 한번쯤은 들어본 유형이기도 하다. 그만큼 이들에게는 계획, 체계적 실행, 반복이 쉽지 않다.

ISTJ	
특징을 나타내는 별명	장점
세상의 소금형, FM, 우표, 마스터 플랜, 락앤락, 보증수표, 지나친 유비무환	강한 책임감, 신중함, 조직적 일처리, 반복에 능함, 치밀함, 비판에 강함, 조직에 충성
단점	특징과 잘 매칭되는 직업
타인 감정 무시(관계 취약), 부차적 일에 집착, 지나친 결벽 추구, 변화를 거부	공무원, 회계사, 감사, 국세청 관리원, 은행 감독관, 교사, 행정가

앞서 살펴본 ENFP가 '가능성, 사람'에 초점을 둔다면 ISTJ는 '현실, 일'에 초점을 두는 사람이다. '천천히, 그리고 제대로 하자'가 이들의 좌우

명이다. 이들은 매우 꼼꼼하고 현실적이며 업무 중심적인 사람들이다. 'FM', '보증수표'라는 별명에서 알 수 있듯이 이들은 책임감을 바탕으로 자신의 업무를 관리한다. 또한 소금이 음식을 썩지 않게 하는 것처럼, 이들은 세상이 정상적으로 돌아가도록 관리한다. 소금은 특별하고 화려하기보다는 눈에 띄지 않는 필수 재료이기도 한데, 그러한 특성과 유사하게 이들은 조용하고 꾸준히 자신의 업무에 임한다(세상의 소금형). 그러다가 나중에 보면 소리소문 없이 주요한 요직의 책임자가 되어 있는 경우가 많다. '락앤락', '마스터 플랜'이라는 별명처럼 이들은 매우 계획적으로 일을 진행한다(빈틈없이 딱딱 맞아떨어지는 '락앤락'이나 잘 짜여진 '마스터 플랜'을 상상해보라). 일상생활에서도 계획적 구매를 선호하며 음식점도 검증된 단골집을 선호한다. 양식, 계획표, 시간표 등은 이들에게는 필수 아이템이다. 이들이 공무원, 회계사, 감사, 국세청 관리원과 같은 직업에 많이 분포하고 있는 것은 이상한 일이 아니다. 시간 약속 또한 매우 중시하기 때문에 시간 약속을 어기는 사람을 매우 싫어한다(습관적으로 시간 약속을 계속 어긴다면 이들과 자연스레 연락이 끊길 것이다). 이들은 과거 경험을 신뢰하고 기존의 방식을 변경하는 것을 선호하지 않는다. 이들의 별명이 '우표'인 이유는 정해진 자리에만 붙는 우표처럼 해오던 방식을 고수하기 때문이다. 따라서 갑작스럽게 새로운 방식을 상요하면 불편함을 느낀다. '돌다리도 두드려보자'라는 말은 ISTJ형을 두고 하는 말이다. 이들은 어떤 일을 하든 매우 신중하게 접근한다(지나친 유비무환). 결국 시간표와 계획표에 얽매이지 않고 아이디어와 가능성에 열려 있는 ENFP와는 매우 대조적인 사람인 셈이다.

반면 자신과 다른 타입의 사람들을 잘 이해하지 못하며 종종 타인의 감정을 무시한다. 그로 인해 관계의 어려움을 겪기도 한다. ISTJ는 일반 직적으로 회식이나 유흥을 힘들어하고 농담을 잘 하지 않는 사람들이다. 그런 면 때문에 '재미없는 사람', '다가가기 어려운 사람'이라는 말을 듣기도 한다. 또한 과거의 경험을 신뢰하기 때문에 합리적인 이유가 없으면 변화에 대해 거부반응을 보인다. 그러한 면이 지나치면 무조건 변화를 거부하는 사람으로 비춰지기도 한다(본인이 맞다고 생각하는 것만 믿는 고집 센 사람처럼 보일 수 있음). 꼼꼼하고 세부적인 일에는 강하지만 큰 그림을 보면서 이면의 의미를 파악하는 것은 서툴기 때문에 부차적인 일에 지나치게 집착하는 것을 주의해야 한다.

⑤ ESFP & INTJ

ESFP	
특징을 나타내는 별명	장점
행동파, 사교적인 유형, 기쁨조, 분위기 메이커, 개구쟁이, 바니, 행복 추구자, 오버걸	친절, 관용적(인간 중심), 대인관계 능숙, 상식 풍부, 분위기 메이커(늘 행복), 대가 없는 도움
단점	특징과 잘 매칭되는 직업
일과 놀이 조절 안됨, 깊이 결여, 마무리 약함, 끊고 맺음 약함, 시간·돈 관리 취약	초등·유치원 교사, 운동코치, 응급실 간호사, 개 조련사, 개그맨, 이벤트 기획자, 소매업자, 여행사

ESFP는 '행동파'이다. 이들은 뛰어난 현실 감각을 바탕으로 늘 무엇을 경험하려고 한다. 그래서 책상에 가만히 앉아서 하는 업무보다는 활동

적인 업무에서 능력을 발휘하는 경우가 많다. 이들은 추상적 관념보다는 현실적이고 실용적인 방식으로 문제를 해결해나가는 사람들이다. 이들에게 중요한 건 재미와 흥미다. 이들은 맛집 찾아가기, 스키 타기, 쇼핑하기 등의 현실적인 경험을 통해서 재미와 흥미를 느끼기를 원한다(행복 추구자). 아울러 매우 사교적인 성격으로 좋아하는 사람들과 함께 어울리는 것을 매우 좋아한다(사교적인 유형). 또한 매우 쾌활하고 유머러스하다. 학창 시절 분위기를 재미있게 띄우는 오락부장(분위기 메이커)이나 와자지껄 떠들면서 술자리를 즐기는 사람(오버걸, Over Girl)의 모습을 떠올리면 된다. 이들은 주변 사람들을 즐겁게 해주는 것에서 기쁨을 느낀다. 낙천적이고 긍정적인 타입이어서 남의 고민을 잘 들어주고 희화화하여 즐거움을 주는 경우가 많다(기쁨조, 개구쟁이 바니). 그래서 주변 사람들은 이들과 함께 있으면 여러 생각으로 복잡했던 머릿속이 단순해진 것 같다는 말을 많이 한다. 한마디로 이들과 함께 있으면 매우 즐겁다. ESFP 유형 중에 개그맨, 이벤트 기획자가 많은 것은 너무나 자연스러운 일이라고 할 수 있다. 또한 현실 감각이 뛰어난 행동파적 특성으로 인해 운동코치, 개 조련사, 응급실 간호사 등에서도 이들을 어렵지 않게 찾아볼 수 있다. 인간적인 순수함과 따뜻함, 현실적인 장점이 더해져 초등·유치원 교사, 소매업자와 같은 직업에서도 능력을 발휘한다.

반면 즐거움을 추구하는 면이 지나쳐서 종종 '생각이 없다'는 말을 듣기도 한다. '지금 현재 즐겁고 재미있는 것'에만 집중하다가 '방향성'이나 '가치판단의 기준'이 결여된 행동을 하기 때문이다. 예를 들어 시험기간에 학교 가는 버스를 기다리다가 놀이공원에 가는 버스가 먼저 오면 충동적으로 놀이공원으로 향한다든가 1년 동안 아르바이트를 하면서 모은 돈을 충동구매로 한번에 다 써버리는 식의 행동을 한다. 한마디로 분위기를 타면 방향이나 기준 없이 흥미 위주로만 흘러갈 수 있는 타입이다. 이러한 특성으로 인해 '일과 놀이의 조정'이 잘 안되는 모습을 보이기도 하고 시작한 일을 마무리짓지 못하는 모습을 보이기도 한다. 충동적 성향으로 인해 시간이나 돈 관리가 잘 안되는 것도 ESFP가 개선해야 할 영역이다.

INTJ	
특징을 나타내는 별명	**장점**
과학자형, 날 설득해봐, 지적 카리스마, Not exactly, 로뎅의 생각하는 사람	강한 내적 신념과 비전, 목적에 대한 의지와 결단, 복잡한 문제에 능함, 냉철한 분석, 뛰어난 통찰
단점	**특징과 잘 매칭되는 직업**
독단적 위험, 팀으로 일해보는 경험 필요, 일과 사생활 균형 요함	컴퓨터 시스템 분석가, 의사, 판사, 기자, 경영 컨설턴트, 논설위원, 작가, 과학자, 교수

반대유형인 ESFP가 '지금 눈앞에 있는 흥미로운 것들을 경험하고 즐기는 사람'이라면 INTJ는 '관념세계에서 자신만의 논리를 개념화하는 것에 집중하는 사람'이라고 볼 수 있다. 즉 ESFP가 '행동파'라면 INTJ는 '생각하는 사람'이다. 이들은 자신만의 논리가 뚜렷하며 관심 분야에 대한 통찰력이 뛰어나다. 'not exactly'라는 별명처럼 작은 차이까지 인식하고 다름을 지적한다(ESFP는 조금만 비슷해도 '같다'고 말한다). 학자

들이 작은 개념적 뉘앙스까지 지적하면서 토론하는 모습을 생각하면 된다. 이들의 내면에는 매우 복잡하게 연결된 논리구조가 있다. 이들은 그런 부분을 전체적으로 조합하여 자신만의 비전을 제시하는 사람들이다. 연구실에 틀어박혀 연구에 몰두하는 학자처럼 이들은 움직이는 것을 싫어한다. 'INTJ들은 머리가 아프면 수학문제를 푼다'는 말이 있을 정도로 진지하게 논리적인 생각에 몰두하는 것을 선호한다. 사람을 좋아하고 농담을 잘하는 ESFP와는 반대로 이들은 농담을 즐기지 않는다. 농담을 하더라도 논리적으로 하는 편이라 보통 사람들이 공감하지 못하는 경우가 많다. 예를 들어 한 고등학교 수학 선생님이 수업시간에 피곤해하는 학생들을 보고 재밌는 얘기를 해주겠다고 했다. 그런데 칠판에 수학공식을 판서해가며 '근의 공식에 담긴 재미있는 상식'이라는 얘기를 20분 동안 해주었다. 당연히 학생들은 더 지루함을 느꼈다. 게다가 이들의 언어는 관념적이고 추상적이어서 무엇을 말하는지 정확히 알기가 어렵다. 한 가지 단어 안에도 여러 개념들이 함축되어 있는 경우가 많기 때문이다. 재미있는 농담과는 거리가 있지만 관념과 논리에 익숙한 INTJ들은 보통 특정 분야의 전문가로 활동한다. 자신의 분야에서 뛰어난 통찰력으로 자신만의 지적인 영역을 형성한다. 이렇게 정교하게 형성된 논리는 쉽게 변하지 않기 때문에 이들을 설득하는 것은 매우 어렵다. INTJ가 '날 설득해봐', '지적 카리스마'라는 별명으로 불리는 이유다. 이들은 자신만의 뚜렷한 신념과 비전을 가지고 있다.

반면 INTJ는 일상적이고 현실적인 부분이 취약하다(ESFP가 일상의 상식과 현실 감각이 발달되어 있는 것과 반대). 예를 들어 세계 경제와 국제 정세에 대해서는 박식한 논리와 지식을 가지고 있지만 주변의 맛집이 어디인지, 옷을 사러 어디로 가야 하는지는 잘 모를 수 있다. 그래서 종종 '헛똑똑이', '허당'이라고 불리기도 한다. 이들은 신념과 목적의식이 매우 뚜렷하기 때문에 독단에 빠질 위험이 있다. ESFP가 상황을 편견 없이 있는 그대로 받아들여서 종종 '생각이 없다'는 얘기를 듣는 반면, 이들은 자신의 주관이 너무 뚜렷해서 '독단적'이라는 말을 듣는 것이다. 또 생각에만 몰두해서 일과 사생활의 균형이 필요할 때가 많다. 연구실에만 틀어박혀 식사도 제대로 안 하고 가족들과 여가 시간도 잘 보내지 않는 학자의 모습을 떠올리면 된다.

⑥ ESTP & INFJ

ESTP	
특징을 나타내는 별명	장점
수완 좋은 활동가, 품생품사, 발등에 불, 예측불허, 베짱이, 잔머리 대가, Just do it	정에 얽매이지 않음, 선입견 없고 개방적, 예술적 멋과 감각, 타고난 재치와 사교력, 생활 자체를 즐김
단점	특징과 잘 매칭되는 직업
이론, 개념에 무관심, 마무리 안됨(책임감 없음), 즉흥적 행동(시간·돈)	형사, 소방관, 사립 탐정, 보험 영업직, 딜러, 트레이너, 운동선수, 기업가, 도매상

ESTP는 '수완 좋은 활동가형'이라고 불린다. 이들에게 중요한 것은 '현실', '재미', '물질'이다. 이들은 관념의 세계가 아닌 현실의 세계에서 재미있는 활동을 추구하려 한다(Just do it!). 즉 친구 만나기, 운동, 맛집

탐방 등 다양한 활동을 선호하는 사람들이다. 또한 멋을 추구한다(폼생폼사). 좋은 옷, 좋은 차, 명품 시계 등은 이들의 주요 관심사가 된다. 취미활동을 할 때도 장비를 다 갖춰서 하려 한다. 물론 그런 장비들은 한두 번 사용하고 대부분 먼지가 쌓인 채로 방치되기 일쑤다. '수완이 좋다'는 말을 듣는 이유는 이들이 '순발력'과 '임기응변' 능력이 뛰어나기 때문이다. 예를 들어 수업 시간에 떠들다가 걸리면 '아, 방금 선생님께서 말씀하신 부분에 대해 토론 중이었습니다' 하는 식으로 익살스럽게 상황을 잘 모면한다(잔머리의 대가). 시험 전날 공부 잘하는 친구에게 페이퍼를 얻어 시험점수를 비슷하게 받는 경우도 있다('발등의 불', 이들은 벼락치기의 대가다). ESTP들이 응급실이나 소방관 같은 직업에 많이 종사하는 이유는 이러한 순발력과 상황판단 능력이 뛰어나기 때문이다. ESTP에게 꿈이 뭐냐고 물어보면 '건물주'라고 말하는 경우가 많다. 건물주가 되면 일하지 않고 여행을 다니면서 자신이 하고 싶은 일을 하면서 재미있게 살 수 있기 때문이다(베짱이).

반면 현재의 재미를 추구하다 보니 충동구매를 하는 경우가 많다. 백화점에 갔다가 전혀 계획에 없던 명품백을 충동적으로 구매하는 모습을 떠올리면 된다. 또한 이들은 '이면적 의미', '관념', '방향성', '목적의식' 등에는 관심이 없어서 '생각이 없다'는 얘기를 듣기도 한다. 이론이나 개념에 무관심하기 때문에 관념적 주제에 대해 긴 설명을 듣는 것을 싫어한다. 그런 면이 '진지함 부족', '깊이 결여'와 같은 모습으로 나타난다. 또한 즉흥적인 재미를 추구하다가 시간, 돈 관리가 되지 않아 어려움을 겪거나, 일의 마무리가 되지 않아 책임감이 부족하다는 평가를 듣기도 한다.

INFJ	
특징을 나타내는 별명	장점
예언자형, 작가, 양파, 내 속엔 내가 너무도 많아	창의력, 탁월한 영감, 독립심, 확고한 신념, 이면의 의미에 대한 통찰력
단점	특징과 잘 매칭되는 직업
단순 작업 약함, 지나친 몰두로 현실 경시, 현실 감각 필요	소설가, 시인, 극작가, 작곡가, 디자이너, 화가, 심리상담, 사회복지, 성직자, 수녀

반대유형인 ESTP가 '현실세계에서 재미와 물질을 추구하는 사람'이라면 INFJ는 '내면세계를 탐구하는 사람'이다. 이들은 '사람의 내면과 관련된 뛰어난 통찰력'을 가지고 있다. 특히 다른 사람의 슬픔, 절망과 같은 우울한 감정에 대한 공감대가 높다. 이들은 늘 현상 이면을 보려 하고 의미를 추구한다. 예를 들어 누군가 INFJ에게 '오늘 날씨가 너무 안 좋네요'라고 말한다면 이들은 '무슨 근심이나 걱정이 있나?'라고 받아들일 수 있다. 상대방의 말을 있는 그대로 듣기보다는 어떤 의미가 담긴 표현으로 생각하기 때문이다. 만일 반대유형인 ESTP에게 물었다면 '그러게요, 날씨도 안 좋은데 파전에 막걸리나 한잔할까요?'라는 식으로 얘기했을 것이다. ESTP라면 문자 그대로의 날씨 얘기로 듣고 그에 대한 반응을 보였을 거라는 의미다. INFJ의 심리세계는 매우 복잡하다. '내 속엔 내가 너무도 많다', '양파(까도 까도 속을 알 수 없다는 의미)'라는 별명에서도 알 수 있듯이 이들은 내면에 갈등이 많다. 마치 여러 자아가 내면에서 각자의 의견을 얘기해서 그것들을 조합하는 데 어려움을 겪고 있다는 느낌을 갖는다. 그래서 어떤 한 가지 결정을 내릴 때도 매우 복잡

한 심경을 느낀다. 이들은 기본적으로 '왜?'라는 질문을 많이 한다. 만일 INFJ가 오래 사귀던 이성과 헤어졌다면 방에 틀어박혀 '왜 우리가 헤어지게 됐을까?'를 생각하는 데 골몰할 가능성이 높다(내면에 집중). 반대유형인 ESTP였다면 아마도 헤어진 당일에 친구들과 나이트클럽에 가서 기분을 풀려고 할 것이다(행동과 경험에 집중). 또한 영적이고 관념적인 것에 관심이 많기 때문에 특정 종교를 가지고 있지 않아도 성경이나 불경을 읽는 INFJ들이 많다. 이들은 죽음, 영성, 고독 등 삶의 본질적 주제에 대한 관심이 많다. 그리고 내면세계의 주제들을 글로 표현하는 것을 선호한다. 이들은 시적이고 비유적인 표현을 잘 쓴다. 예를 들면 '내 속에 또 다른 내가 있어요', '죽음이란 아름다운 시작이죠'와 같은 식이다. 그러한 표현 안에는 여러 의미가 함축되어 있다. 그들의 글은 매우 복잡하고 추상적이지만 또한 매우 고상하고 문학적인 가치를 지니는 경우가 많다. 이들 중에 시인이나 작곡가, 소설가가 많은 것은 무척 자연스러운 현상이다. 또한 상상력이 풍부하기 때문에 자연이나 동물, 인형과 대화하는 모습을 보이기도 한다.

반면 내면과 관념의 세계에 지나치게 몰두하는 특성으로 인해 현실에서 적응을 하지 못하는 모습을 보이기도 한다. 실제로 이들은 단순 작업에 매우 약하다. 아무런 의미도 없는 반복 업무는 이들에게 크나큰 고통이 될 수 있다. 또한 현실에 대한 관심이 별로 없기 때문에 현실적인 계획이나 약속 등에 대해 기억을 못하는 경우도 많다(심한 경우 '단기기억상실증'처럼 보이기도 한다). 순발력과 임기응변 능력이 뛰어난 ESTP와는 반대로 이들은 현실적인 문제에 어려움을 느낀다. 어떤 한 가지 사실에 대해서 여러 가지 의미를 부여해서 너무 많은 생각을 하기 때문이다.

ENFJ	
특징을 나타내는 별명	**장점**
언변능숙형, 홍익인간, 수호천사, 관계중독자, 평강공주병	인화중시, 공동선, 친절과 재치, 타인 존중, 쓰기보다는 말로 잘 표현, 조직을 이끄는 리더십
단점	**특징과 잘 매칭되는 직업**
칭찬과 비판에 민감, 세부사항 경시, 객관성 유지 관건	언론인, 홍보 전문가, PD, 정치인, 외교관, 심리학자, 성직자, 교사, 인력 개발 전문가

'홍익인간'이라는 별명처럼 ENFJ는 사람을 널리 이롭게 하고자 하는 사람들이다. 타인의 성장을 돕는 것에 관심이 많고 열정적이다. 그래서 '다른 사람에게 주고 싶어 안달이 난 유형'으로 불리기도 한다. 바보 온달을 열심히 도와서 장군으로 만든 평강공주처럼 이들은 타인에게 영향을 주어 그들의 삶을 변화시키는 것에서 커다란 의미를 느낀다('평강공주병'). 그래서 상담, 성직자, 교사, 인력 개발 전문가 등의 직업에서 ENFJ를 어렵지 않게 볼 수 있다. 특히 이들은 '말을 통해' 영향을 미치는 것에 익숙하다. 마치 드라마에서 나올 법한 대사들을 실제 생활에서 쏟아내는 사람들이다. "저 하늘 위에 별만 있는 게 아닌데 저 바닷속에 물고기만 있는 게 아닌데 왜 제 마음속엔 당신만 있는 걸까요"와 같은 '닭살' 멘트를 매우 자연스럽게 표현할 수 있는 사람들이다. 그래

서 ENFJ 중에는 MC들이 많다. 꼭 직업적 MC가 아니더라도 자신이 속한 조직이나 모임에서 MC 역할을 맡는 경우가 많다(언변능숙형). 한 마디로 이들은 '말을 통해 상대방의 마음에 영향을 미쳐 변화를 이끌어내는 사람들'이다. 청중들에게 열정적으로 설교하면서 심금을 울리는 목사님의 모습을 떠올리면 된다. 사람에게 관심이 많고 따뜻한 사람들이지만 해야 할 말은 하는 사람들이기도 하다(지킬 건 지키고 따질 건 따짐). 물론 그런 말을 해야 할 때도 적당한 타이밍을 고려하고 인간적인 센스를 가미하려 한다. 예를 들어 누군가 아무데나 휴지를 버린다면 "여기 휴지 떨어뜨리신 것 같은데요"라고 웃으면서 지적하는 식이다. 분위기를 주도하고 추진력도 강하기 때문에 관계 중심적으로 조직을 이끄는 리더가 되는 경우가 많다.

반면 동정심이 지나쳐 '과도한 도움'으로 이어져서 또 다른 문제를 만들기도 한다. 도움을 받는 사람이 스스로 성장할 수 있는 기회를 제한하거나, 또는 그 사람과의 관계가 너무 깊어져서 객관성을 잃을 수 있다(관계중독자). 또한 이들은 칭찬과 비판에 민감하다. 칭찬을 받을 때는 무척 좋아하지만 비판을 들으면 개인적으로 받아들여 상처를 받는 경우가 많다. 그래서 '칭찬받기는 좋아하고 비판에는 약하다'라는 평가를 받는 편이다. 아울러 사람에 대한 '이상적인 기대'를 가지고 있어서 현실과의 괴리로 인한 상처를 받을 수 있다. 예를 들어 아름다운 동화와 같은 결혼을 꿈꾸면서 배우자를 선택했지만 결혼이라는 현실 안에서 많은 상처를 받는 상황을 떠올려보면 된다. 따라서 이들에게 '현실적 세부사항을 고려하는 것'과 '객관성의 유지'는 매우 중요한 보완 요소이다.

ISTP	
특징을 나타내는 별명	**장점**
귀차니즘, 너는 너 나는 나, 무관심, 노력절약형, 교양 있는 개인주의자	논리·분석적, 객관적, 사실을 조직화하는 능력, 긴급 상황에서도 평정심, 계급 권위에 초연, 공정함
단점	**특징과 잘 매칭되는 직업**
중대사를 혼자 고민, 지나치게 표현 억제, 인내심 약함, 열정과 마무리 요함	카레이서, 조종사, 전기·기계·토목 기사, 물리치료사, 방사선 기사, 은행원, 증권분석가

　반대유형인 ENFJ가 '사람에게 관심이 많은 사람'이라면 이들은 '사람에 대한 관심이 매우 적은 사람'이다. '너는 너 나는 나', '무관심', '교양 있는 개인주의자'와 같은 별명이 보여주듯이 이들은 정서적이고 관계 중심적인 모습과는 거리가 멀다. 그래서 가끔 감정형의 사람들로부터 '무정하다', '무관심하다', '강 건너 불구경 한다' 등의 핀잔을 듣기도 한다. 이들의 장점은 이러한 특징과 반대의 면에서 드러난다. 즉, 이들은 '논리적이고 뛰어난 상황 적응력'을 가지고 있다. 이들은 표현 자체가 매우 적다. 말로 영향을 미치는 ENFJ와는 정반대의 스타일인 셈이다(기본적으로 ENFJ는 말이 많다). 이들은 상황을 조용히 관찰하고 자신만의 논리로 사고체계를 구축하는 사람들이다. 자신의 머릿속에서 정리가 된 이후에 반응하기 때문에 느긋한 느낌을 줄 수 있다. '귀차니즘', '노력절약형'이라는 별명은 그런 맥락에서 나온 별명이다. 예를 들어, 어떤 ISTP 목사님이 무거운 짐을 들고 가는 할머니를 보고는 '힘드시겠네. 누가 도와드려야 하는데…'라는 생각이 들었다고 한다. 그러나 바로 행동으로

옮기지 않고 '어쩌나? 안 되는데…' 하는 식의 여러 생각을 하고 있었다. 그런 몇 번의 생각 과정을 거치고 나서야 '안 되겠다. 내가 도와야겠다' 라고 결정을 내렸다고 한다. 물론 이렇게 판단이 끝나고 나면 효율적인 방법으로 확실하게 돕는 것이 ISTP이다. 반대유형인 ENFJ였으면 어땠을까? 십중팔구 바로 짐을 들어드렸을 것이다. 짐을 들어드릴 뿐 아니라 말동무까지 자처했을 가능성이 매우 높다(아마도 인생상담까지 해드렸을 것이다). ISTP는 인간적인 교감을 통한 도움보다는 논리적, 객관적 분석을 통해 냉철한 상황판단을 내리는 사람이다. 이들의 관점은 상황을 현실적으로 분석하는 데 큰 도움이 된다. ISTP는 긴급한 상황에서도 평정심을 보인다. 쉽게 말해 분위기를 잘 타지 않는다. 계급이나 권위에도 초연한 반응을 보이며 개인적 친분과 상관없이 공정함을 유지할 수 있다. 또한 이상적인 ENFJ와는 반대로 이들은 매우 현실적인 사람들이다. 어떤 일에 접근할 때 사실적인 정보들을 바탕으로 상황을 판단하려 한다. 단순히 "이 제품 너무 좋아요. 사람들이 다 좋다 그래요" 하는 식의 막연한 접근을 한다면 이들은 그 말 자체를 신뢰하지 않을 것이다.

반면, 이들의 객관성과 초연함은 '인간미의 부족'으로 비춰질 수 있다. 이들은 '사랑한다', '고맙다', '미안하다'는 말을 하는 것을 불편해한다. 죽을 때가 되어서야 그런 말들을 많이 하지 못한 것을 후회한다는 우스갯소리가 있을 정도다. 또한 감정적 측면을 고려하지 않고 말을 해서 본의 아니게 상처를 주는 경우가 많다. 기본적으로 누군가와 정서적, 관계적으로 연결되어 있다는 생각을 잘 하지 않기 때문에 정서적 표현, 감정적 배려 등이 약점으로 작용하는 경우가 많다. 아울러 열정이 부족하고 마무리가 잘되지 않는 면이 있다. 이들이 무언가에 미친 듯이 몰입하여 열정적인 모습을 보이는 경우는 극히 드물다.

⑧ ESFJ & INTP

ESFJ	
특징을 나타내는 별명	**장점**
친선도모형, Yes man, 정생정사, 고끄사, 사랑의 폭포수	동정심과 동료애, 인화도모, 양심적, 참을성, 질서정연, 조화 추구의 명수(활력소), 의무와 봉사, 충성심
단점	**특징과 잘 매칭되는 직업**
객관적 분석 없이 동조, 논리성과 전체 맥락 파악에 취약, 속단하는 경향, 주관에 편향된 판단 기준	간호사, 언어치료사, 초등 교사, 상담가, 전문 봉사자, 성직자, 판매원, 비행기 승무원

ESFJ는 '뛰어난 현실 감각을 바탕으로 친절하게 다른 사람을 돕는 사람'이다. 친절하게 웃으면서 "무엇을 도와드릴까요?"라고 말하는 사람의 모습을 떠올리면 된다. 이들은 항상 누군가를 돕고, 위로하고, 관계 맺는 것에 초점을 둔다. 그래서 '친선도모형'이라 불린다. 기본적으로 정서 표현을 많이 하며 서로 모르는 사람들을 새로운 인간관계로 엮는 것을 좋아한다. 이들과 함께 있으면 자연스레 화기애애한 분위기가 형성된다. '뛰어난 현실 감각으로 돕는다'는 말의 의미는 이들이 타인의 현실적 필요를 신속하게 파악하고 구체적인 도움을 준다는 뜻이다. 예를 들어 누군가 감기에 걸려 앓아누웠다고 하면 집에 찾아가 살림을 대신 해주고 정성스럽게 간호한다. 이들은 막연한 위로보다는 구체적이고 현실

적인 도움을 주려 한다. 또한 계획적이고 체계적이며 추진력이 있기 때문에 시원시원한 느낌을 준다. '정생정사(정에 죽고 정에 산다)', '사랑의 폭포수'라는 별명처럼 정이 많고 공감을 잘한다. TV에서 어려운 사람들의 스토리를 보면서 자신의 일처럼 눈물을 흘리는 사람들이다(사랑의 폭포수). 남의 얘기에 적극적으로 동조를 표시하는 것도 이들이 잘하는 일이다. '고끄사(고개를 끄덕이는 사람들)'라는 별명은 그런 면을 잘 표현한다. 정이 많고 공감을 잘하다 보니 남의 부탁을 잘 거절하지 못해 어려움을 겪기도 한다(Yes Man). 이들은 칭찬에 매우 크게 반응한다. '칭찬은 고래도 춤추게 한다'는 격언은 ESFJ에게는 딱 들어맞는 격언이다. 이들은 자신의 도움을 받은 사람들이 진심을 담아 고마움을 표현할 때 매우 큰 희열을 느낀다. 그것만으로 봉사에 대한 동기부여가 되는 인간적인 사람들이다.

반면 관계 중심적인 면이 지나치면 그것이 선을 넘는 듯한 느낌을 주기도 한다. 다른 사람의 인생에 대해 지나치게 간섭할 수 있다는 의미다. 또한 남의 일에 너무 신경 쓰다 보니 정작 자신의 가정이나 자신이 할 일은 등한시하는 상황이 발생하기도 한다. 아울러 자신이 좋아하는 사람에게 객관적 분석 없이 무조건 동조하거나 주관에 편향된 판단을 내리기도 한다. 특히 감정이 상했을 때는 상대방에 대해 속단하는 경향이 있다. '저 사람이 날 배신한 게 틀림없어. 어떻게 그럴 수가 있지?' 하는 식으로 속상한 감정으로 모든 상황을 극단적으로 해석한다. 나중에 알고 보면 그 정도가 아닌 일이었음을 뒤늦게 알게 되는 경우도 적지 않다. 이들은 논리적으로 생각하고 객관적으로 상황을 파악하는 것이 상대적으로 힘든 사람들이다. 따라서 논리적으로 맥락을 파악하고 상황을 분석하는 것이 주요 보완 포인트가 될 수 있다. 그렇지 않으면 상대방의 상황이나 필요의 직질성을 고려치 않고 자신이 놓고 싶은 부분에만 집중해서 예상치 못한 결과를 초래할 수도 있다.

INTP	
특징을 나타내는 별명	**장점**
아이디어 뱅크형, Let it be, 심리적 아웃사이더, 사오정	객관적, 논리 비평 강함, 원리 파악과 직관적 통찰, 이해력·연구력 탁월, 관심 분야에 대해 말 잘함(평소 과묵), 지적 호기심
단점	**특징과 잘 매칭되는 직업**
실행력 미약(이론 중심), 일상생활과 상식에 약함, 팀 활동 미흡, 인간미 없어 보임	컴퓨터 프로그래머, 시스템 분석가, 전략기획, 신경과 의사, 물리학자, 철학자, 고고학자, 교수

반대유형인 ESFJ가 '뛰어난 현실 감각을 바탕으로 친절하게 다른 사람을 돕고자 하는 사람'이라면 INTP는 '관념적이고 이론적인 부분에 강점을 가진 뛰어난 분석가'라고 할 수 있다. 따라서 이들을 '아이디어 뱅크형'이라고 부르기도 한다. 사람에게 관심이 많은 ESFJ와는 반대로 이들은 사람에게는 관심이 거의 없다. 인간관계보다는 자신의 이론적 관심 분야에 몰두하는 것을 좋아한다. 'Let it be(내버려둬)', '심리적 아웃사이더'라는 별명처럼 이들은 독립적이고 자기만의 관념세계에 몰두하는 것을 선호한다. 단지 공상에 빠지는 것이 아니라 자신만의 짜임새 있는 사고체계를 지속적으로 발전시키려 하기 때문에 '이론과 사상의 건축가'라고도 불린다. 평소엔 과묵하지만 자신이 관심을 가진 분야에 대해서

는 말을 잘하는 사람들이다. 토론에서 지적 논리로 상대방을 제압할 때 희열을 느끼기도 한다. 이들은 기본적으로 지적 호기심이 강하고 원리 파악 능력과 직관적 통찰이 뛰어나다. 시스템 분석가, 교수, 물리학자, 의사 등 지적 논리를 토대로 역량을 발휘하는 분야에 INTP가 많은 것은 무척 자연스러운 일이다.

반면 뛰어난 사고력에 비해 실행력은 많이 떨어진다(이론 중심). 그로 인해 좋은 아이디어들이 가시적 성과로 이어지지 못하는 경우가 많다. 또한 관심 분야에는 박식하지만 일상생활과 상식에는 취약하다. 이들은 일상적 대화를 매우 힘들어한다. 예를 들어 '라면을 맛있게 끓이는 법'을 주제로 논쟁을 벌이는 사람들을 잘 이해하지 못한다. 그런 일상적 주제가 논쟁거리가 되는 것을 이해하지 못하는 것이다. 이들의 별명이 '사오정(다른 사람의 말을 잘 알아듣지 못한다는 뜻)'인 이유도 관심 분야 이외의 대화에는 집중력이 떨어지기 때문이다. 이들은 관심 분야에서는 매우 날카로운 통찰력과 논리를 내세우지만 그 외의 분야에 대해서는 어리숙한 모습을 보인다. 아울러 따뜻한 배려를 바탕으로 항상 누군가를 돕고 챙기려는 ESFJ형과는 반대로 논리와 분석적인 언어를 주로 쓰기 때문에 본의 아니게 상처를 주는 경우도 많다. 이들은 정서적인 표현을 잘 하지 않는다(인간미 없어 보임). 또한 독립적인 성격 때문에 연인이나 가족, 함께 일하는 팀원들에게 서운함을 주기도 한다.

활용을 위한 Key Point 　**이것만은 꼭 기억하자!**

 # 성격유형의 이면에는 '심리적 구조'가 있고 그로 인해 나타나는 '패턴'이 있다.

- MBTI에서 말하는 성격유형은 단지 겉으로 보이는 특성을 나열해놓은 것이 아니다. 성격유형의 이면에는 분명한 '심리적 구조'가 있고 그로 인한 '패턴'이 있다. 그래서 반대유형 간에는 서로의 장단점이 반대로 나타나는 것이다.

 # 반대유형과 비교해서 보면 더 효과적이다.

- 자신의 유형과 반대유형을 함께 살펴보면 장점과 단점이 반대라는 점이 극명하게 드러난다. 따라서 반대유형과 자신의 유형을 비교·분석해보면 두 유형이 대비되면서 자신의 심리 패턴이 더 분명하게 보인다.

성격유형의 심리구조 파악하기: 유형역동의 이해

Part 2에서는 성격유형의 패턴을 발생시키는

'심리구조'에 대해 설명한다.

이 내용을 이해하면

자신의 '성격적 특징이 나타나는 이유'를 이해할 수 있고,

자신의 성격유형에 대해

보다 입체적이고 정교하게 파악할 수 있다.

Chapter 6

성격유형의
메커니즘
(작용원리)

이전 챕터에서는 MBTI에서 말하는 성격유형이 단순히 '겉으로 보이는 행동 특성'을 나열해놓은 것이 아니라는 점을 확인했다. 성격유형은 단순한 행동 특성이 아니라 '심리적 구조'로부터 발생되는 하나의 '패턴'이다. 그래서 정반대의 유형은 정반대의 강약점을 가지게 되는 것이다. 이번 챕터부터는 그러한 패턴을 발생시키는 '심리구조의 원리'에 대해 다룰 것이다.

본론으로 들어가기 전에, 앞서 「프롤로그」에서 언급했던 내용을 잠시 되짚어보도록 하자.

"시중에 나와 있는 MBTI 서적들은 대부분 각 유형에 대한 특징 설명에 중점을 두고 있다. 반면 본서는 **'각 유형이 왜 그런 특징을 보이는지에 대한 이유'와 '각 유형에 맞는 성장 방법'을 중점적으로 다룬다** …(중략)… **유형역동이란 '성격유형이 발현되는 메커니즘(작용원리)'이다.** 유형역동을 이해하게 되면 왜 그러한 성격적 특징이 나타나는지 이해하게 된다."

「프롤로그」에서 언급했던 '유형역동', 즉 '성격유형이 발현되는 메커니즘'이 이번 챕터에서 다루고자 하는 주제이다. '깊은 적용'을 위한 시작점이 되는 챕터라고 생각하면 될 것 같다.

성격유형은 '심리기능 간의 역동'에서 기인한 것

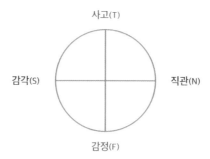

MBTI 이론의 창시자라고 할 수 있는 칼 융은 사람의 마음이 위의 그림과 같은 모습으로 작동하고 있다고 믿었다. 칼 융에 따르면 우리의 성격이 16가지로 나뉘는 이유는 이 4가지 심리기능이 개인의 성격을 형성하는 데 미치는 '영향력의 순위'가 다르기 때문이다. 우리 마음 안에서 영향을 미치는 1~4위까지의 순위가 있다는 뜻이다. 어떤 사람은 T(사고)가 1위이고 어떤 사람은 F(감정)가 1위가 되는 식이다. **즉, 성격유형은 이 4가지 기능이 '영향력을 행사하는 순위'에 따라 결정된다는 것이다. 이것을 '심리기능의 위계(hierarchy)'라고 한다.** 각 기능 간에는 우리의 내면에서 더 크게 작용하는 '위계와 서열'이 있다는 것이다.

칼 융은 사람의 성격유형이 다양한 이유가 전혀 다른 심리기능을 가지고 있기 때문이라고 보지 않았다. 예를 들어 사람은 칼로 무 자르듯이 사고(T) 혹은 감정(F), 둘 중 하나만을 사용하지는 않는다. 우리의 마음속에는 사고(T)와 감정(F)의 두 요소가 다 어느 정도씩 내재되어 있다. 다만 그 심리기능들이 우리의 마음 안에서 영향력을 미치는 순위가 다른 것이다. 그러한 심리기능 간 영향력의 차이가 성격유형의 다름을 형성하는 것이다. 마음 안에서 영향력을 미치는 순위에서 사고가 1위인 사람과 감정이 1위인 사람은 전혀 다른 모습을 보일 것이다. 그렇다고 해서 사고형인 사람이 감정이 전혀 없다거나 감정형인 사람이 사고기능을 전혀 사용하지 않는 것은 아니다.

칼 융은 우리의 성격이 칼로 자르듯 형성되어 있는 것이 아니라 S, N, T, F의 네 가지 기능이 서로 상호작용하는 역동에 의해서 구분된다고 보았다. 이것을 전문적인 용어로 '심리유형의 역동(type dynamics)'이라고 한다. 당신의 성격유형 역시 S, N, T, F의 네 가지 기능이 서로 역동을 일으키면서 발생하는 것이다. 당신의 내면에도 네 가지 기능 중 가장 큰 영향을 미치는 심리기능이 있고, 가장 영향을 덜 미치는 기능이 있다.

다만 칼 융이 말한 유형역동의 표현방식을 일반 사람들이 이해하는 것이 쉽지 않았기 때문에, 마이어스와 브릭스가 지금의 실용화된 형태로 정리를 한 것이다. 성격유형을 일상적인 삶 속에서 쉽게 활용하기에는 지금의 MBTI 표현방식이 훨씬 더 효과적이다. 4가지 선호지표(E-I, S-N, T-F, J-P)를 통해 보다 쉽게 자신의 성격유형을 찾을 수 있고, 각 유형별 특징에 대해서도 이해하기 쉽게 정리되어 있기 때문이다. 다만 자신의 성격유형을 찾은 이후에 더 깊은 이해를 원한다면 칼 융의 표현방식을 이해하는 것이 필요하다.

대립적인 것은 서로 상호 보완한다(상보성의 원리)

그렇다면 칼 융이 말한, 우리 마음 안에서 영향력을 미치는 심리기능 간 순위(위계)는 어떠한 원리로 결정되는 것일까?

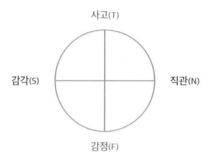

순위가 결정되는 원리를 이해하기 위해 위의 그림을 다시금 살펴보자. 먼저 세로축의 사고(T)와 감정(F)은 '판단기능'이다. 판단기능은 말 그대로 판단을 하는 기능이다. '맞다, 틀리다', '싫다, 좋다' 하는 식의 판단을 내리는 기능을 의미한다. 반면 가로축의 감각(S)과 직관(N)은 '인식기능'이다. 인식기능은 판단을 하지 않고 무언가를 인식하는 기능이다. '하얗다, 빨갛다', '사과를 보니 백설공주가 떠오른다'와 같이 특정한 정보를 인식하는 기능이다(지금 언급한 '판단기능', '인식기능'은 새로운 개념이 아니라 '챕터 4'에서 이미 다루었던 내용이다. 혹시 이해가 안 된다면 '챕터 4' 말미에 있는 '활용을 위한 Key Point - 이것만은 꼭 기억하자!'를 다시 한번 읽어보기 바란다).

　칼 융에 의하면 우리의 마음은 '판단기능'과 '인식기능'이 서로 보완하고 상호작용하면서 성격을 형성한다. 즉, 판단기능을 쓰면 인식기능이 판단기능을 보완하고, 인식기능을 쓰면 판단기능이 보완한다. 예를 들어 시계를 구매한다고 해보자. 이때 좋고 싫음을 판단해서 결정을 내리고자 하는 마음도 있지만(판단기능), 시계에 대한 새로운 정보가 인식되면 판단을 유보하고 더 많은 정보를 얻으려는 마음도 있다(인식기능). 그리고 그러한 마음들이 서로 상호 보완하면서 어떤 시계를 살지, 또는 구매를 유보할지 등을 결정한다. 융이 말한 대로 우리의 마음은 판단기능과 인식기능이 적절히 상호작용하면서 최종적인 의사결정을 내리게 되는 것이다.

　만일 두 기능이 서로 상호 보완하지 않는다면 심각한 어려움에 빠질 수 있다. 가령, 판단기능만 사용한다면 신속하고 분명한 판단을 내릴 수 있지만 '독재자'가 될 것이다. 새로운 정보를 전혀 인식하지 못하고 판단만 하는 사람이 있다고 가정해보라. 다른 사람의 말을 중간에 끊고 자신만의 판단을 맹신하며 저돌적으로 돌진하는 모습을 상상할 수 있을 것이다. 반면 인식기능만 쓰는 사람은 여러 정보를 인식하면서 부드럽고 유연한 모습을 보일 수 있지만 최종 마무리를 하지 못할 것이다. '키 없는 배'의 모습을 떠올리면 된다. 인식기능만 쓴다는 것은 지속적으로 정보를 받아들이기만 한다는 뜻이기 때문이다. 물론 실제로 판단기능이나 인식기능만 사용하는 사람은 없을 것이다. 앞서 시계 구매의 예에서 보았듯이 두 기능이 서로를 보완하면서 의사결정에 도달하기 때문이다.

이렇듯 우리의 마음속에서도 대립적인 두 개의 심리적 기능이 서로를 상호 보완하는 '상보성의 원리'가 작용한다. 우리 안의 심리기능 중 판단기능(T or F)이 1위 기능이면, 2위 기능은 인식기능(S or N)이 되고 인식기능이 1위 기능이 되면 판단기능이 2위가 되어 내면의 균형을 맞추려 한다.

에너지의 방향에도 적용되는 상보성의 원리

상보성의 원리는 '에너지의 방향'에도 작용한다. 같은 심리기능이라도 에너지의 방향에 따라 매우 다른 특징을 보인다. 갑자기 또 '에너지의 방향'이라는 말이 나오니까 무엇을 말하는 건지 생소하게 들리는가? 걱정하지 않아도 된다. 이미 앞에서 얘기했던 개념이다. 에너지의 방향에 따라 E(외향), I(내향)로 구분한다는 것을 챕터 4에서 분명하게 이야기했다. 당신 성격유형에서 맨 앞의 알파벳인 바로 그 외향(E), 내향(I)이 맞다.

다만 마이어스와 브릭스가 고안한 MBTI에서는 외향과 내향만으로 유형을 구분하지만, 칼 융의 표현방식은 우리 안의 4가지 기능 각각에 에너지의 방향이 적용된다고 보았다. 칼 융은 S, N, T, F 4가지의 심리기능을 외향(E)과 내향(I)으로 구분했다. 에너지의 방향을 포함해서 심리기능을 정리해보면 다음과 같다.

인식기능	Se, Si, Ne, Ni
판단기능	Te, Ti, Fe, Fi

각 성격유형의 심리기능의 순위를 결정할 때 위와 같이 에너지의 방향도 포함된다. 즉, 같은 사고형(T)이라 하더라도 외향적 사고(Te)와 내향적 사고(Ti)를 구분한다. 에너지의 방향에 따라 같은 T라도 현저한 차이를 보이기 때문이다. 새로운 개념으로 생각할 필요는 없다. 위의 그림에서 보았던 S, N, T, F의 4가지 심리기능을 에너지의 방향에 따라서 한 번 더 세분화한 것뿐이다.

여기서 중요한 점은 이러한 에너지의 방향 역시 '상보성의 원리'를 따른다는 것이다. 즉, 영향력의 순위에서 1위가 외향이라면 2위는 내향이 되는 식이다. 그렇게 서로 상호 보완을 해나갈 때 균형이 잡힐 수 있기 때문이다.

1, 2위가 모두 외향이라면 어떻게 될까? 혼자서 숙고나 성찰과 같은 내면적 활동을 하는 데 심각한 어려움을 초래할 것이다. 성찰 없이 외향적으로만 반응하는 사람을 상상해보라. 반대로 1, 2위가 모두 내향이라면 어떨까? 모든 것을 내향화하는 사람은 의사소통에 큰 어려움을 겪을 것이다. 자신의 내부세계에 지나치게 몰입하여 현실에 적응하지 못하는 사람을 떠올려보라. 건강한 심리기능의 상호작용이 이루어지기 위해서는 외향적인 면과 내향적인 면이 적절히 균형을 잡아야 한다.

지금까지 살펴본 바와 같이 심리학자 칼 융은 우리 마음속에 있는 각각의 심리기능들이 '상보성의 원리'에 따라 영향력을 행사하는 순위를 형성하고 상호 보완하면서 독특한 성격을 형성한다고 보았다.

16가지 유형의 심리위계(표)

이러한 원리를 바탕으로 도출된 16가지 유형의 심리기능 간 영향력을
미치는 순위는 다음과 같다.

유형	1위	2위	3위	4위	유형	1위	2위	3위	4위
ISTJ	S(i)	T(e)	F	N(e)	ISFJ	S(i)	F(e)	T	N(e)
ESTP	S(e)	T(i)	F	N(i)	ESFP	S(e)	F(i)	T	N(i)
INFJ	N(i)	F(e)	T	S(e)	INTJ	N(i)	T(e)	F	S(e)
ENFP	N(e)	F(i)	T	S(i)	ENTP	N(e)	T(i)	F	S(i)
ISTP	T(I)	S(e)	N	F(e)	INTP	T(i)	N(e)	S	F(c)
ESTJ	T(e)	S(i)	N	F(i)	ENTJ	T(e)	N(i)	S	F(i)
ISFP	F(i)	S(e)	N	T(e)	INFP	F(i)	N(e)	S	T(e)
ESFJ	F(e)	S(i)	N	T(i)	ENFJ	F(e)	N(i)	S	T(i)

어떻게 이런 결과가 도출되었는지 더 자세히 알고 싶은 독자는 책 뒷
부분에 있는 부록을 참고하면 된다(우선 챕터8까지 읽어본 다음 부록의 내
용을 확인해보는 것이 좋다). **여기서는 우리의 성격유형이 '심리기능 간의
역동'에서 기인한 것이라는 것만 기억하면 된다.** 당신의 성격유형은 바
로 이 심리적 구조로부터 기인한 것이다. 자기 유형의 심리위계를 잘 기

억해두기 바란다. **이를 통해 자신의 성격유형에 대한 이해가 깊어지고 자신에게 맞는 자기 계발 과정을 이해할 수 있기 때문이다.**

본 챕터의 핵심개념: 유형역동

MBTI에서 말하는 성격유형이란 단순히 I+S+T+J의 조합이 아니라 **심리기능 간의 상호작용을 통한 역동을 의미한다.** 이것을 전문적인 용어로 **'심리유형의 역동(type dynamics)'**이라고 한다는 것을 앞서 이야기했다.

위의 표에서 볼 수 있듯이 'ISTJ'와 같은 'MBTI식 표현방식'과 'Si Te F Ne'와 같은 '칼 융의 표현방식'은 형태만 다를 뿐 같은 성격유형을 나타낸다. **칼 융의 표현방식은 성격유형의 '원인'이 되는 '심리구조도'라고 볼 수 있고, MBTI식 표현방식은 그 '결과'로서 겉으로 드러나는 '성격유형적 특징'이라고 생각하면 된다.**

따라서 성격유형을 찾는 것에 있어서는 MBTI적 표현방식이 더 유용할 수 있으나, 성격유형에 대한 보다 깊고 정교한 이해에 있어서는 칼 융의 '심리구조도'가 필요한 것이다.

이번 챕터에서 기억해야 할 포인트는 MBTI가 '평면적인 지표의 조합'이 아니라 '입체적인 유형의 역동'이라는 것이다. 이 부분을 꼭 기억하고 다음 챕터로 넘어가자. 다음 챕터에서는 이러한 심리기능들이 어떤 식으로 상호작용하며 유형역동을 일으키고 있는지를 살펴보겠다.

활용을 위한 Key Point 　 이것만은 꼭 기억하자!

 # 성격유형은 '유형역동(type dynamics)'에 의한 것이다.

- MBTI에서 말하는 성격은 단순히 I+S+T+J 식의 지표 조합이 아니라, 마음속의 심리기
  능 간 상호작용에 의한 것이다. 우리의 성격유형은 우리의 마음속에서 영향력을 행사
  하는 1~4위 기능들 간의 유형역동에 의해 형성되는 것이다.

**# 칼 융의 표현방식은 성격유형의 '원인'이 되는 '심리구조도'라고 볼 수 있고, MBTI식
표현방식은 그 '결과'로서 겉으로 드러나는 '성격유형적 특징'이라고 생각하면 된다.**

- 지금 우리가 사용하고 있는 MBTI는 마이어스와 브리스가 일반 대중들에게 도움이 될
  수 있도록 보다 쉽고 체계적으로 실용화한 형태이다. 따라서 먼저 MBTI를 통해 자신
  의 성격유형을 찾는 것이 효과적이다. 그런 다음 자신의 성격에 대한 더 깊은 이해와
  적용을 위해서는 MBTI 이론의 창시자라고 할 수 있는 칼 융의 표현방식을 이해하는
  것이 필요하다.

Chapter 7

내 속에 있는
또 다른 나(1):
영웅, 부모, 소년·소녀,
수치스러운 나

이전 챕터에서 우리는 MBTI에서 말하는 성격유형이 4가지 심리기능 간의 '유형역동'으로부터 기인한다는 사실을 확인했다. 그렇다면 '유형역동'은 구체적으로 어떤 모습으로 이루어질까? 가령 Te(외향적 사고)와 Ti(내향적 사고)는 둘 다 T(사고형)인데 어떤 차이가 있는 걸까? 또 같은 Fe(외향적 감정)라도 그 기능이 우리의 마음 안에서 1위로 영향력을 행사할 때와 4위로 영향을 미칠 때 어떤 차이가 있을까? 지금부터는 이러한 부분에 대해 다루고자 한다.

　먼저 본 챕터에서는 우리 안에서 영향력을 행사하는 1~4위까지의 심리기능의 '역할'이 무엇인지 살펴볼 것이다. 그리고 다음 챕터에서는 Te, Ti와 같이 똑같은 T(사고형)이지만 '에너지의 방향'이 다른 심리기능들이 구체적으로 어떻게 다른지 확인해보고자 한다(미리 말해두지만 정말 많이 다르다). 즉, 8가지 심리기능의 세부적 특징을 살펴보겠다.

　본론으로 들어가기 전에 먼저 자신의 성격유형의 심리적 구조(심리기능의 위계)를 아래의 표 안에 적어보기 바란다(이전 챕터에서 정리해준 표에서 자신의 유형 정보를 확인하면 된다). 예를 들면 자신의 유형이 ENFP라면 심리기능의 위계는 'Ne Fi T Si'이다. 그렇다면 '나의 성격유형'에는 ENFP라고 적으면 된다. 그리고 주기능, 부기능, 3차기능, 열등기능 칸에는 순서대로 Ne, Fi, T, Si를 기입하면 된다.

나의 성격유형	주기능	부기능	3차기능	열등기능

지금부터 마지막 챕터까지는 심리구조(심리기능의 위계)를 알아야만 이해가 가능한 내용들이다. 따라서 위의 표에 기입한 자신의 심리구조를 잘 기억해두어야 한다. 「프롤로그」에서 말했듯이, 이 책은 교과서 읽듯이 개념 중심으로 읽기보다는 워크숍(Workshop)에 참여한 사람의 관점에서 상호작용하듯 읽는 것이 효과적이다. 자신의 유형에 적용하면서 상호작용의 흐름을 잘 이어가기 바란다.

내 속에 있는 또 다른 나: 4가지 심리기능

내면에서 일어나는 심리기능 간의 역동을 이해하기 위해서는 먼저 '심리적 구조를 이루는 4명의 등장인물의 역할'을 잘 이해해야 한다. 앞서 살펴본 것처럼 우리의 내면은 이 네 사람의 상호작용으로 이루어지기 때문이다. 필자가 이 기능들을 사람처럼 의인화해서 표현한 이유는 그렇게 했을 때 이해가 더 쉽기 때문이다. 영화 '인사이드 아웃'을 본 사람이라면 주인공의 내면에 있는 '다섯 감정들(기쁨, 슬픔, 버럭, 까칠, 소심)'이 서로 이야기를 나누는 장면이 떠오를 것이다. 그와 유사하게 우리의 마음속에도 4명의 서로 다른 관점을 가진 심리적 인격들이 존재한다. 다만 이들 사이에는 '유형역동'이라는 '상호작용의 원리'가 작용하고 있을 뿐이다. 이 4명이 어떤 식으로 관계를 맺는가에 따라 16가지 성격유형 이 결정된다. ENTJ인 필자에게는 Te Ni S Fi, 이렇게 네 사람이다. 책을 읽고 있는 당신은 자신의 유형을 적용하면 된다.

각 기능의 역할과 명칭

이전 챕터에서 설명했듯이 'Te Ni S Fi'는 마음 안에서 영향력을 행사 하는 심리기능들 간의 순위(서열)를 나타낸다. ENTJ라는 성격 특징이 나 타나는 이유는 마음속에서 Te가 가장 큰 영향력을 행사하고 Ni가 두 번 째, S와 Fi가 각각 세 번째와 네 번째의 영향력을 미치고 있기 때문이다. 이러한 영향력의 순위를 '심리기능의 위계(hierarchy)'라고 한다는 것을 앞 서 이야기했다. 우리의 마음속에 있는 심리기능들 사이에는 분명한 '위 계'가 있다.

그러한 위계에 따라 우리 마음 안에서 가장 크게 영향을 미치는 1위 기능을 '주기능'이라고 한다. 그리고 2위를 '부기능', 3위를 '3차기능'이라 고 하며 마지막 4위를 '열등기능'이라고 부른다. 이번 챕터에서는 필자 의 유형(ENTJ)을 예로 들어 4가지 기능의 '역할'에 대해 설명할 것이다. 후에 16가지 유형의 특징들을 '유형역동'의 관점에서 다시금 정리할 예정 이기 때문에 여기서는 기본적인 개념 이해에만 집중해주기 바란다. 이 해를 돕기 위해 각 기능에 '영웅', '부모'와 같은 명칭을 붙여서 설명할 것 이다(각 기능을 사람처럼 의인화해서 표현). 이 명칭들은 융 분석가인 John

Beebee 박사가 정리해놓은 것을 필자의 관점에서 활용한 것임을 밝혀 둔다.

그럼 우리 안의 4가지 심리기능들이 각각 어떤 역할을 하는지 하나 씩 살펴보자.

① 주기능(Dominant Function): 영웅

주기능은 우리 마음 안에서 가장 큰 영향력을 행사하는 심리기능이 다. 영어로는 'Dominant Function'이라고 하는데 dominant가 '우세한, 지배적인'이라는 뜻을 가지고 있듯이, 우리 마음속에서 가장 우세하고 지배적인 역할을 한다. 주기능은 성격의 전체적인 방향을 결정한다(그래 서 주기능을 '선장'에 비유하기도 한다). 그만큼 개인의 성격에서 핵심적인 역 할을 하는 심리기능이다.

ENTJ인 필자에게는 Te가 주기능이 된다(ENTJ = Te Ni S Fi). Te는 명 칭 그대로 논리를 외부로 활용하는 사람이다. 사고(T)를 외부적으로 쓰 는 모습을 상상해보라. 자신의 의견을 자신 있게 표현하고 논리적인 토 론을 즐기며 자신의 논리 기준에 따라 여러 자원을 체계적으로 관리하 는 것 등을 떠올릴 수 있을 것이다. 실제로 ENTJ의 성격을 가진 사람들 의 특징이다. 필자 역시 그런 모습이 자연스럽게 나온다.

주기능은 내 마음속의 '영웅'이라고 할 수 있다. 즉 어떤 일을 처리할 때 자신이 가장 신뢰하고 자연스럽게 사용하는 것이 주기능이다. 영화 '어벤저스' 시리즈에 등장하는 히어로(영웅)들을 떠올려보면 더 느낌이 올 것이다. 당신에게 영웅과 같은 존재가 있다면 당신은 그 사람을 매우 신뢰할 뿐 아니라 그의 말에 높은 가치를 부여할 것이다. 그와 같이 '자신이 가장 신뢰하고 가치를 두는 기능'이 바로 주기능이다.

실제로 무슨 문제가 발생하면 필자는 논리적인 판단과 추진력으로 접근하려 한다. Te가 자연스레 영웅으로서 활동하기 때문이다. 필자는 논리적이지 않은 대화를 무척 불편해한다. 필요에 따라 감정적인 대화를 하기도 하지만 보통 감정 역시 논리적으로 설명하는 것이 편하다. 논리가 결여된 상태에서 누군가와 관계를 맺거나 함께 일을 하면 스트레스를 많이 받는다.

주기능은 '세상을 감지하고 이해하는 방식'으로도 작용한다. 사람은 똑같은 상황을 보면서도 저마다 다른 해석을 한다. 사람마다 관점이 다르기 때문이다. 이러한 관점의 다양성에는 다양한 요소들이 작용하겠지만, 성격유형은 가장 중요한 요소 중의 하나라고 볼 수 있다. 주기능은 자연스럽게 '해석의 틀'을 형성한다. 예를 들어 T(사고형)와 F(감정형)가 함께 드라마를 본다면 전혀 다른 관점으로 해석할 가능성이 매우 높다.

정리해보면, 주기능은 개인 성격의 핵심으로서 성격의 전반적인 방향을 제시한다. 자연스럽게 자신이 신뢰하고 의지하는 정신적 도구인 셈이다. 최종결정이 내려져야 할 때, 그 결정은 대체적으로 주기능과 일치할 것이다.

② 부기능(Auxiliary Function): 부모

Auxiliary라는 단어는 '보조의'라는 뜻을 가진 형용사다. 이 단어의 뜻처럼 부기능은 주기능을 보조하고 균형을 맞추는 심리기능이다. 이전 챕터에서 설명했듯이, 칼 융에 의하면 우리의 마음은 '판단기능'과 '인식기능'이 상호 보완하면서 성격을 형성한다(상보성의 원리). 따라서 주기능이 판단기능이면 부기능은 인식기능이 되며, 주기능이 인식기능이면 부기능은 판단기능이 된다. 필자(ENTJ = Te Ni S Fi)의 주기능은 Te(외향적 사고)였으므로 부기능은 Ni(내향적 직관)가 된다. 판단기능인 사고형을 주기능으로 쓰기 때문에 인식기능인 직관형이 부기능으로서 상호 보완을 해주는 것이다. 이는 '에너지의 방향'에서도 마찬가지다. 상보성의 원리에 따라 주기능의 방향이 외향(e)이기 때문에 부기능의 방향은 내향(i)이 된다. 이렇듯 부기능은 주기능을 보조하고 보완하는 역할을 한다. 그렇게 심리적인 균형을 유지해준다.

주기능을 '영웅'이라고 한다면, 부기능은 '부모'라고 할 수 있다. 영웅을 돕고 보완하는 부모의 모습을 상상해보면 된다. 영웅이 간과할 수 있는 정보들을 파악하고 시야를 넓힐 수 있도록 적절한 조언을 해주는 모습을 떠올릴 수 있을 것이다. 다만 '자식 이기는 부모는 없다'는 말이 있듯이 주기능과 부기능 사이에 갈등이 있는 경우 일반적으로 주기능이 우세함을 보인다. 필자는 부기능인 Ni(내향적 직관)를 써서 이면적 패턴이나 가능성을 확인하는 것을 즐기지만 그러한 정보가 주기능인 사고를 통해 논리적으로 연결되지 않으면 큰 의미를 두지 않는 경우가 많다. 물론 사람이기 때문에 종종 논리가 결여된 직관을 따르는 경우도 있기는 하다. 하지만 두 가지 중 하나를 선택해야 한다면 논리적 판단을 따를 것이다. 다만 보통은 주기능과 부기능이 상호 보완하며 거의 동시에 작용하는 것처럼 느껴질 때가 많기 때문에 이렇게 칼로 나누듯

결정해야 할 상황이 많지는 않은 것 같다.

③ 3차기능(Tertiary Function): 소년·소녀

주기능과 부기능은 우리가 평소에 '오른손처럼' 자연스럽고 편안하게 사용하는 기능인데 반해, 3차기능은 '마음속의 왼손과 같은' 심리기능이다. 즉, 일반적으로 주기능과 부기능에 비해 훨씬 덜 발달되어 있으며 덜 의식적이다. 오른손잡이가 왼손을 쓸 때 훨씬 부자연스럽고 불편해하는 모습을 떠올려보면 이해가 쉬울 것이다.

따라서 성격의 '유능함'보다는 '취약성'과 더 관련이 있다. 후에 좀 더 자세히 다루겠지만, 성격유형의 장점은 주기능, 부기능으로 인해 형성된 패턴이라고 보면 되고, 개선점은 3차기능, 열등기능으로 인한 패턴이라고 생각하면 된다.

3차기능은 '소년 또는 소녀'와 같은 존재다. 소년이나 소녀는 성인에 비해 의식이 덜 발달되어 있다. 그래서 미숙하고 서툰 부분이 많다. 물론 때때로 어른이라도 아이들로부터 배울 점이 있듯이 3차기능은 종종 새로운 관점을 제공하기도 한다. 그러나 인생의 중요한 선택을 해야 하거나 어려운 문제를 해결할 때 소년과 소녀에게 의지할 사람은 없을 것이다. 3차기능 역시 우리 안에서 그런 정도로 인식되는 심리기능이다. 필자(ENTJ = Te Ni S Fi)의 3차기능은 S(감각)인데 필자는 사실적이고 실제적인 정보 자체에는 크게 관심이 없을 때가 많다. 오히려 그런 사실의 이면에서 작용하는 패턴을 분석하고 해석하는 것을 선호한다(주기능과 부기능의 사용). 어떤 중요한 결정을 해야 할 때도 과거 사례나 일반적 절차보다는 혁신적이고 논리 분석에 따른 판단 기준을 만들고자 한다. 한 마디로 S(감각)기능이 주는 정보들을 사고나 직관에 비해 중요하게 생각하지 않으며, S(감각)기능을 사용하는 것을 선호하지 않는다. 무엇보다 그러한 종류의 일에 취약성을 보일 때가 많다. 마치 '왼손을 쓰는 것'과 같이 서툰 행동을 보이는 것이다. 그래서 S(감각)기능을 주기능으로 사용하는 아내로부터 도움을 받을 때가 많다(이렇듯 같은 심리기능이라도 그것이 주기능으로 쓰일 때와 3차기능으로 쓰일 때는 전혀 다른 역할을 한다). 만일 필자가 S(감각)를 주요 역량으로 써야 하는 일을 하고 있다면 '몰입도'와 '유능감'이 현저하게 떨어졌을 것이다.

④ 열등기능(Inferior Function): 수치스러운 나

열등기능은 명칭 그대로 가장 덜 발달된 심리기능이다. 우리의 마음 안에서 가장 무의식적이며 사용하기 어려운 측면과 연결되어 있다. 자신의 성격특성 중에 '취약성'과 가장 관련이 많은 기능이다. 3차기능 때 잠시 언급했듯이, 열등기능은 3차기능과 함께 상호작용하면서 성격유형의 개선점을 형성한다. **오른손잡이를 기준으로 주기능과 부기능은 '내 마음속의 오른손' 역할을 하며 3차기능, 열등기능은 '내 마음속의 왼손' 역할을 한다. 즉, 주기능과 부기능은 성격의 장점, 3차기능과 열등기능은 개선점과 연관되어 있다.**

이것을 인식하고 성격유형의 특성을 살펴보면 '심리적 구조'와 '메커니즘(작용원리)'이 보다 분명하게 보일 것이다. 앞선 챕터에서 16가지 유형을 설명할 때 반대유형의 장점과 단점이 정반대였던 이유가 바로 이러한 메커니즘 때문이다.

열등기능은 '수치심의 원천', '수치스러운 나'로 표현될 수 있다. 가상 무의식에 있는 '숨겨진 나'의 모습이기도 하고, '내가 직면하고 싶지 않은 모습'이기도 하기 때문이다. 필자(ENTJ = Te Ni S Fi)의 열등기능은 Fi다. 열등기능은 주기능과 정반대의 기능이다. 따라서 필자의 주기능인 Te 와 열등기능인 Fi 역시 정반대다. 주기능은 내 마음속 '영웅'이므로 가장 자신 있고 편안해하는 '유능함의 원천'이 되지만, 열등기능은 그와는 상반된 '취약성'을 가진 '수치심의 원천'이 된다.

쉽게 생각해보자. 필자의 주기능인 Te(외향적 사고)는 말 그대로 사고 (T)를 바깥으로(e) 사용한다는 의미다. 다른 사람들에게 자신의 의견을 논리적으로 분명하게 제시하고, 토론하는 것을 즐기며, 갈등이 생겨도 피하지 않고 정면으로 마주하는 진취적인 사람이 곧 Te다. 실제로 필자의 유능함은 이러한 모습을 통해 발현된다.

반면 Te와 반대 기능인 Fi(내향적 감정)는 필자의 '취약성'을 드러내준다. Fi는 감정(F)을 자신의 내부(i)에서 사용하는 심리기능이다. 차분히 경청하면서 감정적인 공감을 해주는 사람을 떠올려보면 된다. 어떤 말을 해도 평가나 판단을 하지 않고 함께 공감하고 울어주는 주변 인물을 한 명 떠올려보라. 그러한 특성이 유능함으로 나타나는 사람이 곧 Fi다. 필자는 이러한 반응을 하는 것이 너무 어렵다. 사실 자녀가 생기기 전에는 지금보다 훨씬 더 감정적인 반응을 불편해했던 것 같다. 무의식적으로 '감정적인 반응은 약한 것'이라는 생각이 있었던 듯하다.

여기서 주의할 점은 '주기능'으로 Fi를 쓰는 것과 필자처럼 '열등기능' 으로 Fi를 쓰는 것은 전혀 다르다는 것이다. 앞서 살펴보았듯이 주기능은 '내 마음속의 오른손'이며 '유능함의 원천'이다. 그만큼 의식적으로 활용할 수 있고 잘 발달되어 있다. 그러나 열등기능은 가장 무의식적이며 덜 발달되어 있는 기능이다. **따라서 열등기능으로 Fi를 쓴다는 것은 가장 미숙하고 서툰 자신의 모습을 마주하는 것과 같다.**

Te(외향적 사고)를 주기능으로 쓰는 필자에게 Fi(내향적 감정)가 공존한다는 것은 무척 당혹스러운 일이 될 수 있다. 논리와 분석으로 살아가던 사람이 어느 날 갑자기 감정적인 자신의 또 다른 모습을 마주한다는 것이 편안한 일은 아닐 것이다. '숨기고 싶은 나', '수치스러운 나'라는 표현은 그러한 모습을 잘 묘사해준다.

'수치심의 원천'이라는 표현에 대해서 조금 더 구체적으로 설명을 해본다면 크게 두 가지로 정리될 수 있다. 첫째, '그러한 면이 자신에게 있다는 것을 마주했을 때' 수치심을 느낄 수 있다. Te(외향적 사고)를 주기능으로 하는 필자는 평소에 논리적이고 객관적으로 문제에 접근한다. 그런 필자가 감정적으로 반응하는 자신을 느꼈을 때 어떤 생각이 들었을 것 같은가? 감정적으로 나약한 모습을 보이는 건 Te를 주기능으로 쓰는 사람에겐 너무나 어색하고 싫은 일이 될 수 있다. 곧 '이건 진짜 내 모습이 아니야. 정신 차리자'와 같은 식으로 반응할 가능성이 매우 높을 것이다. 게다가 열등기능은 '내 마음속의 왼손'과 같기 때문에 유치하고 부정적으로 표출되는 경우가 많다. 그래서 더욱 그런 자신의 모습을 회피하려 하는 것이다.

둘째, 그것을 '강화하고 발전시키려 하는 과정'에서 수치심을 느낄 수 있다. 사람은 한 가지 심리기능만으로 인생을 살아갈 수 없다. 필자가 주기능인 Te(외향적 사고)를 통해 좋은 성과를 얻는다고 하더라도 항상 사고만 쓸 수는 없다. 당연히 F(감정)기능이 필요한 상황이 있다. 특히 가족관계에서는 F(감성)기능의 활용이 필수적이다. T(사고)만 쓰는 아빠를 좋아할 자녀는 아마 없을 것이다(모든 가족구성원이 T인 경우는 그럴 수도 있겠다). 논리적 행동을 많이 보일수록 가족들은 통제와 압박감을 느끼는 경우가 많다. 특히 필자의 둘째딸은 Fe(외향적 감정)를 주기능으로 쓰기 때문에 말의 내용보다 말투와 표정 등에 훨씬 크게 영향을 받는다. "아빠는 왜 공감을 잘 못해줘?"라는 식의 말을 들으면 그런 부분을 더 채워주고 싶은 욕구를 느끼지만, 선천적인 부분으로 인한 한계를 느낄 때가 많다. 행동이나 말투는 의식적으로 어느 정도 변화를 줄 수 있지만, 내면적 메커니즘은 변하지 않기 때문이다. T(사고)인 사람이 F(감정)의 행동을 하는 것과 선천적으로 F(감정)인 사람이 그런 행동을 하는 것은 확연히 차이가 난다. 지속적으로 그래야 한다면 더더욱 그렇다.

그런 필자가 주기능인 Te를 주요 역량으로 활용할 수 있는 분야가 아닌 Fi를 요구받는 분야에서 일을 할 수밖에 없는 상황이라고 가정해보자. 아마도 Fi를 유능감으로 발휘하는 사람들 사이에서 스스로 위축되고 작아지는 느낌을 갖게 될 것이다. 마치 필자 자신이 '미운 오리 새끼'가 된 것 같은 기분이 들 가능성이 매우 높다. 또한 자신을 억지로 변화시키려고 할수록 그러한 감정은 강화될 것이다. 열등기능을 '수치스러운 나'라고 부르는 이유다.

그렇다면 열등기능을 건강하게 개발시킬 방법은 없을까? 물론 있다. 우리에게 오른손뿐만 아니라 왼손도 꼭 필요한 존재인 것처럼, 3차기능과 열등기능 역시 우리의 내면에 꼭 필요한 존재들이다. 우리 안에 있는 4가지 심리기능이 적절한 조화를 이루었을 때 우리는 균형 있는 삶을 살아갈 수 있다. 다만 3차기능이나 열등기능이 건강하게 개발되기 위해서는 지금 다루는 원리를 충분히 이해하는 것이 선행되어야 한다. 따라서 지금은 '마음속에서 영향력을 행사하는 4가지 심리기능의 역할'만 잘 기억해주기 바란다.

활용을 위한 Key Point　　**이것만은 꼭 기억하자!**

\# 우리 안에서 영향력을 행사하는 4가지 심리기능의 1-4위까지를 순서대로 주기능, 부기능, 3차기능, 열등기능이라고 부른다.

\# 우리 마음속에는 영웅(주기능), 부모(부기능), 소년·소녀(3차기능), 수치스러운 나(열등기능)가 존재한다. 우리의 성격유형은 이 네 사람의 상호작용으로 인해 생겨나는 것이다.

\# 성격유형의 장점은 '주기능과 부기능의 상호작용'으로 인한 패턴이다(영웅+부모). 성격유형의 개선점은 '3차기능과 열등기능의 상호작용'으로 인한 패턴이다(소년·소녀+수치스러운 나).

\- 주기능과 부기능이 과도하게 사용될 때의 패턴도 개선점에 포함된다.

Chapter 8

내 속에 있는
또 다른 나(2):
8가지 심리기능의 특징

지금까지의 흐름을 요약해보자.

당신이 Part 2(유형역동의 이해)의 내용을 처음 접한 것이라면 아마도 새로운 개념과 용어들로 인해 머릿속이 매우 복잡해졌을 것이다. 그래서 이번 챕터를 시작하기에 앞서 '유형역동'과 관련된 지금까지의 흐름을 두 가지로 정리하려 한다.

첫째, MBTI에서 말하는 성격유형이란 우리 안의 '4가지 심리기능 간의 상호작용'을 말한다. 예를 들어 ESTJ라는 성격유형은 'Te Si N Fi'의 4가지 기능의 상호작용을 통해 형성된다. 그러한 심리기능 간의 역동을 '유형역동'이라고 한다.

둘째, 심리기능 간에는 영향력을 미치는 순위(서열)가 존재하는데 그러한 순위를 '심리기능의 위계'라고 한다. 유형역동은 그러한 위계에 의해 이루어진다. 우리 마음 안에는 주기능, 부기능, 3차기능, 열등기능이 위계를 바탕으로 서로 상호작용하고 있다. 그들을 '영웅', '부모', '소년·소녀', '수치스러운 나'와 같은 4명의 '인격적 존재'로 생각하면 이해하기가 쉽다.

그 다음으로 떠오르는 질문

앞의 두 챕터의 내용을 아주 간략하게 요약하면 위와 같이 정리할 수 있을 것이다. 여기까지 잘 이해가 되었다면 아마도 자연스럽게 다음 질문이 떠오를 것이다.

"그렇다면 Te, Si, Fi와 같이 '에너지의 방향' 표시가 붙은 심리기능들은 정확히 어떤 특징을 나타내는 걸까?"

ENTJ(주기능 Te)인 필자 역시 논리를 쓰는 T(사고형)라는 것은 분명히 알았으나, T에 e(외향)라는 표시가 덧붙여진 Te는 어떤 의미인지가 명확하게 들어오지 않았다. i(내향) 표시가 붙은 Ti 역시 마찬가지다. 그러다 보니 Ti를 주기능으로 쓰는 사람과 Te를 주기능으로 쓰는 필자 사이에 어떤 차이가 있는지 분명하게 구분이 되지 않았다.

당신은 어떤가? 자신의 주기능을 떠올려보라. 만약 당신이 Ne(외향적 직관)를 주기능으로 쓰는 사람이라면 똑같은 N(직관형)이지만 '에너지의 방향'만 다른 Ni(내향적 직관)를 주기능으로 쓰는 사람과는 어떤 차이가 있는지 명확히 구분이 되는가? 앞으로 살펴보겠지만 이 두 심리기능 간에는 매우 커다란 차이점이 존재한다. 그러한 차이가 분명히 구분될수록 자신의 성격유형에 대한 확신감이 훨씬 더 높아질 것이다. 혹시 당신이 아직 자신의 유형을 찾지 못했다면 자신의 성격유형을 찾는 데 매우 핵심적인 단서가 될 수 있다.

따라서 '유형역동'이라는 주제에서 마지막으로 다루어야 할 내용은 8가지 심리기능(Se, Si, Ne, Ni, Te, Ti, Fe, Fi)의 특징을 파악하는 것이다.

이번 챕터 역시 자신의 성격유형을 중심으로 읽으면 된다. 특히 자신의 '주기능'에 해당하는 심리기능을 보다 자세히 살펴보면 더 와닿는 것이 있을 것이다. 주기능은 '개인 성격의 핵심'이자 '영웅'이기 때문이나.

또한 자신의 주기능과 '에너지의 방향'이 반대인 심리기능을 함께 읽어보면 주기능에 대한 이해가 한층 더 깊어질 수 있다. 예를 들어 당신의 주기능이 Se(외향적 감각)라면 에너지의 방향이 반대인 Si(내향적 감각)를 함께 읽어보기 바란다.

만약 자신의 유형이 무엇인지 아직도 헷갈린다면, 헷갈리는 유형들의 주기능을 살펴보면 도움이 될 것이다. 필자 역시 ENTP와 ENTJ 사이에서 유형을 정하는 것이 무척 어려웠는데 각 유형의 주기능의 특징을 이해하면서 정확한 유형을 찾을 수 있었다. ENTP의 주기능인 Ne와 ENTJ의 주기능인 Te는 완전히 다르기 때문이다.

앞서 주기능을 설명할 때 '영웅'이라는 명칭을 붙였던 것처럼, 이번에도 이해를 돕기 위해 각 기능에 '별명'을 붙이고 의인화해서 표현할 것이다. 그럼 S(감각형)부터 시작해보자.

S(감각형)의 기본적 특징

Se와 Si를 구분하려면, 먼저 그 근간이 되는 S의 기본적 특징을 다시금 살펴볼 필요가 있다. Se란 S를 '외부로 사용한다'는 의미이고, Si는 S를 '내부로 사용한다'는 의미이기 때문이다.

감각은 Sensing의 머리글자인 'S'로 표시되는데, Sensing의 의미 그대로 주로 오감(시각·청각·촉각·미각·후각)을 통해 정보를 인식하는 심리기능을 지칭한다. 챕터 4의 '4가지 선호지표'에서 S형에 대해 자세히 다루었기 때문에 여기서는 간략히 몇 가지 특징만을 언급하고 넘어가겠다.

- 실제 무슨 일이 일어나고 있는지를 알기 위해 주로 '오감'을 사용한다('이면의 의미'나 '사건과 사건의 연관성'보다는 '실제 일어나는 일'에 주목).
- 사실적이고 실질적인 것에 초점을 둔다(추상적인 관념이나 방향성 No! 구체적인 지침 선호함).
- 실용적인 활용을 가치 있게 여긴다(뜬구름 잡는 아이디어를 좋아하지 않는다).
- 사실적이고 구체적이다(비유나 암시보다는 '언제', '누가', '어디서', '무엇을', '어떻게' 했다는 식의 설명방식을 선호함).
- 세부사항을 관찰하고 기억한다(입었던 옷, 신발 등 세부사항을 잘 기억함).
- 현재지향적이다(먼 미래의 비전보다는 '지금 할 일'에 초점을 둠).
- 경험을 믿으며 직관적인 통찰을 불신한다(과거 사례나 경험을 통해 문제를 해결하고자 함. 영감이나 직관적으로 떠오르는 아이디어를 신뢰하지 않음).

이렇듯 S(감각형)는 오감을 마음속의 오른손처럼 사용하는 사람이다. 이들은 사실적이고 실질적인 문제해결에 능숙하다. 그렇다면 에너지의 방향에 따라 어떤 차이를 보일까? 먼저 Se부터 살펴보자.

① Se(외향적 감각): S를 외부로 쓰는 사람

Se에게 별명을 붙여본다면 **'정찰자(The Scout)'**라고 할 수 있다. 정찰자는 오감을 외부로 사용하여 적의 정세나 지형을 파악하는 사람이다. 전쟁영화에 나오는 정찰자의 모습을 떠올려보라. 그들은 '있는 그대로의 현실적인 정보'를 인식하는 데 초점을 두고 지형지물을 파악한다. Se는 오감을 외부로 사용하여 현실적인 외부 정보들을 인식하는 심리기능이다. **그래서 이들의 주의 초점은 늘 '현재'에 있다.** 예를 들면 맛집, 사고 싶은 옷, 패러글라이딩같이 실제 존재하고 경험할 수 있는 것들이 이들의 관심 대상이다. 이들은 늘 현재를 경험하고 즐기기 원한다. 따라서 '먹고 마시고 즐기자'는 이들의 자연스러운 슬로건이 된다. 이러한 특징으로 인해 활동적이고 충동적이며 산만해 보이는 경향이 있다.

Se를 주기능으로 쓰는 사람은 ESFP와 ESTP다. 자신의 유형이 ESFP이거나 ESTP인 사람은 Se가 마음속의 '영웅'으로 활동하고 있다는 것을 자연스럽게 느낄 수 있을 것이다. 자, 그럼 Se의 대표적인 특징을 5가지로 정리해보겠다.

오감을 사용하여 실재하는 세부사항들을 '있는 그대로', '주관적인 해석 없이' 받아들인다.

지인의 초대를 받고 처음 가보는 방에 들어갔다고 가정해보자. Se는 벽지의 색깔과 질감, 방에서 나는 냄새, 소리, 바닥재의 색깔과 질감 등 실재하는 정보들을 있는 그대로 받아들인다. 음식을 먹을 때도 음식의 감촉, 냄새, 맛, 색깔 등을 자연스럽게 인식한다.

만일 당신이 Se를 '열등기능'으로 사용하는 사람(INTJ나 INFJ)이라면 이렇게 실제적 정보를 중심으로 상황을 인식하는 것이 매우 힘들게 느껴질 것이다. 그러나 Se를 주기능으로 쓰는 사람에게는 그저 자연스러운 존재방식과 같다.

생생한 세부정보들을 잘 기억하고 묘사한다.

이들은 '사실적인 정보'를 기반으로 자신이 보고 들은 것들을 '생생하게' 묘사한다. 예를 들어 누군가 자신에게 했던 말을 전달할 때 그가 했던 말뿐 아니라 억양, 톤, 바디 랭귀지까지 잘 기억하고 묘사하는 사람들이다. 이들의 이야기를 듣다 보면 마치 그 현장에 함께 있었던 것 같은 '생동감'이 느껴진다.

지금 여기(here and now)에 초점을 둔다.

이들은 이면적 의미, 미래나 과거가 아닌 '현재'를 경험하고자 한다. 따라서 인생의 의미를 논하거나 추상적인 개념을 다루는 것을 선호하지 않는다(관념적 세계만을 다루는 철학 수업은 질색이다). 그보다는 '점심으로 뭘 먹지?'와 같이 현실적이고 재미를 느낄 수 있는 것들에 초점을 둔다. 그래서 종종 '생각이 없어 보인다'는 말을 듣기도 한다. Se의 초점은 항상 '지금 여기(here and now)'에 있다.

감각적 자극(새로운 경험)을 추구한다.

이들은 '보는 것'보다 '직접 경험하는 것'을 추구한다. 예를 들어 파도타기하는 사람을 지켜보는 것보다는 자신이 직접 하는 것에서 훨씬 더 강한 자극을 느낀다. 그래서 늘 새로운 활동과 경험을 추구한다. 래프팅, 카누, 행글라이딩, 오토바이 타기, 맛집 찾기 등 이들은 감각적 경험을 통해 살아 있음을 느낀다. 이러한 면으로 인해 매우 활동적이고 발랄하며 자유로운 사람이라는 인상을 준다.

오감을 통해 경험이 가능한 것을 현실로 받아들인다.

이들은 '물리적 증거'가 없는 아이디어를 신뢰하지 않는다. 어떤 표현에 대해서도 문자 그대로 해석한다. 예를 들어 누군가 '날씨가 안 좋네'라고 얘기하면 문자 그대로 '날씨가 안 좋다'라는 의미로 받아들인다. Se와 반대 기능인 Ni의 경우 누군가 '날씨가 안 좋네'라고 얘기하면 '저얘기를 왜 나한테 하지? 기분이 안 좋은가? 불편함을 표시하려는 건가?' 등 이면의 의미를 파악하려 한다. 그러나 Se에게는 '이면의 의미를 파악'하거나 '숨은 뜻을 읽어내는 것'은 익숙하지 않은 일이다. 이들은 있는 그대로의 현실을 인식하고 받아들인다.

Se에 대해 요약해보자.

Se는 'S를 외부로 사용하는 사람'이다. 오감을 사용하여 적의 지형지물을 파악하는 '정찰자'를 떠올리면 된다(다만 이들의 정찰 대상은 먹고, 마시고, 즐길 것들이다). 이들의 초점은 항상 '현재'에 있으며 현재의 순간들을 경험하고 즐기기를 원한다. 이들은 감각적 경험을 추구하는 활동적이고 충동적인 사람들이다.

② Si(내향적 감각): S를 내부로 쓰는 사람

'컨저베이터(The Conservator)'라는 직업을 알고 있는가? 우리말로는 '보존 처리 전문가'라고 한다. '컨저베이터'는 미술품이나 문화재의 보존과 복원 분야 전문가들이다. 전시 작품이 들어올 때와 나갈 때, 전시 기간 중 작품의 상태를 꼼꼼하게 살피는 일을 하며, 그 과정에서 작품에 이상이 생겼는지를 확인한다. 즉 전문성을 바탕으로 '작가가 보낸 상태 그대로 보존되고 있는지를 점검'하는 것이 컨저베이터가 하는 일이다.

'컨저베이터'는 오감을 안으로 쓰는 Si에게 딱 맞는 별명이다. 오감을 외부를 향해 쓰는 Se는 현재를 즐기고 감각적 경험을 추구하는 쪽으로 S가 사용되지만, **Si는 과거 경험을 오감을 통해 저장하고 그러한 데이터를 토대로 현실을 점검하고 평가하는 사람들이기 때문이다.** 그래서 Se는 매우 자유롭고 개방적인 느낌을 주지만 Si는 매우 보수적이고 전통을 중시하는 느낌을 준다(Si를 주기능으로 쓰는 성격유형은 ISTJ와 ISFJ다).

'컨저베이터'가 과거의 데이터를 통해 현재 상태를 확인하듯, Si는 과거 경험을 중시하며 과거 경험을 토대로 현재 상황을 해석한다. 그래서 매우 신중하고 차분한 인상을 준다. 활동적이고 자유로운 Se와는 매우 상반된 인상을 가지고 있다고 보면 된다. 같은 S(감각)를 주기능으로 쓰더라도 에너지의 방향에 따라 전혀 다른 성격특성이 형성되는 것이다. 그럼 Si의 대표적 특징을 살펴보자.

자신의 몸의 내부에서 일어나고 있는 현상에 대해 민감하다.

Si는 졸릴 때, 배고플 때, 충분히 배가 부를 때, 피로를 느낄 때 등을 민감하게 알아차린다. 자신의 감정상태에도 그와 같이 반응하기 때문에 기쁨과 슬픔, 좌절 등의 감정적 기복을 손쉽게 인지한다. 이들이 '적정량'의 음식을 먹고 '정해진 시간'에 잠자리에 들고 일어나는 것은 이러한 심리적 특성 때문이다. 남들 역시 그러한 부분을 존중해주기를 원한다. 예컨대 Si는 자신의 일상적 패턴이나 규칙을 가볍게 여기고 침범하는 사람들을 매우 불편해한다. '컨저베이터'에게는 세부사항과 그에 대한 보존이 무척 중요하다. 그런데 그런 부분을 가벼이 여기고 보존해야 될 대상을 함부로 만지는 사람이 있을 때 어떤 감정을 느끼겠는가? 아마도 매우 민감한 반응을 보일 것이다. 그래서 상대적으로 털털한 유형들에게는 무척 예민한 성격으로 비춰지기도 한다.

상황에 대한 '세부사항'과 그에 대한 자신의 '주관적인 내적반응'을 동시에 저장한다.

예를 들면, 깨끗하게 정돈된 환경을 얼마나 편안하게 느끼는지, 지저분하고 질척질척한 상태가 그의 감정을 어떻게 힘들게 하는지에 대한 인식을 함께 저장한다. 따라서 자기 주변을 깨끗하고 정돈된 상태로 유지하는 데 많은 시간과 에너지를 쓴다(기본적으로 Si는 정리정돈의 대가들이다). 이러한 면 때문에 안 좋은 감정을 수반한 기억과 비슷한 상황을 만나면 조건반사적으로 거부반응이 일어나기도 한다.

저장된 정보를 순차적인 방식으로 검색한다(두서없는 방식 No!).

Si가 학교에서 역사 수업을 듣는다면 연대순으로 배우는 것을 선호할 것이다. 이들은 순차적인 방식으로 정보를 검색하기를 원한다. 일상적 이야기를 나눌 때도 마찬가지다. 한번에 여러 주제들을 다루거나 시간 순서를 무시하고 이 얘기 저 얘기를 하는 대화 방식을 매우 힘들어한다. 본인의 이야기를 할 때도 처음과 끝이 분명하게 순차적인 방식으로 의사를 전달하고자 한다. 하나씩 차근차근 과정과 단계를 거치면서 정보를 검색하는 것은 이들에게 매우 중요한 일이다. 업무를 하거나 새로운 것을 배울 때도 순차적인 단계를 통해 접근하는 것을 선호한다.

'과거의 경험'과 '현재의 경험'을 적극적으로 비교한다.

'컨저베이터'라는 별명처럼, Si는 과거의 경험과 현재의 경험을 적극적으로 비교한다. 예를 들면 식당에서 밥을 먹을 때 그 식당의 서비스 질과 맛 등을 '과거에 좋았던 식당'과 비교하려 한다. 업무에서도 '과거에 해왔던 방식대로' 일을 진행하는 것을 편안해한다. 즉, 어떤 일을 '과거 기준에 따라' 관리하고 유지하는 것을 선호한다. 따라서 '급격한 변화'를 매우 불편해하는 경향이 있다. 만약 변화가 필요하다면 변화의 필요성을 충분히 검토할 시간을 필요로 할 것이다.

전통을 유지하려 한다.

이들은 기존에 해왔던 것들을 유지하려는 성향이 강하다. 따라서 식사 예절, 명절 문화 등 지켜야 할 전통이라고 여겨지는 것들을 매우 중시한다. Si는 전통을 하나의 상식처럼 생각하는 경향이 있다. 그래서 그것을 지키지 않거나 무시하는 사람들을 '개념이 없다'고 생각하기도 한다. 복장 규칙, 인사 방식, 보고 방식, 행사 절차 등을 칼같이 잘 지키는 군인을 떠올려보면 이해가 쉬울 것이다(전통, 절차, 형식 중시). Si는 전통적인 것을 선호하고 유지하려 한다. 전통에서 벗어나는 '튀는 행동'은 Si와는 거리가 멀다.

Si에 대해 요약해보자.

Si는 'S를 내부로 사용하는 사람'이다. 미술품과 문화재를 전문적인 지식과 기술로 보진하는 '긴지베이디'가 이들의 별명이다. 그 별명처럼 과거 경험을 중시하고 그 경험을 토대로 현재를 평가하고 분석하는 사람이다.

N(직관형)의 기본적 특징

이제 Ne와 Ni를 살펴볼 차례다. N(직관형)은 오감을 통해 정보를 인식하는 S(감각형)와 달리 육감이라 불리는 직관을 활용하여 정보를 받아들이는 심리기능이다. 이로 인해 현실과 사실보다는 이면의 의미, 미래, 패턴, 함축적 의미 등에 관심을 갖는다. 이 역시 챕터 4의 '4가지 선호지표'에서 자세히 다루었으니 기본적 특징에 대해 다시금 정리가 필요하다면 챕터 4를 참고하기 바란다. 그럼 N(직관형)의 기본적인 특징을 간략히 살펴보자.

- 사실들 간의 관계와 관련성에 초점을 두고 '전체적인 그림'을 봄으로써 정보를 받아들이려 한다.
- 사실 속에 내재한 패턴과 의미를 본다.
- 새로운 가능성과 좀 더 다른 방식을 발견하는 데 익숙하다.
- 현실적 경험보다는 상상을 보다 가치 있게 여긴다.
- 미래지향적이다. 미래 흐름과 패턴을 예측한다(직관적 통찰을 믿는다).

이제 N(직관형)을 주기능으로 쓰는 사람들을 만나보자.

① Ne(외향적 직관): N을 외부로 쓰는 사람

이면의 의미, 사실들 간의 연관성, 미래지향성 등으로 대표되는 N을 외부로 사용한다면 어떨 것 같은가? 개념적으로 이해하려 하지 말고 자연스러운 현상을 떠올려보면 이해가 더 쉬울 것이다. 이들의 별명은 '**브레인스토머(The Brainstormer)**'다. 열린 사고방식으로 자유롭게 브레인스토밍을 즐기는 사람들, 그들이 바로 Ne다.

이들의 초점은 미래에 있다. 이들은 미래의 가능성에 초점을 두고 자신만의 비전을 그리는 사람들이다. '미래의 가능성'에서 의미를 느끼며, 넘치는 에너지와 열정으로 아이디어를 쏟아낸다. 앞에서 다루었던 Se가 현실 감각을 바탕으로 현재를 즐긴다면, 이들은 보이지 않는 비전과 이면의 의미를 바탕으로 미래의 가능성을 그리면서 즐거움을 느낀다. 그래서 현실적인 S들이 보기에 '뜬구름'을 잡는 사람으로 비춰지기도 한다(Ne를 주기능으로 쓰는 사람은 ENFP와 ENTP다).

거의 모든 상황에서 '다양한 가능성'을 인식한다.

'브레인스토머'가 이사를 간다면, 아마 다양한 방식으로 이사 방법을 떠올릴 것이다. 트럭을 빌릴 수도 있고, 이삿짐 센터에 맡길 수도 있으며, 아니면 자가용을 이용해서 여러 번 왕복할 수도 있다. 또는 친구들에게 밥을 사주고 도움을 청할 수도 있다. Ne는 이렇듯 다양한 아이디어가 끊임없이 떠오르는 사람이다. 새로운 가능성에 늘 열려 있기 때문에 계획이 변경되는 경우도 많다. 방금 예를 들었던 이사 계획 역시 그 자체가 변경될 수도 있다. 이사를 가지 않고 기존 부지에다가 집을 지을 수도 있고, 또는 기존의 집을 확장하는 것 등도 고려될 수 있다. 이들은 현실적인 계획보다는 다양한 가능성에 초점을 두고 상황을 인식한다.

새로운 변화를 일으키기 위한 가능성, 대안, 패턴이 자연스럽게 떠오른다.

주변의 가까운 사람들끼리 논쟁하는 것을 보면, Ne의 머릿속에는 다양한 해결방법과 대안이 자연스럽게 떠오른다. 적정 선에서 타협하기, 둘 중 한 사람이 이긴 것으로 하기, 의견이 다르다는 것을 인정하고 끝내기, 윈-윈 해결책 찾기 등 브레인스토머다운 아이디어가 무궁무진하게 떠오른다. 기본적으로 이들은 '다양한 옵션'을 생각하는 사람이다. 또한 이들은 논쟁이 반복되는 패턴을 쉽게 발견하는 사람들이다. 한 가지 사실이나 말보다는 그러한 사실들 간에 연결되는 패턴을 인식하기 때문이다.

기존의 아이디어를 결합해서 새롭게 창조한다.

이들은 자신이 알고 있는 분야를 연결해서 새로운 개념을 만들어낸다. 필자가 아는 Ne 상담가는 코칭, 컨설팅 등 여러 다른 분야를 두루 섭렵하고 그것을 결합해서 새로운 상담기법을 만들었다. 이들은 기존에 있는 것들을 다른 관점에서 접근하고 연결해서 새로운 창작물을 손쉽게 만들어낸다. '서로 다른 두 종류 이상의 것을 섞어 새롭게 만든 것'

이라는 뜻의 '퓨전(fusion)'은 이들과 매우 잘 어울리는 단어이다.

판에 박힌 틀을 깨는 것을 좋아한다.

어떤 것을 '더 좋게' 만들기 위해 판에 박힌 틀을 깨려고 하는 것은 Ne의 자연스러운 모습이다. 이들은 새로운 도전과 경험을 즐긴다. 남들이 잘 하지 않는 헤어스타일을 시도해본다든가 사랑하는 사람에게 일반적이지 않은 생일선물을 준다든가 하는 식으로 '틀을 깨는 것'을 좋아한다. 언젠가 매우 보수적인 조직에서 파격적인 방식의 야자타임 제도를 제안하는 Ne를 본 적이 있다(분위기상 그런 제안을 하기가 매우 어려운 조직이었다). 재밌는 점은 Ne는 그렇게 새로운 아이디어를 제안하는 것은 즐겨 하지만 막상 그 아이디어가 실행되는 단계에서는 흥미가 감소되는 경우가 많다는 것이다. 그래서 '아이디어는 좋으나 실행력이 약하다'는 지적을 받기도 한다. 말 그대로 이들은 '브레인스토머'인 셈이다.

어려운 상황에서도 긍정적인 면을 잘 찾는다.

이들은 '가능성에 열려 있는 사람'들이다. 현실적으로는 매우 어려운 상황 속에서도 '괜찮아. 비 온 뒤에 땅은 더 굳게 되어 있어'라는 식으로 미래의 긍정적 가능성에 초점을 두려 한다. 사업이 매우 어려워져서 파산의 위기가 왔는데도 "위기는 기회야! 투자자를 찾아보겠어!" 하면서 긍정적인 반응을 보이는 사람을 떠올리면 된다. 이들은 현실적이고 사실적인 정보보다는 미래지향적이고 새로운 가능성을 더 중요하게 생각한다.

Ne에 대해 요약해보자.

Ne는 'N을 외부로 사용하는 사람'이다. 힝싱 새로운 가능성과 아이디어에 열려 있는 '브레인스토머'라는 별명은 Ne의 속성을 잘 표현해준다. 이들은 미래 가능성에 초점을 두고 비전을 그리는 사람들이다. 이들은 새로운 것을 창조하고 기존의 틀을 깨는 사람들이다. 새로운 가능성과 흥미진진한 도전을 즐기는 사람, 그가 바로 Ne다.

② Ni(내향적 직관): N을 내부로 쓰는 사람

논리적으로 설명할 수는 없지만, 자연스럽게 무엇인가를 알고 있다고 느껴본 적이 있는가? 실제 사례를 통해 생각해보자. H사에 다니는 A는 신입사원 교육 때 입사 동기인 B와 C가 우연히 함께 서 있는 것을 보았다. 그런데 문득 그 둘이 결혼할 것 같다는 느낌을 강하게 받았다. 물론 그런 느낌이 들었을 때 B와 C는 서로를 잘 모르고 그다지 친하지도 않은 사이였다. 논리적 근거나 물리적 단서는 하나도 없는, 말 그대로 직관적 영감 같은 것이었다. 그런데 3년 뒤 그 둘은 실제로 결혼했다.

뭔가 과학적이거나 논리적으로 설명할 수는 없지만 영감이 오듯이 내면에서 떠오르는 생각이나 아이디어들이 있다. 우리는 이러한 과정을 흔히 직관이라고 부른다. 바로 Ni(내향적 직관)가 이러한 직관의 속성을 전형적으로 나타내는 심리기능이다. 인류의 역사 속에서 훌륭한 업적을 남긴 사람들 중에는 직관을 활용해서 성공한 사람들이 적지 않다. 발명왕 에디슨은 "위대한 발명품은 '최초의 직관'에서 시작된다"라는 말을 남겼다. 사실 그가 말한 "천재는 1%의 영감과 99%의 노력으로 이루어진다"라는 것의 의미는 1%의 영감이 있어야 나머지 99%가 의미를 갖는다는 뜻이었다. 스티브 잡스 역시 마찬가지다. 잡스는 "제가 보기에는 직관에는 대단히 강력한 힘이 있으며 지력보다 더 큰 힘을 발휘합니다"라고 말했다.

필자가 이렇게 여러 예를 들어가면서 설명하는 이유는 Ni는 구체적인 언어로 설명하기가 가장 어려운 심리기능이기 때문이다. 그래서 Ni의 별명은 **'예언자: 미래를 내다보는 사람(The Seer)'**이다. 이들은 **영감처럼 나타나는 직관적 통찰력을 바탕으로 세상을 바라보고 해석하는 사람이다.** "설명은 잘 안 된다. 다만 어떤 것이 옳은지 알고 있을 뿐이다"와 같은 표현은 Ni를 잘 설명해준다. Ni를 주기능으로 쓰는 유형은 INFJ와 INTJ다.

'무(無)'로부터 나오는 것처럼 보이는(근거가 없는 것처럼 보이는) 통찰력이 있다.

필자가 아는 Ni는 때때로 전화가 걸려올 때 전화를 건 사람이 누구인지 알 것 같다고 한다. 흥미로운 점은 실제로 그 느낌이 맞을 때도 있다는 사실이다. 또 다른 예로, 어떤 사람의 강연을 듣다가 문득 '저 사람은 밝게 웃고 있지만 어린 시절에 많은 상처를 받은 사람 같다'라고 말하는 사람도 있다(물론 사실 여부에 대해서는 확인된 바가 없다). 중요한 점은 Ni는 이러한 직관적 통찰을 정확하다고 인식한다는 것이다.

물론 이러한 직관은 틀릴 때도 있고 맞을 때도 있을 것이다. 핵심 포인트는 Ni는 이러한 직관이 잘 발달되어 있고 그것을 잘 활용하는 사람이라는 것이다. 앞서 말했듯이 세상에 뛰어난 사람들 중에는 이러한 직관 능력을 잘 활용한 사람들이 많다. 노벨 물리학상 수상자인 리처드 파인만은 "내가 문제를 푸는 과정을 보면 수학으로 해결하기 전에 어떤 그림 같은 것이 눈앞에 계속 나타나서 시간이 흐를수록 정교해졌다"라고 말하기도 했다.

현실적으로는 아무런 연관이 없어 보이는 '내재적 패턴'과 '연결'을 본다.

누군가 재개발 가능성이 거의 없는, 허름한 빌라촌을 바라보면서 "지금은 저소득층이 사는 곳이지만, 언젠가 고소득층이 사는 곳이 될 거야"라고 말한다면 어떤 생각이 들 것 같은가? Ni는 현실적으로는 아무런 연관이 없어 보이는 내재적 패턴과 흐름을 보는 사람들이다. 마치 이 일이 앞으로 어떻게 될 것을 알고 있는 것처럼 말이다. 이들이 '예언자: 미래를 내다보는 사람'으로 불리는 이유다. 예전에 지인을 통해 Ni를 주기능으로 쓰는 분을 만난 적이 있다. 그런데 처음 만나고 얼마 지나지 않아서 "선한 마음을 가지고 살아가시는 분이라 앞으로 좋은 일들만 생기시겠네요"라는 말을 들었다. Te를 주기능으로 쓰는 필자에게는 선뜻 받아들이기 어려운 말이었다. 마치 필자의 미래를 정확히 알고 있는 듯한 뉘앙스였기 때문이다. 하지만 Ni라는 심리기능을 잘 알고 있었기에 그분이 어떤 관점으로 그런 말을 하는지는 이해할 수 있었다.

다양한 관점을 반영한다.

Ni는 여러 사람의 관점을 거의 동시에 고려하는 사람이다. 만약 Ni가 여러 사람이 토론하는 것을 듣고 있는 상황이라면 당사자의 입장, 동료의 입장, 상사의 입장 등 여러 관점을 동시에 인식할 것이다. 이들은 다양한 관점에서 상황을 바라본다. 그리고 그러한 다양한 관점을 '자신만의 통합된 이미지'로 정리하려고 한다. 그렇게 통합된 관점으로 정리된 후에야 자신의 인식을 신뢰하고 어떤 행동을 취한다. 그렇다 보니 Ni의 내면세계는 매우 복잡하다. 다양한 관점을 하나의 통합된 이미지로 정리하는 과정에서 '내적 갈등'을 겪기도 한다. 무엇보다 그런 과정을 거쳐 자신만의 관점이 형성되면 쉽게 바꾸지 않는다.

예전에 Ni와 함께 팀으로 교육을 진행한 적이 있었는데, 교육 시간이 계속 초과되어서 20분 정도 교육 시간을 줄여야 할 상황이 발생했다(여러 차수를 진행하는 과정이었음). 그래서 그가 맡은 파트의 내용을 10분 정도만 줄여달라고 요청을 했다. 물론 필자가 맡은 파트 역시 10분 정도 줄인 상태였다. 필자가 교육 시간을 줄이는 데는 오랜 시간이 걸리지 않았다. 크게 중요하지 않은 부분을 빼거나 설명을 줄이면 10분 정도는 어렵지 않게 줄일 수 있었기 때문이다.

그런데 Ni에게는 그렇지가 않았다. 어느 내용을 얼만큼 줄이는가에 대해서만 며칠을 고민했다. 마치 처음부터 다시 교육을 구성하려는 건 아닌가 하는 생각이 들 정도로 신중을 기했다. 당시에는 그런 모습이 이해가 잘 되지 않았지만 Ni의 속성을 알고 난 지금은 그런 행동이 충분히 이해가 된다. 그에게는 교육 시간을 10분 줄이는 것이 단순한 일이 아니었던 것이다. 오랜 시간 다양한 관점과 고민을 거쳐 구성된 시간 계획이었기 때문에 그것을 바꾸기 위해서는 다시 그런 과정을 되짚어보고 생각을 정리해야 했던 것이다. 이렇듯 겉으로는 단순해 보이는 행동도 Ni에게는 아주 복잡한 정신적 과정을 거쳐서 나온 경우가 많다.

이미지, 심볼(symbol)을 통해 활력을 느낀다.

이미지니 상징은 이들에게 매우 중요한 기뮤니게이션 수던이다. 이미지나 심볼은 여러 직관적인 요소들을 함의하고 있기 때문이다. 예를 들어 태풍을 뚫고 힘차게 날개쳐 올라가는 독수리의 그림을 보면서 어려운 상황을 헤쳐나가는 자신의 자아를 느낄 수 있다. 또는 어떤 영화의 주인공의 삶을 통해 자신의 인생사를 되돌아보기도 한다. Ni는 이미지나 상징을 통해 내재화된 패턴과 의미를 발견하는 사람들이다. 따라서 이들에게 상징은 매우 특별하다. 이들은 십자가, 별, 불상, 만다라 등 자신만의 의미를 일깨우는 상징들을 통해 커다란 영감을 얻는다.

만일 '당신을 동물로 표현한다면? 그 이유는 무엇인가?'라는 질문을 받는다면 Ni는 어렵지 않게 대답을 할 것이다. 반대로 오감을 주기능으로 하는 Se나 Si에게 이 질문을 하면 대답하기가 어렵다는 반응을 보이는 경우가 많다.

이면에 있는 의도와 숨겨진 의미를 해석한다.

누군가 Ni에게 "날씨가 안 좋네"라고 얘기하면 어떤 반응을 보일까? 이제 어느 정도 Ni에 대한 이해가 됐을 테니 한번 추측을 해보라. Ni와 반대 기능은 Se다. 이번 챕터에서 맨 처음 다루었던 심리기능이다. 기억할지 모르겠지만 Se를 설명할 때도 "날씨가 안 좋네"라는 말을 들었을 때의 반응을 예로 들었다. 그때 말했듯이 오감을 외부로 쓰는 Se는 '문자 그대로'의 의미를 떠올린다. 날씨가 안 좋다고 했다면 문자 그대로 '날씨가 안 좋다'라는 의미로만 들리는 것이다.

그렇다면 Ni는 어떨까? 이들은 '어떤 의미로 저 말을 하는 걸까?'라고 생각할 가능성이 높다. '마음이 안 좋은가?', '오늘 안 좋은 일이 있어서 그것을 표현하고 싶은 걸까?' 하는 식으로 이면의 의도와 숨겨진 의미를 해석하려 한다. 이들에게는 문자 그대로의 사실만 듣는 것이 상대적으로 매우 어렵다. 항상 자신의 관점에서 의미와 의도를 파악하려 한다.

Ni에 대해 요약해보자.

Ni는 '예언자: 미래를 보는 사람'이다. 이들은 '직관적 통찰력'으로 세상을 바라본다. 복잡하고 정밀한 내적 패턴을 가지고 있으며 그러한 관점에서 상황을 해석한다. 이러한 특징으로 인해 '정신세계가 복잡한 사람'이라는 인상을 준다. 자신의 통찰에 대해 확고한 믿음을 가지고 있어서 설득하기가 쉽지 않은 사람이기도 하다.

T(사고형)의 기본적 특징

T(사고형)는 논리를 토대로 의사를 결정하는 사람이다. 이들은 감정적이거나 개인화된 관점으로 상황에 접근하지 않는다. 상황과 자신을 분리해서 판단을 내리는 것을 선호한다. Te와 Ti를 구분하기 전에 T(사고형)의 기본적인 특징을 정리해보자.

- 선택이나 행동에 대한 '논리적인 결과'에 집중한다.
- 상황을 객관적으로 검증하려 한다(상황으로부터 자신을 정신적으로 분리시키려 함).

- 이들이 추구하는 바는 진실의 객관적인 표준과 원리원칙의 적용이다.
- 무엇이 잘못되었는가를 알아내는 힘이 있다(손쉽게 분석한다).
- 인과추론을 사용한다.
- 의지가 강하다.
- 공정함에 가치를 두고 정의를 추구한다.

T의 이러한 속성을 염두에 두고 Te와 Ti를 만나보도록 하자.

① Te(외향적 사고): T를 외부로 쓰는 사람

논리적인 사고가 외부로 향하면 어떤 모습으로 나타날까? 상황을 객관적으로 분석하고, 구체적인 목표를 세운 다음 그 목표를 달성하기 위해 사람, 시간, 공간 등의 자원을 조직적으로 활용하는 사람을 떠올릴 수 있을 것이다. 이들은 최소한의 시간과 노력으로 목표에 도달할 수 있는 효율적인 업무 프로세스를 설계하는 것을 좋아한다. 그래서 이들을 '행정가(The Administrator)'라고 부른다. **여러 자원을 조직하고 체계화해서 추진력 있게 목표를 달성하는 행정가의 모습을 떠올려보면 이해가 쉬울 것이다**(Te를 주기능으로 쓰는 유형은 ENTJ와 ESTJ다). 자, 그럼 Te의 대표적인 특징들을 살펴보자.

문제의 범위를 객관적, 논리적으로 정의한다.
Te는 매우 목표 지향적인 사람이다. 이들은 목표가 무엇인지 정확하게 정의하고, 이 일을 왜 해야 하는지를 명시하려 한다. 또한 목표를 달성하는 데 필요한 사람, 자원, '해야 할 일'과 '하지 말아야 할 일' 등을 분명하게 정의하고 일을 진행하기 원한다.

당신이 Te와 함께 일을 하고 있다면 목표가 무엇인지, 자신의 역할이 무엇인지 헤매는 일은 없을 것이다. 명확한 방향성과 지침은 Te의 최강점이라고 할 수 있다. 다만 이미 예상했겠지만 감정적인 배려나 공감은 크게 기대하지 않는 것이 좋다. 또한 어느 정도의 압박감도 감수해야 할 것이다. 이들은 대부분의 상황을 '해결해야 할 문제'로 인식하고 접근하는 경향이 있다. 예를 들어 여자친구가 감정적으로 힘들다고 호소하면 안아주고 공감해주기보다는 그런 감정을 느끼는 원인을 파악하고 문제를 해결해주려 할 것이다.

측정 가능한 목표를 세운다.

이들은 막연한 기준을 좋아하지 않는다. 가용한 자원을 파악하고 성취 가능한 범위를 설정한 다음 측정 가능한 목표를 세우려고 한다. 예를 들면 '살을 빼야지'라고 하지 않고 '6개월 동안 한 달에 1kg씩 감량한다'와 같이 측정 가능한 목표를 세우고 체계적으로 접근한다.

이런 면은 조직에서 더 극명하게 나타난다. 시간당 몇 대의 자동차를 완성할 수 있는지, 하루에 체결된 보험계약은 몇 건인지 하는 식으로 이들은 조직의 목표와 성과를 관리하는 영역에서 능력을 발휘한다. 만약 목표를 달성하는 데 필요한 자원이 충분치 않다고 판단되면 논리적인 방식으로 지원을 요청할 것이다. 그럼에도 지원이 충분치 않다면, 그 일에서 손을 떼거나 합리적인 수준으로 목표를 변경하려 할 것이다. 일의 진행 과정이 합리성에 기초하지 않고 주먹구구식으로 이루어지는 것을 극도로 싫어하기 때문이다.

논리적이고 간결한 의사소통 방식을 선호한다.

"첫째…, 둘째…, 셋째…, 그래서 결론은 …입니다"와 같은 논리적 표현방식은 Te에게서 흔히 볼 수 있는 모습이다. 이들은 소위 '사족(蛇足)'을 싫어한다. 바로 본론으로 들어가는 것을 선호하며 핵심만 간결하게 전달하기를 원한다. 예를 들어 전화 통화 시 형식적으로 간단히 인사말을 하고 바로 본론으로 들어가는 경우가 많다. 필자의 형은 F(감정형)인데 가끔 통화할 일이 있으면 "잘 지내지? 건강은? 밥은 먹었어? 본 지 오래됐네" 등 개인적 안부를 많이 묻는다. 아마 Te가 주기능인 필자의 반응이 예상될 것이다. 그렇다. "왜 전화했어?"라는 말이 바로 나오는 경우가 많다.

이들의 소통방식은 논리적이고 간결할 뿐 아니라 직설적이기 때문에 F(감정형)들에게 상처를 줄 때가 많다. 또한 자기주장이 강하며 조언과 지적을 잘한다. '냉철한 피드백'이 필요하다면 Te에게 요청하면 된다. 단, 사적인 의미로 받아들이지 않겠다는 다짐을 확실하게 해두어야 할 것이다.

목표를 달성하기 위해 외부세계(사람, 시간, 공간, 사물 등)를 조직한다.

오후 6시까지 완료해야 할 업무가 있다고 해보자. 팀원은 총 7명이고, 사용할 수 있는 미팅룸은 3개이다. Te가 이 팀의 팀장이라면 신속하게 팀을 셋으로 나누고 각각의 그룹에게 해야 할 업무를 분담한 다음 미팅

룸을 배정해줄 것이다. 아울러 각 워킹 그룹(working group)의 필요에 맞게 노트북을 분배한 뒤 다시 모여야 할 시간을 명확하게 정해줄 것이다. 이들은 논리적으로 우선순위를 세우고 그 기준에 따라 외부세계를 구조화하는 것을 좋아한다.

이들은 '상황을 통제'하고 싶어 한다. 가장 효율적인 업무 진행 방법을 알고 있다고 생각하기 때문에 일이 효율적으로 진행되지 못하는 것을 답답해한다. 따라서 기본적으로 지시를 받기보다는 '지시할 수 있는 역할'을 선호한다. 만약 Te가 비효율적인 조직에서 팔로워의 입장에 있을 경우 매우 답답함을 느낄 것이다. 이러한 특성 때문에 자신의 역할과 상관없이 책임을 떠맡으려 할 때가 많다. 답답하게 지켜보면서 따라가는 것보다는 차라리 자신이 직접 관리하는 것이 편하기 때문이다.

기준과 원칙을 세우는 것을 선호한다.

이들은 기준과 원칙을 세우는 것을 좋아한다. 어떤 문제가 발생했을 때 그 문제가 발생하는 원인을 파악해서 그에 대한 기준과 원칙을 정하기를 원한다. 예를 들면 회의가 너무 잦고 정해진 시간보다 초과되는 상황이라면, Te는 효율적인 회의 문화가 정착되기 위한 절차와 기준을 만들려고 한다. 회의 운영자 선정 기준, 회의의 효율성과 효과성을 측정하는 기준, 회의 프로세스, 회의 결과 공유 방법 등 기준과 원칙을 세워 문제를 해결하려 할 것이다. 그리고 그러한 기준을 팀원 모두가 따르고 지킬 수 있도록 행동수칙을 만들어 문서화하려 할 것이다.

Te에 대해 요약해보자.

Te의 별명은 '행정가'이다. 목표를 달성하기 위해 사람, 시간, 공간, 사물 등을 조직하고 제계화해서 추진력 있게 일을 신행하는 사람들이기 때문이다. 이들은 행동지향적이며 결단성이 있는 리더인 경우가 많다. 문제해결을 위한 전략과 실행에 능하며 '비효율성'과 '무능함'을 싫어한다.

② Ti(내향적 사고): T를 내부로 쓰는 사람

T를 외부로 쓰는 Te가 매우 진취적이고 목표지향적인 사람이라면, T를 내부로 쓰는 Ti는 **자신만의 논리체계로 상황을 관찰하고 해석하는 사람**이다. 그래서 이들의 별명은 **'분석가(The Analyzer)'**이다. 심사숙고하고 있는 차분한 관찰자의 이미지를 떠올리면 된다. 이들은 인생을 흥미로운 수수께끼로 여긴다. 그러나 자신의 생각을 좀처럼 표현하지는 않는다.

Te는 논리를 외부로 사용하기 때문에 그 과정에서 여러 사람과 관계를 맺는다. 사람과 자원을 조직하고 구조화한다는 것은 이미 여러 사람들과의 관계가 전제되어 있다는 의미가 된다. 반면 Ti는 인간관계에 무관심하다. 홀로 자신의 관심사에 몰입해 있는 학자의 이미지와 비슷하다. 마치 어떤 것에도 얽매이지 않을 것 같은 초연한 이미지를 가진 사람이다. Te는 논리를 사용해서 상황을 통제하려 하고 주변 사람들에게 적극적으로 조언을 주려 하지만, Ti는 굳이 상대방의 문제에 엮이고 싶어 하지 않는다. 이들이 말을 많이 할 때는 대화 중에 자신의 관심 분야가 나왔을 때이다(Ti를 주기능으로 쓰는 사람은 INTP와 ISTP이다). 자, 그럼 Ti의 대표적인 특징을 살펴보자.

자료, 아이디어를 카테고리로 체계화하려 한다.

Ti를 쓰는 사람들의 내면에는 논리적인 모델, 틀이 구축되어 있다. 이들은 그러한 틀을 중심으로 정보를 분류하고 체계화한다. 예를 들어 책장에 10권의 책이 꽂혀 있다면 자신의 논리적 틀을 중심으로 "2권은 시사, 3권은 교양, 3권은 상식, 2권은 역사"와 같은 식으로 분류한다. Ti는 굳이 노력하지 않아도 어떤 주제에 대해 자신만의 카테고리로 분류하는 것이 자연스러운 사람이다. 물론 자신의 관심 분야에 대해서는 훨씬 더 복잡하고 정교한 논리체계를 가지고 있다.

주변 지인들 중 12명을 뽑은 다음, 서너 가지의 카테고리를 정해서 그에 맞게 분류해보라. 친한 친구, 동료, 친구의 친구 등 카테고리는 자유롭게 구성하면 된다. 아마 생각하는 데 어느 정도의 시간이 필요할 것이다. 그런데 Ti에게는 매우 간단한 일일 가능성이 높다. 실제로 필자가 진행하는 워크샵에 참여한 한 Ti는 '굳이 적지 않아도 이미 생각 속에 다 분류가 되어 있는데요'라고 말했다.

'내적인 틀'을 중심으로 상황을 해석하고 비평한다.

이들은 자신만의 논리에 입각한 '내적인 틀'을 중심으로 상황을 해석한다. 예를 들어 '역사란 고증이다. 추론과 예측은 역사의 주변적인 부분이다'라는 정의를 내렸다면 역사와 관련한 여러 사항들을 이러한 틀을 기준으로 해석하고 비평한다. 만일 어떤 사람이 이러한 카테고리에서 벗어난 방식으로 역사를 논한다면, Ti는 날카로운 논리로 그들의 발언을 비평할 것이다. 이들은 평소에는 과묵한 사람들이지만 자신의 관심 분야에서는 손쉽게 비평석인 발언늘을 쏟아놓는다.

'내적인 틀'에 입각한 논리적 분류체계를 지속적으로 업그레이드한다.

태양계의 행성들은 '지구형 행성'과 '목성형 행성'으로 분류할 수 있다. 이 둘을 구분하는 핵심 기준은 '무엇으로 구성되어 있는가'이다. 지구형 행성은 암석 덩어리가 뭉쳐 만들어진 반면(암석형), 목성형 행성은 기체가 모여 형성됐다(가스형). 지구형 행성에 속하는 것들로는 수성, 금성, 지구, 화성이 있고, 목성형 행성에는 목성, 토성, 천왕성, 해왕성이 있다. 지금은 왜소행성으로 분류되지만 한 때 태양계 행성에는 명왕성이 포함되어 있었다. 그런데 지구형 행성과 목성형 행성을 나누는 기준으로 봤을 때 명왕성은 그 어디에도 속해 있지 않았다. 만일 명왕성이 아직도 태양계의 행성에 속해 있었다면 Ti는 또 다른 카테고리를 만들고 새로운 분류체계를 제안했을지도 모른다. 이들은 논리적인 분류체계를 세우고 그 안에 데이터를 채워보는 것을 반복하면서 자신만의 분류체계를 지속적으로 발달시키는 사람들이다.

근본적인 원리를 이해하려고 한다.

이들은 사물이 어떻게 작용하고 있는지 근본적인 원리를 이해하고자 한다. 예를 들어 체스를 두면서도 말이 이동하는 근본적인 원리나 구조를 찾으려 한다. 거울의 원리에 관심을 가지고 있는 Ti라면 거울을 보면서 왼쪽에 있는 사물이 오른쪽에 있고 오른쪽에 있는 사물은 왼쪽에 있는 이유를 알아내고자 한다. Ti 중에 추리소설을 좋아하는 사람들이 많은 것은 결코 우연이 아니다.

정밀한 언어를 사용한다.

예전에 어느 학회에서 발표를 한 적이 있었는데 유독 단어 하나하나에 대해 집요하게 질문하시는 교수님이 계셨다. "개발, 개선, 발달 등 다양한 언어들을 쓰셨는데 이 단어들은 어떤 차이가 있는 거죠?"라고 하시면서 언어 사용의 정밀함에 주목하셨다. 나중에 보니 이분은 Ti를 주기능으로 사용하시는 분이었다. Ti는 자신의 논리적 생각을 적절하게 묘사하기 위해 정확한 단어나 구절을 사용하려고 한다. 즉, 정확한 언어로 카테고리를 정의하고자 한다. 예를 들어 누군가 "우와, 저것 좀 봐, 붉은 새다"라고 한다면 "저것은 홍관조라는 새야"라고 말하는 식이다. 자신의 관심 분야와 연관된 내용에 있어서는 정확하고 정밀한 언어를 사용하고자 하는 것이다.

Ti에 대해 요약해보자.

Ti는 '논리를 내부로 사용하는 사람'이다. 이들의 별명은 '분석가(The Analyzer)'다. 이들은 자신의 논리체계를 중심으로 상황을 분석하고 비평하는 사람들이다. 그러나 그러한 비평적 관점을 외부로 잘 드러내지 않는다.

F(감정형)의 기본적 특징

F(감정형)는 기본적으로 상황을 '개인화'해서 받아들인다. 상황으로부터 자신을 정신적으로 분리시키려 하는 T(사고형)와는 반대되는 심리기능이기 때문이다. 예를 들어 자신의 친구가 속상한 일을 얘기하면 사고형은 "네가 잘못한 것 같네", "그 문제는 그렇게 보면 안 될 것 같은데?" 하는 식으로 논리적인 분석과 평가를 하려고 한다. 반면 감정형은 그 사실에 대해 자신의 정서를 대입하여 공감하려 한다. "속상했겠다", "힘내"라는 식의 반응은 전형적인 감정형의 모습이다. F의 기본적인 특징을 정리해보면 다음과 같다.

- 의사결정을 위해, 자기 자신을 정신적으로 상황에 몰입시키고 관련된 사람들과 동일시한(다큐멘터리에 나온 불쌍한 고아 이야기를 본다면 마치 자신이 고아가 된 것 같은 기분을 느끼는 사람이다).
- 이들이 추구하는 것은 개개인에 대한 조화와 인식이다(개인적이든 공적이든 감정적인 갈등 상황을 매우 불편해한다).
- 이들은 사람들을 이해하고 인정할 수 있는 힘이 있다(이들은 기본적으로 객관적 판단보다는 감정적 공감에 중점을 두고 있다).
- 타인에게 동조적이고 헌신적이며, 자신에게 소중한 사람들과 대의에 성실하다.
- 사람과 상황에 대하여 긍정적인 면을 찾아내고 이를 지지하는 것에 초점을 둔다(칭찬, 지지적 표현을 잘한다).
- 동정심이 있다.

- 사람들에게 미칠 영향에 초점을 둔다(자신이 하는 말이 상대방에게 상처를 주지 않을까 걱정한다).
- 동정적이고 수용적이다(정에 약하다. 힘들다고 표현하는 사람의 도움 요청을 쉽게 지나치지 못한다).

① Fe(외향적 감정): F를 외부로 쓰는 사람

F를 외부로 사용하는 사람은 어떤 모습일까? 밝게 웃으면서 적극적으로 다른 사람들과 상호작용하는 사람을 떠올려볼 수 있을 것이다. 이들은 온정, 배려, 관심 등을 자연스럽게 외부로 표현하는 사람들이다. 그래서 이들의 별명은 **'친절한 가이드(The Guide)'**이다. 적극적으로 나서서 다른 사람에게 친절을 베풀고 도움을 주려 하기 때문이다. 누군가 낯선 곳에서 길을 잃고 헤매고 있을 때 그 주변에 Fe가 있다면 먼저 다가와 도움을 주려 할 것이다. 밝고 친근한 표정으로 "여기 처음 오셨나 봐요? 제가 좀 도와드릴까요?" 하는 식으로 말이다.

Fe(외향적 감정)는 **상대방의 감정을 공감하고 지지하는 데 초점을 두는 사람들**이다. 이들은 "아~ 응~ 그렇구나" 하는 식의 공감적 표현을 잘한다. 고개를 끄덕이면서 상대방의 이야기를 적극적으로 경청하는 사람을 떠올리면 된다. 누군가와 개인적인 관계를 맺고 친밀감을 유지하는 것은 이들에게 매우 중요한 일이다. 가까운 사람과 갈등이 생기는 것을 아주 많이 불편해하기 때문에 가능한 갈등 상황을 만들지 않으려고 노력한다. 이들에게 갈등과 논쟁은 피하고 싶은 주제이다(Fe를 주기능으로 쓰는 유형은 ESFJ와 ENFJ다).

그럼 Fe의 대표적인 특징들을 살펴보자.

조직문화에 적합한 행동을 하려고 한다.

어느 조직이나 그 조직에 맞는 문화와 규범이 있다. Fe는 공동체의 규범과 문화적 가치들을 손쉽게 파악하는 사람들이다. 이들은 자신이 속한 조직에서 사람들이 어떤 방식으로 상호작용하는지, 어떤 행동이 적절한 행동인지를 파악하는 데 초점을 둔다. 그리고 그에 맞는 행동을 함으로써 동료들과 좋은 관계를 형성하고자 한다. 예를 들어 출근 시에 밝게 인사하기, 감사 표현, 생일 축하 등 그 조직문화에 맞는 행동을 통해 사람들에게 좋은 인상을 주고자 한다.

앞서 언급했듯이 Fe는 상대방의 감정을 공감하고 지지하는 것에 능숙한 사람들이다. 개인적인 관계에서 공감과 지지를 통해 좋은 관계를 형성하듯이 조직 내에서도 조직만의 문화적 가치를 공감하고 지지함으로써 조직 구성원들과 조화로운 관계를 구축하려 한다.

동료들과 친밀한 관계를 맺는다.

이들의 주요 관심사는 사람이다. Fe는 함께 일하는 사람들에 대한 정보를 신속하게 파악한다. 가족관계, 관심사, 생일 등을 파악하고 그런 정보를 잘 활용하여 관계를 더욱 돈독히 만들어나간다. 생일을 잊지 않고 챙기거나 자녀의 이름을 기억하고 안부를 묻는 것은 Fe에게 자연스러운 모습이다. 필자가 아는 Fe는 지금까지 총 세 곳의 회사를 다녔는데 팀 회식이 있을 경우 아직도 회식에 오라는 연락을 받는다고 한다. 물론 세 곳 모두에서 말이다. '가족 같은 동료', '친형 같은 상사',

'동생 같은 후배'와 같은 표현은 Fe를 두고 하는 말이다.

자신의 정보를 먼저 공개하면서 적극적으로 관계를 형성한다.

이들은 관계를 형성하기 위해 자신의 정보를 먼저 공개하는 경우가 많다. 그렇게 함으로써 상대방도 자신의 얘기를 편안하게 꺼낼 수 있는 분위기를 형성한다. Fe에게 자신의 정보를 노출하는 것은 그리 어려운 일이 아니다. 이들은 자신의 이야기를 하는 것을 좋아한다. 대화, 전화, 편지, 이메일 등 다양한 루트를 통해 자신의 정보를 공개한다. 가정사 등 개인적인 '비밀'을 공유하면서 친밀감을 높이는 경우도 많다. 상대방이 진심으로 경청해준다면 이들은 개인적인 이야기들을 더 많이 쏟아 놓을 것이다.

다른 사람들의 필요를 충족시킨다.

'친절한 가이드'라는 별명처럼 이들은 '적극적으로 도움을 주고자 하는 사람들'이다. Fe는 주변에 도움이 필요한 사람이 있으면 쉽게 지나치지 못한다. 어떻게 해서라도 그들의 욕구를 채워주려고 한다. 예를 들어 직장에서 업무량이 많아 힘든 동료가 있다면 일부 업무를 대신 맡아주거나, 복사하기 같은 단순 업무를 지원하는 등의 도움을 주려 한다. 이웃이 몸이 아프다면 빨래, 청소, 설거지 등을 대신 해주기도 한다. 친한 친구가 감정적으로 어려움을 겪고 있다면 일정을 취소하고 그 친구와 대화할 시간을 만들려고 할 것이다. 가끔은 이러한 면이 지나쳐서 자신의 일에 영향을 줄 만한 상황임에도 상대방의 요구를 거절하지 못하는 모습을 보이기도 한다.

조화로운 분위기를 만들기 위해 문화와 규범을 만들고자 한다.

이들은 조직에 속한 사람들이 서로 조화롭게 일할 수 있는 환경을 만들고 싶어 한다. 이러한 욕구는 다양한 형태로 표출된다. 예를 들어 팀 내에 소외된 사람이 있다면 소속감을 갖고 일할 수 있도록 적극적으로 챙겨주거나, 그룹 미팅에서 모든 사람에게 말할 기회가 충분히 돌아갈 수 있도록 배려한다. 또한 동료 간 갈등이 있다면 적극적으로 중재하기도 한다.

무엇보다 자기 혼자만 이런 행동을 하는 것에서 그치지 않고, 팀 내 모든 사람들이 다 같이 할 수 있도록 문화나 규범으로 만들 것을 제안하기도 한다. 자신뿐 아니라 주변의 모든 사람들이 조화롭고 협력적인 관계 속에서 일하기를 바라기 때문이다.

Fe에 대해 요약해보자.

Fe는 F를 외부로 쓰는 사람들이다. 이들의 별명은 '친절한 가이드'이다. 그 별명처럼 적극적으로 나서서 누군가에게 친절을 베풀고자 하는 사람들이다. 이들은 '상대방의 감정을 공감하고 지지'하는 데 초점을 둔다.

② Fi(내향적 감정): F를 내부로 쓰는 사람

Fe가 외향적이고 사교적인 이미지의 사람이라면, Fi는 매우 부드럽고 차분한 이미지를 가지고 있는 사람들이다. 이들은 말수가 적고 자신의 감정을 쉽게 표현하지 않는다. 또한 마음이 맞는 몇몇의 사람들과 함께

하는 것을 선호한다. 적극적으로 대인관계를 형성하는 Fe와는 달리 조용하고 세심하게 감정적 배려를 잘하는 사람들이다(Fi를 주기능으로 쓰는 유형은 ISFP와 INFP다).

Fi의 별명은 **'양심적인 사람(The Conscience)'**이다. 이들은 **친화, 온정, 동정, 자비, 존중과 같은 '인간적인 가치'에 따라 인생을 살아가기 원하며 그것을 통해 '진실성(integrity)'을 유지하고 싶어 하기 때문**이다. Fi는 인간적인 가치를 논리적으로 설명하기보다는 가슴으로 느끼는 사람들이다. 예를 들어 TV에서 학대받는 어린아이들을 보면서 '저러면 안 되는데… 가슴이 너무 아프다'라고 생각하면서 눈물을 흘리는 모습을 떠올리면 된다. Fi는 논리적인 조언보다는 말없이 가슴으로 느끼고 함께 울어주는 사람이다.

이들은 자신의 '인간적인 가치'를 충실히 지키고 내적인 조화를 유지하는 데 초점을 둔다. 예를 들어 '아동학대 근절'에 큰 가치를 둔 Fi라면 단지 그것이 지켜지지 않는 상황을 목격하는 것만으로 '내적인 조화'가 깨지고 흔들리는 것을 경험한다. 그 상황에 감정적으로 몰입하기 때문이다. 이들은 자신이 중시하는 인간적인 가치가 침범당하거나 지켜지지 않았을 때 상처를 받는다.

자신에게 중요한 '인간적인 가치'를 감정으로 느낀다.

이들은 논리적인 기준으로 옳고 그름을 판단하기보다는 자신에게 중요한 가치를 가슴으로 느낀다. "왜 그런지는 모르겠는데 저런 말을 들으면 가슴이 아파"와 같은 반응은 Fi의 전형적인 모습이다. 이들은 '느낌'으로 중요한 것과 중요하지 않은 것을 구분한다.

Fi와 정반대인 Te(외향적 사고)를 쓰는 사람에게 "당신에게 중요한 가치는 무엇입니까?"라고 묻는다면 매우 명확한 대답을 들을 수 있을 것이다. "저는 개인의 자유와 책임이 가장 중요한 가치라고 생각합니다. 왜냐하면…" 하는 식으로 논리적이고 구조화된 대답을 들을 가능성이 높다.

반면 Fi인 사람에게 묻는다면 "저는 아이들이 사랑받는 것을 보면 행복합니다"와 같은 식의 알 듯 말 듯한 대답을 들을 것이다. 이들에게 가치는 논리적으로 설명되는 것이 아니라 '가슴으로 느끼는 것'이기 때문이다. 혹시 자신의 가치가 무시당하는 상황에 처한다면 "이유는 분명하게 설명할 수 없지만, 무척 속상하네요. 저러면 안 되는 건데…" 식의 반응을 보일지도 모른다. 만약 Te라면 어떨까? "당신은 지금 개인의 자유를 침해하고 있습니다. 그 근거는 첫째… 둘째…"라고 말하면서 따졌을 것이다.

감정은 언어로 정확하게 표현하기 어려운 영역이다. Fi는 자신에게 무엇이 중요한지 알지만 그것을 말로 표현하는 것이 쉽지 않다고 느낀다.

'인간적인 가치'를 지킴으로써 진실성(integrity)을 유지하고 싶어 한다.

이들은 '인간적인 가치'를 벗어나는 행동을 요구받는 것을 무척 힘들어한다. 예를 들어 군대에서 전통에 따라 구타를 해야 하는 상황에서 심각하게 고민하는 Fi를 본 적이 있다. 자신이 계급이 낮을 때는 구타를 당해야 했지만, 정작 자신이 그런 역할을 해야 하는 계급이 되고 난 이후에는 그 행동을 피하고 싶었던 것이다. 그래서 상급자에게 고민을 토로하며 자신의 의견을 피력하는 모습을 보였다. 평소에는 매우 조용하지만 인간적인 가치와 상충되는 행동을 해야 하는 상황에서는 보다 적극적인 반응을 보였던 것이다(Fi는 자신이 소중히 여기는 가치에 대해서는 강렬하게 반응하기도 한다).

이런 특성 때문에 Fi는 두 가지 이상의 가치가 상충될 때 심각한 내적 갈등을 느낀다. '의도적으로 상처 주지 않기'와 '속이지 않기'라는 가치를 중요시하는 Fi가 있다고 하자. 어느 날 그의 친한 친구가 새로 산 옷을 입고 Fi를 찾아왔다. 한눈에 봐도 매우 우스꽝스러워 보이는 옷이었다. 그런데 그 친구가 '이 옷 어때? 나랑 잘 어울려? 솔직히 말해줘'라며 대답을 요구하는 것이 아닌가? 그런 상황이 되면 Fi는 심각한 고민에 빠진다. 솔직히 말하게 되면 '상처'를 줄 것 같고('상처주지 않기'라는 가치와 상충), 아니면 '거짓말'을 해야 하기 때문이다('속이지 않기'라는 가치와 상충).

Fi의 별명이 왜 '양심적인 사람'인지 이해가 되는가? 이들은 자신에게 중요한 '인간적인 가치'를 지킴으로써 '진실성'을 유지하고 싶어 한다.

'인간적인 가치'를 기준으로 결정을 내린다.

'인간적인 가치'는 이들이 의사결정을 할 때 중요한 기준이 된다. '의도적으로 상처 주지 않기'라는 가치를 가진 Fi 상사는 자신의 결정이 부하직원들에게 상처를 준다면 다른 방법을 찾으려 할 것이다. 실제로 필자가 아는 Fi 팀장은 자신의 팀원들이 상처받지 않도록 하기 위해 의사결정 전에 한 사람, 한 사람의 의견을 충분히 듣는다. 그런 과정을 통해 팀원들에게 깊은 존중과 배려를 해줄 수 있을 때 만족감을 느낀다고 한다. 반면 한 사람, 한 사람을 배려하다 보니 의사결정에 많은 시간이 소요되는 편이다. 아울러 '과감한 판단'이나 '냉철한 피드백'이 부족하다는 평을 듣기도 한다.

'인간적 가치'로 상대방을 존중하려 한다.

친화, 온정, 동정, 자비, 존중과 같은 '인간적인 가치'는 기본적으로 공감하고 경청하는 것과 연관이 있다. 따라서 이들은 누군가를 압박하거나 행동의 변화를 강요하는 것을 좋아하지 않는다. 그러한 요구가 상대방의 개인적 영역을 침해할 수 있다고 생각하기 때문이다. 이들은 상대방의 이야기를 평가하거나 판단하지 않고 있는 그대로 들어주는 사람들이다. 만약 당신이 Fi를 주기능으로 쓰는 부모라면 자녀의 의견을 존중하고 경청하는 태도를 지니고 있을 것이다. 물론 그런 면 때문에 싫은 소리를 해야 하는 상황에서 종종 우유부단한 모습을 보이기도 할 것이다.

다른 사람의 감정상태를 자신의 것처럼 느낀다.

Fi는 자신의 감정에 민감한 사람들이다. 이들은 자신 안에서 일어나는 다양한 감정적 반응들을 기민하게 인식한다. 그리고 그러한 경험들을 바탕으로 상대방의 감정상태를 파악한다. 어떤 사람이 외로이 홀로 앉아 생각에 빠져 있다면, Fi는 그 사람에게 감정적 지지와 위로가 필요하다고 느낄지도 모른다. 친한 동료가 부정적 피드백을 받는 것을 목격한다면, 그 사람이 좌절과 아픔을 느끼는 것을 마음으로 함께 경험할 수도 있다. 이들은 사랑하는 사람의 기쁨과 슬픔, 두려움 등을 자신의 감정처럼 느끼는 경향이 있다. 그래서 진심으로 함께 울고 함께 웃어주는 사람들이다.

물론 가끔은 이러한 면이 지나쳐서 불필요한 마음고생을 하는 경우도 있다. 필자가 아는 Fi 여성은 엄마와 가벼운 말다툼을 하고 나서 밤잠을 설쳤다. 그리고 엄마에게 큰 상처를 준 것 같은 마음이 들어서 몇 날 며칠을 고민했다. 그런데 나중에 알고 보니 엄마는 그날 일을 크게 생각하고 있지 않으셨다(심지어 '말다툼'이라고 생각하지도 않으셨다고 한다).

Fi는 자신의 내적 감정을 읽는 것으로 상대방의 감정상태를 파악한다. 그것은 깊은 공감과 위로를 불러일으키는 원동력이 된다.

Fi에 대해 요약해보자.

Fi는 감정을 내부로 사용하는 사람들이다. 이들의 별명은 '양심적인 사람'이다. 이들은 친화, 온정, 동정, 자비, 존중과 같은 '인간적 가치'를 중요시하고 그것을 지키고자 하는 사람들이다. 이들은 자신의 가치를 논리가 아닌 가슴으로 느낀다.

이번 챕터를 마무리하며

필자의 성격유형은 ENTJ다. ENTJ는 흔히 '장기적인 안목을 가진 리더'라고 불린다. 큰 그림을 그리고 전체적 구조를 세우면서 전략적으로 조직을 이끌어나가기 때문이다. 넓은 시야를 가지고 조직을 이끄는 '사령관'의 모습을 떠올리면 된다. 이러한 장점은 주기능인 Te와 부기능인 Ni의 상호작용에서 나온다. 논리에 근거해서 외부세계를 조직하는 Te(행정가)가 영웅으로서 전체적인 방향을 잡고, 이면적 패턴을 읽어내는 Ni(예언자)가 부모로서 보완을 하면서 '장기적인 안목'과 '전략적인 방식'으로 조직을 이끄는 ENTJ만의 강섬이 형성되는 것이다.

　다음 챕터에서는 당신 역시 자신의 성격을 유형역동의 메커니즘으로 이해할 수 있도록 정리할 것이다. 앞서 여러 번 강조했듯이, 유형역동의 메커니즘(작용원리)을 이해하면 자신의 성격유형을 입체적으로 이해할 수 있다. 아울러 자신에게 맞는 성장 계획을 세우는 것이 가능해진다. 이러한 경험은 생각보다 삶의 큰 변화를 만들어낸다.

　필자가 이 책을 쓴 가장 큰 이유는 이러한 적용이 이루어졌을 때 사람들에게 어떤 변화가 일어나는지를 현장에서 너무나 많이 보고 있기 때문이다. 당신 역시 꼭 그러한 경험을 하게 되기를 바란다. 이 흐름을 기억하면서 다음 챕터로 넘어가보자.

활용을 위한 Key Point　**이것만은 꼭 기억하자!**

Se & Si

① Se: S를 외부로 사용하는 사람
- 별명: 정찰자(The Scout, 오감을 사용하여 외부의 정보를 받아들이는 사람)
- 주의 초점: 항상 현재에 있음. 현재를 경험하고 즐기기를 원함. 감각적 경험을 추구함
- 기본 이미지: 활동적이고 충동적임. 산만해 보일 수 있음

② Si: S를 내부로 사용하는 사람
- 별명: 컨저베이터(The Conservator, 미술품과 문화재를 전문적인 지식과 기술로 보전하는 사람.
  과거의 데이터를 기반으로 현재를 분석하고 유지함)
- 주의 초점: 과거 경험을 중시. 과거 경험을 토대로 현재 상황을 평가하고 점검함
- 기본 이미지: 매우 신중하고 차분한 인상

Ne & Ni

① Ne: N을 외부로 사용하는 사람
- 별명: 브레인스토머(The Brainstormer, 열린 사고방식으로 자유롭게 브레인스토밍을 즐기는
  사람)
- 주의 초점: 미래의 가능성에 초점을 두고 비전을 그리는 사람
- 기본 이미지: 뜬구름을 잡는 듯한 인상(아이디어 중심의 말과 행동). 에너지와 열정이 넘침

② Ni: N을 내부로 사용하는 사람
- 별명: 예언자-미래를 내다보는 사람(The Seer, 영감처럼 나타나는 통찰력을 가지고 있는
  사람)
- 주의 초점: 이면에 깔려 있는 내적 패턴을 주목함. 영감처럼 나타나는 직관적 통찰력을
  바탕으로 세상을 바라보고 해석함
- 기본 이미지: '정신세계가 복잡한 사람'이라는 인상을 줌. 자신의 통찰에 대한 확고한
  믿음이 있어 설득하기가 쉽지 않음

Te & Ti

① Te: T를 외부로 사용하는 사람
- 별명: 행정가(The Administrator, 사람과 자원을 조직하고 체계화해서 추진력 있게 목표를 달성
  하는 사람)
- 주의 초점: 당면한 문제를 도전적이고 전략적으로 해결하는 데 초점을 둠
- 기본 이미지: 자기주장이 강함. 행동지향적. 결단성. 비효율과 무능함을 싫어함

② Ti: T를 내부로 사용하는 사람
- 별명: 분석가(The Analyzer, 자신만의 논리체계로 상황을 관찰하고 해석하는 사람)
- 주의 초점: 상황을 논리로 분석하고 해석하는 데 초점을 둠
- 기본 이미지: 심사숙고하는 관찰자 이미지(자신의 비평적 생각을 잘 표현하지 않음). 인간관계에 무관심해 보임(초연한 이미지)

Fe & Fi

① Fe: F를 외부로 사용하는 사람
- 별명: 친절한 가이드(The Guide, 적극적으로 나서서 누군가에게 도움을 주고 친절을 베풀고자 하는 사람)
- 주의 초점: 상대방의 감정을 공감하고 지지하는 데 초점을 둠
- 기본 이미지: 동정적, 표현적, 인정이 많음. 상호작용을 중시하며 사람들의 요구에 부응하려 함. 조화와 협력을 통해 집단의 목표를 이루어가려 함

② Fi: F를 내부로 사용하는 사람
- 별명: 양심적인 사람(The Conscience, 친화, 온정, 동정, 자비, 존중과 같은 '인간적인 가치'에 따라 인생을 살아가기를 원하며 그것을 통해 '진실성(integrity)'을 유지하고 싶어 하는 사람)
- 주의 초점: '인간적인 가치'를 충실히 지키고 '내적인 조화'를 유지하는 데 초점을 둠
- 기본 이미지: 부드럽고 차분한 이미지. 말수가 적음. 마음이 맞는 사람들과만 함께 하려 함. 감정적 배려를 잘함. 소중히 여기는 '인간적인 가치'에 대해서는 강렬하게 반응하기도 함.

Chapter 9

유형역동으로 본
16가지
성격유형의 특징

이번 챕터에서는 Part 2(유형역동의 이해)의 내용을 종합적으로 연결해서 적용해보려 한다. 즉, 챕터 6~8에서 배웠던 개념들을 토대로 16가지 유형의 특징을 재조명할 것이다. 먼저 Part 2에서 지금까지 다룬 내용을 간략히 정리해보자.

첫째, 성격유형의 이면에는 '심리적 구조'가 있다(예: ESFP = Se Fi T Ni).

둘째, 성격유형은 심리구조를 형성하는 '네 가지 심리기능의 상호작용'으로 인해 생겨난 것이다. 이를 '유형역동'이라고 한다.

셋째, 영향력이 큰 순서에 따라 주기능, 부기능, 3차기능, 열등기능이라고 부르며 '영웅', '부모', '소년·소녀', '수치스러운 나'와 같이 의인화해서 살펴보면 이해하기가 쉽다.

넷째, **성격유형의 장점은 '주기능과 부기능의 상호작용'으로 인한 패턴이고**(영웅+부모), **개선점은 '3차기능과 열등기능의 상호작용'으로 인한 패턴이다**(소년·소녀+수치스러운 나).

다섯째, 각각의 심리기능 역시 '브레인스토머(The Brainstormer)', '친절한 가이드(The Guide)'와 같은 식으로 별칭을 붙이고 의인화하면 보다 쉽게 이해할 수 있다.

성격유형의 '심리적 구조'와 '패턴' 파악하기

이번 챕터의 목적은 자신의 성격유형을 유형역동의 관점에서 정리하는 것이다. 따라서 '심리적 구조'와 그로 인한 '패턴'을 분명하게 확인하는 데 초점을 두기 바란다. 챕터 5에서는 16가지 성격유형의 일반적인 특징을 위주로 살펴보았다면 본 챕터에서는 그런 패턴들이 유형역동의 구조에서 기인한 것임을 확인하는 데 중점을 두고 있다.

이해를 돕기 위해 같은 주기능을 쓰는 유형별로 묶어놓았다. 주기능이 같아도 부기능이 다르면 두 유형 간에 분명한 차이가 있음을 느낄 수 있을 것이다. 흔히 성격유형의 알파벳 하나가 다르면 큰 차이가 없다고 생각하는 경향이 있다. 예를 들어 ENTP와 ESTP 사이에는 N과 S만 다르니 큰 차이가 없을 것이라 생각한다. 하지만 그렇지 않다. 하나의 알파벳만 달라도 유형역동의 메커니즘으로 볼 때는 매우 큰 차이가 난다. 유형역동의 원리를 꼭 알아야 하는 이유다.

① Se를 주기능으로 쓰는 유형: ESTP & ESFP

ESTP - Se Ti F Ni		
Se (주기능) 영웅	- 정찰자(The Scout)가 마음 속의 '영웅'으로 활동(먹고 마시고 즐길 것들을 탐색, 감각적 경험을 추구) - 현재를 경험하고 즐기기 원함 - 활동적이고 발랄한 에너지	Se+Ti (강점 패턴)	- 생활 자체를 즐김(경험, 재미) - 타고난 재치와 사교력(밝음, 유쾌) - 예술적 멋과 감각 - 선입견 없고 개방적 - 순발력(어떤 상황에서도 이유를 댐) - 위기 대처의 대가(순발력+상황판단력)
Ti (부기능) 부모	- 분석가(The Analyzer)가 마음속의 '부모'로 활동(논리로 상황을 관찰, 분석) - 주기능인 '영웅'을 보완하여 실질적 문제를 해결하기 위해 손쉬운 방법과 논리를 제공		
F (3차기능) 소년·소녀	- F(감정)가 '소년·소녀'로 활동함 - 자신의 말과 행동이 사람들에게 어떤 영향을 미치는지 잘 고려하지 못함	F+Ni (약점 패턴)	- 감정적 배려 약함(약점 지적 잘함) - 이론, 개념 무관심 - 방향성이 없음 - 이면적 통찰력 약함 - 물질적인 면에 집착 - 진지함 부족 - 즉흥적 행동(시간, 돈)
Ni (열등기능) 수치스러운 나	- 예언자-미래를 내다보는 사람(The Seer)이 '수치스러운 나'로 활동(직관적 통찰력이 부족함) - 이면의 의미, 추상적 개념, 직관적 통찰, 미래에 대한 내적 이미지를 형성하는 것 등에 매우 미숙함		

ESFP - Se Fi T Ni		
Se (주기능) **영웅**	- 정찰자(The Scout)가 마음 속의 '영웅'으로 활동(먹고 마시고 즐길 것들을 탐색, 감각적 경험을 추구) - 현재를 경험하고 즐기기 원함 - 활동적이고 발랄한 에너지	**Se+Fi** (강점 패턴)	- 친절하고 관용적(사람에 대한 편견이 없음) - 인간 중심 - 재치 있음(분위기 메이커) - 밝고 즐거운 분위기 조성 - 행동파 - 행복한 인상 - 대가 없는 도움
Fi (부기능) **부모**	- 양심적인 사람(The Conscience)이 마음속의 '부모'로 활동(존중, 배려와 같은 인간 중심적 가치를 충실히 지키려 함) - 주기능인 '영웅'을 보완하여 다른 사람의 요구에 맞추어 우선순위를 정함		
T (3차기능) **소년·소녀**	- T(사고)가 '소년·소녀'로 활동함 - 일련의 결과를 평가하기 위해 논리를 사용하는 것에 약함	**T+Ni** (약점 패턴)	- 일과 놀이의 조정 안됨 - 깊이 결여 - 마무리 약함(의지 약함) - 맺고 끊음 약함 - 시간, 돈 관리 취약 - 이론, 개념 무관심 - 방향성이 없음
Ni (열등기능) **수치스러운 나**	- 예언자-미래를 내다보는 사람(The Seer)이 '수치스러운 니'로 활동(직관적 통찰력이 부족함) - 이면의 의미, 추상적 개념, 직관적 통찰, 미래에 대한 내적 이미지를 형성하는 것 등에 매우 미숙함		

② Si를 주기능으로 쓰는 유형: ISTJ & ISFJ

ISTJ - Si Te F Ne		
Si **(주기능)** **영웅**	- 컨저베이터(The Conservator)가 마음속의 '영웅'으로 활동(과거 사실 데이터를 기준으로 현재를 평가하려 함) - 과거 경험을 토대로 현재 상황을 점검하는 데 초점을 둠 - 매우 신중하고 차분함	Si+Te (강점 패턴)
Te **(부기능)** **부모**	- 행정가(The Administrator)가 마음속의 '부모'로 활동(자원을 체계적으로 조직하여 목표를 달성하려 함) - 주기능인 '영웅'을 보완하여 현실적인 문제를 해결하기 위해 외부세계를 논리적으로 조직하고 체계화하려 함	
F **(3차기능)** **소년·소녀**	- F(감정)가 '소년·소녀'로 활동함 - 자신의 결정이 사람들에게 어떤 영향을 미치는지 잘 고려하지 못함	F+Ne (약점 패턴)
Ne **(열등기능)** **수치스러운** **나**	- 브레인스토머(The Brainstormer)가 '수치스러운 나'로 활동 - 열린 사고방식으로 새로운 아이디어를 떠올리거나, 새로운 가능성을 인식하는 것에 매우 미숙함 - 큰 그림을 그리고 미래의 비전을 그리는 것을 힘들어함	

오른쪽 강점/약점 열:
- 치밀함(철두철미)
- 신중함
- 반복에 능함
- 구체적
- 현실적
- 비판에 강함
- 조직적 일 처리
- 공사 구별 분명
- 보수적(과거 경험 신뢰)

- 타인 감성 무시(관계 취약)
- 변화를 거부
- 부차적 일에 집착
- 지나친 결벽 추구
- 현상 이면 못 봄

ISFJ - Si Fe T Ne		
Si **(주기능)** **영웅**	- 컨저베이터(The Conservator)가 마음속의 '영웅'으로 활동(과거 사실 데이터를 기준으로 현재를 평가하려 함) - 과거 경험을 토대로 현재 상황을 점검하는 데 초점을 둠 - 매우 신중하고 차분함	**Si+Fe** **(강점** **패턴)**	- 헌신적(희생) - 세심한 관찰력 - 현실 감각 뛰어남 - 온정적 - 침착하고 끈기 있음(안정감) - 타인 사정 배려
Fe **(부기능)** **부모**	- 친절한 가이드(The Guide)가 마음 속의 '부모'로 활동(누군가에게 도움을 주고 친절을 베풀고자 함) - 주기능인 '영웅'을 보완하여 사람들의 일상적인 문제를 돌보는 환경을 구축하려 함		
T **(3차기능)** **소년·소녀**	- T(사고)가 '소년·소녀'로 활동함 - 논리적으로 현실을 평가하는 것에 약함	**T+Ne** **(약점** **패턴)**	- 현상 이면 못 봄 - 주체성 개발 요함 - 비판력 약함 - 명령, 지시, 통제 리더십 약함
Ne **(열등기능)** **수치스러운** **나**	- 브레인스토머(The Brainstormer)가 '수치스러운 나'로 활동 - 열린 사고방식으로 새로운 아이디어를 떠올리거나, 새로운 가능성을 인식하는 것에 매우 미숙함 - 큰 그림을 그리고 미래의 비전을 그리는 것을 힘들어함		

③ Ne를 주기능으로 쓰는 유형: ENTP & ENFP

ENTP - Ne Ti F Si			
Ne **(주기능)** **영웅**	- 브레인스토머(The Brainstormer)가 마음속의 '영웅'으로 활동(열린 사고방식으로 다양한 혁신적 아이디어를 탐색) - 미래의 가능성에 초점을 두고 비전을 그리는 데 초점을 둠 - 에너지와 열정이 넘침	Ne+Ti (강점 패턴)	- 새롭고 도전적인 문제해결에 능함 - 넓은 안목(흐름 파악에 능함) - 다재다능 - 독창적 혁신가 - 논쟁에 강함(찬반 어느 쪽에서든) - 박식함 - 열정적 - 활기참
Ti **(부기능)** **부모**	- 분석가(The Analyzer)가 마음 속의 '부모'로 활동(논리로 상황을 관찰·분석) - 주기능인 '영웅'을 보완하여 아이디어와 계획 실행의 과정을 논리적으로 분석하고 평가함		
F **(3차기능)** **소년·소녀**	- F(감정)가 '소년·소녀'로 활동함 - 다른 사람의 감정을 적절히 배려하는 것에 미숙함	F+Si (약점 패턴)	- 일상 반복 취약 - 세부사항 경시 - 이론에 강하나 현실 취약 - 아이디어만 제시하고 실행에는 관심이 거의 없음 - 현실적 우선순위와 계획 수립 필요 - 말을 할 때 상대방 감정을 고려해서 할 필요 - 칭찬, 격려, 인정 필요
Si **(열등기능)** **수치스러운 나**	- 컨저베이터(The Conservator)가 '수치스러운 나'로 활동(사실적 세부사항을 고려하지 못함) - 현실적 한계를 고려하는 것에 매우 미숙함 - 체계적으로 계획을 수립하고 실행하는 것에 매우 미숙함		

ENFP - Ne Fi T Si		
Ne (주기능) **영웅**	- 브레인스토머(The Brainstormer)가 마음속의 '영웅'으로 활동(열린 사고방식으로 다양한 혁신적 아이디어를 탐색) - 미래의 가능성에 초점을 두고 비전을 그리는 데 초점을 둠 - 에너지와 열정이 넘침	**Ne+Fi** (강점 패턴)	- 가능성에 도전 - 강렬한 호기심 - 창의적 - 영감과 통찰력 - 아이디어, 상상력 풍부 - 새로운 만남을 즐김 - 사람을 이해하는 통찰력 - 타인의 열정을 불러일으킴
Fi (부기능) **부모**	- 양심적인 사람(The Conscience)이 마음속의 '부모'로 활동(존중, 배려와 같은 인간 중심적 가치를 충실히 지키려 함) - 주기능인 '영웅'을 보완하여 다른 사람들의 가능성과 잠재력을 깨우는 것을 도우려 함		
T (3차기능) **소년·소녀**	- T(사고)가 '소년·소녀'로 활동함 - 자신의 아이디어에 대해 논리적으로 분석하는 것에 미숙함	**T+Si** (약점 패턴)	- 반복되는 일상에 인내심 부족 - 세부사항 잘 놓침 - 일을 끝내기 전에 다른 일 시작 - 싫증을 잘 냄 - 조직적인 일에 미숙함 - 우선순위 선별 노력 필요 - 꾸준한 실행력 필요(마무리가 잘 안됨)
Si (열등기능) **수치스러운 나**	- 컨저베이터(The Conservator)가 '수치스러운 나'로 활동(사실적 세부사항을 고려하지 못함) - 현실적 한계를 고려하는 것에 매우 미숙함 - 체계적으로 계획을 수립하고 실행하는 것에 매우 미숙함		

④ Ni를 주기능으로 쓰는 유형: INTJ & INFJ

INTJ - Ni Te F Se			
Ni (주기능) 영웅	- 예언자-미래를 내다보는 사람(The Seer)이 마음 속의 '영웅'으로 활동(직관적 통찰력으로 상황을 해석함) - 이면의 의미와 패턴에 주목. 추상적 개념을 바탕으로 미래에 대한 내적 이미지를 형성하는 것에 초점을 둠 - '정신세계가 복잡'하다는 인상을 줌	Ni+Te (강점 패턴)	- 강한 내적 신념과 비전(설득 어려움) - 목적에 대한 의지와 결단력 - 복잡한 문제를 다루기 좋아함 - 명철한 분석 - 자기 논리가 뚜렷 - 분위기에 눌리지 않고 본질 파헤침
Te (부기능) 부모	- 행정가(The Administrator)가 마음속의 '부모'로 활동(자원을 체계적으로 조직하여 목표를 달성하려 함) - 주기능인 '영웅'을 보완하여 추상적인 생각을 표현하고 그 생각을 실행하기 위해 논리를 사용함		
F (3차기능) 소년·소녀	- F(감정)가 '소년·소녀'로 활동함 - 인간관계에 대한 가치를 잘 고려하지 못함(감정적 대화와 배려의 필요성을 잘 느끼지 못함)	F+Se (약점 패턴)	- 일과 사생활 균형 요함 - 팀으로 일해보는 경험 필요 - 독단적 위험(단호하며 고집이 너무 셈) - 목적 중시로 타인 관점 경시 - 타인 감정 배려에 소홀하고 잘 인지하지 못함 - 독선적 처리 스타일 - 지나친 확신
Se (열등기능) 수치스러운 나	- 정찰자(The Scout)가 '수치스러운 나'로 활동(사실적 정보를 잘 인식하지 못함) - 지금 현재 일어나고 있는 눈앞의 현실적 사항들을 고려하는 것에 매우 미숙함(예: 식사 중에도 내적 생각에 집중)		

당신이 알던 MBTI는 진짜 MBTI가 아니다

INFJ - Ni Fe T Se			
Ni **(주기능)** **영웅**	- 예언자-미래를 내다보는 사람(The Seer)이 마음속의 '영웅'으로 활동(직관적 통찰력으로 상황을 해석함) - 이면의 의미와 패턴에 주목함. 추상적 개념을 바탕으로 미래에 대한 내적 이미지를 형성하는 것에 초점을 둠 - '정신세계가 복잡'하다는 인상을 줌	**Ni+Fe** **(강점** **패턴)**	- 의미를 추구 - 사람에 대한 통찰력(관계, 정서, 감정) - 이면의 의미를 잘 파악함 - 탁월한 영감으로 영향력을 끼침 - 내적 신념 강함 - 내면 탐구의 대가 - 동료애 중시 - 독립심 강함 - 배려
Fe **(부기능)** **부모**	- 친절한 가이드(The Guide)가 마음속의 '부모'로 활동(누군가에게 도움을 주고 친절을 베풀고자 함) - 주기능인 '영웅'을 보완하여 자신과 타인의 잠재력을 깨우고 성장을 촉진하려 함(조용한 지지와 협력, 공감)		
T **(3차기능)** **소년·소녀**	- T(사고)가 '소년·소녀'로 활동함 - 장기적인 비전과 계획을 논리적으로 평가·분석하는 것에 미숙함	**T+Se** **(약점** **패턴)**	- 단순 작업 약함 - 지나친 몰두로 현실 경시 - 현실 감각 필요 - 사실적, 구체적으로 직시하는 습관 필요 - 이상과 현실을 조화시켜 현재를 즐기려는 노력 필요(내적 갈등 많음) - 복잡한 내면은 단순하게 서 공유하는 과정 필요 - 비전에 대한 현실적 검토 - 웃는 연습 필요
Se **(열등기능)** **수치스러운** **나**	- 정찰자(The Scout)가 '수치스러운 나'로 활동(사실적 정보를 잘 인식하지 못함) - 시금 현재 일어나고 있는 눈앞의 현실적 사항들을 고려하는 것에 매우 미숙함(예: 식사 중에도 내적 생각에 집중)		

⑤ Te를 주기능으로 쓰는 유형: ENTJ & ESTJ

	ENTJ - Te Ni S Fi		
Te **(주기능)** **영웅**	- 행정가(The Administrator)가 마음속의 '영웅'으로 활동(자원을 체계적으로 조직하여 목표를 달성하려 함) - 당면한 문제를 도전적이고 전략적으로 해결하는 데 초점을 둠(추진력, 진취적) - 결단성이 있고 자기주장이 강하며 행동지향적임	**Te+Ni** **(강점** **패턴)**	- 활동적, 논리적, 분석적 - 장기 계획에 능함 - 계획하고 조직하고 체계적으로 추진 - 솔직하고 단호한 결정 능력 - 통솔력 - 복잡한 문제, 지적 아이디어에 관심 - 논리적 추론에 능함
Ni **(부기능)** **부모**	- 예언자-미래를 내다보는 사람(The Seer)이 마음속의 '부모'로 활동(직관적 통찰력으로 상황을 해석함) - 주기능인 '영웅'을 보완하여 장기 계획과 비전을 세우고 전략을 개발하도록 도움(현재와 미래 속에 내재된 패턴과 가능성 파악)		
S **(3차기능)** **소년·소녀**	- S(감각)가 '소년·소녀'로 활동함 - 목표를 달성하기 위해 필요한 세부사항과 단계들을 고려하는 것에 미숙함	**S+Fi** **(약점** **패턴)**	- 관념에 집중하므로 사람과 현실적 사항에 소홀함 - 속단속결 - 참을성 부족 - 강압적, 독선적이기 쉬움 - 경청이 약함 - 자신의 느낌, 감정을 솔직히 인정하고 표현하는 것 필요 - 직설적인 표현주의 - 지나친 일 중심
Fi **(열등기능)** **수치스러운** **나**	- 양심적인 사람(The Conscience)이 '수치스러운 나'로 활동(존중, 배려와 같은 감정적 요소를 중요시하지 않음) - 인간적, 감정적인 영향을 고려하는 것에 매우 미숙함		

ESTJ - Te Si N Fi			
Te **(주기능)** **영웅**	- 행정가(The Administrator)가 마음속의 '영웅'으로 활동(자원을 체계적으로 조직하여 목표를 달성하려 함) - 당면한 문제를 도전적이고 전략적으로 해결하는 데 초점을 둠(추진력, 진취적) - 결단성이 있고 자기주장이 강하며 행동지향적임	**Te+Si** **(강점** **패턴)**	- 조직을 이끄는 타고난 재능(체계성, 추진력) - 규칙, 사실 기반 중시 - 비합리적, 일관성이 결여된 상태에 대한 뛰어난 통찰력 - 논리적 전개 능력 강함 - 실용적, 현실적
Si **(부기능)** **부모**	- 컨저베이터(The Conservator)가 마음속의 '부모'로 활동(과거 사실 데이터를 기준으로 현재를 평가하려 함) - 주기능인 '영웅'을 보완하여 현실적인 정보를 바탕으로 체계적이고 실용적인 계획을 세울 수 있도록 도움		
N **(3차기능)** **소년·소녀**	- N(각각)이 '소년·소녀'로 활동함 - 계획 실행이 가져올 장기적인 파급효과와 새로운 가능성을 고려하는 것에 미숙함 - 이면적 의미와 패턴을 잘 읽지 못함	**N+Fi** **(약점** **패턴)**	- 속단속결 - 지나치게 업무 위주로 사람을 대함 - 타인의 정서적인 면에 관심 가질 필요가 있음 - 비가시적 상황 몰이해 - 타인의 견해 무시하는 경향 - 추상적 이론을 고려하지 않는 경향 - 변화와 새로운 시도를 염두에 둘 필요가 있음
Fi **(열등기능)** **수치스러운** **나**	- 양심적인 사람(The Conscience)이 '수치스러운 나'로 활동(존중, 배려와 같은 감정적 요소를 중요시하지 않음) - 인간적, 감정적인 영향을 고려하는 것에 매우 미숙함		

⑥ Ti를 주기능으로 쓰는 유형: INTP & ISTP

INTP - Ti Ne S Fe			
Ti (주기능) 영웅	- 분석가(The Analyzer)가 마음속의 '영웅'으로 활동(논리로 상황을 관찰·분석) - 자신만의 논리체계로 상황을 관찰하고 분석하는 데 초점을 둠 - 심사숙고하는 관찰자 이미지(자신의 비평적 생각을 잘 표현하지 않음)	Ti+Ne (강점 패턴)	- 관념적이고 이론적인 부분에 내적 분석과 비판의 틀을 형성 - 원리 파악, 직관적 통찰력 탁월 - 아이디어에 관심 많으며 분석적, 논리적, 객관적 비평을 잘함 - 이해력과 연구력 탁월 - 사고 언어의 정밀성, 질 추구 - 지적 호기심
Ne (부기능) 부모	- 브레인스토머(The Brainstormer)가 마음속의 '부모'로 활동(열린 사고방식으로 다양한 혁신적 아이디어를 탐색) - 주기능인 '영웅'을 보완하여 아이디어와 미래 가능성, 패턴 등에 초점을 두고 지적 호기심을 자극함		
S (3차기능) 소년·소녀	- S(감각)가 '소년·소녀'로 활동함 - 현실적이고 실용적인 측면을 고려하는 것에 미숙함(구체적인 실행으로 이어지지 못함)	S+Fe (약점 패턴)	- 팀 활동 미흡 - 대인관계에도 비판적, 분석적 사고 적용으로 인간미 없어 보임 - 타인의 관심사 무시하거나 소홀히 취급하기 쉬움 - 지나치게 추상적이어서 비현실적일 수 있음 - 이론 중심으로 실행력 미약
Fe (열등기능) 수치스러운 나	- 친절한 가이드(The Guide)가 '수치스러운 나'로 활동(상호 관계에 무관심) - 사람들의 감정적 요구에 적절히 반응하는 것에 매우 미숙함(상호작용 결여)		

ISTP - Ti Se N Fe		
Ti (주기능) **영웅**	- 분석가(The Analyzer)가 마음속의 '영웅'으로 활동(논리로 상황을 관찰·분석) - 자신만의 논리체계로 상황을 관찰하고 분석하는 데 초점을 둠 - 심사숙고하는 관찰자 이미지(자신의 비평적 생각을 잘 표현하지 않음)	**Ti+Se** (강점 패턴) - 현실적 정보를 근거로 자신만의 내적 사고 체계 구축 - 논리적, 분석적, 객관적 - 사실을 조직화 - 현실 감각 뛰어남 - 긴급 상황에도 평정심 - 계급 권위에 초연 - 공정함
Se (부기능) **부모**	- 정찰자(The Scout)가 마음속의 '부모'로 활동(먹고, 마시고, 즐길 것들을 탐색, 감각적 경험을 추구) - 주기능인 '영웅'을 보완하여 당면해 있는 현실에 초점을 두고 상황을 분석하도록 도움(현재 사실과 세부사항 활용)	
N (3차기능) **소년·소녀**	- N(직관)이 '소년·소녀'로 활동함 - 미래 가능성이나 새로운 아이디어를 떠올리는 것에 미숙함 - 이면의 의미나 패턴을 읽는 것에 미숙함	**N+Fe** (약점 패턴) - 장기적 예측을 어려워함 - 미래 가능성 고려 못 함 - 인간관계 폭이 좁음 - 지나치게 표현 억제 - 우울한 분위기 - 감정적 교감 무 - 상황에 적절한 표현 잘하지 못함 - 중대사를 혼자 고민 - 감정표현 필요(고마움, 미안함 등)
Fe (열등기능) **수치스러운 나**	- 친절한 가이드(The Guide)가 '수치스러운 나'로 활동(상호 관계에 무관심) - 사람들의 감정적 요구에 적절히 반응하는 것에 매우 미숙함(상호작용 결여)	

⑦ Fe를 주기능으로 쓰는 유형: ENFJ & ESFJ

ENFJ - Fe Ni S Ti			
Fe **(주기능)** **영웅**	- 친절한 가이드(The Guide)가 마음속 의 '영웅'으로 활동(누군가에게 도움을 주고 친절을 베풀고자 함) - 상대방의 감정을 공감하고 지지하 는 데 초점을 둠 - 협조적이고 표현적이며 인정이 많음	**Fe+Ni** **(강점** **패턴)**	- 화합 중시 - 친절, 재치 - 타인의 의견 존중, 공동 선을 위해 상대방 의견에 동조함
Ni **(부기능)** **부모**	- 예언자-미래를 내다보는 사람(The Seer)이 마음속의 '부모'로 활동(직관 적 통찰력으로 상황을 해석함) - 주기능인 '영웅'을 보완하여 사람들 이 자신의 잠재력을 인식할 수 있도 록 하는 혁신적 방법을 개발하려 함 (사람들의 가능성에 초점)		- 쓰기보다는 말로 생각을 잘 표현(말로 미치는 영향력 큼) - 사람에 대한 이상적인 생각 - 동정심, 적극적 도움 - 타인의 내적성장에 관심 이 많음
S **(3차기능)** **소년·소녀**	- S(감각)가 '소년·소녀'로 활동함 - 세부사항과 단계들을 고려하는 것 에 미숙함(세부사항, 실용적 측면 간과)	**S+Ti** **(약점** **패턴)**	- 칭찬, 비판에 매우 민감 (객관성 유지 관련) - 타인의 좋은 점을 지나치 게 이상화, 맹목 추종 - 성급한 결론 - 세부조건의 세밀한 검토 미약
Ti **(열등기능)** **수치스러운** **나**	- 분석가(The Analyzer)가 '수치스러운 나'로 활동 - 상황을 논리적, 객관적으로 평가하 는 것에 매우 미숙함(감정적 대응)		- 개인적 감정 때문에 업무 에 영향(일을 소홀히 할 수 있음) - 타인의 말에 객관적 반응 필요

ESFJ - Fe Si N Ti			
Fe **(주기능)** **영웅**	- 친절한 가이드(The Guide)가 마음속 의 '영웅'으로 활동(누군가에게 도움을 주고 친절을 베풀고자 함) - 상대방의 감정을 공감하고 지지하 는 데 초점을 둠 - 협조적이고 표현적이며 인정이 많음	**Fe+Si** **(강점** **패턴)**	- 동정심과 동료애가 넘침 (조화와 협력) - 인화를 도모하며 잘 도움 - 양심적 - 질서정연, 성실 - 조화 추구의 명수 - 조직의 활력소 - 봉사, 충성심 넘침 - 표현력 좋음
Si **(부기능)** **부모**	- 컨저베이터(The Conservator)가 마 음속의 '부모'로 활동(과거 사실 데이터 를 기준으로 현재를 평가하려 함) - 주기능인 '영웅'을 보완하여 '구체적' 이고 '상세한' 현실 정보를 바탕으로 주위 사람들의 '실질적인' 필요를 돌 볼 수 있는 환경을 만들 수 있도록 도 움		
N **(3차기능)** **소년·소녀**	- N(직관)이 '소년·소녀'로 활동함 - 전체적인 맥락을 읽거나 이면의 패 턴을 파악하는 것에 미숙함	**N+Ti** **(약점** **패턴)**	- 객관적 비판 없이 타인의 의견에 동조 경향 - 타인 견해에 지나치게 집착 - 논리, 전체 맥락을 놓치기 쉬움 - 속단하는 경향(상황을 이해 하기 전에 결론 내리는 경우) - 무관심에 상처받음 - 주관에 편향된 판단 기준 - 타인이 진정 필요로 하는 것이 무엇인지 진지하게 들을 필요
Ti **(열등기능)** **수치스러운 나**	- 분석가(The Analyzer)가 '수치스러운 나'로 활동 - 상황을 논리적, 객관적으로 평가하 는 것에 매우 미숙함(감정적 대응)		

⑧ Fi를 주기능으로 쓰는 유형: INFP & ISFP

INFP - Fi Ne S Te		
Fi (주기능) 영웅	- 양심적인 사람(The Conscience)이 마음속의 '영웅'으로 활동(존중, 배려와 같은 인간 중심적 가치를 충실히 지키려 함) - '인간적인 가치'를 지키고 내적인 조화를 유지하는 데 초점을 둠 - 감정적 배려를 잘함(부드럽고 차분한 이미지)	Fi+Ne (강점 패턴)
Ne (부기능) 부모	- 브레인스토머(The Brainstormer)가 마음속의 '부모'로 활동(열린 사고방식으로 다양한 혁신적 아이디어를 탐색) - 주기능인 '영웅'을 보완하여 사람들의 잠재력과 가능성에 초점을 두고 그들을 돕기 위한 아이디어를 제공	
S (3차기능) 소년·소녀	- S(감각)가 '소년·소녀'로 활동함 - 현실적이고 실용적인 측면을 고려하는 것에 미숙함 - 일상적인 현실 감각 미숙함	S+Te (약점 패턴)
Te (열등기능) 수치스러운 나	- 행정가(The Administrator)가 '수치스러운 나'로 활동 - 논리적으로 상황을 평가하고 문제를 해결하는 것에 매우 미숙함 - 체계적으로 계획을 세우고 추진력 있게 목표를 달성하는 것에 매우 미숙함	

위 표의 오른쪽 열 내용:

- 의미, 관계 중시
- 내적 신념이 은은하게 나옴
- 온조적, 조용함
- 지향하는 이상에 정열적 신념을 가짐
- 인간 이해, 복지에 기여하고자 함
- 관대함
- 이면을 보는 안목

- 신념을 구조화하지 못함 (행동계획 수립, 실천으로 이어지지 못함)
- 마무리 약함
- 이상과 현실의 괴리를 고려할 필요
- 행동보다 반성에 더 많은 시간 소모
- 타인의 요청을 거절하지 못함
- 객관적 입장을 취하는 것을 어려워함
- 모든 사람을 만족시키려는 경향
- 타인이 진정 필요로 하는 것이 무엇인지 진지하게 들을 필요

ISFP - Fi Se N Te		
Fi **(주기능)** **영웅**	- 양심적인 사람(The Conscience)이 마음속의 '영웅'으로 활동(존중, 배려와 같은 인간 중심적 가치를 충실히 지키려 함) - '인간적인 가치'를 지키고 내적인 조화를 유지하는 데 초점을 둠 - 감정적 배려를 잘함(부드럽고 차분한 이미지)	**Fi+Se** **(강점** **패턴)**	- 삶의 현재에 충실함 - 자연에 대한 사랑, 미적 감각이 탁월함 - 개방적, 융통성 - 순간의 현실을 즐김
Se **(부기능)** **부모**	- 정찰자(The Scout)가 마음속의 '부모'로 활동(먹고, 마시고, 즐길 것들을 탐색, 감각적 경험을 추구) - 주기능인 '영웅'을 보완하여 현실적이고 실용적인 정보를 바탕으로 사람들의 필요를 충족시키려 함		
N **(3차기능)** **소년·소녀**	- N(직관)이 '소년·소녀'로 활동함 - 미래 가능성이나 새로운 아이디어를 떠올리는 것에 미숙함 - 이면의 의미나 패턴을 읽는 것에 미숙함	**N+Te** **(약점** **패턴)**	- 새로운 가능성과 대안을 잘 보지 못함 - 결단력 및 추진력 부족 - 부정적 감정을 드러내고 갈등을 겪는 것을 힘들어함 - 감정이 쉽게 상할 수 있음 - 타인의 감정에 지나치게 예민함 - 타인 비판은 지나치게 약한 반면, 자신에게는 혹독한 비판 - 계획성, 준비성 약함 - 거절을 잘 못함
Te **(열등기능)** **수치스러운** **나**	- 행정가(The Administrator)가 '수치스러운 나'로 활동 - 논리적으로 상황을 평가하고 문제를 해결하는 것에 매우 미숙함 - 체계적으로 계획을 세우고 추진력 있게 목표를 달성하는 것에 매우 미숙함		

활용을 위한 Key Point　　**이것만은 꼭 기억하자!**

\# MBTI에서 말하는 성격유형은 '유형역동'의 '심리적 구조'로부터 기인한 것이다.

\# 이러한 '심리적 구조'의 '기본적인 틀'은 변하지 않는다.

- MBTI에서 성격을 '변하지 않는 고유한 특성'으로 말하는 것은 이러한 기본적인 심리적
  구조가 변하지 않기 때문이다. 이 부분에 대해서는 다음 챕터에서 좀 더 자세히 설명
  한다.

Chapter 10

MBTI 검사결과가
종종 달라지는 이유:
유형역동의
핵심개념 3가지

이제 우리는 MBTI에서 말하는 성격유형이 심리기능 간 역동으로부터 기인되는 것임을 분명히 알게 되었다. 계속 강조해왔듯이 MBTI가 E+N+F+P의 평면적인 조합이 아니라 Ne Fi T Si의 입체적인 역동임을 알게 되면 보다 심오한 수준에서 자신의 성격유형을 이해하게 된다.

이제 Part 2를 마무리하면서 유형역동의 핵심개념을 3가지로 요약하고자 한다. 유형역동을 실제 삶의 영역에서 활용하기 위해서는 반드시 알아야 할 3가지 주요 개념이 있다. 다행스럽게도 새로운 개념은 아니다. Part 2에서 이미 설명했던 내용들을 분명하게 정리하는 차원이다. 다만 이 개념들을 정확히 이해해야만 제대로 된 적용이 가능해지기 때문에 확실하게 정리하고 넘어가고자 한다.

챕터 2에서 언급했던 'MBTI 검사 이후 자주 나오는 질문 3가지' 중 두 가지 질문에 대한 답을 듣는다고 생각하고 읽으면 더 이해가 잘될 것이다. 두 가지 질문은 다음과 같다.

"이 유형인 것도 같고, 저 유형인 것도 같아요. 각각의 특징들이 어느 정도씩 섞여 있는 것 같습니다. 어떻게 제 유형을 분명하게 찾을 수 있을까요?"

"성격유형이 변한 것 같은데, 그럴 수도 있나요?"

유형역동 활용을 위한 핵심개념 3가지

위의 두 가지 질문을 생각하면서 핵심개념 3가지를 정리해보자. 이 과정에서 'MBTI 검사결과가 종종 달라지는 이유'에 대해서도 자연스럽게 이해하게 될 것이다.

① 우리 안의 4가지 심리기능은 위계를 바탕으로 서로 상호작용하고 있다

주기능은 '영웅', 부기능은 '부모', 3차기능은 '소년·소녀', 열등기능은 '수치스러운 나'로서 서로 상호작용하고 있다. 이들은 마치 인격을 가진 4명의 사람들이 서로 상호작용하듯이 우리의 내면에서 유형역동을 일으키고 있다. '영웅'과 '부모'가 서로 상호작용하면서 장점 패턴을 형성하고, '소년·소녀'와 '수치스러운 나'가 개선점을 형성한다. 그렇게 성격유형의 '기본적인 틀'이 형성된다.

② 4가지 위계의 '기본적 틀'은 변하지 않는다

주기능에서 열등기능까지의 '기본적 틀'은 변하지 않는다. **MBTI에서 '성격이 변하지 않는다'는 뜻은 바로 이 '기본적 틀이 바뀌지 않는다'는 의미다.** 환경의 요구에 의해 일시적으로 역할이 변할 수는 있지만, 본래의 메커니즘은 변하지 않는다.

몇 가지 행동패턴이 달라졌다고 해서 성격유형의 고유한 메커니즘이 달라지는 것은 아니다. 선천적으로 논리적인 사람이 감정기능을 사용하는 것과 선천적으로 감정적인 사람이 감정기능을 사용하는 것은 확연히 다르다. **'영웅', '부모', '소년·소녀', '수치스러운 나'의 기본적인 구조는 변하지 않는다.**

보다 분명한 이해를 원한다면 실제 인물들을 비교해보면 된다. 미국의 전 대통령 도널드 트럼프와 우리나라의 문재인 대통령을 비교해보자. 트럼프는 매우 직설적이고 진취적인 성격을 가지고 있고, 문재인 대통령은 차분하고 신중한 성격을 가지고 있다. 어느 날 트럼프가 자신의 직설적인 성격 때문에 언론의 공격을 받아 큰 충격에 빠졌다고 하자. 그래서 보다 차분하고 신중해지기로 다짐을 하게 되었고 실제로 어느 정도 그런 모습을 띠게 되었다. 그렇다고 선천적으로 신중하고 차분한 성격을 가진 문재인 대통령과 같은 성격의 사람이 될 수 있다고 보는가? 절대 그럴 수 없다. 몇 가지 행동이 바뀌었다고 트럼프가 가진 성격유형의 메커니즘이 바뀐 것은 아니기 때문이다. '좀 더 차분해진' 트럼프가 될 수 있을지는 모르지만, 문재인 대통령과 같은 성격유형을 가진 트럼프는 될 수 없다는 것이다(그들만의 고유한 아우라를 떠올려보라).

MBTI가 말하는 성격유형은 몇 가지 보여지는 '행동'이 아니라 내면에서 일어나는 고유한 '메커니즘(작용원리)'에 의한 것이다. MBTI의 관점에서 보면 트럼프와 문재인 대통령의 주기능은 절대로 바뀌지 않는다. 다만 네 가지 심리기능 간의 상호작용 방식의 변화로 인해 어느 정도의 행동변화가 생기는 것이다.

③ 다만 '기본적 틀' 안에서 심리기능 간의 역동과 관계는 계속 변할 수 있다

'성격유형'은 변하지 않는다. 다만 '심리기능 간의 상호작용 방식'은 끊임없이 변한다. 우리 마음속에 있는 '영웅', '부모', '소년·소녀', '수치스러운 나'의 기본적인 골격은 변하지 않지만, 환경과의 상호작용 안에서 네 가지 기능 간의 '관계 맺는 방식'은 끊임없이 변화한다. 한 가지 기능의 사용만으로 모든 문제를 해결할 수는 없기 때문이다. **'영웅', '부모', '소년·소녀', '수치스러운 나'의 기본적인 역할은 변함이 없지만, 이들의 '관계 맺는 방식'은 지속적으로 변화한다.**

4가지 기능이 한자리에 모여 회의하는 모습을 상상해보면 이해가 쉬울 것이다. 중요한 의사결정을 내려야 하는 상황이라고 가정해보자. 의사결정을 위해 4명의 사람이 테이블에 모여 앉아 있다. '영웅', '부모', '소년·소녀', '수치스러운 나'가 모여 서로의 의견을 주고받는 중이다. 대부분의 발언은 '영웅'이 한다. '영웅'은 네 사람 중 가장 큰 권위를 가지고 있다. 그 집안에서 가장 의지가 되는 사람이기도 하다. 다음으로 말을 많이 하는 사람은 '부모'다. '부모'는 '영웅'이 생각한 바를 잘 실행하고 좋은 결과를 얻을 수 있도록 보완한다. 때때로 '영웅'이 간과하거나 실수할 수 있는 부분에 대해 반론을 제기하기도 한다. 그러나 둘 사이에 갈등이 있을 경우 '영웅'의 의견이 더 크게 반영된다.

'소년·소녀'도 간간이 자신의 의견을 얘기하긴 하지만 크고 중요한 사안일수록 반영되지 않을 때가 많다. '수치스러운 나'의 의견은 무시되는 경우가 대부분이다. '소년·소녀'에 비해서도 의식이 덜 발달되어 있는 데다가 '영웅'과 반대되는 관점을 가지고 있기 때문이다(열등기능은 주기능의 정반대 기능이다). 평소에는 존재감이 너무 없어서 가끔은 '수치스러운 나'가 그 자리에 있는 것을 의식하시 못하는 경우도 있다.

그러던 어느 날 사건이 발생한다. '영웅'을 중심으로 내렸던 결론이 생각보다 좋지 못한 결과를 낳게 된 것이다. 절대적인 신뢰와 지지를 받았던 '영웅'이기에 그 충격은 매우 컸다. 그날 밤 '영웅'은 자신의 실패 원인이 무엇이었는지 곰곰이 생각해보았다. 그러다가 '소년·소녀'와 '수치스러운 나'가 했던 말들이 떠올랐다. 어리고 미숙하다고만 생각했던 그들의 의견이 이번 상황에서는 매우 필요한 것들이었음을 깨닫게 되었다.

그러한 경험을 통해 네 사람의 상호작용하는 방식에 변화가 생긴다. 여전히 '영웅'이 가장 큰 권위를 가지고 있지만, '소년·소녀'나 '수치스러운 나'와 좀 더 유연하게 대화를 나누기 시작한다. 상황에 따라 '소년·소녀'의 발언이 더 많아지는 경우도 생긴다. '영웅'이 종종 자신의 발언권을 내려놓고 귀를 기울이기 때문이다. 그러한 경험이 쌓여갈수록 네 사람의 상호작용은 점점 더 보다 유연한 방식으로 이루어진다. 처음에는 거의 '영웅' 혼자만 얘기하는 방식이었지만 여러 경험을 거치면서 때로는 '부모'가, 때로는 '소년·소녀'가, 때로는 '수치스러운 나'가 자신의 의견을 표현할 수 있게 되는 것이다.

즉, 주기능에서 열등기능까지의 기본적 '심리구조'는 변함이 없지만, 네 가지 기능이 상호작용하는 방식은 점점 더 유연하고 조화로운 역동 관계로 발전해나간다.

MBTI 검사결과가 종종 달라지는 이유

따라서 급격한 변화를 겪고 있는 상황에서 MBTI 검사를 받을 경우, 일시적으로 다른 결과가 나올 수도 있다. 방금 살펴본 것처럼, 우리 마음속의 심리기능들이 끊임없이 역동을 일으키기 때문이다. 성격유형은 바뀌지 않지만 역동은 살아 있는 생명체와 같이 계속 움직이기 때문에 그러한 역동이 검사결과에 반영될 수 있다.

MBTI 검사가 성격유형을 파악하기에 가장 효과적인 도구인 것은 분명하다. 하지만 절대적인 유형 판단 기준은 아니다. 문항에 대한 내담자의 선택으로만 결과를 도출하기 때문이다. 즉, 현재 내담자가 처해 있는 상태가 결과에 얼마든지 반영될 수 있다. 전문가의 해석과 상담을 통해 검사결과를 확인해보는 것이 중요한 이유다.

예를 들어 당신의 주기능이 Ne라고 하자. Ne는 새로운 가능성과 미래에 초점을 둔 심리기능이다. Ne의 별명은 '브레인스토머(The Brain-stormer)'다. 그런데 어느 날 갑자기 현실적이고 꼼꼼한 면을 필요로 하는 데이터 정리 업무를 맡게 됐다. 창의적으로 자료를 해석하면 절대 안 되는 단순 정리 업무다. 이럴 경우 자신이 평소에 쓰지 않던 Si를 써야 하는 상황이 발생한다. Si는 꼼꼼하고 현실적인 심리기능으로 Ne의 반대 기능이다. Ne가 주기능인 사람이라면 Si는 열등기능이 된다. 이렇게 열등기능을 의식적으로 써야 하는 업무를 지속적으로 하다가 MBTI 검사를 받게 되면 자신의 원래 성격과 다른 결과가 나올 수 있다.

따라서 MBTI 검사를 받은 이후에도 자신의 유형이 헷갈린다면 유형역동을 통해 자신의 유형을 확인해보는 것이 좋다. 가장 좋은 방법은

MBTI 워크숍에 참석해서 같은 유형들과 대화를 나눠보는 것이다. MBTI는 실제 인간관계에 적용되었을 때 가장 정확하게 이해될 수 있기 때문이다(MBTI를 글로만 접하게 되면 잘못 이해되는 부분이 생길 수밖에 없다). 같은 유형의 사람들과의 대화를 통해 주기능이 분명하게 인식되면 자신의 성격유형에 대한 확신이 생길 것이다.

두 가지 질문에 대한 대답

이제 앞에서 언급했던 두 가지 질문을 다시 살펴보고 답을 정리해보자.

"이 유형인 것도 같고, 저 유형인 것도 같아요. 각각의 특징들이 어느 정도씩 섞여 있는 것 같습니다. 어떻게 제 유형을 분명하게 찾을 수 있을까요?"
"성격유형이 변한 것 같은데, 그럴 수도 있나요?"

성격유형은 변하지 않는다. 심리구조의 기본적 틀은 변하지 않기 때문이다. 하지만 그 심리구조 안에서 끊임없는 역동이 일어난다. 그래서 종종 자신의 성격유형이 변한 것 같기도 하고 이 유형, 저 유형의 특징들이 섞여 있는 것처럼 느껴지기도 하는 것이다. 그러나 **'유형역동으로 인한 변화'와 '선천적인 성격유형'은 명확히 구분되어야 한다.**

이제 우리는 유형역동을 활용할 준비가 되었다. Part 2에서 학습한 내용을 바탕으로 Part 3에서는 유형역동의 원리가 실제 삶의 영역에 어떻게 적용될 수 있는지 살펴보려 한다.

활용을 위한 Key Point　　**이것만은 꼭 기억하자!**

\# 우리 안의 4가지 심리기능(영웅, 부모, 소년·소녀, 수치스러운 나)이 위계를 바탕으로 서로 상호작용하고 있다.

\# 이 4가지 위계의 '기본적 틀'은 변하지 않는다.

- MBTI에서 '성격이 변하지 않는다'는 의미는 주기능, 부기능, 3차기능, 열등기능의 기본적인 심리구조가 바뀌지 않는다는 것을 의미한다.

\# 이 기본적인 틀 안에서 심리기능 간의 역동과 관계는 계속 변화한다. 성격유형은 고정되어 있지 않고 살아 있는 생명체와 같이 계속 움직인다.

성격유형에 맞는 자기 계발 원리: 유형역동 활용하기

Part 3에서는 Part 2에서 학습한
'심리구조'를 바탕으로 스트레스, 커뮤니케이션,
커리어 등의 영역에 적용해본다.
심리구조를 이해한 상태에서 성격유형 정보들을
활용하면 보다 전략적인 접근이 가능해진다.
각각의 심리기능들이 어떤 패턴으로 움직이는지가
더 분명하게 보이기 때문이다.

Chapter 11

유형역동의 활용(1): 스트레스

혹시 호기심에 바로 본 챕터부터 펼쳐보았다면 다시 앞으로 돌아갈 것을 권한다. Part 1~2의 내용을 제대로 이해하지 않은 상태에서 Part 3을 읽으면 큰 도움이 되지 않을 것이기 때문이다. 일단 용어 자체가 잘 이해되지 않을 가능성이 높다. 가급적이면 Part 1, 2의 기본적인 개념들을 충분히 이해한 상태에서 Part 3을 읽기 바란다.

Part 3에서 다룰 내용

Part 2에서는 '유형역동의 기본 원리'를 중점적으로 다루었다. 지금부터는 유형역동의 원리를 '실제 삶의 영역에서 어떻게 활용할 수 있는지'에 대해 살펴보려고 한다. Part 3에서는 스트레스, 커뮤니케이션, 커리어라는 3가지 대표적인 삶의 영역에서 유형역동을 활용하는 방법을 간략히 정리해보도록 하겠다.

유형역동을 활용하면 '자신의 유형에 맞는 자기 계발'이 가능해진다. 모든 사람에게 획일적으로 적용되는 자기 계발 방법은 존재하지 않는다. 당신에게는 당신에게 맞는 방식이 있다. '유형역동'은 이에 대해 매우 유용한 정보를 제공해준다.

Part 3을 효과적으로 읽는 방법

유형역동의 원리를 자기 계발에 적용하려면 대상자의 이야기를 듣는 과정이 필요하다. 같은 유형이라도 처한 상황과 유형발달 정도가 다르기 때문이다. 그러나 안타깝게도 우리는 책을 통해서만 상호작용하고 있으므로 필자는 당신이 처한 상황에 대해 들을 방법이 없다. 따라서 당신 스스로 Part 3의 내용을 토대로 적용점을 찾아야 한다. 이 점을 염두에 두고 효과적인 방법 3가지를 제시하겠다.

첫째, '심리구조'를 인식하고 유형 정보를 확인하기 바란다. 단순히 겉으로 드러난 행동요령만 읽는 것과 그것의 메커니즘을 이해하고 읽는 것은 완전히 다른 이해로 이어질 가능성이 크다. **Part 3의 핵심 포인트는 심리구조를 활용하는 것이다.** 심리구조를 인식하지 않은 상태에서 유형 설명을 읽으면, 적혀 있는 내용들이 대체적으로 비슷해 보일 수 있다(만약 그렇다면 당신은 Part 2에서 학습한 내용을 전혀 활용하지 못하고 있는 것이다). 그러나 심리구조를 인식하고 읽으면 그 세부적인 뉘앙스를 파악할 수 있다. 따라서 각각의 패턴이 어떤 심리구조에서 기인된 것인지를 인식하면서 읽기 바란다.

둘째, 실제 상황과 인물들을 떠올리면서 읽기 바란다. MBTI는 실제 상황 안에서 적용됐을 때 진가를 발휘한다. 예를 들어 스트레스 파트를 읽는다면 실세로 스트레스가 극심했을 때를 떠올리면서 읽어보라. 커뮤니케이션 파트를 읽는다면 실제 경험과 관련 인물을 떠올리면서 읽어보라. 그러다 보면 자연스레 이해도가 상승할 것이다. 그리고 어떤 부분을 활용해야 할지 조금 더 감이 올 것이다.

셋째, 상호작용을 통해 적용 포인트를 찾아보기 바란다. 당신 주변에 MBTI에 관심이 많은 사람이 있다면, 그 사람과 대화하면서 내용을 적용해보기 바란다. 각각의 기능이 실제 삶에서 어떻게 움직이는지 타인에게 적용해보면 MBTI가 살아 움직이는 것을 경험할 수 있다. 그러니 가능하다면 실제 인물과의 상호작용을 통해서 유형역동의 패턴을 확인해보기 바란다.

첫 번째 주제: 스트레스

유형역동의 원리를 활용해볼 첫 번째 주제는 스트레스다. 필자가 스트레스를 첫 번째 주제로 선정한 이유는 모든 사람들에게 보편적으로 적용될 수 있는 주제이기 때문이다. 아울러 주기능과 열등기능의 활동을 가장 분명하게 확인할 수 있다는 이유에서다. 이번 챕터에서는 자신이 '스트레스 상황에서 어떻게 반응하는지', '스트레스를 효과적으로 다루기 위해 어떤 행동이 도움이 되는지'에 대해 성격유형의 관점에서 살펴보고자 한다. 이러한 이해가 생기면 자신의 반응을 객관적으로 정리하는 데 큰 도움이 된다.

지금부터는 기본적인 용어나 개념에 대해서는 다시금 설명하지 않을 예정이다. 따라서 기본 용어들이 익숙하지 않다면 Part 2의 각 챕터 말미에 있는 '활용을 위한 Key Point'를 다시금 읽고 오기 바란다. 적어도 자신의 성격유형과 관련된 내용만큼은 정확히 알고 있어야 적용 포인트를 잡을 수 있다.

적용 프로세스 3단계(스트레스)

스트레스 상황에서 유형역동의 원리를 적용하여 얻을 수 있는 유익은 크게 세 가지다. 첫째, 스트레스를 받았을 때 내면적 변화가 일어나는 과정을 '패턴화'해서 이해할 수 있다. 유형역동의 렌즈로 바라보면 스트레스 상황에서 두서없이 올라오는 충동적 반응들이 사실은 특정한 '패턴'에 따른 것임을 알게 된다. 둘째, 스트레스 상황에서 균형을 회복하는 방법을 알 수 있다. 즉, 자신의 성격유형에 따른 '맞춤식 회복 방법'에 대해 이해할 수 있다. 셋째, 스트레스 경험을 통해 새로운 깨달음과 통찰을 얻을 수 있다. 유형역동을 활용하면 고통스러운 경험을 적절히 활용하여 내적으로 성장하는 원리를 이해할 수 있다.

이러한 과정을 적용 프로세스 3단계로 정리했다. 먼저 이 3단계를 이해한 다음 자신의 유형 부분을 읽어보면 된다. 1단계는 스트레스 상황에서의 '심리 변화 패턴'에 대한 부분이고, 2단계는 '균형을 회복하는 방법', 3단계는 '새로운 깨달음과 통찰'을 다루고 있다. 먼저 다음의 그림을 살펴보자.

적용 프로세스 3단계(스트레스)

〈심리 변화 패턴〉　　　　　〈균형을 회복하는 방법〉　　　　　〈새로운 깨달음과 통찰〉

1) 주기능의 남용(일방향성)　　　　　부기능의 사용　　　　　유형역동의 변화(내적성장)
2) 열등기능의 표출

① 1단계: 스트레스 상황에서의 심리 변화 패턴

앞서 언급했던 것처럼, 스트레스 상황에서 우리 안에 있는 심리기능들은 특정한 패턴으로 움직인다. 먼저 '주기능'의 남용이 발생하고, 스트레스가 더 심해지면 '열등기능'이 표출된다. 아래의 그림을 보면서 스트레스 상황에서의 '심리 변화 패턴'을 파악해보자.

스트레스 상황에서의 '심리 변화 패턴'

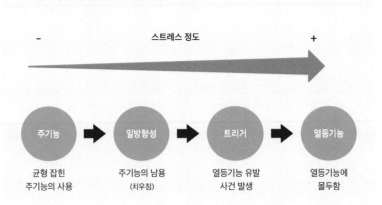

출처: 한국MBTI연구소 적용프로그램 「성격유형과 스트레스」 교재 참고

- 주기능의 남용(일방향성)

스트레스가 발생하면 평소 균형 잡혀 있던 주기능이 남용되기 시작한다. 이를 일방향성(one-sidedness)이라 한다. 매우 예민해져서 자신의 강점을 과도하게 사용하는 '영웅'의 모습을 떠올리면 된다.

예를 들어 평소 균형 잡힌 논리적 사고를 하던 '영웅(주기능)'이 스트레스를 받고 지나치게 '과도한 비판'을 하는 상황 등이다.

- 열등기능의 표출

일방향성의 상태에서 스트레스의 강도가 더 극심해지는 사건이 발생하면 무의식에 숨어 있던 열등기능이 그 모습을 드러낸다. **열등기능이 표출되기 직전에 발생하는 사건을 트리거(Trigger)라고 한다.** 트리거(Trigger)의 사전적 의미는 '방아쇠가 당겨지다', '폭발하다'이다. 스트레스가 지속되어 한참 예민해져 있을 때 누군가 감정을 건드리는 말을 했다고 생각해보라. 그때 '빵' 하고 열등기능이 터져나오는 것이다. 이런 상태를 열등기능에 '사로잡혔다', '속박되었다'라고 표현하기도 한다. 이때 우리는 열등기능에 몰두하여 평소와는 매우 다른 모습을 보인다('내가 왜 이러지?', '뭔가에 홀렸나?', '나답지 않아', '정신 차리자'와 같은 반응).

② 2단계: 균형을 회복하는 방법 - 부기능의 사용

스트레스를 다루는 데 가장 효과적인 방법은 부기능을 사용하는 것이다. 스트레스 상황에서 부기능을 사용하면 심리적 균형을 회복하는 데 많은 도움이 된다(물론 성격유형과 상관없이 기본적으로 스트레스 해소에 도움이 되는 행동들이 있다. 여기서는 성격유형의 차원에서 스트레스 해소에 도움이 되는 행동만을 다루고 있음을 분명히 하자).

주기능이 마음속의 '영웅'이라면 부기능은 영웅을 보완하는 '부모' 역할을 한다는 것을 기억할 것이다. 영웅이 한쪽으로 치우쳐서 주기능을 과도히 사용하거나(일방향성), 스트레스가 극심해져서 '수치스러운 나(열등기능)'에게 속박되어 있을 때 '부모'가 개입해서 상황을 극복하도록 도울 수 있다. 마치 삶의 여러 어려움들로 지쳐 있을 때 부모의 따뜻한 위로와 격려가 나를 일으키는 모습을 생각해보면 이해가 쉬울 것이다. 스트레스 상황에서는 부기능의 역할이 보다 중요해진다.

③ 3단계: 새로운 깨달음과 통찰(유형역동의 변화 - 내적성장)

주기능을 남용하거나 열등기능에 사로잡힌다는 것은 그만큼 '시야가 좁아진다'는 것을 의미한다. 특히 열등기능이 표출되는 상황에서 우리는 평소와는 매우 다른 관점으로 상황을 해석한다. 마치 자신의 내면에 있는 어린아이에게 주도권을 빼앗긴 듯한 반응을 보인다(열등기능은 마음속의 심리기능 중 가장 덜 의식적이고 덜 발달된 기능이다). 자신의 좁은 시야에 갇혀서 짜증과 분노를 표출하는 어린아이를 떠올려보라. 극심한 스트레스 상황에서 우리는 무의식 깊은 곳에 숨어 있던 '수치스러운 나'를 만나게 된다. 앞서 언급했듯이 이러한 경험이 강렬할수록 '내가 왜 이러지?', '뭔가에 홀렸나?', '나답지 않아', '정신 차리자'와 같이 당혹스러운 반응을 보이게 된다. 열등기능은 주기능의 정반대이기 때문에 이러한 당혹감은 어찌 보면 매우 당연한 것이다.

그러나 이러한 경험은 새로운 통찰로 이어지기도 한다. 자신 안에 있는 '또 다른 나'를 마주하게 되기 때문이다. 보통 열등기능의 부정적 분출은 너무 고통스러워서 사람들은 이를 잊기 위해 최선을 다한다. 그러나 유형역동의 측면에서 보면, 자신의 삶 속에서 무시되어 왔던 중요한 정보를 얻는 계기가 될 수도 있다.

이제 이러한 3단계의 적용 프로세스를 당신의 유형에 적용해볼 차례다. 자신의 유형에 적용하기에 앞서 '적용 프로세스 3단계'의 과정을 그림을 통해 다시금 정리해보기 바란다.

적용 프로세스 3단계(스트레스)

1단계 → 2단계 → 3단계

〈심리 변화 패턴〉
1) 주기능의 남용(일방향성)
2) 열등기능의 표출

〈균형을 회복하는 방법〉
부기능의 사용

〈새로운 깨달음과 통찰〉
유형역동의 변화(내적성장)

16가지 유형에 적용

16가지 유형 역시 위의 3단계에 따라 정리해놓았다. 자신의 성격유형을 포함해 자신이 궁금한 유형의 정보를 위주로 읽어보면 된다. 앞서 언급했듯이, 이번 챕터의 내용을 가장 효과적으로 활용하는 방법은 실제로 극심한 스트레스를 받았던 사건을 떠올려보면서 각 단계에 대입해보는 것이다. 자, 그럼 시작해보자.

Te(외향적 사고): ESTJ & ENTJ

가장 먼저 살펴볼 유형은 Te(외향적 사고)를 주기능으로 쓰는 ESTJ와 ENTJ다. 두 유형의 심리구조는 다음과 같다.

ESTJ = Te Si N Fi / ENTJ = Te Ni S Fi

두 유형은 주기능과 열등기능이 같고 부기능과 3차기능은 다르다. 스트레스 상황에서는 주기능의 남용(일방향성), 열등기능의 표출이라는 심리적 흐름이 발생하기 때문에 두 유형이 스트레스 상황에서 보이는 기본적 구조는 같다(물론 세부적인 반응에서는 차이가 있다). 다만 부기능이 다르기 때문에 스트레스 상황에서 벗어나기 위한 방법에서는 차이가 난다. 자, 그럼 스트레스 상황에서의 심리적 흐름과 패턴에 대해 살펴보자.

① 1단계: 스트레스 상황에서의 심리 변화 패턴

- 주기능의 남용(일방향성)
Te는 '논리를 외부로 쓰는 심리기능'이다. Te를 주기능으로 쓰는 ESTJ와 ENTJ는 논리를 외부로 사용하여 당면한 문제를 도전적이고 전략적으로 해결하는 데 능력을 발휘한다. 평소에 균형 잡힌 상태일 때 이들은 매우 이성적이며, 논리와 분석을 기반으로 상황을 해석한다. 어려움 속에서도 냉철하게 상황을 판단하고 목표를 제시한다. 균형 잡힌 상태에서 능력을 발휘하는 마음속 '영웅'의 모습을 떠올리면 된다.

그러다가 스트레스가 발생하면 평소 균형 잡혀 있던 주기능이 남용되기 시작한다. 즉, 일방향성(one-sidedness)이 일어난다. 논리와 분석이 지나치게 사용되면서 '과도한 비판'이 시작된다. 이때 마음속의 '영웅'은 냉담하고 차가운 모습을 띤다. 사람과 사건에 대해 단정적이고 부정적으로 판단한다. 일방향성의 상황에서는 시야가 좁아지기 때문에 다른 사람들의 이야기가 잘 들어오지 않는다. 오로지 자신의 논리와 판단만이 옳은 것처럼 여기고 자기주장이 지나치게 강해진다. 인내심도 매우 부족해져서 옳지 않다고 판단되는 사람과 상황에 대해 거침없이 비판을 쏟아낸다. 매우 예민한 상태에서 자신의 강점을 과도하게 사용하는 '영웅'을 떠올려보면 더 느낌이 올 것이다.

- 열등기능의 표출

일방향성의 상태에서 스트레스의 강도가 더 극심해지는 사건(트리거)이 발생하면 무의식에 내새되어 있던 열등기능이 그 모습을 드러낸다. 스트레스가 지속되어 한참 예민해져 있을 때 감정을 건드리는 사건이 발생하면서 '빵' 하고 열등기능이 터져나오는 것이다.

주기능과 열등기능은 정반대이기 때문에 Te를 주기능으로 쓰는 유형의 열등기능은 Fi(내향적 감정)가 된다. Fi는 '감정을 내부로 쓰는 심리기능'이다. Fi를 주기능으로 쓰는 사람들은 존중, 배려와 같은 '인간적 가치를 중심으로 따뜻하게 배려를 잘한다. Fi는 논리가 아닌 가슴으로 상대빙을 배려하고 공감하는 기능이다.

그러나 열등기능은 마음속의 심리기능 중 가장 덜 의식적이고 덜 발달된 기능이다. Fi(내향적 감정)가 열등기능으로서 표출될 때는 유치한 어린아이처럼 나타난다. 자신의 좁은 시야에 갇혀서 짜증과 분노를 표출하는 어린아이가 등장하는 것이다. 극심한 스트레스 상황에서 Fi가 폭주하면서 강렬한 감정이 폭발한다. 평소 논리적이고 이성적인 ESTJ와 ENTJ지만, 열등기능에 사로잡힌 상태가 되었을 때는 전혀 다른 사람이 된다. 마치 뭔가에 홀린 사람처럼 매우 감정적인 반응을 보이는 것이다. 이러한 상태에서 이들은 매우 상처받기 쉬운 사람이 된다. 후회, 외로움, 인정받지 못했다는 자괴감 등의 감정이 내면을 뒤덮으면서 과민한 반응을 보인다.

② 2단계: 균형을 회복하는 방법 - 부기능의 사용

스트레스를 다루는 데 가장 효과적인 방법은 부기능을 사용하는 것이다. 부기능은 주기능을 보완하는 마음속의 '부모'와 같은 역할을 하기 때문이다. 스트레스 상황에서 부기능을 사용하면 심리적 균형을 회복하는 데 많은 도움이 된다.

ESTJ와 ENTJ는 같은 주기능 Te와 열등기능 Fi를 쓰지만, 부기능은 서로 다르다. 따라서 이들이 스트레스를 극복해가는 과정은 다르다. 먼저 ESTJ를 살펴보자.

- ESTJ = Te Si N Fi

ESTJ의 부기능은 Si(내향적 감각)이다. Si는 '감각을 내부로 쓰는 심리기능'이다. 즉 현실적이고 세부적인 정보를 토대로 현재 상황을 평가하고 점검하는 데 강점을 가진 기능이다. 극심한 스트레스 상황에서 꼼꼼하고 현실적인 Si가 내면의 균형을 회복하도록 도움을 줄 수 있다.

평소 매우 외향적이고 진취적인 ESTJ지만, '부모(부기능)'의 소리에 귀를 기울이고 '내향적인 행동'을 할 때 심리적인 안정감을 어느 정도 회복하게 된다. 예를 들어 조용히 혼자만의 장소에서 눈앞에 펼쳐지고 있는 사실들을 시간 순서에 따라 하나하나 정리해본다거나 신뢰하는 사람과 자신의 어려움에 대해 사실적인 정보를 토대로 대화를 나눠보는 것이다. 물론 이때는 Si를 써야 하기 때문에 말하기보다는 경청하는 쪽에 무게를 두는 것이 좋다(Si는 내향적인 기능이기 때문이다). 혼자만의 시간을 가지면서 일기를 써보는 것도 도움이 된다.

현실적 정보들을 차분하게 돌아보는 Si의 이야기에 귀를 기울이면서 사실들을 하나하나 따져보다 보면 상황에 대한 시야가 넓어지게 된다. 그러면서 감정적인 과몰입 상태에서 서서히 벗어나게 된다.

- ENTJ = Te Ni S Fi

ENTJ의 부기능은 Ni(내향적 직관)이다. Ni는 '직관을 내부로 쓰는 심리기능'이다. 이면에 깔려 있는 내재적 의미와 패턴을 잘 파악하며 직관적인 통찰력이 장점인 기능이다. 극심한 스트레스 상황에서 '부모' 역할을 하는 Ni의 이야기에 귀를 기울이면 내면의 균형을 회복하는 데 도움을 얻을 수 있다.

Ni를 활용할 수 있는 활동에는 어떤 것들이 있을까? 우선 자신이 감명 깊게 읽었던 책이나 글을 읽으면서 자신의 내적인 비전을 다시금 정리해볼 수 있을 것이다. 또한 좋아하는 음악을 들으면서 조용히 명상을 하거나 비전과 관련된 사안에 대해 신뢰하는 사람들의 의견을 경청할 수도 있을 것이다. 평소에는 외향적이고 에너지가 넘치는 ENTJ지만, 극심한 스트레스 상황에서 '내향적인' 부기능을 사용함으로써 심리적 균형을 회복할 수 있다.

Ni를 사용하여 이면의 의미와 패턴, 지금까지 자신이 걸어온 길 등을 하나의 큰 그림으로 돌아보면서 자연스럽게 상황에 대한 새로운 관점을 가질 수 있게 된다.

③ 3단계: 새로운 깨달음과 통찰(유형역동의 변화 - 내적성장)

극심한 스트레스 상황을 통해 열등기능인 Fi를 경험하고 나면, 그동안 자신의 내면에서 무시되거나 간과되었던 중요한 정보들을 얻을 수 있다. 먼저 모든 상황이 꼭 논리에 따라 이루어지는 것은 아니라는 사실을 받아들이게 된다. 아울러 Te를 주기능으로 사용하면서 항상 논리적인 것에만 집중하던 것에서 '친밀한 관계의 중요성' 역시 새로이 인식하게 된다. 자신 역시 감정을 가진 인간임을 깨닫고 한계를 인정하는 모습을 보이기도 한다. 자신의 삶 속에서 '불합리한' 상황과 사람들도 존재할 수 있음을 받아들이고 좀 더 유연한 관점을 갖게 되는 것이다.

유형역동의 관점에서 보면 주기능, 부기능, 3차기능, 열등기능의 '기본 구조'는 변하지 않지만, 이런 과정을 통해 네 가지 심리기능 간의 '관계 맺는 방식'에 변화가 찾아온다. 보다 '유연한' 유형역동이 일어나는 것이다. 그에 대한 결과로 상황을 바라보는 시야가 넓어진다. 아울러 인간의 내면에 대한 이해가 깊어지면서 인간관계에서도 한층 더 성숙한 반응을 보이게 된다.

Fi(내향적 감정): ISFP & INFP

Fi(내향적 감정)를 주기능으로 쓰는 유형은 ISFP와 INFP다. 두 유형의 심리구조를 먼저 살펴보자.

ISFP = Fi Se N Te / INFP = Fi Ne S Te

두 유형은 주기능과 열등기능이 같고 부기능과 3차기능은 다르다. 스트레스 상황에서는 주기능의 남용(일방향성), 열등기능의 표출이라는 심리적 흐름이 발생하기 때문에 두 유형이 스트레스 상황에서 보이는 기본적 구조는 같다(물론 세부적인 반응에서는 차이가 있다). 다만 부기능이 다르기 때문에 스트레스 상황에서 벗어나기 위한 방법에서는 차이가 난다. 자, 그럼 스트레스 상황에서의 심리적 흐름과 패턴에 대해 살펴보자.

① 1단계: 스트레스 상황에서의 심리 변화 패턴

- 주기능의 남용(일방향성)

Fi는 '감정을 내부로 쓰는 심리기능'이다. Fi를 주기능으로 쓰는 ISFP와 INFP는 기본적으로 매우 따뜻한 사람들이다. 평소에 균형 잡힌 상태일 때 이들은 부드럽고 차분하며 상대방에 대한 감정이입을 잘한다. 함께 일하는 사람들의 감정을 매우 중요시하기 때문에 감정적인 배려에 초점을 둔다. Fi가 마음속의 '영웅'으로 활동하면서 유연하고 겸손하며 이해심이 많은 모습을 보인다.

그러다가 스트레스가 발생하면 평소 균형 잡혀 있던 주기능이 남용되기 시작한다. 즉, 일방향성(one-sidedness)이 일어난다. 마음속의 '영웅'이 매우 예민해져서 자신의 강점을 지나치게 사용하기 시작하는 것이다. 평소에도 조용한 ISFP와 INFP지만, 스트레스 상황에서는 더 말이 없어지며 불편한 상황을 회피하려 든다. 특히 갈등을 야기할 수 있는 행동은 아예 뒤로 미루려고 한다. 감정적으로 더 움츠러들면서 몸에도 이상을 느끼기 시작한다. 사소한 일에도 매우 예민한 반응을 보인다.

- 열등기능의 표출

일방향성의 상태에서 스트레스의 강도가 더 극심해지는 사건(트리거)이 발생하면 무의식에 내재되어 있던 열등기능이 그 모습을 드러낸다. 스트레스가 지속되어 한참 예민해져 있을 때 감정을 건드리는 사건이 발생하면서 '빵' 하고 열등기능이 터져나오는 것이다.

주기능과 열등기능은 정반대이기 때문에 Fi를 주기능으로 쓰는 유형의 열등기능은 Te(외향적 사고)가 된다. Te는 '논리를 외부로 쓰는 심리기능'이다. Te를 주기능으로 쓰는 사람들은 자신의 논리를 중심으로 당면한 문제를 도전적이고 전략적으로 해결하는 데 능력을 발휘한다. Te는 냉철하고 이성적이며, 논리와 분석을 기반으로 상황을 해석하는 심리기능이다.

그러나 열등기능은 우리 마음속의 심리기능 중 가장 덜 의식적이고 덜 발달된 기능이다. Te(외향적 사고)가 열등기능으로서 표출될 때는 유치한 어린아이처럼 나타난다. 자신의 좁은 시야에 갇혀서 짜증과 분노를 표출하는 어린아이가 등장하는 것이다. 극심한 스트레스 상황에서 Te가 폭주하면서 공격적인 비평이 폭발한다.

평소 따뜻하고 인간적인 ISFP와 INFP지만, 열등기능에 사로잡힌 상태가 되었을 때는 전혀 다른 사람이 된다. 마치 뭔가에 홀린 사람처럼 매우 비판적인 사람이 되는 것이다. 이러한 상태에서 이들은 자신과 다른 사람들이 매우 무능력하다고 생각한다. '왜곡된 사고기능'이 모든 것이 불가능하다는 판단을 내리기 때문이다. 그리고 무모한 행동이 이어진다. 예를 들어 상황에 맞지 않는 충동적인 지시로 상황을 통제하려한다. 열등기능에 사로잡혀 자신의 실수나 무능력함을 바로잡기 위해 어떤 행동을 취하고 싶은 충동을 느끼기 때문이다. 주기능이 Te(외향적 사고)인 사람들은 논리적 판단을 적절히 활용하여 과감한 행동을 취하지만, 열등기능으로 폭주하는 Te는 무모하게 행동함으로써 종종 문제를 더 악화시킨다. 평소에 조용하고 차분하던 사람이 뭔가를 해야 한다는 압박감과 충동 속에서 올바른 판단을 내리기는 어렵기 때문이다.

② 2단계: 균형을 회복하는 방법 - 부기능의 사용

스트레스를 다루는 데 가장 효과적인 방법은 부기능을 사용하는 것이다. 부기능은 주기능을 보완하는 마음속의 '부모'와 같은 역할을 하기 때문이다. 스트레스 상황에서 부기능을 사용하면 심리적 균형을 회복하는 데 많은 도움이 된다.

ISFP와 INFP는 같은 주기능 Fi와 열등기능 Te를 쓰지만, 부기능은 서로 다르다. 따라서 이들이 스트레스를 극복해가는 과정은 다르다. 먼저 ISFP를 살펴보자.

- ISFP = Fi Se N Te

ISFP의 부기능은 Se(외향적 감각)이다. Se는 '감각을 외부로 쓰는 심리기능'이다. Se는 현재에 초점을 두고 다양한 경험을 통해 즐거움을 추구하는 기능이다. 'Here and Now'를 외치면서 감각적 경험을 즐기는 사람의 모습을 떠올리면 된다. 극심한 스트레스 상황에서 활동적이고 감각을 추구하는 Se가 내면의 균형을 회복하는 데 도움을 줄 수 있다.

ISFP는 평소 매우 조용하고 차분한 사람이다. 그러나 스트레스 상황에서는 외향적인 Se의 활동적인 행동을 함으로써 심리적인 안정감을 어느 정도 회복하게 된다. 예를 들어 쇼핑, 영화감상, 운동 등 다양한 외부활동을 시도할 수 있다. 또한 현재의 순간을 만끽할 수 있는 여행을 하거나 좋아하는 사람들과 맛있는 음식을 함께 먹는 것도 도움이 된다. 중요한 것은 현재에 초점을 두고 감각적인 즐거움을 느낄 수 있는 활동을 하는 것이다.

감각적인 즐거움을 추구하는 Se의 활동성을 활용하여 현재 경험에 집중하다 보면 어느 정도 감정적인 회복이 이루어진다. 그러면서 서서히 좁아진 시야가 넓어지기 시작한다. 열등기능에 속박된 상태로부터 조금씩 벗어나게 되는 것이다.

- INFP = Fi Ne S Te

INFP의 부기능은 Ne(외향적 직관)이다. Ne는 '직관을 외부로 쓰는 심리기능'이다. Ne의 별명은 '브레인스토머'다. 열린 사고방식으로 새로운 아이디어를 잘 떠올리기 때문이다. 또한 미래의 가능성에 초점을 두고 비전을 그리는 데 능숙하다. 극심한 스트레스 상황에서 '부모' 역할을 하는 Ne에게 귀를 기울임으로써 스트레스 해소에 도움을 얻을 수 있다.

평소 차분하고 조용한 INFP지만, 스트레스 상황에서는 외향적인 Ne의 활동성에 집중하는 것이 필요하다. 예를 들어 평소에 하지 않았던 새로운 활동을 하거나 새로운 장소에 방문해보는 것이 도움이 된다. 신뢰하는 사람들과 브레인스토밍을 하듯이 새로운 아이디어를 나누면서 관점을 확장해보는 것도 좋다. 중요한 것은 미래 가능성에 초점을 두고 새로운 가능성과 비전을 느낄 수 있는 활동을 하는 것이다.

그러다 보면 감정적인 회복이 어느 정도 이루어지면서 좁아진 시야가 넓어지기 시작한다. 상황에 대한 새로운 관점이 들어오면서 열등기능에 사로잡힌 상태로부터 조금씩 벗어나게 된다.

③ 3단계: 새로운 깨달음과 통찰(유형역동의 변화 - 내적성장)

극심한 스트레스 상황을 통해 열등기능인 Te를 경험하고 나면, 그동안 자신의 내면에서 무시되거나 간과되었던 중요한 정보들을 얻을 수 있다. Fi를 주기능으로 사용하면서 '사람에 대한 배려와 공감에만 집중하던 것'에서 '성취하고 이기고자 하는 욕구'에 대해서도 어느 정도 인정하고 받아들이게 된다. 성취욕구, 경쟁, 힘과 통제력 등은 공감과 배려를 추구하는 Fi가 거부하고 부인하는 것들이다. 그러나 열등기능 경험이후 이러한 측면 역시 유연하게 바라보고 삶의 일부로 수용하게 된다. 그러면서 자신만의 고유한 능력에 대해 좀 더 객관적인 시각을 갖게 된다. 아울러 이상적인 관점을 현실적인 목표로 조절할 수 있게 된다.

유형역동의 관점에서 보면 주기능, 부기능, 3차기능, 열등기능의 '기본구조'는 변하지 않지만, 이런 과정을 통해 네 가지 심리기능 간의 '관계 맺는 방식'에 변화가 찾아온다. 보다 '유연한' 유형역동이 일어나는 것이다. 그에 대한 결과로 상황을 바라보는 시야가 넓어진다. 아울러 인간의 내면에 대한 이해가 깊어지면서 인간관계에서도 한층 더 성숙한 반응을 보이게 된다.

Ti(내향적 사고): ISTP & INTP

Ti(내향적 사고)를 주기능으로 쓰는 유형은 ISTP와 INTP다. 두 유형의 심리구조는 다음과 같다.

ISTP = Ti Se N Fe / INTP = Ti Ne S Fe

두 유형은 주기능과 열등기능이 같고 부기능과 3차기능은 다르다. 스트레스 상황에서는 주기능의 남용(일방향성), 열등기능의 표출이라는 심리적 흐름이 발생하기 때문에 두 유형이 스트레스 상황에서 보이는 기본적 구조는 같다(물론 세부적인 반응에서는 차이가 있다). 다만 부기능이 다르기 때문에 스트레스 상황에서 벗어나기 위한 방법에서는 차이가 난다. 자, 그럼 스트레스 상황에서의 심리적 흐름과 패턴에 대해 살펴보자.

① 1단계: 스트레스 상황에서의 심리 변화 패턴

- 주기능의 남용(일방향성)

Ti는 '논리를 내부로 쓰는 심리기능'이다. 자신만의 논리체계를 근거로 상황을 분석하는 데 초점을 둔다. ISTP와 INTP가 '심사숙고하는 관찰자 이미지'를 가지고 있는 것은 Ti가 주기능으로 활동하고 있기 때문이다. 따라서 평소 균형 잡힌 상태에서 이들은 상황으로부터 자신을 분리하여 객관적으로 분석한다. 감정에 흔들리지 않고 원인 그 자체를 객관적으로 분석하는 것은 이들의 대표적인 강점이다. 논리적인 관찰자로서 능력을 발휘하고 있는 '영웅'의 모습을 떠올리면 된다.

그러다가 스트레스가 발생하면 평소 균형 잡혀 있던 주기능이 남용되기 시작한다. 즉, 일방향성(one-sidedness)이 일어난다. 이때 마음속의 '영웅'은 매우 예민해져서 자신만의 논리에 과도하게 몰입한다. 시야가 좁아지면서 자신의 논리만을 수용하는 상태가 된다. 이러한 상태에서는 객관적인 비평이 아닌 '지적인 싸움'이 벌어질 수 있다. 평소에도 조용하고 사람들에게 관심이 적은 ISTP와 INTP지만, 일방향성이 발생되면 훨씬 더 '사람'과 '감정'에 무감각해진다. 말이 더 없어지고 상황을 회피한다. 한마디로 완전히 고립된다.

- 열등기능의 표출

일방향성의 상태에서 스트레스의 강도가 더 극심해지는 사건(트리거)이 발생하면 무의식에 내재되어 있던 열등기능이 그 모습을 드러낸다. 스트레스가 지속되어 한참 예민해져 있을 때 감정을 건드리는 사건이 발생하면서 '빵' 하고 열등기능이 터져나오는 것이다.

주기능과 열등기능은 정반대이기 때문에 Ti를 주기능으로 쓰는 유형의 열등기능은 Fe(외향적 감정)가 된다. Fe는 '감정을 외부로 쓰는 심리기능'이다. Fe의 별명은 '친절한 가이드(The Guide)'이다. 적극적으로 나서서 누군가에게 친절을 베풀려고 하기 때문이다. Fe는 상대방의 감정을 공감할 뿐 아니라 적극적으로 상호작용하려 한다.

그러나 열등기능은 우리 마음속의 심리기능 중 가장 덜 의식적이고 덜 발달된 기능이다. Fe(외향적 감정)가 열등기능으로서 표출될 때는 유치한 어린아이처럼 나타난다. 자신의 좁은 시야에 갇혀서 짜증과 분노를 표출하는 어린아이가 등장하는 것이다. 극심한 스트레스 상황에서 Fe가 폭주하면서 강렬한 감정이 폭발한다. ISTP와 INTP는 평소 논리적이고 이성적인 사람이지만, 열등기능에 사로잡힌 상태가 되었을 때는 전혀 다른 사람이 된다. 마치 뭔가에 홀린 사람처럼 매우 감정적인 반응을 보이는 것이다. 이러한 상태에서 이들은 매우 상처받기 쉬운 사람이 된다. 다른 사람들이 자신을 좋아하지 않고 인정하지도 않는다고 느낀다. 즉, 인간관계에 대해 과민한 반응을 보인다. 예를 들어 누군가 사무실에 들어오면서 무심코 인사를 하지 않았다면 그러한 행동을 자신을 싫어하는 명백한 증거라고 간주한다. 열등기능에 속박되어 자기연민, 심약함, 감상적인 반응 등 평소에는 익숙하지 않았던 감정적 반응을 경험하게 된다. 또한 건망증이 생겨서 물건을 잘 잃어버리며, 체계적이지 못한 모습을 보인다.

② 2단계: 균형을 회복하는 방법 - 부기능의 사용

스트레스를 다루는 데 가장 효과적인 방법은 부기능을 사용하는 것이다. 부기능은 주기능을 보완하는 마음속의 '부모'와 같은 역할을 하기 때문이다. 스트레스 상황에서 부기능을 사용하면 심리적 균형을 회복하는 데 많은 도움이 된다.

ISTP와 INTP는 같은 주기능 Ti와 열등기능 Fe를 쓰지만, 부기능은 서로 다르다. 따라서 이들이 스트레스를 극복해가는 과정은 다르다. 먼저 ISTP를 살펴보자.

- ISTP = Ti Se N Fe

ISTP의 부기능은 Se(외향적 감각)이다. Se는 '감각을 외부를 쓰는 심리기능'이다. Se는 현재에 초점을 두고 다양한 경험을 통해 즐거움을 추구하는 기능이다. 'Here and Now'를 외치면서 감각적 경험을 즐기는 사람의 모습을 떠올리면 된다. 극심한 스트레스 상황에서 활동적이고 감각을 추구하는 Se가 내면의 균형을 회복하는 데 도움을 줄 수 있다.

ISTP는 평소 매우 조용하고 관조적인 사람이다. 그러나 스트레스 상황에서는 '외향적인' Se의 활동적인 행동을 함으로써 심리적인 안정감을 어느 정도 회복하게 된다. 예를 들어 쇼핑, 영화감상, 운동 등 다양한 외부활동을 시도할 수 있다. 또한 현재의 순간을 만끽할 수 있는 여행을 하거나 좋아하는 사람들과 맛있는 음식을 함께 먹는 것도 도움이 된다. 중요한 것은 현재에 초점을 두고 감각적인 즐거움을 느낄 수 있는 활동을 하는 것이다.

감각적인 즐거움을 추구하는 Se의 활동성을 활용하여 현재 경험에 집중하다 보면 어느 정도 감정적인 회복이 이루어진다. 그러면서 서서히 좁아진 시야가 넓어지기 시작한다. 열등기능에 속박된 상태로부터 조금씩 벗어나게 되는 것이다.

- INTP = Ti Ne S Fe

INTP의 부기능은 Ne(외향적 직관)이다. Ne는 '직관을 외부로 쓰는 심리기능'이다. Ne의 별명은 '브레인스토머'다. 열린 사고방식으로 새로운 아이디어를 잘 떠올리기 때문이다. 또한 미래의 가능성에 초점을 두고 비전을 그리는 데 능숙하다. 극심한 스트레스 상황에서 '부모' 역할을 하는 Ne에게 귀를 기울임으로써 스트레스 해소에 도움을 얻을 수 있다.

평소 조용하고 관조적인 INTP지만, 스트레스 상황에서는 외향적인 Ne의 활동성에 집중하는 것이 필요하다. 예를 들어 평소에 하지 않았던 새로운 활동을 하거나 새로운 장소에 방문해보는 것이 도움이 된다.

신뢰하는 사람들과 브레인스토밍을 하듯이 새로운 아이디어를 나누면서 관점을 확장해보는 것도 좋다. 중요한 것은 미래 가능성에 초점을 두고 새로운 가능성과 비전을 느낄 수 있는 활동을 하는 것이다.

그러다 보면 감정적인 회복이 어느 정도 이루어지면서 좁아진 시야가 넓어지기 시작한다. 상황에 대한 새로운 관점이 들어오면서 열등기능에 사로잡힌 상태로부터 조금씩 벗어나게 된다.

③ 3단계: 새로운 깨달음과 통찰(유형역동의 변화 - 내적성장)

극심한 스트레스 상황을 통해 열등기능인 Fe를 경험하고 나면, 그동안 자신의 내면에서 무시되거나 간과되었던 중요한 정보들을 얻을 수 있다. Ti를 주기능으로 사용하면서 '논리적인 분석에만 집중'하던 것에서 '비논리적이고 설명이 안 되는' 새로운 인식 방법을 존중하고 인정하게 된다. 현실은 항상 논리와 이치에 따라 이루어지는 것은 아니며 인간은 지적이면서 동시에 감정적인 존재라는 것을 받아들이게 된다. 자신의 취약점 역시 보다 쉽게 인정하고 받아들인다. 또한 평소에는 좀처럼 인식하지 못했던 자기 자신의 감정을 깊이 있게 경험하게 되면서 감정을 표현하는 능력이 향상된다. 평소 정이 없고 다른 사람들에게 관심이 없다는 평을 듣는 ISTP, INTP에게 새로운 변화가 일어나는 것이다.

유형역동의 관점에서 보면 주기능, 부기능, 3차기능, 열등기능의 '기본 구조'는 변하지 않지만, 이런 과정을 통해 네 가지 심리기능 간의 '관계 맺는 방식'에 변화가 찾아온다. 보다 '유연한' 유형역동이 일어나는 것이다. 그에 대한 결과로 상황을 바라보는 시야가 넓어진다. 아울러 인간의 내면에 대한 이해가 깊어지면서 인간관계에서도 한층 더 성숙한 반응을 보이게 된다.

Fe(외향적 감정): ESFJ & ENFJ

Fe(외향적 감정)를 주기능으로 쓰는 유형은 ESFJ와 ENFJ다. 두 유형의 심리구조는 다음과 같다.

ESFJ = Fe Si N Ti / ENFJ = Fe Ni S Ti

두 유형은 주기능과 열등기능이 같고 부기능과 3차기능은 다르다. 스트레스 상황에서는 주기능의 남용(일방향성), 열등기능의 표출이라는 심리적 흐름이 발생하기 때문에 두 유형이 스트레스 상황에서 보이는 기본적 구조는 같다(물론 세부적인 반응에서는 차이가 있다). 다만 부기능이 다르기 때문에 스트레스 상황에서 벗어나기 위한 방법에서는 차이가 난다. 자, 그럼 스트레스 상황에서의 심리적 흐름과 패턴에 대해 살펴보자.

① 1단계: 스트레스 상황에서의 심리 변화 패턴

- 주기능의 남용(일방향성)
Fe는 '감정을 외부로 쓰는 심리기능'이다. Fe의 별명은 '친절한 가이드

(The Guide)'이다. 적극적으로 나서서 누군가에게 친절을 베풀려고 하기 때문이다. Fe는 상대방의 감정을 공감할 뿐 아니라 적극적으로 상호작용하려 한다. 평소에 균형 잡힌 상태일 때 이들은 긍정적이고 조화로운 분위기를 잘 형성하며 감정적 지지를 통해 사람들에게 용기를 북돋워준다. 마음속의 '영웅'인 Fe가 건강하게 호의와 열정을 발산한다.

그러다가 스트레스가 발생하면 평소 균형 잡혀 있던 주기능이 남용되기 시작한다. 즉, 일방향성(one-sidedness)이 일어난다. 다른 사람들의 감정에 과도하게 주의를 기울이고 그들이 느끼는 어려움을 해결하기 위해 지나치게 노력한다. 다른 사람들의 감정에 지나치게 몰입하여 심리적인 부담을 느끼는 것이다. 또한 주변 사람들에게 "이게 너한테 좋은 거야"라는 식으로 자신의 의견을 강요하거나 꼬치꼬치 참견하는 모습도 보인다. 표면적으로 조화로운 분위기를 유지하기 위해 근본적인 문제를 부정하기도 한다. 예를 들어 갈등을 해결하려면 직면해야 할 부정적이고 비관적인 부분이 있을 수 있는데 그러한 면을 지나치게 회피한다. 매우 예민해져서 자신의 강점을 과도하게 사용하는 '영웅'을 떠올리면 더 느낌이 올 것이다.

- 열등기능의 표출

일방향성의 상태에서 스트레스의 강도가 더 극심해지는 사건(트리거)이 발생하면 무의식에 내재되어 있던 열등기능이 그 모습을 드러낸다. 스트레스가 지속되어 한참 예민해져 있을 때 감정을 건드리는 사건이 발생하면서 '빵' 하고 열등기능이 터져나오는 것이다.

주기능과 열등기능은 정반대이기 때문에 Fe를 주기능으로 쓰는 유형의 열등기능은 Ti(내향적 사고)가 된다. Ti는 '논리를 내부로 쓰는 심리기능'이다. 자신만의 논리체계를 근거로 상황을 분석하는 데 초점을 둔다. 감정에 흔들리지 않고 원인에 대해 객관적으로 분석하는 것은 Ti의 대표적인 강점이다.

그러나 열등기능은 우리 마음속의 심리기능 중 가장 덜 의식적이고 덜 발달된 기능이다. Ti(내향적 사고)가 열등기능으로서 표출될 때는 유치한 어린아이처럼 나타난다. 자신의 좁은 시야에 갇혀서 짜증과 분노를 표출하는 어린아이가 등장하는 것이다. 극심한 스트레스 상황에서 Ti가 폭주하면서 '과도한 비평'이 폭발한다. 평소 따뜻하고 용기를 북돋워주는 ESFJ와 ENFJ지만, 열등기능에 사로잡힌 상태가 되었을 때는 전혀 다른 사람이 된다. 마치 뭔가에 홀린 사람처럼 매우 비판적인 반응을 보이는 것이다. 이러한 상태에서 이들은 과격하게 비난을 쏟아낸다. 소리치고, 문을 꽝 닫고, 심지어 잔인한 말을 하기도 한다. 또한 흑백논리로 상황을 해석한다. 몇 가지 근거를 가지고 단정적으로 상황을 분석하려 든다. 자기비판 역시 강해진다. 자신에 대해 부적절한 감정을 느끼면서 과민한 반응을 보인다.

② 2단계: 균형을 회복하는 방법 - 부기능의 사용

스트레스를 다루는 데 가장 효과적인 방법은 부기능을 사용하는 것이다. 부기능은 주기능을 보완하는 마음속의 '부모'와 같은 역할을 하기 때문이다. 스트레스 상황에서 부기능을 사용하면 심리적 균형을 회복하는 데 많은 도움이 된다.

ESFJ와 ENFJ는 같은 주기능 Fe와 열등기능 Ti를 쓰지만, 부기능은 서로 다르다. 따라서 이들이 스트레스를 극복해가는 과정은 다르다. 먼저 ESFJ를 살펴보자.

- ESFJ = Fe Si N Ti

ESFJ의 부기능은 Si(내향적 감각)이다. Si는 '감각을 내부로 쓰는 심리기능'이다. 즉, 현실적이고 세부적인 정보를 토대로 현재 상황을 평가하고 점검하는 데 강점을 가진 기능이다. 극심한 스트레스 상황에서 꼼꼼하고 현실적인 Si가 내면의 균형을 회복하도록 도움을 줄 수 있다.

평소 매우 외향적이고 사교적인 ESFJ지만, '부모(부기능)'의 소리에 귀를 기울이고 '내향적인 행동'을 할 때 심리적인 안정감을 어느 정도 회복하게 된다. 예를 들어 조용히 혼자만의 장소에서 눈앞에 펼쳐지고 있는 사실들을 시간 순서에 따라 하나하나 정리해본다거나 신뢰하는 사람과 자신의 어려움에 대해 사실적인 정보를 토대로 대화를 나눠보는 것이다. 물론 이때는 Si를 써야 하기 때문에 말하기보다는 경청하는 쪽에 무게를 두는 것이 좋다(Si는 내향적인 기능이기 때문이다). 혼자만의 시간을 가지면서 일기를 써보는 것도 도움이 된다.

현실을 차분하게 놀아보는 Si의 이야기에 귀를 기울이면서 사실들을 하나하나 따져보다 보면 상황에 대한 시야가 넓어지게 된다. 그러면서 열등기능에 사로잡힌 상태로부터 서서히 벗어나게 된다.

- ENFJ = Fe Ni S Ti

ENFJ의 부기능은 Ni(내향적 직관)이다. Ni는 '직관을 내부로 쓰는 심리기능'이다. 이면에 깔려 있는 내재적 의미와 패턴을 잘 파악하며 직관적인 통찰력이 장점인 기능이다. 극심한 스트레스 상황에서 '부모' 역할을 하는 Ni의 이야기에 귀를 기울이면 내면의 균형을 회복하는 데 도움을 얻을 수 있다.

Ni를 활용할 수 있는 활동에는 어떤 것들이 있을까? 우선 자신이 감명 깊게 읽었던 책이나 글을 읽으면서 자신의 내적인 비전을 다시금 정리해볼 수 있을 것이다. 또한 좋아하는 음악을 들으면서 조용히 명상을 하거나 비전과 관련된 사안에 대해 신뢰하는 사람들의 의견을 경청할 수도 있을 것이다. 평소에는 외향적이고 에너지가 넘치는 ENFJ지만, 극심한 스트레스 상황에서 '내향적인' 부기능을 사용함으로써 심리적 균형을 회복할 수 있다.

Ni를 사용하여 이면의 의미와 패턴, 지금까지 자신이 걸어온 길 등을 하나의 큰 그림으로 돌아보면서 자연스럽게 상황에 대한 새로운 관점을 가질 수 있게 된다.

③ 3단계: 새로운 깨달음과 통찰(유형역동의 변화 - 내적성장)

극심한 스트레스 상황을 통해 열등기능인 Ti를 경험하고 나면, 그동안 자신의 내면에서 무시되거나 간과되었던 중요한 정보들을 얻을 수 있다. 주기능인 Fe로 인해 항상 '조화로운 관계에 집중'하던 것에서 '객관적인 사고'의 중요성 역시 새로이 인식하게 된다. 즉, 자신의 논리적 사고 능력을 인지하게 되면서 좀 더 객관적인 관점을 갖게 된다. 인간관계가 항상 조화로울 수만은 없으며 모든 사람들로부터 동의를 얻는 것 역시 항상 가능한 일은 아니라는 점을 인정하게 된다. 타인의 삶을 개선하려는 자신의 능력에 대한 현실적 한계 또한 받아들인다. 아울러 부정적 상황에 대해 더 냉정하게 받아들일 수 있게 되며, 갈등 상황에 대해서도 무조건 회피하려 하기보다는 좀 더 객관적인 태도를 취하게 된다.

유형역동의 관점에서 보면 주기능, 부기능, 3차기능, 열등기능의 '기본 구조'는 변하지 않지만, 이런 과정을 통해 네 가지 심리기능 간의 '관계 맺는 방식'에 변화가 찾아온다. 보다 '유연한' 유형역동이 일어나는 것이다. 그에 대한 결과로 상황을 바라보는 시야가 넓어진다. 아울러 인간의 내면에 대한 이해가 깊어지면서 인간관계에서도 한층 더 성숙한 반응을 보이게 된다.

Se(외향적 감각): ESTP & ESFP

Se(외향적 감각)를 주기능으로 쓰는 유형은 ESTP와 ESFP다. 두 유형의 심리구조는 다음과 같다.

ESTP = Se Ti F Ni / ESFP = Se Fi T Ni

두 유형은 주기능과 열등기능이 같고 부기능과 3차기능은 다르다. 스트레스 상황에서는 주기능의 남용(일방향성), 열등기능의 표출이라는 심리적 흐름이 발생하기 때문에 두 유형이 스트레스 상황에서 보이는 기본적 구조는 같다(물론 세부적인 반응에서는 차이가 있다). 다만 부기능이 다르기 때문에 스트레스 상황에서 벗어나기 위한 방법에서는 차이가 난다. 자, 그럼 스트레스 상황에서의 심리적 흐름과 패턴에 대해 살펴보자.

① 1단계: 스트레스 상황에서의 심리 변화 패턴

- 주기능의 남용(일방향성)

Se는 '감각을 외부로 쓰는 심리기능'이다. 현재에 초점을 두고 다양한 경험을 통해 즐거움을 추구한다. 'Here and Now'를 외치면서 감각적 경험을 즐기는 사람의 모습을 떠올려 보면 된다. Se를 주기능으로 쓰는 ESTP와 ESFP는 행동지향적이고 활기차며 현실적인 사람들이다. 이들은 당면한 현실적 문제에 대해 빠르고 손쉬운 방법을 찾아 해결하려 한다. 한마디로 '임기응변'에 강하다. 화재가 난 현장에서 능수능란하게 즉각적인 상황대처 능력을 보이는 소방관을 떠올리면 된다.

그러다가 스트레스가 발생하면 평소 균형 잡혀 있던 주기능이 남용되기 시작한다. 즉, 일방향성(one-sidedness)이 일어난다. 행동지향성이 지나쳐서 생각 없이 말하고 행동하기 시작한다. 유입되는 정보들을 평가하기 위한 잠깐의 틈도 갖지 않고 생각 없이 이 경험 저 경험을 왔다 갔다 한다. 즉, 과도하게 재미와 쾌락을 추구한다. 또한 말이 더 많아지고 산만한 모습을 보인다. 매우 예민해져서 자신의 강점을 과도하게 사용하는 마음속의 '영웅'을 떠올려보면 더 느낌이 올 것이다.

- 열등기능의 표출

일방향성의 상태에서 스트레스의 강도가 더 극심해지는 사건(트리거)이 발생하면 무의식에 내재되어 있던 열등기능이 그 모습을 드러낸다. 스트레스가 지속되어 한참 예민해져 있을 때 감정을 건드리는 사건이 발생하면서 '빵' 하고 열등기능이 터져나오는 것이다.

주기능과 열등기능은 정반대이기 때문에 Se를 주기능으로 쓰는 유형의 열등기능은 Ni(내향적 직관)가 된다. Ni는 '직관을 내부로 쓰는 심리기능'이다. 이면에 깔려 있는 내재적 의미와 패턴을 잘 파악하며 직관적인 통찰력이 장점인 기능이다. Ni가 주기능인 사람들은 미래의 비전에 확신이 있으며 상호 연관성을 손쉽게 파악한다.

그러나 열등기능은 우리 마음속의 심리기능 중 가장 덜 의식적이고 덜 발달된 기능이다. Ni(내향적 직관)가 열등기능으로서 표출될 때는 유치한 어린아이처럼 나타난다. 자신의 좁은 시야에 갇혀서 짜증과 분노를 표출하는 어린아이가 등장하는 것이다. 극심한 스트레스 상황에서 Ni가 폭주하면서 불안감과 혼란스러움을 느낀다. 평소 현재에 집중하고 경험을 즐기는 ESTP, ESFP지만 열등기능에 사로잡힌 상태가 되었을 때는 전혀 다른 사람이 된다. 마치 뭔가에 홀린 사람처럼 평소와는 다르게 '내면적 과정'에 집중하게 된다. 불행한 사건, 비참해질 가능성 등을 떠올리며 두려움을 느낀다. 예를 들어 질병에 걸리거나 소중한 사람을 잃어버릴 것과 같은 불길한 예감에 사로잡힌다. 그러한 불안한 이미지로 인해 내적 혼란을 경험한다. 또한 어떤 상황이나 사건에 대해 부정적인 해석에 사로잡힌다. 예를 들면 누군가의 단순한 요구를 실망의 표시로 오해한다. 평소에 문자 그대로 상대방의 말을 해석하던 것과 완전히 다르게 사람들의 말과 행동에 대해 부정적인 의미를 부여한다.

② 2단계: 균형을 회복하는 방법 - 부기능의 사용

스트레스를 다루는 데 가장 효과적인 방법은 부기능을 사용하는 것이다. 부기능은 주기능을 보완하는 마음속의 '부모'와 같은 역할을 하기 때문이다. 스트레스 상황에서 부기능을 사용하면 심리적 균형을 회복하는 데 많은 도움이 된다.

ESTP와 ESFP는 같은 주기능 Se와 열등기능 Ni를 쓰지만, 부기능은 서로 다르다. 따라서 이들이 스트레스를 극복해가는 과정은 다르다. 먼저 ESTP를 살펴보자.

- ESTP = Se Ti F Ni

ESTP의 부기능은 Ti(내향적 사고)이다. Ti는 '논리를 내부로 쓰는 심리기능'이다. 자신만의 논리체계를 근거로 상황을 분석하는 데 초점을 둔다. 감정에 흔들리지 않고 원인 그 자체를 객관적으로 분석하는 것은 Ti의 대표적인 강점이다. 극심한 스트레스 상황에서 논리적이고 분석적인 Ti가 내면의 균형을 회복하도록 도움을 줄 수 있다.

평소 매우 행동지향적이고 활발한 ESTP지만, '부모(부기능)'의 소리에 귀를 기울이고 '내향적인 행동'을 할 때 심리적인 안정감을 어느 정도 회복하게 된다. 스트레스 상황에서는 내향적인 부기능에 초점을 맞춤으로써 심리적인 균형을 찾는 것이다. 먼저 마음을 차분히 하고 혼자만의 시간을 갖는 것이 필요하다. 그런 상태에서 장기나 체스, 전략 시뮬레이선 게임과 같이 '논리적 사고를 쓰는 활동'을 해보는 것이 도움이 된다. 게임을 통해 자연스럽게 Ti를 활용할 수 있기 때문이다. 홀로 조용히 앉아서 당면한 문제들에 우선순위를 부여하고 논리적으로 검토하는 시간을 갖는 것도 좋은 방법이다.

차분하고 논리적으로 상황을 분석하는 Ti의 이야기에 귀를 기울이면서 상황을 재검토하다 보면 조금씩 시야가 넓어지게 된다. 그러면서 열등기능에 사로잡힌 상태로부터 서서히 벗어나게 된다.

- ESFP = Se Fi T Ni

ESFP의 부기능은 Fi(내향적 감정)이다. Fi는 '감정을 내부로 쓰는 심리기능'이다. Fi를 주기능으로 쓰는 사람들은 존중, 배려와 같은 '인간적 가치'를 중심으로 따뜻한 배려를 잘한다. Fi는 논리가 아닌 가슴으로 상대방을 배려하고 공감하는 기능이다. 극심한 스트레스 상황에서 '부모' 역할을 하는 Fi의 이야기에 귀를 기울이면 내면의 균형을 회복하는 데 도움을 얻을 수 있다.

평소 매우 행동지향적이고 활발한 ESFP지만, '부모'의 소리에 귀를 기울이고 '내향적인 행동'을 할 때 심리적인 안정감을 어느 정도 회복하게 된다. 먼저 외부활동을 줄이고 자신의 내면적 감정에 집중할 수 있는 환경에 있는 것이 필요하다. 그런 환경 속에서 자신이 신뢰할 만한 친구와 대화를 나누면서 친구의 의견을 주의 깊게 경청한다. 평소 말하기를 좋아하는 ESFP지만, 이때는 내향적인 부기능에 집중하는 것이 효과적이므로 경청은 많은 도움이 된다. 그리고 혼자 휴식을 취하면서 자신의 내면적 가치를 숙고해본다. 중요한 사람과의 갈등이 있는 경우, 빨리 해결하기 위해 행동을 취하기보다는 혼자만의 시간을 가지면서 생각을 정리하는 것이 도움이 된다. '이 관계에서 중요한 것은 무엇인가?', '조화로운 관계를 회복하기 위해 어떻게 하는 것이 좋을까?' 등을 생각해본다.

조용히 자신의 내면적 가치를 실현하고자 하는 Fi의 이야기에 귀를 기울이면서 상황을 재인식하다 보면 조금씩 시야가 넓어지게 된다. 그러면서 열등기능에 사로잡힌 상태로부터 서서히 벗어나게 된다.

③ 3단계: 새로운 깨달음과 통찰(유형역동의 변화 - 내적성장)

극심한 스트레스 상황을 통해 열등기능인 Ni를 경험하고 나면, 그동안 자신의 내면에서 무시되거나 간과되었던 중요한 정보들을 얻을 수 있다. Se를 주기능으로 사용하면서 '감각적 경험을 즐기는 것'에만 집중하던 것에서 '이면의 의미', '미래의 가능성'에 대해서도 좀 더 관심을 기울이게 된다. 즉, 자신의 내면에 있는 직관에 대해 보다 더 관심을 갖게 된다. 삶의 어떤 요소들은 직접 만지거나 볼 수 없지만 그런 신비한 측면들 역시 중요하다는 사실을 어느 정도 인정하게 된다. 그러면서 자신과 타인의 직관적인 측면을 덜 무시하게 된다. 직관을 보다 잘 활용하게 됨으로써 미래에 대한 불안과 두려움을 좀 더 잘 다루게 된다. 자신의 삶을 반추하고, 장기적인 목표를 세우는 것에 조금 더 익숙해진다.

유형역동의 관점에서 보면 주기능, 부기능, 3차기능, 열등기능의 '기본구조'는 변하지 않지만, 이런 과정을 통해 네 가지 심리기능 간의 '관계 맺는 방식'에 변화가 찾아온다. 보다 '유연한' 유형역동이 일어나는 것이다. 그에 대한 결과로 상황을 바라보는 시야가 넓어진다. 아울러 인간의 내면에 대한 이해가 깊어지면서 인간관계에서도 한층 더 성숙한 반응을 보이게 된다.

Ni(내향적 직관): INTJ & INFJ

Ni(내향적 직관)를 주기능으로 쓰는 유형은 INTJ와 INFJ다. 두 유형의 심리구조는 다음과 같다.

> **INTJ = Ni Te F Se / INFJ = Ni Fe T Se**

두 유형은 주기능과 열등기능이 같고 부기능과 3차기능은 다르다. 스트레스 상황에서는 주기능의 남용(일방향성), 열등기능의 표출이라는 심리적 흐름이 발생하기 때문에 두 유형이 스트레스 상황에서 보이는 기본적 구조는 같다(물론 세부적인 반응에서는 차이가 있다). 다만 부기능이 다르기 때문에 스트레스 상황에서 벗어나기 위한 방법에서는 차이가 난다. 자, 그럼 스트레스 상황에서의 심리적 흐름과 패턴에 대해 살펴보자.

① 1단계: 스트레스 상황에서의 심리 변화 패턴

- 주기능의 남용(일방향성)

Ni는 '직관을 내부로 쓰는 심리기능'이다. Ni를 주기능으로 쓰는 INTJ

와 INFJ는 이면에 깔려 있는 내재적 의미와 패턴을 잘 파악하며 직관적인 통찰력으로 상황을 해석한다. 평소에 균형 잡힌 상태일 때 이들은 새로운 관점으로 문제를 해석하고 혁신적인 해결책을 제시한다. 장기적인 안목과 직관적 통찰력을 지닌 마음속 '영웅'의 모습을 떠올리면 된다.

그러다가 스트레스가 발생하면 평소 균형 잡혀 있던 주기능이 남용되기 시작한다. 즉, 일방향성(one-sidedness)이 일어난다. Ni가 과도하게 사용되면서 자신만의 세계에 빠지게 된다. 직관적 통찰력이 뛰어난 사람이 자신의 아이디어만 옳다고 생각하는 상황을 떠올려보라. 자신의 아이디어와 해결책에 대해 매우 오만한 태도를 가지게 될 것이다. 자신이 보는 패턴만이 옳다고 여기고 모든 자료를 자신의 패턴에 억지로 끼워맞추려는 경향을 보인다. 이때는 누구의 말도 받아들이지 못하는 상태가 된다. 자신의 세계에 과도하게 몰입되어 있기 때문이다. 이러한 상태에서 Ni의 통찰력은 매우 비현실적이고 근거 없는 경향을 띠게 된다. 평소에도 조용한 INTJ, INFJ지만 이러한 상태에서는 더 말이 없어진다. 평소 장점이었던 포괄적인 관점을 잃어버리고 매우 좁은 관점으로 상황을 바라본다. Ni의 사용이 과도해짐에 따라 현실적인 정보들에 대한 실수 또한 많아진다. 예를 들어 철자나 문법에 더 부주의한 모습을 보인다. 매우 예민해져서 자신의 강점을 과도하게 사용하는 '영웅'을 떠올리면 더 느낌이 올 것이다.

- 열등기능의 표출
일방향성의 상태에서 스트레스의 강도가 더 극심해지는 사건(트리거)이 발생하면 무의식에 내재되어 있던 열등기능이 그 모습을 드러낸다.

스트레스가 지속되어 한참 예민해져 있을 때 감정을 건드리는 사건이 발생하면서 '빵' 하고 열등기능이 터져나오는 것이다.

주기능과 열등기능은 정반대이기 때문에 Ni를 주기능으로 쓰는 유형의 열등기능은 Se(외향적 감각)가 된다. Se는 '감각을 외부로 쓰는 심리기능'이다. 현재에 초점을 두고 다양한 경험을 통해 즐거움을 추구한다. 'Here and Now'를 외치면서 감각적 경험을 즐기는 사람의 모습을 떠올리면 된다. Se를 주기능으로 쓰는 사람들은 행동지향적이고 활기차며 현실적인 사람들이다. 이들은 당면한 현실적 문제에 대해 빠르고 손쉬운 방법을 찾아 해결하려 한다.

그러나 열등기능은 우리 마음속의 심리기능 중 가장 덜 의식적이고 덜 발달된 기능이다. Se(외향적 감각)가 열등기능으로서 표출될 때는 유치한 어린아이처럼 나타난다. 자신의 좁은 시야에 갇혀서 짜증과 분노를 표출하는 어린아이가 등장하는 것이다. 극심한 스트레스 상황에서 Se가 폭주하면서 감각적 추구에 지나치게 집중한다. 평소 이면의 의미와 패턴을 파악하고 통찰력을 발휘하는 INTJ와 INFJ지만, 열등기능에 사로잡힌 상태가 되었을 때는 전혀 다른 사람이 된다. 마치 뭔가에 홀린 사람처럼 사실적인 정보들에 강박적으로 집중하게 되는 것이다. 점검 리스트, 마감 기한, 집 청소 등 현실적이고 사소한 일들에 심각할 정도로 예민해진다. 현재를 즐기는 Se가 열등기능으로 폭발하기 때문에 감각적 추구를 넘어서 '감각적 쾌락에 대한 탐닉'을 보이기도 한다. 예를 들어 과식, 과음, 과소비 등 평소에 자신이 천박하게 여기는 행동들을 하고 그런 행동에 대해 즉각적으로 자책하는 모습을 보인다. '외부적 현실'이 큰 위험으로 인식되기 때문에 매우 예민해져서 내면에 큰 분노를 느끼기도 한다. 이는 극단적인 비판으로 이어진다. 이때 이들은 매우 독선적인 어린아이와 같은 모습이 된다.

② 2단계: 균형을 회복하는 방법 - 부기능의 사용

스트레스를 다루는 데 가장 효과적인 방법은 부기능을 사용하는 것이다. 부기능은 주기능을 보완하는 마음속의 '부모'와 같은 역할을 하기 때문이다. 스트레스 상황에서 부기능을 사용하면 심리적 균형을 회복하는 데 많은 도움이 된다.

INTJ와 INFJ는 같은 주기능 Ni와 열등기능 Se를 쓰지만, 부기능은 서로 다르다. 따라서 이들이 스트레스를 극복해가는 과정은 다르다. 먼저 INTJ를 살펴보자.

- INTJ = Ni Te F Se

INTJ의 부기능은 Te(외향적 사고)이다. Te는 '논리를 외부로 쓰는 심리기능'이다. 논리를 외부로 써서 자신의 주장을 펼치고 사람과 자원을 조직하여 추진력 있게 목표를 달성해 나간다. 극심한 스트레스 상황에서 논리적이고 결단력 있는 Te가 내면의 균형을 회복하는 데 도움을 줄 수 있다.

INTJ는 내향형으로 평소 매우 독립적이고 개인주의적인 사람이다. 그러나 스트레스 상황에서는 '외향적인' Te의 진취적인 행동을 함으로써 심리적인 안정감을 어느 정도 회복하게 된다. 이때는 신뢰하는 사람들과 논리를 바탕으로 대화하는 것이 큰 도움이 된다. 예를 들어 목적한 바를 달성하기 위해 꼭 해야 할 일과 하지 않아도 될 일에 대해 토론하는 것이다. 앞으로의 목표나 목표를 이루기 위한 전략에 대해 대화하는 것도 좋다. 중요한 것은 혼자서 내면에만 집중하지 말고 논리를 활용하여 다른 사람들과 상호작용하는 것이다.

적극적으로 문제를 해결해나가는 Te를 활용하여 다른 사람들과 논리적 생각들을 주고받다 보면 상황에 대한 시야가 조금씩 넓어지게 된다. 그러면서 열등기능에 사로잡힌 상태로부터 서서히 벗어나게 된다.

- INFJ = Ni Fe T Se

INFJ의 부기능은 Fe(외향적 감정)이다. Fe는 '감정을 외부로 쓰는 심리 기능'이다. Fe는 상대방의 감정을 공감할 뿐 아니라 자신의 감정을 상대방과 적극적으로 나누고 싶어 한다. 극심한 스트레스 상황에서 '부모' 역할을 하는 Fe의 이야기에 귀를 기울이면 내면의 균형을 회복하는 데 도움을 얻을 수 있다.

INFJ는 내향형답게 평소 매우 조용하고 차분한 사람이다. 그러나 스트레스 상황에서는 '외향적인' Fe의 상호작용하는 면을 활용함으로써 심리적인 안정감을 어느 정도 회복하게 된다. 이때 중요한 점은 혼자 생각에 빠지지 말고, 신뢰하는 주변 사람들과 감성을 나누는 것이다. 예를 들어 자신이 가치 있게 여기는 삶의 의미나 내면의 느낌들을 다른 사람들과 공유해본다. 두려움과 염려 같은 부정적인 감정들을 바닥을 칠 때까지 표현해보는 것도 도움이 된다. 직접적인 대화뿐 아니라 편지, 이메일, 메신저 등 다양한 수단을 활용하는 것도 좋다.

Fe를 사용하여 신뢰하는 사람들과 적극적으로 감정을 나누다 보면 자연스럽게 공감과 지지를 얻게 된다. 그러면서 열등기능에 사로잡힌 상대로부터 서서히 빗어나게 된다.

③ 3단계: 새로운 깨달음과 통찰(유형역동의 변화 - 내적성장)

극심한 스트레스 상황을 통해 열등기능인 Se를 경험하고 나면, 그동안 자신의 내면에서 무시되거나 간과되었던 중요한 정보들을 얻을 수 있다. Ni를 주기능으로 사용하면서 항상 '이면적인 의미나 패턴에 주목'하던 것에서 '현실적인 감각의 중요성' 역시 새로이 인식하게 된다. '이상적인 정신세계'에 몰입되어 있는 의식이 '현실적 감각'과 어느 정도 균형을 맞춰나가기 시작하는 것이다(자신의 이상적인 면을 재검토하게 됨). 이상과 현실이 괴리가 있음을 조금 더 받아들이게 되면서 현실에 대한 적응력이 높아진다. 그 결과 자신의 비전이나 목표에 대해 보다 현실적으로 접근하게 된다. 또한 현실의 즐거움에 집중하는 Se의 관점을 받아들여 삶을 너무 심각하게 받아들이지 않게 된다. 그러면서 자신과 타인의 결점에 대한 인내심도 향상된다.

유형역동의 관점에서 보면 주기능, 부기능, 3차기능, 열등기능의 '기본구조'는 변하지 않지만, 이런 과정을 통해 네 가지 심리기능 간의 '관계 맺는 방식'에 변화가 찾아온다. 보다 '유연한' 유형역동이 일어나는 것이다. 그에 대한 결과로 상황을 바라보는 시야가 넓어진다. 아울러 인간의 내면에 대한 이해가 깊어지면서 인간관계에서도 한층 더 성숙한 반응을 보이게 된다.

Si(내향적 감각): ISTJ & ISFJ

Si(내향적 감각)를 주기능으로 쓰는 유형은 ISTJ와 ISFJ다. 두 유형의 심리구조는 다음과 같다.

> ## ISTJ = Si Te F Ne / ISFJ = Si Fe T Ne

두 유형은 주기능과 열등기능이 같고 부기능과 3차기능은 다르다. 스트레스 상황에서는 주기능의 남용(일방향성), 열등기능의 표출이라는 심리적 흐름이 발생하기 때문에 두 유형이 스트레스 상황에서 보이는 기본적 구조는 같다(물론 세부적인 반응에서는 차이가 있다). 다만 부기능이 다르기 때문에 스트레스 상황에서 벗어나기 위한 방법에서는 차이가 난다. 자, 그럼 스트레스 상황에서의 심리적 흐름과 패턴에 대해 살펴보자.

① 1단계: 스트레스 상황에서의 심리 변화 패턴

- 주기능의 남용(일방향성)

Si는 '감각을 내부로 쓰는 심리기능'이다. 현실적이고 세부적인 정보를 토대로 현재 상황을 평가하고 점검하는 데 강점을 보인다. Si를 주기능으로 쓰는 ISTJ와 ISFJ는 뛰어난 현실 감각을 바탕으로 단계적이고 체계적으로 문제를 해결해나가는 사람들이다. 현실적인 정보를 바탕으로 문제를 꼼꼼하게 평가하고 판단하기 때문에 이들은 매우 신중하고 세심하다. 평소에 균형 잡힌 상태일 때 이들은 표준화된 절차에 따라 근면 성실히게 책임을 완수한다. 새롭고 혁신적인 방법보다는 기존의 검증된 방법을 선호하며 역할과 책임이 분명할 때 더 능력을 발휘한다. 예측 가능하고 일관성 있는 면으로 인해 '안정감을 준다'는 평가를 받는 경우가 많다. 성실하고 책임감이 강한 마음속 '영웅'의 모습을 떠올리면 된다.

그러다가 스트레스가 발생하면 평소 균형 잡혀 있던 주기능이 남용되기 시작한다. 즉, 일방향성(one-sidedness)이 일어난다. 꼼꼼하게 세부사항을 잘 파악하는 Si가 과도하게 사용되면서 세부적인 한두 가지 사실에 지나치게 집중하게 된다. 즉, 사소한 자료들에 집착하면서 매우 고집스럽고 독단적인 모습을 보인다. 작은 것 하나하나에 신경을 쓰면서 예민하게 구는 사람을 떠올리면 된다. '일방향성'의 상태에서 이들은 평소보다 더 쉼 없이 일하며, 화를 더 잘 내는 경향을 보인다. 평소에도 말수가 적은 ISTJ와 ISFJ지만, 이때는 더 말이 없어진다. 상황을 회피하거나 자신을 외부와 차단하려 한다. 매우 예민해져서 자신의 강점을 과도하게 사용하는 '영웅'을 떠올리면 더 느낌이 올 것이다.

- 열등기능의 표출

일방향성의 상태에서 스트레스의 강도가 더 극심해지는 사건(트리거)이 발생하면 무의식에 내재되어 있던 열등기능이 그 모습을 드러낸다. 스트레스가 지속되어 한참 예민해져 있을 때 감정을 건드리는 어떤 사건이 발생하면서 '빵' 하고 열등기능이 터져나오는 것이다.

주기능과 열등기능은 정반대이기 때문에 Si를 주기능으로 쓰는 유형의 열등기능은 Ne(외향적 직관)가 된다. Ne는 '직관을 외부로 쓰는 기능'이다. Ne의 별명은 '브레인스토머'다. 열린 사고방식으로 새로운 아이디어를 잘 떠올리기 때문이다. 또한 미래의 가능성에 초점을 두고 비전을 그리는 데 능숙하다. Ne를 주기능으로 쓰는 사람들은 미래 가능성에 대해 낙관적이며 유연하고 새로운 방식으로 문제를 해결해나간다.

그러나 열등기능은 우리 마음속의 심리기능 중 가장 덜 의식적이고 덜 발달된 기능이다. Ne(외향적 직관)가 열등기능으로서 표출될 때는 유치한 어린아이처럼 나타난다. 자신의 좁은 시야에 갇혀서 짜증과 분노를 표출하는 어린아이가 등장하는 것이다. 극심한 스트레스 상황에서 Ne가 폭주하면서 매우 충동적인 모습을 보인다. 평소 매우 일관성이 있고 당면한 현실에 집중하는 ISTJ와 ISFJ지만, 열등기능에 사로잡힌 상태가 되었을 때는 전혀 다른 사람이 된다. 마치 뭔가에 홀린 사람처럼 충동적인 사람이 되는 것이다. Ne의 유연성과 적응성이 열등기능으로 표출되면서 경솔하고 충동적인 모습으로 나타난다. 예를 들어 노트북을 충동구매하거나 일을 그만두고 싶은 충동을 느껴 대낮에 영화를 보러 가는 식이다. 그러면서 스스로에게 혼란을 느낀다. 또한 현실에 집중하던 평소 모습은 사라지고 미래의 가능성에 집중한다. 단, 그 미래는 매우 부정적이고 불길한 것이다. Ne가 열등기능으로 작용하면서 불안하고 위협적인 미래를 바라보게 된다. 전적으로 열등기능에 사로잡히면, 심지어 익숙하다고 여기던 기존의 영역마저도 위험을 내포한 영역으로 인식하기도 한다.

② 2단계: 균형을 회복하는 방법 - 부기능의 사용

스트레스를 다루는 데 가장 효과적인 방법은 부기능을 사용하는 것이다. 부기능은 주기능을 보완하는 마음속의 '부모'와 같은 역할을 하기 때문이다. 스트레스 상황에서 부기능을 사용하면 심리적 균형을 회복하는 데 많은 도움이 된다.

ISTJ와 ISFJ는 같은 주기능 Si와 열등기능 Ne를 쓰지만, 부기능은 서로 다르다. 따라서 이들이 스트레스를 극복해가는 과정은 다르다. 먼저 ISTJ를 살펴보자.

- ISTJ = Si Te F Ne

ISTJ의 부기능은 Te(외향적 사고)이다. Te는 '논리를 외부로 쓰는 심리 기능'이다. 논리를 외부로 써서 자신의 주장을 펼치고 사람과 자원을 조직하여 추진력 있게 목표를 달성해나간다. 극심한 스트레스 상황에서 논리적이고 결단력 있는 Te가 내면의 균형을 회복하는 데 도움을 줄 수 있다.

ISTJ는 내향형으로 평소 조용하고 신중한 사람이다. 그러나 스트레스 상황에서는 '외향적인' Te의 진취적인 행동을 함으로써 심리적인 안정감을 어느 정도 회복하게 된다. 이때는 신뢰하는 사람들과 논리를 바탕으로 대화하는 것이 큰 도움이 된다. 예를 들어 목적한 바를 달성하기 위해 꼭 해야 할 일과 하지 않아도 될 일에 대해 토론하는 것이다. 앞으로의 목표나 목표를 이루기 위한 전략에 대해 대화하는 것도 좋다. 중요한 것은 혼자서 내면에만 집중하지 말고 논리를 활용하여 다른 사람들과 상호작용하는 것이다.

적극적으로 문제를 해결해나가는 Te를 활용하여 다른 사람들과 논리적 생각들을 주고받다 보면 상황에 대한 시야가 조금씩 넓어지게 된다. 그러면서 열등기능에 사로잡힌 상태로부터 서서히 벗어나게 된다.

- ISFJ = Si Fe T Ne

ISFJ의 부기능은 Fe(외향적 감정)이다. Fe는 '감정을 외부로 쓰는 심리 기능'이다. Fe는 상대방의 감정을 공감할 뿐 아니라 자신의 감정을 상대방과 적극적으로 나누고 싶어 한다. 극심한 스트레스 상황에서 '부모' 역할을 하는 Fe의 이야기에 귀를 기울이면 내면의 균형을 회복하는 데 도움을 얻을 수 있다.

ISFJ는 내향형으로 평소 매우 조용하고 차분한 사람이다. 그러나 스트레스 상황에서는 '외향적인' Fe의 상호작용하는 면을 활용함으로써 심리적인 안정감을 어느 정도 회복하게 된다. 이때 중요한 점은 혼자 생각에 빠지지 말고, 신뢰하는 주변 사람들과 감정을 나누는 것이다. 예를 들어 자신이 가치 있게 여기는 삶의 의미나 내면의 느낌들을 다른 사람들과 공유해본다. 두려움과 염려 같은 부정적인 감정들을 바닥을 칠 때까지 표현해보는 것도 도움이 된다. 직접적인 대화뿐 아니라 편지, 이메일, 메신저 등 다양한 수단을 활용하는 것도 좋다.

Fe를 사용하여 신뢰하는 사람들과 적극적으로 감정을 나누다 보면 자연스럽게 공감과 지지를 얻게 된다. 그러면서 열등기능에 사로잡힌 상태로부터 서서히 벗어나게 된다.

③ 3단계: 새로운 깨달음과 통찰(유형역동의 변화 - 내적성장)

극심한 스트레스 상황을 통해 열등기능인 Ne를 경험하고 나면, 그동안 자신의 내면에서 무시되거나 간과되었던 중요한 정보들을 얻을 수 있다. Si를 주기능으로 사용하면서 항상 '사실과 세부사항에 주목'하던 것에서 '가능성에 열려 있는 유연한 관점' 역시 새로이 인식하게 된다. 인생이 언제나 '계획'에 따라 진행되는 것이 아니며, 예기치 못한 상황들도 있을 수 있다는 사실을 좀 더 받아들이게 된다. 그러한 상황 안에서 얻게 되는 교훈이나 변화들도 삶에서 매우 유용한 것임을 인식하게 된다. 보다 폭넓은 관점으로 '변화의 필요성'을 인식하게 되는 것이다. 그러면서 때로는 위험을 감수하고 새로운 방향으로 나아가는 시도를 하기도 한다. 이러한 변화는 인간관계에서의 유연성으로도 이어진다. 고정적인 기준으로 사람을 평가하던 시각에도 변화가 생기기 때문이다.

유형역동의 관점에서 보면 주기능, 부기능, 3차기능, 열등기능의 '기본 구조'는 변하지 않지만, 이런 과정을 통해 네 가지 심리기능 간의 '관계 맺는 방식'에 변화가 찾아온다. 보다 '유연한' 유형역동이 일어나는 것이다. 그에 대한 결과로 상황을 바라보는 시야가 넓어진다. 아울러 인간의 내면에 대한 이해가 깊어지면서 인간관계에서도 한층 더 성숙한 반응을 보이게 된다.

Ne(외향적 직관): ENTP & ENFP

Ne(외향적 감각)를 주기능으로 쓰는 유형은 ENTP와 ENFP다. 두 유형의 심리구조는 다음과 같다.

ENTP = Ne Ti F Si / ENFP = Ne Fi T Si

두 유형은 주기능과 열등기능이 같고 부기능과 3차기능은 다르다. 스트레스 상황에서는 주기능의 남용(일방향성), 열등기능의 표출이라는 심리적 흐름이 발생하기 때문에 두 유형이 스트레스 상황에서 보이는 기본적 구조는 같다(물론 세부적인 반응에서는 차이가 있다). 다만 부기능이 다르기 때문에 스트레스 상황에서 벗어나기 위한 방법에서는 차이가 난다. 자, 그럼 스트레스 상황에서의 심리적 흐름과 패턴에 대해 살펴보자.

① 1단계: 스트레스 상황에서의 심리 변화 패턴

- 주기능의 남용(일방향성)

Ne는 '직관을 외부를 쓰는 심리기능'이다. Ne의 별명은 '브레인스토머'다. 열린 사고방식으로 새로운 아이디어를 잘 떠올리기 때문이다. 또한 미래의 가능성에 초점을 두고 비전을 그리는 데 능숙하다. Ne를 주기능으로 쓰는 ENTP와 ENFP는 존재하는 것 너머의 가능성을 선호한다. 이들은 미래를 낙관적인 관점으로 바라보고 새로운 가능성에 도전하는 것을 즐긴다. 알려지고 검증된 것보다는 새롭고 혁신적인 방법으로 문제를 해결하러 한다. 경향, 추세, 미래를 감지하는 데 있어 뛰어난 감각을 지니고 있다. 창의적인 아이디어를 바탕으로 새로운 가능성에 열정적으로 도전하는 '영웅'의 모습을 떠올리면 된다.

그러다가 스트레스가 발생하면 평소 균형 잡혀 있던 주기능이 남용되기 시작한다. 즉, 일방향성(one-sidedness)이 일어난다. Ne가 과도하게 사용되면서 '무분별한' 아이디어들을 급속하게 쏟아낸다. 흥미롭고 새로운 생각에만 과도하게 몰입하게 된다. 변화를 위한 변화를 추구하고 새로움 그 자체만을 지나치게 원하는 상태가 된다. 따라서 한 가지에 몰입하지 못하고 매우 얇고 넓게 많은 활동들에 과도하게 참여한다. 극도로 흥분하여 통제력을 잃은 모습을 보이게 되는 것이다(ENTP와 ENFP의 표현에 의하면 '도를 넘게 된다'). 모든 가능성에 지나치게 열려 있기 때문에 좀처럼 결정을 내리지 못하는 모습도 보인다. 매우 예민해져서 자신의 강점을 과도하게 사용하는 '영웅'을 떠올리면 더 느낌이 올 것이다.

- 열등기능의 표출

일방향성의 상태에서 스트레스의 강도가 더 극심해지는 사건(트리거)이 발생하면 무의식에 내재되어 있던 열등기능이 그 모습을 드러낸다. 스트레스가 지속되어 한참 예민해져 있을 때 감정을 건드리는 어떤 사건이 발생하면서 '빵' 하고 열등기능이 터져나오는 것이다.

주기능과 열등기능은 정반대이기 때문에 Ne를 주기능으로 쓰는 유형의 열등기능은 Si(내향적 감각)가 된다. Si는 '감각을 내부로 쓰는 심리기능'이다. 즉, 현실적이고 세부적인 정보를 토대로 현재 상황을 평가하고 점검하는 데 강점을 가진 기능이다. 따라서 매우 안정적이고 신중하며 현실 감각이 뛰어나다.

그러나 열등기능은 우리 마음속의 심리기능 중 가장 덜 의식적이고 덜 발달된 기능이다. Si(내향적 감각)가 열등기능으로서 표출될 때는 유치한 어린아이처럼 나타난다. 자신의 좁은 시야에 갇혀서 짜증과 분노를 표출하는 어린아이가 등장하는 것이다. 극심한 스트레스 상황에서 Si가 폭주하면서 강박적이고 까다로운 모습을 보인다. 평소 가능성에 열려 있고 융통성이 있는 ENTP, ENFP지만 열등기능에 사로잡힌 상태가 되었을 때는 전혀 다른 사람이 된다. 마치 뭔가에 홀린 사람처럼 평소와는 다르게 작은 세부사항에 집중하게 된다.

세부사항에 강박적으로 초점을 맞추면서 넓었던 시야가 매우 좁아지기 시작한다. 작은 사실에 대해서 까다롭고 괴팍한 반응을 보인다. 평소에는 중요시 여기지 않았던 실수에 분노하고, 세부사항에 강박감을 느껴 짜증을 낸다. 낙관적인 특성 역시 온데간데 없어지고 매우 우울한 모습에 빠진다. 외향적 에너지가 사라지고 내면으로 에너지가 집중되면서(Si는 내향적이고 매우 현실적인 심리기능) 낯설고 불안한 감정에 휩싸인다. 뭔가 소외되고 억눌린 느낌을 갖게 되는 것이다. 신체증상에 지나치게 관심을 갖는 것도 중요한 특징이다. 조그만 질환에도 치명적인 질병에 걸린 것 같은 상상에 사로잡히기도 한다.

② 2단계: 균형을 회복하는 방법 - 부기능의 사용

스트레스를 다루는 데 가장 효과적인 방법은 부기능을 사용하는 것이다. 부기능은 주기능을 보완하는 마음속의 '부모'와 같은 역할을 하기때문이다. 스트레스 상황에서 부기능을 사용하면 심리적 균형을 회복하는 데 많은 도움이 된다.

ENTP와 ENFP는 같은 주기능 Ne와 열등기능 Si를 쓰지만, 부기능은서로 다르다. 따라서 이들이 스트레스를 극복해가는 과정은 다르다. 먼저 ENTP를 살펴보자.

- ENTP = Ne Ti F Si

ENTP의 부기능은 Ti(내향적 사고)이다. Ti는 '논리를 내부로 쓰는 심리기능'이다. 자신만의 논리체계를 근거로 상황을 분석하는 데 초점을 둔다. 감정에 흔들리지 않고 원인 그 자체를 객관적으로 분석하는 것은Ti의 대표적인 강점이다. 극심한 스트레스 상황에서 논리적이고 분석적인 Ti가 내면의 균형을 회복하도록 도움을 줄 수 있다.

평소 매우 열정적이고 에너지 넘치는 ENTP지만, '부모(부기능)'의 소리에 귀를 기울이고 '내향적인 행동'을 할 때 심리적인 안정감을 어느 정도 회복하게 된다. 스트레스 상황에서 내향적인 부기능에 초점을 맞춤으로써 심리적인 균형을 찾는 것이다. 먼저 마음을 차분히 하고 혼자만의 시간을 갖는 것이 필요하다. 그런 상태에서 장기나 체스, 전략 시뮬레이션 게임과 같이 '논리적 사고를 쓰는 활동'을 해보는 것이 도움이 된다. 게임을 통해 자연스럽게 Ti를 활용할 수 있기 때문이다. 홀로 조용히 앉아서 당면한 문제들에 우선순위를 부여하고 논리적으로 검토하는 시간을 갖는 것도 좋은 방법이다.

차분하고 논리적으로 상황을 분석하는 Ti의 이야기에 귀를 기울이면서 상황을 재검토하다 보면 조금씩 시야가 넓어지게 된다. 그러면서 열등기능에 사로잡힌 상태로부터 서서히 벗어나게 된다.

- ENFP = Ne Fi T Si

ENFP의 부기능은 Fi(내향적 감정)이다. Fi는 '감정을 내부로 쓰는 심리 기능'이다. Fi를 주기능으로 쓰는 사람들은 존중, 배려와 같은 '인간적 가치'를 중심으로 따뜻한 배려를 잘한다. Fi는 논리가 아닌 가슴으로 상대방을 배려하고 공감하는 기능이다. 극심한 스트레스 상황에서 '부모' 역할을 하는 Fi의 이야기에 귀를 기울이면 내면의 균형을 회복하는 데 도움을 얻을 수 있다.

평소 매우 열정적이고 사교적인 ENFP이지만, '부모'의 소리에 귀를 기울이고 '내향적인 행동'을 할 때 심리적인 안정감을 어느 정도 회복하게 된다. 먼저 외부활동을 줄이고 자신의 내면적 감정에 집중할 수 있는 환경에 있는 것이 필요하다. 그런 환경 속에서 자신이 신뢰할 만한 친구와 대화를 나누면서 친구의 의견을 주의 깊게 경청한다. 평소 말하기를 좋아하는 ENFP지만, 이때는 내향적인 부기능에 집중하는 것이 효과적이므로 경청은 많은 도움이 된다. 그리고 혼자 휴식을 취하면서 자신의 내면적 가치를 숙고해본다. 혹시 중요한 사람과의 갈등이 있는 경우, 빨리 해결하기 위해 행동을 취하기보다는 혼자만의 시간을 가지면서 생각을 정리하는 것이 도움이 된다. '이 관계에서 중요한 것은 무엇인가?', '조화로운 관계를 회복하기 위해 어떻게 하는 것이 좋을까?' 등을 생각해본다.

조용히 자신의 내면적 가치를 실현하고자 하는 Fi의 이야기에 귀를 기울이면서 상황을 재인식하다 보면 조금씩 시야가 넓어지게 된다. 그러면서 열등기능에 사로잡힌 상태로부터 서서히 벗어나게 된다.

③ 3단계: 새로운 깨달음과 통찰(유형역동의 변화 - 내적성장)

극심한 스트레스 상황을 통해 열등기능인 Si를 경험하고 나면, 그동안 자신의 내면에서 무시되거나 간과되었던 중요한 정보들을 얻을 수 있다. Ne를 주기능으로 사용하면서 미래의 가능성과 흥미로운 도전에만 집중하던 것에서 '세부사항', '현실적 계획'에 대해서도 좀 더 관심을 기울이게 된다. 즉, 자신의 내면에 있는 감각적 정보에 대해 보다 더 관심을 갖게 된다. 창의적인 아이디어와 가능성을 실현하기 위해서 현실적인 세부정보들을 검토하는 것이 중요하다는 사실을 새로이 인식하게 되는 것이다. 그 결과 현실적인 계획의 가치를 인정하고 보다 균형 잡힌 반응을 할 수 있게 된다. 성격유형의 특성상 사실, 세부사항, 반복적인 활동에서 지루함을 느끼면서도 '현실적인 삶의 중요성' 또한 어느 정도 수용하게 되는 것이다. 결론적으로 이러한 균형은 Ne에게 더 폭넓은 관점을 가질 수 있도록 해준다.

유형역동의 관점에서 보면 주기능, 부기능, 3차기능, 열등기능의 '기본 구조'는 변하지 않지만, 이런 과정을 통해 네 가지 심리기능 간의 '관계 맺는 방식'에 변화가 찾아온다. 보다 '유연한' 유형역동이 일어나는 것이다. 그에 대한 결과로 상황을 바라보는 시야가 넓어진다. 아울러 인간의 내면에 대한 이해가 깊어지면서 인간관계에서도 한층 더 성숙한 반응을 보이게 된다.

이번 챕터를 마치면서

스트레스 상황에서 유형역동의 변화를 살펴보면 우리의 성격유형이 고정적인 것이 아니라 계속 역동적으로 움직인다는 것을 분명히 알 수 있다. 기본적인 '심리구조'는 변하지 않지만, 4가지 '심리기능 간의 관계 맺는 방식'이 끊임없이 변화한다는 것을 보다 입체적으로 이해할 수 있게 된다. 같은 성격유형 간에도 세부적인 차이가 나는 것은 이 때문이다. 이러한 역동을 인식할 수 있다면 자신의 성격유형을 다양한 영역에서 활용할 수 있다. 지금의 관점을 유지하면서 다음 챕터로 넘어가보자. 다음 주제는 '커뮤니케이션'이다.

활용을 위한 Key Point   이것만은 꼭 기억하자!

\# '스트레스 상황에서 심리기능의 흐름과 패턴'을 살펴보면 유형역동을 분명하게 경험할 수 있다.

\# 또한 자신의 성격유형에 맞는 스트레스 대응법을 확인할 수 있다.

Chapter 12

유형역동의 활용(2): 커뮤니케이션

유형역동을 활용해볼 두 번째 주제는 커뮤니케이션이다. 커뮤니케이션은 아무리 강조해도 지나치지 않은 주제일 것이다. 우리의 삶은 커뮤니케이션을 중심으로 이루어져 있다. 자기 자신, 가족, 직장동료, 친구와의 커뮤니케이션을 떠올려보라. 만일 인생의 중요한 사람들과 커뮤니케이션이 잘되고 있다면 당신의 삶의 만족도는 매우 높을 것이다. 커뮤니케이션이 잘되고 있다는 것은 중요한 인간관계 안에서 존중과 배려를 경험하고 있다는 의미이기 때문이다. 반대로 커뮤니케이션이 잘 안되고 있을수록 당신의 삶의 질은 점점 더 낮아질 것이다. 삶의 질을 높이고 싶다면, 커뮤니케이션은 반드시 짚고 넘어가야 할 주제다. 특히 사랑하는 사람과의 커뮤니케이션에서 어려움을 겪고 있다면 더욱 그렇다.

각 성격유형에 맞는 커뮤니케이션 방법이 있다

상대방의 성격유형을 알아도 '성격유형에 맞는 커뮤니케이션 방법'을 모르면 상대방을 존중하는 일은 쉽지 않다. 필자에게는 두 딸이 있는데 두 아이의 성격은 거의 정반대다. 그러다 보니 각각의 아이에게 적합한 대화 방식이 전혀 다르다. 만일 필자가 MBTI를 알지 못했다면 둘 중에 한 명은 열등하거나 이상한 아이로 판단했을 가능성이 높다고 생각한다. 사랑하는 대상에 대한 '무지'는 의도치 않은 '상처'로 이어지는 경우가 많다.

성격유형은 커뮤니케이션과 관련한 매우 유용한 정보들을 제공해준다. 특히 '유형역동의 원리'를 활용하면 훨씬 더 세심하고 정교한 소통전략을 세울 수 있다. 자신이 소중히 여기는 사람에게 깊은 존중감을 느끼게 해주고 싶다면 유형역동의 활용은 선택이 아닌 필수다.

꼭 기억해야 할 기본 공식

'유형역동의 원리'를 커뮤니케이션에 적용하려면 다음의 기본 공식만 기억하면 된다. 기억이 잘 나지 않는다면 챕터 9에 가서 자신의 성격유형표를 살펴보고 오기 바란다.

- 성격유형의 장점은 주기능과 부기능의 상호작용으로 인한 것이다(영웅 + 부모).
- 성격유형의 개선점은 3차기능과 열등기능의 상호작용으로 인한 것이다(소년·소녀 + 수치스러운 나).

'영웅'과 '부모'를 주목하라(주기능과 부기능)

이러한 공식은 커뮤니케이션의 영역에도 그대로 적용된다. 우리는 주기능과 부기능을 위주로 커뮤니케이션을 한다. 주기능은 자신이 '가장 신뢰하고 의지하는 심리기능'이나(마음속의 '영웅'). 주기능은 '해석의 틀'로 작용한다. 주기능이 S(감각)인 사람과 N(직관)인 사람이 세상을 이해하고 감지하는 방식은 완전히 다르다. 부기능은 주기능을 보완하면서 내면의 균형을 유지시켜주는 '부모'와 같다. 이 두 기능이 어우러져서 각 성격유형의 커뮤니케이션 스타일을 만들어내는 것이다.

우리는 주기능과 부기능을 위주로 상황을 해석할 뿐 아니라 자신의 의사를 표현한다. **상대방의 관점과 커뮤니케이션 스타일을 이해하려면 영웅과 부모에 주목**해야 하는 이유다. 물론 자신의 커뮤니케이션 스타일을 객관적으로 이해하기 위해서도 중요하다. 우리는 의식적이든 무의식적이든 마음속의 영웅과 부모를 중심으로 의사소통을 하고 있기 때문이다.

여기서 중요한 점은 **주기능과 부기능에 따라 '가치'가 부여된다**는 점이다. 즉, 자신이 중요시하고 가치 있게 여기는 심리기능이기 때문에 **이 부분이 무시되거나 존중받지 못할 때 심각한 갈등을 야기**할 수 있다. 반대로 주기능과 부기능의 관점을 이해받고 존중받는다고 느낄수록 마음의 문을 열 가능성이 높아진다.

성격유형에 따른 커뮤니케이션 스타일을 파악하려면 주기능과 부기능에 주목해야 한다. 즉, 마음속의 '영웅'과 '부모'를 중심으로 접근해야 한다.

3차기능과 열등기능은 커뮤니케이션에서 주의할 점을 알려준다

3차기능과 열등기능은 '취약성'과 연관된 심리기능이다. 이는 커뮤니케이션의 영역에서도 그대로 나타난다. **3차기능과 열등기능은 우리 마음속의 '소년·소녀', '수치스러운 나'와 같이 인식되는 존재이다. 그만큼 덜 발달되어 있으며 덜 신뢰하는 기능이다.** 따라서 상대방의 3차, 열등기능을 중심으로 대화하면 신뢰를 얻어내기 어렵다. 예를 들어 Fi(내향적 감정)를 열등기능으로 쓰는 사람에게 '감정적 호소'를 통해 당신의 의견을 제시한다면 좋지 못한 피드백을 받게 될 것이다.

이번 챕터의 목적

이번 챕터의 목적은 유형역동을 활용해서 각 유형의 커뮤니케이션 패턴을 확인하는 것이다. 유형역동의 관점에서 커뮤니케이션 패턴을 파악하면 각 유형의 커뮤니케이션 스타일, 장단점 등을 분명하게 인지할 수 있다. 아울러 상대방의 핵심적인 욕구와 표현방식 역시 보다 쉽게 파악할 수 있게 된다.

이해를 돕기 위해 주기능이 같은 유형을 앞뒤에 배치했다. **주기능이 같다는 것은 핵심적인 욕구와 표현방식에서 매우 유사함을 보인다는 의미이기 때문이다.** 아울러 수기능이 같아도 무기능이 다르면 어떤 차이가 생기는지도 이해할 수 있을 것이다.

16가지 유형에 대한 설명 이후에 '갈등관리 Tip'에 대해서도 간략히 다룰 예정이다. 그 부분도 꼭 챙기기 바란다. 이번에는 Si를 주기능으로 쓰는 유형부터 시작해보자.

ISTJ: 매우 꼼꼼하고 신중한 사람

ISTJ - Si Te F Ne	
강점패턴 **Si + Te**	- 영웅(주기능) Si: 과거의 사실적 데이터를 기반으로 현재를 분석하고 유지하려 함: 사실 데이터에 집중함(꼼꼼하고 신중함) - 부모(부기능) Te: 논리를 바탕으로 자신의 의견을 제시하려 함 → ISTJ의 마음을 열고 싶다면, Si와 Te의 욕구를 존중해주면 됨(마음속의 '영웅'과 '부모'가 존중받을 때 '존재방식'을 존중받는다고 느낌)

커뮤니케이션 스타일
- 현실적이고 실용적이며 논리적이고 효율적이다.
- 당면한 과제에 초점을 둔다(먼 미래의 일에 초점을 두지 않는다).
- 사실이나 세부사항을 중요시한다.
- 실제적인 결과를 중요시한다.
- 직접적이고 사실적인 언어를 사용한다(추상적 표현을 쓰지 않음).
- 실제 경험에서 얻은 정보를 신뢰한다.

효과적인 의사소통 방법
- 사실적이고 구체적인 자료를 제시하라.
- 한번에 하나씩 차근차근 자료를 제시하라(논리적·객관적으로 단계적 절차에 따라).
- 분명한 방침, 기대, 측정가능한 목표, 기대 가능한 표준치들을 공유하라.
- 실질적으로 적용 가능함을 강조하라(실제적 결과물 중시). 과거에 성공한 사례가 있다면 함께 제시하라.
- 가능하면 먼저 문서로 제안을 전달하고 충분히 검토할 시간을 주어라(특히 평소와 다른 새로운 제안일 경우는 더욱 그렇다).

약점패턴 **F + Ne**	- 소년·소녀(3차기능) F: 감정적 공감과 지지를 우선시하는 대화를 선호하지 않음 - 수치스러운 나(열등기능) Ne: 뜬구름 잡는 듯한 아이디어나 먼 미래 가능성만을 근거로 한 주장을 매우 신뢰하지 않음 → ISTJ의 신뢰를 얻고 싶다면, 3차기능과 열등기능을 중심으로 대화하는 것은 피하는 것이 좋음

주의할 점
- 업무 상황에서 감정적이고 사적인 대화에 초점을 두지 말 것
- 갑작스럽게 새로운 아이디어를 제시하고 변화를 요구하지 말 것
- 지나치게 장기적인 결과나 비전에만 초점을 두어 이야기하지 말 것
- 추상적이고 모호한 지침을 주거나 정보의 일부분만을 제시하지 말 것
- 개인적인 입장으로 이야기하지 말 것(논리적 판단에 근거한 주장이 효과적)

ISFJ: 헌신적이고 성실하며 세심한 사람

ISFJ - Si Fe T Ne	
강점패턴 **Si + Fe**	- 영웅(주기능) Si: 과거의 사실적 데이터를 기반으로 현재를 분석하고 유지하려함. 사실 데이터에 집중함(꼼꼼하고 신중함). - 부모(부기능) Fe: 상대방의 감정을 공감하고 지지하는 데 초점을 두고 대화함 → ISFJ의 마음을 열고 싶다면, Si와 Fe의 욕구를 존중해주면 됨(마음속의 '영웅'과 '부모'가 존중받을 때 '존재방식'을 존중받는다고 느낌)

 # 커뮤니케이션 스타일
- 겸손하고, 사려 깊으며, 협조적이다(팀의 목표를 위해 뒤에서 돕는다).
- 사실이나 세부사항에 초점을 둔다.
- 개인적인 경험에서 직접적으로 얻은 정보를 신뢰한다.
- 말하기보다 들으려 한다(자기표현이 많지 않음, 일대일 대화 선호).
- 어떤 것을 요약하거나, 빨리 설명하는 것을 어려워한다.
- 자신의 성취에 대해 쉽게 말하지 않는 편이며, 자신의 아이디어를 적극적으로 표현하지 않는다.

 # 효과적인 의사소통 방법
- 구체적이고 세부적인 정보를 가능한 미리 앞서서 제시하라.
- 기대하는 바를 구체적인 부분까지 세세하게 전달하라(애매한 지침 NO!).
- 도움이 될 수 있는 정보를 단계별로 체계적으로 친절하게 제시하라.
- 생각할 시간을 충분히 주어라(새로운 제안일 경우에는 특히 더).
- 의견을 물어본 뒤에는 대답할 때까지 기다려주어라(몰아세우거나 중간에 말을 끊고 결론을 내리는 행동 NO!).

약점패턴 **T + Ne**	- 소년·소녀(3차기능) T: 논리적이고 비판적인 대화 스타일을 선호하지 않음 - 수치스러운 나(열등기능) Ne: 뜬구름 잡는 듯한 아이디어나 먼 미래 가능성만을 근거로 한 주장을 매우 신뢰하지 않음 → ISFJ의 신뢰를 얻고 싶다면, 3차기능과 열등기능을 중심으로 대화하는 것은 피하는 것이 좋음

 # 주의할 점
- 논리에만 입각하여 비판적으로 몰아세우지 말 것
- 현실적인 실행계획을 제시하지 않은 상태에서 갑작스럽게 변화를 제시하지 말 것
- 세부적인 사항에 대한 설명 없이, 장황하게 이론 또는 추상적인 아이디어를 제시하지 말 것
- 지나치게 장기적인 결과나 유익에 초점을 두어 이야기하지 말 것
- 추상적이고 모호한 지침을 주거나 정보의 일부분만을 제시하지 말 것

ESTP: 도전과 경험을 즐기는 사람

<table>
<tr><td colspan="2">ESTP - Se Ti F Ni</td></tr>
<tr>
<td>강점패턴
Se + Ti</td>
<td>- 영웅(주기능) Se: 실용적인 정보에 집중함. 감각적이고 흥미로운 주제에 집중함
(매우 활동적이고 유쾌한 대화 방식, 집중력의 시간이 길지 않음)
- 부모(부기능) Ti: 논리적으로 의견을 제시하며 상대방의 말을 분석함
→ ESTP의 마음을 열고 싶다면, Se와 Ti의 욕구를 존중해주면 됨(마음속의 '영웅'
과 '부모'가 존중받을 때 '존재방식'을 존중받는다고 느낌)</td>
</tr>
</table>

커뮤니케이션 스타일
- 처음에는 딱딱해 보일 수 있지만, 점차 활달하고 융통성이 있으며 격식을 차리지 않는 모습을 보인다.
- 말보다는 행동이 앞선다(장시간의 토론을 좋아하지 않음).
- 현실적인 정보들을 중시하지만 장황한 설명보다는 요약된 것을 선호한다(요점만 요약된 실용적 정보). 최소한의 지침과 즉흥적인 대응이 가능한 규율 구조를 원한다.
- 실용적인 측면에서 문제를 해결하려 한다(추상적이고 이론적인 설명을 좋아하지 않으며 거시적 관점, 미래에 대한 영향에 대한 관심이 별로 없음).
- 과거의 경험과 관련시켜 자료들을 평가하고 검사한다.
- 재미있고 활기찬 대화를 선호한다(깊이나 진지함이 부족해 보일 수 있음).

효과적인 의사소통 방법
- 논리적이고, 합리적이며, 직접적으로 접근하라(감정에 호소하거나 애매하게 돌려 말하는 것은 효과적이지 않음).
- 실제적인 이익이나 실리적인 결과를 바탕으로 대화하라.
- 당면한 문제를 제시하고, 독립적으로 실용적인 해결책을 찾을 수 있도록 해주어라.
- 재미있고 활기찬 대화의 분위기를 형성하고 함께 웃고 즐겨라.
- 미팅을 짧게 하고, 요점을 위주로 핵심 정보를 전달하라(단, 정보에 대한 질문은 충분히 받아주어라).

<table>
<tr>
<td>약점패턴
F + Ni</td>
<td>- 소년·소녀(3차기능) F: 감정적 공감과 지지를 우선시하는 대화를 선호하지 않음
- 수치스러운 나(열등기능) Ni: 관념적이고 추상적인 주제의 대화를 선호하지 않음. 먼 미래나 직관적 통찰만을 근거로 한 주장을 매우 신뢰하지 않음
→ ESTP의 신뢰를 얻고 싶다면, 3차기능과 열등기능을 중심으로 대화하는 것은 피하는 것이 좋음</td>
</tr>
</table>

주의할 점
- 비논리적이고, 감정이나 인간적인 측면이 강조된 정보만을 제시하지 말 것
- 질문이나 비판에 대해 개인적, 감정적으로 대응하지 말 것
- 추상적인 아이디어나 장기적인 목표를 설명하는 데 너무 많은 시간을 할애하지 말 것
- 실용적인 가치에 대한 설명없이 거시적인 미래 결과에만 초점을 두지 말 것
- 장황하고 간접적으로 돌려서 이야기하지 말 것(직접적으로 요점만 간단하게)

ESFP: 사교적이고 호기심이 많은 사람

ESFP - Se Fi T Ni

강점패턴 Se + Fi	- 영웅(주기능) Se: 실용적인 정보에 집중함. 감각적이고 흥미로운 주제에 집중함 (매우 활동적이고 유쾌한 대화 방식, 집중력의 시간이 길지 않음) - 부모(부기능) Fi: 따뜻한 배려와 존중이 느껴지는 대화를 선호함(사교적, 친절함) → ESFP의 마음을 열고 싶다면, Se와 Fi의 욕구를 존중해주면 됨. 특히 Se(마음속의 '영웅'과 '부모'가 존중받을 때 '존재방식'을 존중받는다고 느낌)

커뮤니케이션 스타일
- 친절하고 배려심이 있으며, 도움이 필요한 사람들을 신속하게 도와주려 한다(행동파).
- 근심과 걱정이 없어 보이며, 쾌활하고 매 순간 낙천적인 태도를 보인다는 인상을 준다.
- 웃고, 즐기기를 원하며 기분을 전환하기 위한 모임이나 오락을 좋아한다.
- 경직된 분위기보다는 협력과 협상, 절충을 통해 합의점에 도달하려고 한다.
- 쉽게 대화에 참여한다. 하지만 사교적인 활동에 너무 많은 시간을 보내는 경향이 있다.
- 사람들의 필요와 감정을 잘 맞춰주며, 관계 형성을 잘한다.

효과적인 의사소통 방법
- 긍정적으로 지지해주고 격려하라(비판을 해야 할 때도 긍정적인 측면을 먼저 얘기하면 좋다). 즐겁고 열정적인 대화 분위기를 형성하라.
- 추상적인 목표보다는 현시점에서 실용적으로 바로 적용할 수 있는 아이디어를 제시하라.
- 서로 사귀고 즐길 수 있는 기회를 제공하면 더 편안하게 대화를 이어갈 수 있다(예를 들어 함께 식사를 하거나 재미있는 활동을 하면서 대화).
- 사람들과 관련된 문제해결에 초점을 두면 더 관심을 보일 것이다(협상과 협조의 기회).
- 미팅을 짧게 하고, 요점을 위주로 핵심정보를 전달하라.

약점패턴 T + Ni	- 소년·소녀(3차기능) T: 논리적이고 비판적인 대화 스타일을 선호하지 않음 - 수치스러운 나(열등기능) Ni: 관념적이고 추상적인 주제의 대화를 선호하지 않음. 먼 미래나 직관적 통찰만을 근거로 한 주장을 매우 신뢰하지 않음 → ESFP의 신뢰를 얻고 싶다면, 3차기능과 열등기능을 중심으로 대화하는 것은 피하는 것이 좋음

주의할 점
- 과도한 논리와 비판을 위주로 대화하지 말 것
- 상호작용이 결여된 경직된 분위기를 만들지 말 것(인간관계가 결여된 과도한 업무 중심적 분위기는 이들의 능률을 심각하게 떨어뜨릴 수 있음)
- 이론적이거나 장기적인 의미만을 오랜 시간 설명하지 말 것(필요하면 짧고 임팩트 있게!)
- 실용적인 부분에 대한 설명 없이, 추상적이고 상징적인 아이디어를 제시하지 말 것
- 갈등의 이면에 있는 근본적인 원인을 지나치게 파고들지 말 것(현시점에서 현실적이고 실용적인 해결책을 찾기 원함)

INTJ: 지적이고 독립적인 사람

INTJ - Ni Te F Se	
강점패턴 **Ni + Te**	- 영웅(주기능) Ni: 이면의 의미, 내적 패턴, 상징, 영감, 미래 가능성에 초점을 둔 대화 방식(추상적이고 관념적인 언어 사용, 복잡해 보이는 표현방식) - 부모(부기능) Te: 논리를 바탕으로 자신의 의견을 제시하려 함 → INTJ의 마음을 열고 싶다면, Ni와 Te의 욕구를 존중해주면 됨(마음속의 '영웅'과 '부모'가 존중받을 때 '존재방식'을 존중받는다고 느낌)

커뮤니케이션 스타일
- 업무와 목표에 초점을 두며, 핵심 포인트가 강조된 논리적인 의사소통을 선호한다(차갑고 무뚝뚝한 느낌).
- 미래와 아이디어에 초점을 두고, 체계적이고 폭넓은 사고방식으로 문제에 접근한다.
- 사고 과정을 도식화하고, 계획하는 데 논리적 분석을 사용한다.
- 비전을 제시하고, 혁신적인 가능성과 광범위한 해결책을 함께 고려한다.
- 독립적이며 자신의 아이디어와 통찰에 대한 확신이 강하다.
- 사람들이 자신의 비전과 통찰을 이해하지 못할 때 불편함을 느낀다.

효과적인 의사소통 방법
- 개인적인 공간을 제공하고, 독립적으로 일할 수 있는 기회를 제공하라.
- 항상 논리적이고 객관적으로 정보를 제시하라. 그리고 그에 대한 예리한 비평과 질문이 이어질 것을 예측하라.
- 당신의 제안이 원대한 목표에 합당한 이유를 거시적인 관점에서 설명하라(거시적인 목표와 연관된 전략적 이유).
- 방법적인 지침보다는 측정 가능한 목표와 기준을 전달하라. 방법에 대해서는 스스로 알아서 할 수 있도록 해주면 더욱 좋다.
- 칭찬이나 감사의 말을 크게 기대하지 마라. INTJ는 칭찬이나 감사의 표현을 불필요하고 의미 없는 것이라 생각하는 경우가 많다(긍정 피드백보다는 잘못을 지적하는 피드백을 더 많이 함). INTJ는 타인뿐 아니라 자신에게도 비판적인 사람이라는 것을 기억하라.

약점패턴 **F + Se**	- 소년·소녀(3차기능) F: 감정적 공감과 지지를 우선시하는 대화를 선호하지 않음 - 수치스러운 나(열등기능) Se: 근시안적이고 실용성만을 근거로 한 주장을 매우 신뢰하지 않음. 흥미에만 입각한 일상적 대화를 선호하지 않음 → INTJ의 신뢰를 얻고 싶다면, 3차기능과 열등기능을 중심으로 대화하는 것은 피하는 것이 좋음

주의할 점
- 업무 상황에서 감정적이고 개인적인 의사소통에 초점을 두지 말 것
- 전체적인 맥락의 공유나 논리적 근거 없이 변화를 요구하지 말 것
- 크게 중요하지 않은 세부사항이나 일상적인 문제에 초점을 두지 말 것
- 뭔가를 하는 방법에 대해 너무 특정하고 세부적인 사항으로 요구하지 말 것
- 단기적이고 즉각적인 상황만을 강조하지 말 것

INFJ: 인간의 내면을 탐색하는 신념가

INFJ - Ni Fe T Se	
강점패턴 Ni + Fe	- 영웅(주기능) Ni: 이면의 의미, 내적 패턴, 상징, 영감, 미래 가능성에 초점을 둔 대화 방식(추상적이고 관념적인 언어 사용, 복잡해 보이는 표현방식) - 부모(부기능) Fe: 상대방의 감정을 공감하고 지지하는 데 초점을 두고 대화함 → INFJ의 마음을 열고 싶다면, Ni와 Fe의 욕구를 존중해주면 됨(마음속의 '영웅'과 '부모'가 존중받을 때 '존재방식'을 존중받는다고 느낌)

커뮤니케이션 스타일
- 사람들을 돕거나 교육하기를 원하고, '개인적으로 의미 있는 상황'에서 아이디어를 제시하기
원한다.
- 조용하게 지지하고 격려하는 모습을 보이며, 조화로운 관계를 추구한다. 신뢰가 형성되었다
고 느낄 때 비로소 자신을 표현하며 지지받는 것을 즐긴다.
- 목적과 의미를 추구하고, 인간적인 목표에 따라 행동을 결정한다(인간 중심)
- 자신과 타인의 성장을 위한 기회와 인간의 잠재력을 중요시 여긴다.
- 장기적인 비전과 미래에 초점을 둔 혁신적인 아이디어를 잘 제시한다.
- 자신의 가치가 도전을 받으면 매우 완고한 모습을 보일 때가 있다(자신의 가치와 통찰에 대한 확
고한 믿음).

효과적인 의사소통 방법
- 진정성을 바탕으로 존중과 지지를 보내라(INFJ는 꾸며낸 것이나 위선을 잘 알아차리며 그런 사람과
대화하는 것을 원치 않는다). 먼저 인간적인 신뢰관계를 형성하는 데 초점을 두라.
- 거시적인 관점에서 의견을 제시하라. 작고 특수한 세부사항에 초점을 맞추기보다는 개인이
나 조직의 원대한 비전과 목표에 적합한 이유를 제시하라.
- 사람들의 성장과 복지에 대한 긍정적인 영향을 강조하라(가치 추구와 의미). 특히 그것이 현재만
이 아니라 미래에 어떤 면에서 사람들에게 긍정적인 영향을 줄 수 있는지를 논의해보면 좋다.
- 복잡하고 장황한 설명이 이어지더라도 끝까지 들어보라. 비유, 상징·추상적 언어에 담긴 가치와
의미가 무엇인지 호기심을 가지고 경청하라(INFJ는 그러한 가치가 공유되었을 때 깊은 신뢰를 느낀다).
- 장기적인 비전과 미래에 초점을 두고 그들의 아이디어를 해석하고 평가하라. 기존의 고정관
념을 벗어난 사고방식을 최대한 존중하고 그 의미를 파악해보라.

약점패턴 T + Se	- 소년·소녀(3차기능) T: 논리적이고 비판적인 대화 스타일을 선호하지 않음 - 수치스러운 나(열등기능) Se: 근시안적이고 실용성만을 근거로 한 주장을 매우 신뢰하지 않음. 흥미에만 입각한 일상적 대화를 선호하지 않음 → INFJ의 신뢰를 얻고 싶다면, 3차기능과 열등기능을 중심으로 대화하는 것은 피하는 것이 좋음

주의할 점
- 과도하게 비판적인 분위기를 형성하거나 논리적으로 판단하지 말 것(먼저 지지받지 못한 상대에
서 비판을 하면 불편함을 느끼고 대화를 피하려고 할 수 있음)
- 전체적인 맥락의 공유나 그에 따른 합리적 근거 없이 갑작스러운 변화를 요구하지 말 것
- 의미나 가치에 대한 언급 없이, 논리적인 측면만을 강조하지 말 것
- 크게 중요하지 않은 세부사항이나 일상적인 문제에 초점을 두지 말 것
- 뭔가를 하는 방법에 대해 너무 특정하고 세부적인 사항으로 요구하지 말 것
- 단기적이고, 즉각적인 상황만을 강조하지 말 것

ENTP: 논리적인 브레인스토머(Brainstormer)

ENTP - Ne Ti F Si	
강점패턴 **Ne + Ti**	- 영웅(주기능) Ne: 열린 사고방식으로 자유롭게 브레인스토밍을 즐기는 대화(난상토론의 고수). 새로운 가능성과 아이디어에 초점(에너지와 열정이 넘침) - 부모(부기능) Ti: 논리적으로 의견을 제시하며 상대방의 말을 분석함 → ENTP의 마음을 열고 싶다면, Ne와 Fi의 욕구를 존중해주면 됨(마음속의 '영웅'과 '부모'가 존중받을 때 '존재방식'을 존중받는다고 느낌)

커뮤니케이션 스타일
- 논리에 입각한 설득을 잘하며, 자신의 아이디어를 확신감을 가지고 제시한다.
- 미래에 초점을 둔 새롭고 혁신적인 아이디어를 잘 창조해낸다(기발한 아이디어). 열린 사고를 하며, 새롭고 시도되지 않은 문제해결 방식을 선호한다.
- 에너지가 넘치고 열정적이며, 자신의 비전을 실현할 프로젝트에 심취하는 경향이 있다. 자유로움과 독립성을 갖기 원한다.
- 복잡한 문제의 근본 원인을 알아내기 위해 논리적인 분석을 사용한다(일이 '어떻게?', '왜' 진행되는지 알려고 함). 문제를 가능성으로 보고, 그 연관성을 탐색하며, 아이디어를 통합하는 것에 빠르다.
- 서로의 의견에 대해 공개적으로 토론하는 것을 좋아하며, 반대 의견에 대한 대안들을 논의하고 이러한 과정들을 즐긴다(난상토론의 고수). 다른 사람들이 그러한 논평을 개인적으로 받아들이는 것을 잘 이해하지 못한다.
- 반복하는 것을 싫어하고, 세부사항을 설명하기 위한 시간에 인색하다(큰 그림 선호).

효과적인 의사소통 방법
- 독립적으로 자유롭게 일할 수 있도록 환경을 제공하라(틀에 얽매이면 이들의 역량은 급격히 감소한다).
- 논리와 근거를 제시하라. 또한 당신의 의견에 대해 돌발적인 질문이나 비판적 의견을 제시할 수 있음을 염두에 두라(어디로 튈지 모르는 럭비공처럼 이들의 질문은 전혀 다른 관점에서 시작될 수 있다). 그러한 논쟁이나 도전에 대해 미리 생각해두라.
- 도표 및 조직도와 같이 '전체적인 그림'을 파악할 수 있는 정보를 제공하라. 또한 세세한 정보를 설명하는 데 너무 많은 비중을 두지 않는 것이 좋다(이들은 나무보다는 숲에 관심이 있다).
- 자유로운 브레인스토밍을 위한 충분한 시간을 확보하라. 고정관념을 깨는 새로운 관점의 대화도 가능함을 확인하면 이들은 더욱 적극적으로 대화에 참여하려 할 것이다.
- 한번 정해진 것도 중간에 변경될 수 있음을 염두에 두라. 이들은 새로운 정보가 인지되면 여러 번 결정을 번복할 수도 있다(새로운 가능성에 열려 있음).

약점패턴 **F + Si**	- 소년·소녀(3차기능) F: 감정적 공감과 지지를 우선시하는 대화를 선호하지 않음 - 수치스러운 나(열등기능) Si: 사실적이고 세부적인 데이터를 점검하는 대화를 매우 지루해함. 현실적 정보만을 근거로 한 아이디어를 높게 평가하지 않음 → ENTP의 신뢰를 얻고 싶다면, 3차기능과 열등기능을 중심으로 대화하는 것은 피하는 것이 좋음

주의할 점
- 업무 상황에서 감정적이고 개인적인 의사소통에 초점을 두지 말 것
- 논리적인 근거를 통해 정당성을 확인할 수 없는 정보나 의견을 제시하지 말 것
- 세부적이고 꼼꼼한 지침을 요구하거나, 그런 식으로 상황을 통제하고 관리해달라고 요구하지 말 것 (ENTP는 단순반복이나 일반적 관리를 매우 싫어한다)
- 일상적이고 간단한 업무에 대해 토론을 요구하지 말 것
- 이미 큰 그림을 파악했는데, 세부적인 사항을 계속 제공하지 말 것(요청 시 제공)

ENFP: 사교적인 브레인스토머(Brainstormer)

	ENFP - Ne Fi T Si
강점패턴 **Ne + Fi**	- 영웅(주기능) Ne: 열린 사고방식으로 자유롭게 브레인스토밍을 즐기는 대화(난상토론의 고수). 새로운 가능성과 아이디어에 초점(에너지와 열정이 넘침) - 부모(부기능) Fi: 따뜻한 배려와 존중이 느껴지는 대화를 선호함(사교적, 친절함) → ENFP의 마음을 열고 싶다면, Ne와 Fi의 욕구를 존중해주면 됨(마음속의 '영웅'과 '부모'가 존중받을 때 '존재방식'을 존중받는다고 느낌)

커뮤니케이션 스타일
- 매우 참여적이고 사교적이며, 친근한 모습을 보인다(빠른 관계 형성과 친밀감).
- 활력이 넘치고, 열정적이며, 다른 사람들을 격려한다.
- 상황을 해석하고 타인을 대할 때 공감을 잘 활용한다.
- 사람의 잠재력을 개발하고, 사람들의 상황을 향상시키기 위한 기회들을 잘 찾는다(사람들의 가능성을 발견하고 그것을 계발시키는 것에 관심이 많음, 관계와 성장에 초점).
- 다양성에 가치를 두며 다양한 사람들과 일하는 것을 즐긴다.
- 가르치고, 상담하고, 동기부여하는 것을 선호하며 사람들을 하나로 모으고 갈등을 해결하려 한다.

효과적인 의사소통 방법
- 지지적인 분위기를 토대로 관계를 형성하라. 협력과 협조에 초점을 두고 대화하라(적대적이거나 경직된 분위기는 이들로 하여금 거부감을 느끼게 한다. 격려와 칭찬 같은 긍정적인 피드백을 많이 제공하라).
- 관련된 사람들 간의 상호작용을 활성화하기 위한 아이디어와 가능성에 대해 논의하라.
- 자유로운 방식으로 자신을 표현할 수 있는 분위기를 제공하라.
- 지시하고 통제하기보다, 인격적으로 상호작용하는 코치나 멘토가 되어주어라.
- 새로운 아이디어와 관점에 열린 마음으로 응하라(현실적이지 않거나 논리적이지 않다는 이유로 이들의 생각을 제한하지 않도록 하라).

약점패턴 **T + Si**	- 소년·소녀(3차기능) T: 논리적이고 비판적인 대화 스타일을 선호하지 않음 - 수치스러운 나(열등기능) Si: 사실적이고 세부적인 데이터를 점검하는 대화를 매우 지루해함. 현실적 정보만을 근거로 한 아이디어를 높게 평가하지 않음 → ENFP의 신뢰를 얻어내고 싶다면, 3차기능과 열등기능을 중심으로 대화하는 것은 피하는 것이 좋음

주의할 점
- 권위적인 느낌으로 대하지 말 것(경직되고 권위적인 분위기에서 위축된 모습을 보임)
- 공감대를 형성하지 않은 상태에서 곧장 토론하고, 논쟁하며 비판하지 말 것
- 반복되는 일상적인 일, 사실과 세부사항만을 주제로 대화하지 말 것
- 개인이 처한 상황이나 심리적, 감정적 어려움을 무시하지 말 것
- 경쟁적이고 과도하게 업무 지향적인 분위기로 몰아가지 말 것

ISTP: 관조적이고 독립적인 사람

ISTP - Ti Se N Fe	
강점패턴 **Ti + Se**	- 영웅(주기능) Ti: 자신만의 논리체계를 중심으로 상황을 관찰하고 분석하려 함 (조용하고 독립적임, 말이 없다가 관심 분야가 나오면 말이 많아짐) - 부모(부기능) Se: 현실적이고 실용적인 주제를 가지고 대화하기를 원함. 유연하고 융통성 있는 분위기를 선호함 → ISTP의 마음을 열고 싶다면, Ti와 Se의 욕구를 존중해주면 됨(마음속의 '영웅'과 '부모'가 존중받을 때 '존재방식'을 존중받는다고 느낌)

커뮤니케이션 스타일
- 조용하고 관찰력이 있으며 다소 거리감이 느껴지고 인간미가 없어 보일 수 있다(관조적 이미지).
- 현실적 세부정보에 대한 관찰력을 바탕으로 논리적 분석력을 사용하여 자료를 평가한다.
- 프라이버시를 존중받기 원한다. 자신만의 공간을 침범당하지 않기 원하며 보통 스킨십을 좋아하지 않는다.
- 효율성을 매우 중시한다. 가능한 최소의 노력으로 최대의 결과를 성취하는 것에 가치를 둔다.
- 실리적인 결과를 원한다. 추상적이거나 장기적 목표보다는 즉각적이고 실질적인 결과물에 대해 논의하는 것을 선호한다.
- 가까이에서 감독받는 것을 싫어하며, 규율과 전통 밖에서 일하는 것을 선호한다(충분한 자유와 독립성을 허용받기를 원한다).

효과적인 의사소통 방법
- 논리적이고 객관적으로 접근하라. 관계적인 측면을 배제하고 논리적인 대화를 이어나갈수록 더 원활한 대화가 가능해질 것이다.
- 당면한 문제를 제시하고, 실용적인 해결책을 찾도록 해주어라. 추상적이고 장기적인 목표는 이들의 동기를 크게 자극하지 못한다.
- 독립적으로 일할 수 있도록 자유로운 환경을 제공하라.
- 세부적인 사실을 포함한 실용적인 정보를 제공하라.
- 자신이 관심 있어 하는 주제에 대해 충분히 이야기할 수 있도록 해주어라. 이들은 평소에 과묵하지만 자신의 관심 분야가 나오면 말을 많이 한다.

약점패턴 **N + Fe**	- 소년·소녀(3차기능) N: 이면의 의미, 미래 가능성 등 추상적이고 관념적인 대화 주제를 선호하지 않음. 직관적 언어 사용을 선호하지 않음 - 수치스러운 나(열등기능) Fe: 감정적 지지와 공감을 요구받는 것을 매우 싫어함. 감정적 표현을 주고받거나 사교적인 분위기를 선호하지 않음 → ISTP의 신뢰를 얻고 싶다면, 3차기능과 열등기능을 중심으로 대화하는 것은 피하는 것이 좋음

주의할 점
- 업무 상황에서 감정적이고 개인적인 주제로 의사소통을 하는 것에 초점을 두지 말 것(특히 감정에 호소하는 말은 ISTP와의 대화에서는 가급적 하지 않는 것이 좋다)
- 추상적인 아이디어나 개념을 중심으로 설명하지 말 것
- 장황하고, 이론적이며, 추상적인 미래의 결과에 초점을 두지 말 것
- 감정적 열정과 사교적인 느낌으로 다가가지 말 것(이미 관계가 형성된 친한 사이라면 어느 정도 괜찮다.)
- 감정적 표현이나 인간적인 반응을 억지로 끌어내려고 하지 말 것

INTP: 분석적이고 창의적인 사람

INTP - Ti Ne S Fe	
강점패턴 Ti + Ne	- 영웅(주기능) Ti: 자신만의 논리체계를 중심으로 상황을 관찰하고 분석하려 함(조용하고 독립적임, 말이 없다가 관심 분야가 나오면 말이 많아짐) - 부모(부기능) Ne: 미래 가능성과 관념적 주제를 가지고 대화하기 원함(비전, 혁신적 아이디어, 관심 분야 논평 등). 유연하고 융통성 있는 분위기를 선호함 → INTP의 마음을 열고 싶다면, Ti와 Ne의 욕구를 존중해주면 됨(마음속의 '영웅'과 '부모'가 존중받을 때 '존재방식'을 존중받는다고 느낌)

커뮤니케이션 스타일
- 처음에는 다소 거리감이 느껴지고 인간미가 없어 보일 수 있다. 그러다가 친해지고 나면 너그럽고 격식 없이 대하는 스타일이다.
- 체계적인 사고를 하며, 복잡한 모형과 구조를 만들어낸다. INTP는 복잡한 문제일수록 더욱 흥미를 느끼는 경향이 있다.
- 핵심 문제를 요약하고, 통합하여 문제의 근본 원인에 초점을 두려고 한다.
- 인과관계를 강조하고, 일관적이지 않은 것들을 지적하며, 약점을 분석한다.
- 장기적이고 전략적인 해결책과 기회를 개념화하여 일에 착수한다. INTP는 정확하고 정밀한 언어를 사용하는 것을 좋아한다(예를 들면 '원숭이다'라고 누가 말하면 옆에서 '저건 로에스트 원숭이라고 해' 하는 식이다. 물론 관심 분야일 경우에 그렇다)
- 융통성이 있고 독립적이다. 자신만의 스타일로 자유롭게 일하는 것을 선호한다. INTP는 고정관념을 깬 사고를 즐기며, 시도되지 않았던 방식으로 문제해결하는 것을 좋아한다.

효과적인 의사소통 방법
- 논리와 근거를 분명하게 제시하라.
- 순서도와 체계도 같은 전체적인 그림을 보여주는 정보를 제시하라.
- 토론과 논쟁을 할 준비를 하라. 비판과 문제제기가 있을 것을 예상하라.
- 정보를 분석하고 통합할 수 있는 시간을 제공하라.
- 독립적으로 일할 수 있도록 자유로운 환경을 제공하라.
- 자신이 관심 있어 하는 주제로 대화하고 그에 대해 충분히 이야기할 수 있도록 해주어라. 이들은 평소에는 과묵하지만 자신의 관심 분야가 나오면 말을 많이 한다.

약점패턴 S + Fe	- 소년·소녀(3차기능) S: 사실과 현재에 초점을 둔 일상대화를 선호하지 않음. 현실적 정보만을 근거로 한 추상에 큰 가치를 두지 않음 - 수치스러운 나(열등기능) Fe: 감정적 지지와 공감을 요구받는 것을 매우 싫어함. 감정적 표현을 주고받거나 사교적인 분위기를 선호하지 않음 → INTP의 신뢰를 얻고 싶다면, 3차기능과 열등기능을 중심으로 대화하는 것은 피하는 것이 좋음

주의할 점
- 업무적인 상황에서 감정적, 개인적인 의사소통에 초점을 두지 말 것(특히 감정에 호소하는 말은 INTP와의 대화에서는 가급적 하지 않는 것이 좋다)
- 세세하고 현실적인 문제에 집중하지 말 것
- 실제적인 세부사항과 단기적인 의미에 초점을 두고 대화하지 말 것(INTP는 큰 그림을 그리는 사람이다. 따라서 미래지향적인 아이디어와 도전에 초점을 두고자 한다)
- 이미 큰 그림을 파악했는데도 세부사항에 대해 계속 이야기하지 말 것
- 감정적 표현이나 인간적인 반응을 억지로 끌어내려고 하지 말 것

ESTJ: 실용적인 문제를 진취적으로 해결하는 리더

ESTJ - Te Si N Fi	
강점패턴 **Te + Si**	- 영웅(주기능) Te: 자신의 논리를 매우 진취적이고 체계적인 방식으로 표현함(자기주장이 강해 보임). 도전적이고 결론지향적인 언어를 사용 - 부모(부기능) Si: 현실적이고 사실적인 정보를 근거로 들어서 자신의 주장을 펼치려고 함(과거의 사실 데이터를 중시함) → ESTJ의 마음을 열고 싶다면, Te와 Si의 욕구를 존중해주면 됨(마음속의 '영웅'과 '부모'가 존중받을 때 '존재방식'을 존중받는다고 느낌)

커뮤니케이션 스타일

- 즉각적으로 문제를 해결하고자 하며, 분명하게 규정된 구체적인 결과들을 선호한다.
- 매우 목표지향적이고, 업무를 빠르게 완성하는 것에 초점을 둔다.
- 프로젝트를 통제하기 위해 자원을 획득, 관리, 조직하고 전체에 맞게 조정한다. 지도자의 역할을 하는 것을 주저하지 않는다.
- 일을 계획에 따라 효율적으로 잘 진행시킨다.
- 규율, 절차, 표준, 기대치를 매우 분명하게 제시한다.
- 토론하고 논쟁하며 경쟁하는 것을 즐긴다(논리적이고 직설적인 표현).

효과적인 의사소통 방법

- 분명하고 단호하게 말하라. 결론부터 곧바로 말해도 좋다(논리에 입각한 자신감을 보여주면 ESTJ는 존중하는 태도를 보일 것이다).
- 실행과정을 진행하기 위한 기준을 분명히 공유하라. 계획, 역할, 책임을 분명하게 제시하라.
- 기준이나 표준, 기대치를 구체적으로 제시하라.
- 체계적이고 단계적인 방법으로 정보를 제시하라.
- 구체적인 시간 계획과 스케줄, 마감 기한을 분명히 하라.
- 정해진 규칙은 반드시 준수하라.

약점패턴 **N + Fi**	- 소년·소녀(3차기능) N: 이면의 의미, 미래 가능성 등 추상적이고 관념적인 대화 주제를 선호하지 않음. 직관적 언어 사용을 선호하지 않음 - 수치스러운 나(열등기능) Fi: 감정적 배려와 존중을 요구받거나 우선시하는 대화를 선호하지 않음. '감정적 호소'에 근거한 주장을 매우 불신함 → ESTJ의 신뢰를 얻고 싶다면, 3차기능과 열등기능을 중심으로 대화하는 것은 피하는 것이 좋음

주의할 점

- 추상적인 이론이나 아이디어만을 가지고 논의하지 말 것
- 모호하거나 불분명한 태도를 보이지 말 것(애매모호한 반응을 싫어함)
- 반응하거나 의사결정을 하는 데 너무 오랜 시간을 들이지 말 것(우물쭈물 NO! 할 거면 하고, 말 거면 말고!)
- 일을 잘하지 못한 부분에 대해 개인적인 상황을 강조하여 변명하지 말 것(감정에 호소하는 것은 ESTJ에게는 가장 안 좋은 접근방법이다)
- 업무 시간에 과도하게 잡담을 하거나 사적인 정보를 공유하지 말 것

ENTJ: 혁신적으로 문제를 해결하는 진취적인 리더

	ENTJ - Te Ni S Fi
강점패턴 Te + Ni	- 영웅(주기능) Te: 자신의 논리를 매우 진취적이고 체계적인 방식으로 표현함(자기주장이 강해 보임). 도전적이고 결론지향적인 언어를 사용 - 부모(부기능) Ni: 이면의 의미와 내적 패턴을 파악하고 논리적 근거로 활용하려 함(미래 비전과 전략적 관점 제시). 전체 상황을 아우르려 함(큰 그림 중요) → ENTJ의 마음을 열고 싶다면, Te와 Ni의 욕구를 존중해주면 됨(마음속의 '영웅'과 '부모'가 존중받을 때 '존재방식'을 존중받는다고 느낌)

커뮤니케이션 스타일
- 도전적이고, 주도적이며 전체 상황을 통제해서 신속하게 문제를 해결하려 한다. 주도권을 가지고 다른 사람들을 이끌기 원하며 사람들이 따라주기를 기대한다.
- 논리와 효율성을 토대로 시스템적으로 과정을 조직하거나 재구성하려 한다. 기존의 구조와 시스템을 비판하고, 평가하며, 더욱 효율적으로 발전시키기를 원한다.
- 자신의 의견을 거침없이 표현한다. 경쟁적이며 자신의 지식과 능력을 나타내 보이고 싶어 한다. 토론을 좋아하고 혁신적인 아이디어와 의미에 대해 논쟁하는 것을 즐긴다(감정적 요소를 배제한 비판적 표현을 선호). 자신의 논리적 근거를 설명하는 데 대화의 많은 시간을 할애한다.
- 거시적인 안목으로 비전을 제시하며, 비전을 실현하기 위한 장기적이고 전략적인 접근을 선호한다.
- 정보를 통합하고 종합하여, 복잡한 프로젝트를 동시에 관리할 수 있다.
- 격려하거나 동기부여를 하기보다는 통제하고 지시하는 경향이 있다. 천천히 늘어지는 것을 잘 참지 못한다. 마감 기한을 넘기거나, 회의에 준비되지 않은 상태로 참석하는 것은 ENTJ와의 관계에 치명적인 손상을 가할 수 있다.

효과적인 의사소통 방법
- 핵심에 곧바로 접근하라. 누리에 입각한 의견이라면 바로 본론으로 들어가도 좋다. ENTJ는 빙빙 돌려 말하는 것을 좋아하지 않는다.
- 일의 목적과 비전, 그것을 실현하기 위한 장기적인 전략과 계획을 중심으로 대화하라.
- 자신의 제안에 대해 철저히 준비하고 자신감에 찬 모습을 보여주어라. 상대방이 해당 분야에 전문성을 갖추고 있고 유능하다고 느낄수록 ENTJ는 더욱 대화에 몰입할 것이다.
- 스스로 연구하고 결론을 도출해낼 수 있는 시간과 환경을 제공하라. 스스로 이해하고 받아들인 제안이 아니라면 이들은 따르지 않을 것이다.
- 비판과 도전을 예측하라. ENTJ는 감정이 배제된 논리적 대화를 선호한다. 어떤 형태로든 비판과 의문을 제기하는 반응이 있을 것이라는 것을 예측하라. 반론을 제기할 경우 감정적으로 반응하지 말고 논리적으로 차근차근 설명하라.

약점패턴 S + Fi	- 소년·소녀(3차기능) S: 단기적이고 실용적인 측면에만 초점을 둔 생각을 답답해함. 현실적 정보만을 근거로 하는 주장을 낮게 평가함 - 수치스러운 나(열등기능) Fi: 감정적 배려와 존중을 요구받거나 우선시하는 대화를 선호하지 않음. '감정적 호소'에 근거한 주장을 매우 불신함 → ENTJ의 신뢰를 얻고 싶다면, 3차기능과 열등기능을 중심으로 대화하는 것은 피하는 것이 좋음

주의할 점
- 너무 단기적이고, 실용적인 결과만을 강조하지 말 것
- 일을 진행함에 있어 필수적이지 않은 사실과 세부사항을 너무 자세히 다루지 말 것
- ENTJ의 분석과 비판을 개인적인 의미로 받아들이고 반응하지 말 것(감정이 상한 부분이 있다면 어떤 부분 때문에 그랬는지 최대한 논리적으로 설명할 것)
- 감정에 호소하거나 개인적인 어려움을 변명처럼 제시하지 말 것(차라리 어느 부분이 잘못되었는지 분명히 인정하고 앞으로 주의하겠다고 하는 것이 나을 수 있음)
- 논리적이지 않은 정보와 의견을 제시하지 말 것

ISFP: 겸손하고 따뜻한 사람

ISFP - Fi Se N Te	
강점패턴 **Fi + Se**	- 영웅(주기능) Fi: 따듯함과 배려, 존중받고 지지받는 대화 분위기를 매우 선호함. 공감적 경청을 잘함. 조화를 추구함 - 부모(부기능) Se: 현실적이고 실용적인 측면에서 다른 사람의 필요를 파악하려 함. 유연하고 융통성 있는 분위기를 선호함 → ISFP의 마음을 열고 싶다면, Fi와 Se의 욕구를 존중해주면 됨(마음속의 '영웅'과 '부모'가 존중받을 때 '존재방식'을 존중받는다고 느낌)

커뮤니케이션 스타일
- 조용하고 차분히 상대방의 말을 주의 깊게 경청한다. 사람들의 필요가 무엇인지를 이해하려 한다. 말하기보다는 주로 듣는 편이다.
- 친절하고, 배려심이 있으며, 주위 사람이나 상황에 감사해하는 경향이 있다(선하고 착한 사람의 느낌).
- 비판적이지 않으며, 개인차를 존중하고 맞춰주려 한다. 다른 사람들을 통제하거나 조직하며 지시하는 것에 관심이 없다.
- 자기 자신이나 자신이 성취한 일들에 대해 쉽게 말하려 하지 않는다(겸손한 이미지). 개인적인 정보들도 신뢰가 쌓인 이후에 나누려 한다.
- 화목을 유지하는 데 주의를 기울이고, 공감대를 찾으려 한다.
- 조화를 중시하고, 태평스러우며, 너그럽고, 격식이 없다.

효과적인 의사소통 방법
- 진심을 담아 인정과 지지를 먼저 보내라. 조용히 보이지 않게 수고한 부분에 대해서 감사한 마음을 전하라.
- 부담 없는 일대일 대화를 통해 신뢰를 쌓는 데 시간을 투자하라. ISFP는 관계가 기반이 된 대화를 선호한다.
- 목소리를 너무 높이거나 거만하게 느낄 만한 행동을 하지 않도록 주의하라. 조용하고 부드럽고 온화한 말투로 대화를 진행하는 것이 훨씬 효과적이다. 피드백 역시 내용은 분명하게 전달하되 부드러운 방식으로 전달하라. 아울러 긍정적인 부분도 함께 전달하라.
- 상식적인 것에 초점을 두고, 실용적이고 즉각적이며, 구체적인 세부사항들을 제공하라. 정보가 어떻게 다른 사람들에게 현실적인 도움을 줄 수 있는지 보여주면 더욱 좋다.
- 여가활동 등 흥미로운 활동을 하면서 관계를 맺어가라. ISFP의 부기능은 Se다. 이들은 다양한 경험을 통해 즐거움을 느낀다. 그 점을 활용하여 개인적인 관계를 맺어가는 것도 좋은 방법이 될 수 있다.

약점패턴 **N + Te**	- 소년·소녀(3차기능) N: 이면의 의미, 미래 가능성 등 추상적이고 관념적인 대화 주제를 선호하지 않음. 직관적 언어 사용을 선호하지 않음 - 수치스러운 나(열등기능) Te: 토론과 논쟁을 매우 싫어함(회피하려 함). 논리적으로 비판하는 것을 개인적인 공격으로 느낌. 자기주장 약함 → ISFP의 신뢰를 얻고 싶다면, 3차기능과 열등기능을 중심으로 대화하는 것은 피하는 것이 좋음

주의할 점
- 감정을 완전히 배제한 채 논리적 비판으로만 접근하지 말 것(ISFP는 비판에 매우 민감하게 반응한다. 모든 것을 개인적인 관점에서 해석하는 경향이 있으며, 상처를 받아도 드러내지 않는다)
- 추상적인 아이디어나 개념, 이론 등의 주제를 위주로만 대화하지 말 것(실용적인 연관성이 적을수록 이들의 관심과 집중도는 현저히 떨어진다)
- 이야기를 끝까지 주의 깊게 듣지 않고 다 알고 있다는 듯이 반응하지 말 것(사소해 보이는 이야기라도 끝까지 듣고 진정성과 세심한 배려를 보일 것). 특히 중간에 말을 자르는 것은 치명적일 수 있다(불쾌감을 표현하지 않을 가능성이 높지만).
- 지시하고 명령하듯이 이야기하지 말 것. 지나치게 경직된 일 중심의 분위기와 감정을 고려하지 않은 채 업무 목표만을 강조하는 것은 이들의 능력을 반감시킨다.
- 너무 압박하거나 몰아붙이지 말 것(사전에 분명한 기대치를 주고 어느 정도 유연하고 자유로운 업무 환경을 제공해주는 것이 좋음)

INFP: 의미를 추구하는 따뜻한 사람

	INFP - Fi Ne S Te
강점패턴 Fi + Ne	- 영웅(주기능) Fi: 따뜻함과 배려, 존중받고 지지받는 대화 분위기를 매우 선호함. 공감적 경청을 잘함. 조화를 추구함 - 부모(부기능) Ne: 이면의 의미와 미래 가능성에 집중함(타인의 감정과 심리상태를 잘 감지하고 이해하도록 도움). 유연하고 융통성 있는 분위기를 선호함 → INFP의 마음을 열고 싶다면, Fi와 Ne의 욕구를 존중해주면 됨(마음속의 '영웅'과 '부모'가 존중받을 때 '존재방식'을 존중받는다고 느낌)

커뮤니케이션 스타일

- 조용하고, 차분하며, 다른 사람들의 관심사를 기꺼이 들어주는 지지적인 역할을 한다.
- 개인적인 차이를 잘 인정하고, 거기에 맞춰나가려 한다(각 개인과 상황에 맞는 상호작용). 융통성이 있고, 격이 없이 대화하려 한다.
- 미래에 초점을 두고 사람들의 내면적 필요를 충족시킬 창의적인 방법을 찾으려 한다. 사람들의 잠재력을 깨워주고 싶어 한다(타인의 감정과 가치를 잘 감지하고 이해하는 데 비범함).
- 동정심이 많고 화목과 조화를 유지하려고 노력한다(갈등을 피하려는 경향이 있음). 이를 위해 때로는 자신의 욕구를 어느 정도 포기하기도 한다.
- 넓은 관계보다는 깊이 있는 관계를 선호하며, 관계 안에서 의미를 찾으려 한다(소수의 사람들과 자신의 내면적 가치와 감정을 나누려 함).
- 자신에게 진실하고자 하기 때문에 이상적인 신념에 따라 살지 못하는 자신을 스스로 비판하기도 한다.

효과적인 의사소통 방법

- 일대일로 대화하라. INFP는 의미와 신념을 중요시하는 사람들이다. 이들이 중요시하는 것이 무엇인지 알기 위해서는 개별적으로 접근하고 신뢰를 쌓아가는 시간이 필요하다.
- 진심을 담아 인정과 지지를 먼저 보내라. 조용히 보이지 않게 수고한 부분에 대해서 감사한 마음을 전하라.
- 하나의 개인적인 존재로서 존중하고, 독특성을 인정하려는 노력을 보이라. 특히 그들이 중요시하는 신념과 가치를 존중하는 것이 중요하다(이 부분을 무시했다고 느꼈을 경우 관계가 매우 나빠질 수 있음. 부드러운 사람이지만 한번 원한을 가지면 가장 오랫동안 품는 유형)
- 목소리를 너무 높이거나 거만하게 느낄 만한 행동을 하지 않도록 주의하라. 조용하고 부드럽고 온화한 말투로 대화를 진행하는 것이 훨씬 효과적이다. 피드백 역시 내용은 분명하게 전달하되 부드러운 방식으로 전달하라. 아울러 긍정적인 부분도 함께 전달하라.
- 인간 중심의 가치에 초점을 두고, 사람들의 성장과 잠재력을 깨울 수 있는 부분을 공유하라. 이들은 의미를 중시한다. 의미를 느낄 때 집중하고 몰입한다.

| 약점패턴
S + Te | - 소년·소녀(3차기능) S: 사실적 정보와 관련된 대화 내용을 잘 기억하지 못함. 현실적, 실용적인 대화 주제를 선호하지 않음
- 수치스러운 나(열등기능) Te: 토론과 논쟁을 매우 싫어함(회피하려 함). 논리적으로 비판하는 것을 개인적인 공격으로 느낌. 자기주장 약함
→ INFP의 신뢰를 얻고 싶다면, 3차기능과 열등기능을 중심으로 대화하는 것은 피하는 것이 좋음 |

주의할 점

- 감정을 완전히 배제한 채 논리적 비판으로만 접근하지 말 것(INFP는 비판에 매우 민감하게 반응한다. 모든 것을 개인적인 관점에서 해석하는 경향이 있으며, 상처를 받아도 드러내지 않는다)
- 실용적이고 논리적인 것에만 초점을 맞추지 말 것(사람들과 상황에 영향을 미치는 개인적 요소와 의미들을 더 중점적으로 다룰 것)
- 함께하는 사람들과의 관계를 고려하지 않은 상태에서 지나치게 업무 중심적이고 목표지향적으로만 대화하지 말 것
- 이야기를 끝까지 주의 깊게 듣지 않고 이들의 관점을 다 알고 있다는 듯이 반응하지 말 것(개인적 이야기에 담긴 이들의 가치와 신념을 파악하는 것이 중요하다. 특히 중간에 말을 자르는 것은 치명적일 수 있다. 물론 그에 대한 불쾌감은 표현하지 않을 가능성이 높다)
- 지시하고 명령하듯이 이야기하지 말 것
- 너무 압박하거나 몰아붙이지 말 것(사전에 분명한 기대치를 주고 어느 정도 유연하고 자유로운 업무 환경을 제공해주는 것이 좋음)

ESFJ: 조화와 협동을 추구하는 사람

ESFJ - Fe Si N Ti	
강점패턴 **Fe + Si**	- 영웅(주기능) Fe: 자신의 감정을 적극적으로 표현하고 상호작용하려 함(표현적, 동정적, 정이 많음). 상대방의 감정을 공감하고 지지하는 데 초점을 둠(매우 협조적) - 부모(부기능) Si: 현실적이고 사실적인 정보를 기반으로 타인의 필요를 채우려 함 → ESFJ의 마음을 열고 싶다면, Fe와 Si의 욕구를 존중해주면 됨(마음속의 '영웅'과 '부모'가 존중받을 때 '존재방식'을 존중받는다고 느낌)

커뮤니케이션 스타일
- 적극적이고 친근한 상호교류적인 접근을 선호하며, 일을 할 때도 개인적으로 동료들을 알아가려고 한다. 또한 함께하는 사람들의 실제적 필요에 대해 세심하게 주의를 기울인다.
- 사람들과 쉽게 관계를 맺고, 인맥을 형성하며, 조화와 화목을 추구한다.
- 천성적으로 인정과 지지를 잘 보내며, 타인의 성공을 축하해주는 것을 좋아한다.
- 인간적인 관계를 토대로 사람들과 업무를 조화시켜서 모든 사람들이 함께 일을 잘할 수 있도록 분위기를 이끈다.
- 책임감이 강하고, 양심적이며, 체계적인 방식으로 일을 계획하고 진행한다. 목표를 달성하기 위해 시간과 업무를 잘 관리한다. 일정을 빡빡하게 잡고 바쁘게 일하는 타입이다.
- 상황을 구체적으로 살피고 평가하며, 사람들의 필요를 관찰하고 예상한다. 또한 실용적이고 직접적인 방법으로 다른 사람들의 필요를 즉각적으로 제공한다.

효과적인 의사소통 방법
- 협조적이고 긍정적인 분위기를 조성하라. 공헌과 업적에 대해서는 분명하게 감사한 마음을 전달하고 가급적 자주 수시로 격려와 지지를 표현하라(예: 자료를 꼼꼼하게 잘 정리해주셨네요. 역시! 감사합니다!).
- 감정을 최대한 존중하라. 그들의 의견에 동조하지 않더라도 감정을 배제한 채로 그들과 대화하는 것은 효과를 엄청나게 떨어뜨린다. 감정을 존중하면서 반대 의견을 제시하라(동의하는 부분을 먼저 언급하거나 감정적인 의도를 먼저 말하는 것도 좋은 방법이다).
- 안정되고 명확한 업무구조와 환경을 제공하라.
- 추상적인 지침보다는 구체적이고 실용적인 방법을 전달하라. 잘 정의된 목표, 업무, 마감 기한을 정해주면 이들은 정확하게 일을 완수할 것이다.
- 정확한 순서에 따라 단계를 정하라. 합의된 지침과 계획에 대해서는 준수하는 모습을 보여라.
- 전통적으로 인정되는 권위와 위계적 구조를 존중하라. ESFJ는 사회적인 규범에 순응하고, 기존의 예의와 전통을 따르는 것을 선호한다(Fe는 상호작용을 중시하는 기능이기도 하지만 분명한 규칙과 질서를 세우기를 원하는 '판단기능'이기도 하다).

약점패턴 **N + Ti**	- 소년·소녀(3차기능) N: 이면의 의미, 미래 가능성 등 추상적이고 관념적인 대화 주제를 선호하지 않음. 자신의 말과 행동의 파급효과를 고려하지 못함 - 수치스러운 나(열등기능) Ti: 논리적인 비판을 객관적으로 받아들이지 못함. 관계와 감정으로부터 자신을 분리하는 것을 힘들어함. 갈등 상황 회피 → ESFJ의 신뢰를 얻고 싶다면, 3차기능과 열등기능을 중심으로 대화하는 것은 피하는 것이 좋음

주의할 점
- 추상적인 아이디어나 모호하고 불분명한 지침을 주지 말 것
- 장기적이고 추상적인 의미에 대해 장황하게 토론하지 말 것(이들은 현실적인 문제를 다루기 원한다. 구체적으로 눈에 보이는 물건과 서비스를 제공할 때 만족감을 느낀다)
- 무관심하거나 인간미 없는 방식으로 반응하지 말 것
- 개인적인 가치관을 논리적 분석으로만 판단하거나 비판하지 말 것(ESFJ형은 상처를 입으면 관계를 단절해버리려는 경향이 있음. 기억할 것!)
- 함께하는 사람들이 희생을 감수해야 하는 상황에서도 논리적인 필요성만을 강조하는 행동을 하지 말 것

ENFJ: 인간을 널리 이롭게 하려는 사람

ENFJ - Fe Ni S Ti	
강점패턴 Fe + Ni	- 영웅(주기능) Fe: 자신의 감정을 적극적으로 표현하고 상호작용하려 함(표현적, 동정적, 정이 많음). 상대방의 감정을 공감하고 지지하는 데 초점을 둠(매우 협조적) - 부모(부기능) Ni: 이면의 의미와 내적 패턴을 파악함(타인의 잠재력과 가능성을 인지하도록 도움). 비전, 전략, 사람들의 필요 등을 적절하게 조합함 → ENFJ의 마음을 열고 싶다면, Fe와 Ni의 욕구를 존중해주면 됨(마음속의 '영웅'과 '부모'가 존중받을 때 '존재방식'을 존중받는다고 느낌)

커뮤니케이션 스타일
- 사교적이고 친근하며, 자기표현을 잘한다. 또한 타인을 지지하고 격려하는 것을 선호한다. 의사소통을 통해 친밀한 관계를 잘 만들어나간다.
- 사람들이 자신의 잠재력을 깨닫도록 돕기 위해 새로운 아이디어와 가능성을 잘 제시한다(인간의 잠재력과 성장을 가장 높은 우선순위에 둔다).
- 다른 사람들을 이끌고, 프로젝트를 조직하며, 사람들을 참여시키는 것을 즐긴다. 비전과 전략적인 계획, 업무의 방향성, 그리고 다른 사람들의 필요를 적절하게 잘 조합한다.
- 지시하고 명령하기보다는 멘토링, 지지, 상담, 교육 등을 통해 다른 사람들을 이끈다.
- 개인적인 차이와 다양성을 인정하고, 그에 따른 필요를 잘 채워준다. 팀원 각각의 독특한 공헌을 인정하며, 그것을 잘 활용하여 목표를 달성한다.
- 이론, 추상적인 아이디어, 개념을 이야기하기 좋아하며, 타인들 또한 이런 이야기에 동참하기를 원한다.

효과적인 의사소통 방법
- 먼저 친밀한 관계를 형성하고, 업무를 인간적인 관계 안에서 풀어가라. 개인적인 가치를 공유하고, 그러한 가치에 대해 인정하고 존중한다는 것을 보여주어라. 개인적인 가치를 충분히 이야기하도록 시간을 주고 경청하는 것도 좋은 방법이다(ENFJ는 말하기를 좋아한다).
- 감사한 마음을 말로 표현하라(ENFJ에게는 행동보다 진심이 담긴 말이 더 큰 효과를 발휘한다). 또한 ENFJ의 성장과 발전을 진심으로 바라고 지지한다는 것을 표현하라.
- 의견이 다르거나 비판해야 할 경우, 동의하는 부분을 먼저 언급하라. 비판이 있을 것을 사전에 언급하고 좋은 의도를 분명하게 언급함으로써 확대해석으로 이어지지 않도록 주의한다.
- 협력과 협조를 통해 합의점을 찾아라. 되도록 논쟁을 피하고 중용의 길을 모색하라.
- 의견을 제시할 때, 그 의견이 다른 사람들에게 어떤 영향을 미치는지 제시하라. 사람들의 성장, 발전과 연관된 일일수록 더 몰입하는 모습을 보일 것이다.

약점패턴 S + Ti	- 소년·소녀(3차기능) S: 단기적이고 실용적인 측면에만 초점을 둔 의견에 큰 의미를 느끼지 못함 - 수치스러운 나(열등기능) Ti: 논리적인 비판을 객관적으로 받아들이지 못함. 관계와 감정으로부터 자신을 분리하는 것을 힘들어함. 갈등 상황 회피 → ENFJ의 신뢰를 얻고 싶다면, 3차기능과 열등기능을 중심으로 대화하는 것은 피하는 것이 좋음

주의할 점
- 단기적이고 즉각적인 결과만을 강조하지 말 것
- 차갑고, 무관심하며, 인간미 없이 대하지 말 것
- 지시적이고 통제하는 방식으로 대화하지 말 것(권력으로 위협하는 느낌이 들면 ENFJ는 심한 거부감을 보일 것이다. 여기에는 함께하는 다른 사람들에게 그렇게 하는 것을 목격하는 것도 포함된다)
- 개인적 가치에 대해 논리적인 분석만으로 판단하지 말 것
- 사람보다 결과를 중심에 둔다는 느낌을 주지 않도록 주의할 것

갈등관리 Tip: 내향적 심리기능을 활용하기

지금까지 살펴본 것처럼 MBTI의 관점에서 보면, 사람은 누구나 주기능과 부기능을 중심으로 상황을 해석하고 의사소통을 한다. 마음속의 '영웅'과 '부모'를 잘 이해하고 존중하면 상대방의 마음을 훨씬 더 쉽게 열 수 있다.

이러한 원리는 갈등관리의 영역에서도 활용될 수 있다. 16가지 유형 모두 주기능과 부기능 중 하나는 내향(i)을 향한다. 예를 들어 ENTP의 경우 주기능은 Ne이고 부기능은 Ti가 된다. '상보성의 원리'에 따라 주기능이 외향(e)이면 부기능은 내향(i)이 되는 것이다. 같은 원리로 내향형인 INTP의 경우 주기능이 Ti, 부기능은 Ne가 된다. 즉, 어떤 유형이든 주기능과 부기능 중 하나는 내향적인 방향으로 사용되고 있다는 것이다. **따라서 당신의 주기능과 부기능 중 하나는 Si, Ni, Ti, Fi 중 하나가 된다.**

필자의 경험에 따르면, 커뮤니케이션에서 문제가 생길 경우 주기능과 부기능 중 내향으로 사용되는 기능이 잘 표현되지 않은 것으로부터 비롯될 때가 많다. 외향적 심리기능은 겉으로 드러나기 때문에 상대방이 잘 인식하지만 내향적 심리기능은 내면에서만 작용하는 경향이 있기 때문이다. 즉, 굳이 설명하지 않으면 상대방이 인지하지 못하는 영역이 생기게 된다.

필자는 Te가 주기능이고 Ni가 부기능이다. 보통 필자의 주기능은 주변 사람들이 쉽게 인식한다. 논리적으로 자기주장을 펼치고, 직설적이며 자신감 있게 의견을 피력한다고 느낀다(Te). 그러나 왜 그런 주장을 펼치게 됐는지 어떤 근본적인 이유로부터 그런 생각을 하게 됐는지는 잘 전달되지 않는 경우가 많다(Ni). 부기능인 Ni의 관점이 상대방에게 충분히 드러나지 않았기 때문이다. 상대는 '이면적 의미'나 '맥락' 등은 충분히 이해하지 못한 상태에서 필자의 주장을 듣게 되는 것이다. 이와 같은 문제는 프레젠테이션 발표와 같이 준비된 상황보다는 두서없이 이루어지는 일상 대화에서 많이 나타난다.

예를 들어보자. 필자는 '있는 그대로 사랑받고 존중받는 가정을 만들고 싶은 비전'이 있다. 그래서 책이나 미디어를 통해 그와 관련된 사례를 보면 아내에게 전달하곤 한다. 문제는 Te의 방식으로만 전달될 때 발생한다. '그렇게 하면 아이가 왜곡된 자아인식을 가질 수 있어… 어느 책에 보니까…', '부모 자신의 미해결 욕구를 아이에게 강요해서는 안 돼… 오늘 ○○ 영상에서 그런 사례가 나왔는데…' 하는 식으로 논리에 입각한 지적이나 조언의 형태만 겉으로 드러나는 것이다(Te). 아내는 내 생각이 어떤 비전과 철학으로부터 나왔는지, 또 어떤 맥락에서 이 말을 하는 것인지 충분히 인지하지 못한 상태에서 논리에 입각한 결론과 그에 따른 요구사항만 듣고 있는 셈이다. 이런 상황에서 아내의 반응이 좋을 가능성은 매우 낮다. Te는 자신의 논리를 근거로 외부세계를 구조화하려고 하기 때문에 맥락이 생략될수록 상대에게는 명령이나 지적으로만 들리는 경우가 많기 때문이다.

이때 필자의 부기능인 Ni가 충분히 표현되지 않았음을 인식하고 설명하면 갈등이 해소될 때가 많다. "나는 존중이 기반이 된 가정을 이루고 싶어. 그런 비전을 이루고 싶은 마음이 있어서 책이나 영상에서 어떤 영감을 받으면 당신과 그런 관점을 공유하고 싶은 것 같아. 앞으로 내가 그런 얘기를 꺼내면 지적하거나 평가하려는 의도가 아니고 큰 그림을 함께 공유하려는 의미로 받아들여주면 좋겠어" 하는 식으로 '이년적 의미'나 '맥락'을 충분히 설명하고 이야기를 시작하면, 아내가 내 생각을 훨씬 더 잘 받아들여준다. 어떤 맥락에서, 무엇을 위해 이러한 얘기를 꺼내고자 하는지가 충분히 전달될수록 효과는 높아진다.

ENTJ의 일반적 특징을 보면 '경청이 약하고 강압적이고 독단적으로 보일 수 있다'라는 표현이 있는데 이는 Ni의 관점이 충분히 공유되지 않은 상태에서 Te로만 밀어붙일 때 생기는 모습이기도 하다. 따라서 필자는 Ni의 관점이 충분히 공유된 이후에 주장을 펼치려고 노력한다. 그렇게만 해도 많은 갈등이 미연에 방지되거나 해소되는 경우가 많았다. 무엇보다 필자의 생각을 깊이 이해하고 함께해주는 사람들이 점점 더 많아지고 있다.

예전에는 필자가 가진 원대한 비전, 이면에 깔려 있는 철학과 신념 등을 잘 이해하지 못하는 사람들이 너무 답답했다. 다름을 이해하지 못했기에 '이 정도 얘기했으면 알아들어야지. 얼마나 더 자세히 설명을 해야 하나?'라는 생각을 하면서 팔로워들의 무지와 낮은 이해력을 탓했다. 하지만 이제는 그런 생각이 틀렸다는 것을 분명히 안다. MBTI 덕분에 상황을 해석하고 받아들이는 과정이 유형에 따라 전혀 다르다는 것을 확실히 알았기 때문이다.

내향적 심리기능을 표현하는 데는 노력과 연습이 필요하다

그러나 내향적 심리기능을 표현하는 것은 쉽지 않은 일이다. '내향적'이라는 말 자체가 '심리적 특성을 내면에서 사용하고 겉으로 드러내지 않는다'라는 의미가 아니던가. 필자는 부기능이 내향이지만 내향형의 사람들은 주기능이 내향적이기 때문에 더욱 자신의 생각을 표현하는 데 어려움을 느낄 것이다.

헷갈리는 사람이 있을 것 같아서 부연 설명을 조금 하겠다(챕터 6에서 한번 언급했던 내용이긴 하다). 마이어스와 브릭스는 주기능의 방향을 곧 에너지의 방향으로 표시했다. 예를 들어 ESTJ는 Te Si N Fi의 심리구조를 가지고 있다. 주기능은 외향이지만 부기능과 열등기능은 내향이다. 그러나 마이어스와 브릭스의 표현방식에서는 가장 큰 영향을 미치는 '주기능의 방향'을 에너지의 방향으로 표시한다. 주기능인 Te가 내 마음 속의 영웅으로 성격의 전반적인 방향을 제시하기 때문이다. 따라서 주기능이 외향인 사람은 전반적으로 외향의 경향을 띤다. 내향형을 예로 들어보면 ISTJ의 주기능은 Si다(ISTJ = Si Te F Ne). ISTJ 역시 주기능의 방향에 따라 내향으로만 표시를 한 것이다.

반면 칼 융의 표현방식은 각 기능의 에너지의 방향을 표시함으로써 우리 내면에서 일어나는 역동을 보다 정교하게 파악할 수 있도록 한다. 필자 역시 ENTJ로서 전반적으로 외향형의 사람이지만 유형역동의 관점에서 보면 부기능인 Ni는 내향적으로 사용되고 있다. 재밌는 점은 Te를 외부로 사용하는 것은 자연스럽지만, Ni를 외부로 표현하는 것은 매우 어렵게 느껴진다는 것이다. 그만큼 많은 에너지와 의도적인 노력을 기울여야 한다는 뜻이다('선천적 선호경향'이라는 말이 괜히 생겨났겠는가? 타고난 심리적 경향성은 잘 바뀌시 않는나). 그래서 부기능인 Ni의 관섬은 날보다는 글로 표현하는 것이 더 쉽게 느껴지는 것 같다.

다만 여러 경험을 통해 Ni적 관점이 공유되는 것의 중요성을 알았기 때문에 소중한 사람들과 충분한 공유가 이루어지도록 적지 않은 시간과 에너지를 투자한다. 평소에 미리 계획하고 생각해두지 않으면 쉽게 표현되지 않는다는 것을 경험했기 때문이다.

내향적 심리기능의 관점 공유하기

당신의 주기능과 부기능 중 내향적으로 사용되는 심리기능은 무엇인가? 그것이 중요한 사람과의 커뮤니케이션에서 잘 표현되고 있는가? 그렇지 않다면 그로 인해 어떤 파급효과들이 발생하고 있는가? 상대방은 당신의 의도와 상관없이 자신이 인지한 정보를 바탕으로 대화를 한다. 상대의 심리적 특성을 고려하여 표현하는 것도 중요하지만, 자신의 주기능과 부기능 중 내향적 심리기능의 관점이 충분히 공유되는 것도 매우 중요하다. 그것만으로도 많은 갈등이 확연히 줄어들 것이다. 각각의 내향적 심리기능이 공유해야 할 사항을 간략히 정리하면 다음과 같다.

Ni(The Seer, 예언자)
이면에 있는 내적 패턴을 파악하고 미래를 내다보는 사람
이면에 있는 비전과 의미, 신념, 가치, 통찰, 맥락 등에 대한 관점을 공유하기. Ni는 자신만이 지각하는 패턴이 있음. 그 패턴이 어떤 신념과 가치로부터 나온 것인지 근본적인 부분을 나눌수록 상대의 이해와 존중을 받을 가능성이 높아짐

Si(The Conservator, 컨저베이터)
과거 데이터를 근거로 현재 상황을 평가함
구체적이고 사실적인 정보를 근거로 한 자신의 관점을 공유하기. Si는 자신이 생각하는 상식과 다른 상황 해석, 세심하지 않은 단어 사용 등에서 괴리감을 크게 느낄 수 있음. 어떤 단어, 어떤 사건에서 문제의식을 느꼈는지가 공유되지 않으면 상대와는 점점 더 멀어질 가능성이 높음

Ti(The Analyzer, 분석가)
자신만의 논리체계로 상황을 관찰하고 해석함
상황을 분석하는 논리체계와 근거를 공유하기. 어떤 한 가지 논제나 주장에 대한 단편적인 근거보다는 자신의 비평의 근본적인 근거가 되는 논리적 틀과 분류체계를 분명히 공유할수록 상대방의 동의와 공감을 이끌어내기가 쉬워질 수 있음

Fi(The Conscience, 양심적인 사람)
'인간적인 가치'를 충실히 지키고 내적 조화를 유지하려 함
개인적으로 중시하는 내면적 가치가 무엇인지 공유하기. Fi는 감정적 심리기능이기 때문에 개인적으로 중시하는 '인간적 가치(존중, 배려, 관심 등)'를 개념화해서 설명하기 어려울 수 있음. 그때는 "나는 사랑은 관심의 표현이라고 생각해. 그래서 톡으로 자주 연락을 주고 안 주고는 매우 중요한 일이야"와 같이 보다 근본적인 가치로서 느낌을 설명하는 것이 효과적일 수 있음. 단지 감정적으로 섭섭한 것이 아니라 자신에게 그것이 중요한 가치임을 어필하는 것이 필요함

여기서 중요한 것은 '관점의 공유'다. 주기능과 부기능 중 내향적 심리기능의 관점이 충분히 공유되었는지를 지속적으로 확인해보는 것이다. 누군가의 관점을 충분히 이해하는 데는 시간이 필요하다. 따라서 한두 번의 대화로 모든 것이 공유되었다고 생각하면 안 된다. 여러 상

황 안에서 서로의 생각을 충분히 나누고 경험하면서 서로를 알아간다는 느낌으로 접근하는 것이 좋다.

유형의 차이는 '가중치'의 차이를 포함한다. 성격유형이 다르다는 것은 보다 중시하는 판단 근거나 정보가 유형마다 다르다는 것을 의미한다. 그래서 가장 좋은 방법은 함께 MBTI를 공부하고 서로가 중요시하는 정보나 판단 근거가 다르다는 것을 이해하는 것에서부터 대화를 시작하는 것이다.

특히 당신에게 소중한 사람에게는 애써 노력해서 내면을 공유하는 것이 꼭 필요하다고 말해주고 싶다. 그렇지 않을 경우 의도치 않은 오해와 상처로 이어질 때가 많기 때문이다.

 # 원활한 커뮤니케이션을 위해서 마음속의 '영웅'과 '부모'를 주목하라(주기능과 부기능).

- 우리는 의식적이든 무의식적이든 주기능과 부기능을 중심으로 의사소통을 하고 있음을 기억하자.

 # '영웅'과 '부모'를 존중하면 상대방 마음의 문을 보다 쉽게 열 수 있다.

- 주기능과 부기능은 '해석의 틀'로 작용할 뿐 아니라 가장 중요시하고 신뢰하는 기능으로도 작용한다. 명칭 그대로 영웅이란 자신이 '가장 믿고', '의존하고', '가치를 두는' 인물이기 때문이다. 따라서 수기능과 부기능의 관점을 이해하고 존중할수록 상대방은 마음의 문을 열 가능성이 높다. 그 사람만의 '고유한 존재방식'을 존중하는 결과로 이어지기 때문이다.

 # 3차기능과 열등기능은 '주의할 점'을 알려준다.

- 3차기능과 열등기능은 '취약성'과 연관된 심리기능이다. 마음속의 '소년·소녀'와 '수치스러운 나'는 그 명칭처럼 덜 발달되어 있고 훨씬 덜 신뢰하는 기능이기 때문이다. 상대방의 3차기능과 열등기능을 중심으로 대화를 이끌어가면 어려움이 커지는 이유다(주의할 점).

 # 갈등을 해소하고 싶다면 주기능과 부기능 중 '내향적 심리기능'을 적절히 활용하라.

- 주기능과 부기능 중 내향적인 쪽으로 사용되는 기능이 잘 표현되지 않은 것으로부터 갈등이 시작되는 경우가 많다. 내향적인 심리기능의 관점만 잘 공유해도 많은 갈등이 해소될 수 있다.

Chapter 13

유형역동의
활용(3):
커리어

유형역동의 원리를 활용해볼 마지막 주제는 커리어이다. 커리어는 MBTI 외에도 다양한 심리도구들이 활용되고 있는 주제이기도 하다. 필자 역시 커리어와 관련된 분야에서 MBTI를 비롯한 여러 심리도구들을 다양하게 사용하고 있다. 자신에게 맞는 일을 찾고, 자신만의 방식으로 성과를 내기 위해서는 성격유형 이외에도 가치관, 신념, 흥미, 재능, 자존감 등 다양한 정보들이 함께 고려되어야 한다. 그러한 내면적 특징들이 함께 어우러져서 그 사람만의 독특한 역량패턴을 형성하기 때문이다. 여기서는 유형역동의 관점에서 커리어와 관련된 성격유형 정보들을 어떻게 해석하고 활용할 수 있는지에 대해서만 살펴보고자 한다. Part 3의 목적은 '유형역동을 활용하는 것'이기 때문이다.

'주기능', '부기능'을 중심으로 커리어를 디자인하라

커리어의 영역에서도 유형역동이 적용되는 기본 원리는 같다. **주기능과 부기능은 강점패턴을 만들고 3차기능, 열등기능은 약점패턴을 형성한다. 이러한 원리를 직업 선택의 과정에서 적절히 활용하는 것이 핵심**

포인트다.

이를 위해 꼭 기억할 점은 '유형역동의 기본 심리구조는 바뀌지 않는다'는 점이다. 챕터 10에서 설명했듯이 주기능, 부기능, 3차기능, 열등기능의 '기본적 틀'은 바뀌지 않는다. 다만 기본적 틀 안에서 '심리기능 간의 관계 맺는 방식'이 끊임없이 변화할 뿐이다. 우리 마음 안에 변하지 않는 심리구조가 있다는 사실은 매우 중요하다. 커리어의 방향을 설정하는 중요한 기준으로 활용할 수 있기 때문이다. 만일 당신의 주기능이 수시로 변한다면 성격유형을 커리어에 적용하는 것은 매우 위험한 일이 된다. 그때그때 달라지는 심리적인 특징을 직업 선택의 기준으로 삼을 수는 없지 않은가?

물론 직업을 선택할 때는 성격 이외에 여러 다른 요소들도 함께 고려되어야 한다. 성격유형 정보 한 가지만으로 자신에게 딱 맞는 일을 찾기는 쉽지 않다. **하지만 적어도 주기능, 부기능의 강점과 지나치게 동떨어지거나 3차기능, 열등기능의 취약성이 치명적인 약점으로 작용하는 일을 피해야 하는 것만큼은 분명하다.** 그렇지 않을 경우 자신의 분야에서 유능하다는 평가를 듣는 것은 매우 어려운 일이 될 것이다(현장에서 그러한 경우를 흔하게 보고 있다). 따라서 일의 분야를 선택함에 있어 다음과 같은 질문이 선행되어야 한다.

"주기능과 부기능의 강점이 잘 활용될 수 있는 일은 무엇일까?"
"3차기능, 열등기능의 취약성이 치명적인 약점으로 작용하지 않는 일은 무엇일까?"

당신 마음속의 '영웅(주기능)'이 '부모(부기능)'의 도움을 받아 날개를 펼칠 수 있는 영역이 어디인지, 어떤 환경과 문화가 잘 맞을지 충분히 고민해보는 과정은 반드시 필요하다. 이번 챕터에서는 주기능, 부기능을 중심으로 각각의 유형에 잘 맞는 직업을 살펴보려고 한다. 단순히 '내 유형이 어떤 직업에 많구나'라는 생각보다는 **'이 분야에 이 유형이 많은 이유'가 무엇인지를 유형역동의 관점에서 정리해보기 바란다.**

'주기능', '부기능'을 중심으로 성과패턴 만들기

또 한 가지 고려해야 할 사항은 '주기능과 부기능을 중심으로 자신만의 성과패턴을 형성해나가고 있는지'를 확인해보는 것이다. 사람은 자신의 주기능과 부기능을 중심으로 능력을 발휘한다. 기업에서 성과관리를 주제로 코칭을 해보면, 성과가 나지 않는 핵심 원인을 단순히 자신의 '무능함'에서 찾는 사람들이 많다. **그러나 실제로는 '자신의 심리적 특성을 잘 활용하지 못하는 것'이 핵심 원인인 경우가 많다.** 필자가 코칭을 통해 하는 일은 그들의 심리적 특성에 맞는 성과패턴을 만들어주는 것이다.

무엇보다 주기능과 부기능을 중심으로 성과패턴을 형성하면 '자기효능감'이 높아진다. 자기효능감이란 자신의 능력과 효율성에 대한 자신감을 말한다. 자기효능감이 높은 사람들은 자신의 강점을 위주로 성과를 창출한다. 성과가 나지 않을 때 우리는 보통 약점에 집중한다. 주기능, 부기능이 아닌 3차기능, 열등기능에 집중하는 것이다. 그러나 약점을 보완하는 방식으로 문제에 접근하면 '심리적 위축감'을 느낄 가능성이 매우 높다. 오른손잡이가 왼손으로 일하는 상황을 떠올리면 이해가 쉬울 것이다.

챕터 17에서 보다 자세하게 설명하겠지만, 사람은 먼저 주기능과 부기능이 안정적으로 발달한 상태에서 3차기능, 열등기능을 건강하게 발달시킬 수 있다. 주기능과 부기능을 위주로 성과패턴을 형성하는 것이 중요한 이유다.

누군가에게 설명할 수 있을 정도로 자신의 성과패턴이 잘 정립되어 있다면 일 때문에 자존감이 심하게 낮아질 일은 없을 것이다. 성공과 실패의 원인을 보다 객관적으로 분석할 수 있기 때문이다. 적어도 성과가 나지 않는 이유를 단순히 자신의 '무능함'에서 찾지는 않게 될 것이다.

성격유형 자체가 역량이라고 볼 수는 없다. 같은 유형 간에도 역량에 있어서는 분명한 차이가 난다. 하지만 '역량이 발휘되는 과정'은 성격유형에 따라 매우 유사한 특징을 갖는다. 그래서 필자는 **성격유형을 존중하는 것'은 '역량을 발휘하기 위한 전제조건'이라는 점을 늘 강조한다.**

당신은 어떤가? 자신의 주기능과 부기능의 장점을 적절히 활용하면서 성과를 내고 있는가? 아니면 그저 열심히만 일하고 있는가? 본 챕터를 읽으면서 주기능과 부기능을 중심으로 자신의 성과패턴을 정리해보기 바란다. 그리고 자신의 역량을 극대화하기 위해서는 어떤 변화가 필요할지 생각해보기 바란다.

당신의 유능감은 당신만이 만들어갈 수 있다

주기능과 부기능을 중심으로 커리어를 디자인하고, 자신만의 성과패턴을 형성해나갈 때 가장 효과적인 결과들을 얻을 수 있을 것이다. 이것은 단순히 이론에만 근거해서 하는 말이 아니다. 필자는 이러한 원리를 대학과 기업에서 지속적으로 활용하고 있다. 그런 수많은 경험을 토대로 자신 있게 말할 수 있다. **자신의 주기능, 부기능을 중심으로 커리어를 만들어나갈수록 '유능감'과 '만족감'을 동시에 경험할 가능성이 매우 높아진다.**

만일 지금 자신의 일에 만족하지 못하고 있다면, 이번 챕터를 더 주의 깊게 읽어보기 바란다.

유의할 점

이번 챕터에서는 각 성격유형의 '일반적 특징'이 아닌, '업무와 관련된 강점과 약점'을 다룬다. 그러다 보니 약간 단정적이고 평가적인 어투로 표현된 부분이 없지 않아 있다. 그러한 표현은 각 유형의 변하지 않는 심리구조(주기능, 부기능, 3차기능, 열등기능)로 인해 나타나는 '일반적인 강점과 약점'을 표현한 것으로 이해하면 된다. 같은 유형 간에도 개인차가 있을 수 있으므로 그런 부분은 감안해서 읽어주기 바란다.

자, 그럼 각 유형의 주기능과 부기능을 바탕으로 커리어와 관련된 강점을 정리해보고, 그에 어울리는 대표적인 직업군을 살펴보자.

ISTJ(Si Te F Ne): 천천히 표준화된 절차에 따라 임무를 완수하는 사람

ISTJ - Si Te F Ne	
강점패턴 Si + Te	- 영웅(주기능) Si: 과거의 사실적 데이터를 기반으로 현재를 분석하고 유지하려 함. 사실 데이터에 집중함(꼼꼼하고 신중함) - 부모(부기능) Te: 논리를 근거로 자원을 체계적으로 조직하여 '현실적인' 문제를 해결할 수 있도록 영웅을 보완함

 # 업무와 관련된 강점
- 한번에 하나씩 제대로 정확하게 일을 처리하려 한다(신중하고 철저함).
- 표준화된 절차와 정책을 잘 따른다(전통적인 구조에서 일을 잘함).
- 사실과 세부사항을 다루는 일에 강하다.
- 책임과 역할이 주어지면 그에 대해 강한 책임의식을 가지고 열심히 일한다(직업윤리 의식이 확고함).
- 목표달성을 위해 끈기 있게 일에 집중한다. 효율성과 생산성을 중요시한다.
- 치밀한 계획을 세우고 일하기 때문에 마감 시한을 어기는 일이 없다(혹 그런 상황이 발생할 것 같으면 미리 일정을 조율한다).

약점패턴 F + Ne	- 소년·소녀(3차기능) F: 자신의 결정이 사람들에게 어떤 영향을 미치는지 잘 고려하지 못함 - 수치스러운 나(열등기능) Ne: 열린 사고방식으로 새로운 아이디어를 떠올리거나, 새로운 가능성을 인식하는 것에 매우 미숙함. 큰 그림을 그리고 미래의 비전을 그리는 것을 힘들어함

 # 업무와 관련된 약점
- 융통성이 부족하다는 평가를 많이 받는다(검증되지 않은 새로운 아이디어를 받아들이기 힘들어함). 융통성이 필요한 상황에서도 계획이나 일정에 집착할 수 있다.
- 나무(세부사항)를 잘 보지만, 숲 전체를 잘 보지 못한다. 세부사항에 집중하여 큰 그림을 놓치는 경우가 많으며, 자신의 결정이 주변 사람들에게 어떤 영향을 미칠지 예측하지 못해 문제가 생기기도 한다.
- 지나치게 업무 중심적이고 규칙에 얽매이는 경향이 있다. 다른 사람에게 도움을 청하거나 칭찬하는 일에 익숙하지 않다.
- 미래의 새로운 가능성을 가지고 도전하거나 위험을 감수하려 하지 않는다.
- 창의성을 요구하는 업무를 매우 힘들어한다.

ISTJ와 잘 맞는 직업

비즈니스 분야

- 회계사, 회계감사관, 준법감시인, 건축감리사, 원가관리사, 통계학자, 물류 매니저, 감정
  평가사, 기술문서 담당자 등
→ 표준화된 절차에 따라 꼼꼼하게 관리하는 일을 선호함. 일하는 방식이 제도화되어 있
  고, 책임과 역할이 분명한 일을 선호함. 눈에 보이는 상품이나 서비스를 생산하는 비즈
  니스를 선호함

서비스 분야

- 국세청 직원, 공무원, 직업군인, 공인중개사, 교도관, 화재 예방 전문가, 보호감찰관, 우
  편물 관리자, 환경감시원 등
→ 위계가 분명하며 일하는 방식이 제도화되어 있는 공무원이나 관리하는 일을 선호함(감
  독하고 지시하는 방식 선호). 사실과 세부사항을 바탕으로 실질적인 판단력을 발휘할 수
  있음

금융 분야

- 은행감독관, 조세감독관, 주식중개인, 부동산개발자, 신용분석가, 예산담당자, 원가관리
  사, 회계담당자 및 재무 책임자 등
→ 혼자 일하면서 분석하는 일을 선호함. 사실과 세부사항을 근거로 자신의 견해를 뒷받
  침하는 증거로 잘 활용하며 꼼꼼하고 치밀한 계산 능력을 발휘할 수 있음(숫자 감각이 뛰
  어난 사람이 많음)

교육 분야

- 교사(기술, 공업, 수학, 체육), 교장, 사서, 관리자, 기록관리자 등
→ 행정적인 영역을 잘 관리함(실질적인 방식의 시스템 구축). 교사로서는 실용적인 과목을
  선호하는 경우가 많음

보건의료 분야

- 수의사, 일반 외과의, 치과 의사, 간호행정가, 의료기관 행정가, 약사, 의무기록사 등
→ 의사로서 신중하고 치밀한 치료계획을 잘 제시함. 사실적인 정보를 잘 기억하기 때문
  에 기술적인 분야에 관심이 많음. 병원 내에서 행정적인 책임을 지는 관리자로서 정해
  진 시스템을 잘 운영함

ISFJ(Si Fe T Ne): 세심한 배려와 헌신을 바탕으로 자신의 책임을 다하는 사람

ISFJ - Si Fe T Ne	
강점패턴 **Si + Fe**	- 영웅(주기능) Si: 과거의 사실적 데이터를 기반으로 현재를 분석하고 유지하려 함. 사실 데이터에 집중함(꼼꼼하고 신중함) - 부모(부기능) Fe: 누군가에게 도움을 주고 친절을 베풀고자 하는 기능. 영웅을 보완하여 사람들의 '일상적 문제'를 돌보는 환경을 구축하려 함

업무와 관련된 강점

- 순차적이고 반복적인 절차를 따르는 업무에 능하다. 한번에 하나씩 정확하고 제대로 일을 처리하려 한다(집중력이 강함).
- 사실과 세부사항을 잘 다루며 상식적이고 현실적으로 판단한다.
- 책임과 역할이 주어지면 그에 대해 강한 책임의식을 가지고 열심히 일한다(직업윤리 의식이 확고함).
- 충성심이 강하고 전통적인 조직에 잘 적응한다(상급자에 대해 예의를 잘 지키고 지시된 사항을 준수하려 함).
- 동료나 부하에 대해서도 협조적이다. 사람들에게 봉사하는 것을 좋아한다.
- 치밀한 계획을 세우고 일하기 때문에 미감 시한을 어기는 일이 없다(혹 그런 상황이 발생할 것 같으면 미리 일정을 조율한다).

약점패턴 **T + Ne**	- 소년·소녀(3차기능) T: 논리적, 비판적으로 현실을 평가하는 것에 약함 - 수치스러운 나(열등기능) Ne: 열린 사고방식으로 새로운 아이디어를 떠올리거나, 새로운 가능성을 인식하는 것에 매우 미숙함. 큰 그림을 그리고 미래의 비전을 그리는 것을 힘들어함

업무와 관련된 약점

- 자신의 가치를 과소평가하는 경향이 있다. 자신의 요구를 강하게 주장하지 못한다.
- 비판에 민감하다. 긴장도가 높은 환경에서 스트레스를 받는다.
- 검증되지 않은 새로운 아이디어를 받아들이는 것을 꺼린다(새로운 방식에 빠르게 적응하지 못함). 미래의 새로운 가능성을 가지고 도전하거나 위험을 감수하려 하지 않는다. 창의성을 요구하는 업무를 매우 힘들어한다.
- 나무(세부사항)를 잘 보지만, 숲 전체를 잘 보지 못한다.
- 지나치게 많은 일을 떠맡는 경향이 있으며 과로할 상황에서도 자신의 어려움을 잘 표현하지 못한다.

ISFJ와 잘 맞는 직업

보건의료 분야

- 치과 위생사, 가정의, 간호사, 물리치료사, 의료기관 행정가, 의무기록사, 약사, 수의사, 간호조무사, 의료 및 치과 보조원, 교정치료사 등
→ 현실적이고 실용적인 방식으로 남을 돕는 일을 선호함. 보건의료 분야에 관심이 있을 경우 ISFJ에게는 매우 적합한 직업군이 될 수 있음(순차적이고 반복적인 절차 안에서 업무가 가능하며 어느 정도 독립적인 업무가 가능하기 때문)

사회복지 및 교육 분야

- 유치원 교사, 사서, 사회복지사, 상담가, 아동복지사, 초등학교 교사, 특수교육 교사, 종교 교육자, 학생 생활지도 상담사 등
→ 교육이나 봉사를 통해 타인을 돕고 사회에 기여하는 일에 흥미를 느끼는 경우가 많음. 자신의 기여가 인정되고 역할이 분명히 정해져 있는 조직에서 독립적으로 일하는 것을 선호함

비즈니스 및 서비스 분야

- 비서, 사무관리자, 고객 서비스 대행업자, 인사관리자, 회계 담당자, 신용상담가, 법률보조원, 가정보건 의료상품 판매원, 박물관 연구원, 장의사, 권리분석사 등
→ 일대일로 고객을 상대할 수 있는 일을 선호함. 업무를 조직하는 능력과 세부사항을 꼼꼼히 잘 챙기는 면으로 인해 비서, 보조업무, 고객 서비스 대행 등에서도 강점을 보임. 자신이 존경하고 좋아하는 사람일수록 더욱 헌신도가 높아지는 경향이 있음

크리에이티브 및 기술 분야

- 실내 장식가, 전기기사, 예술가, 음악가, 상품기획자, 공인중개사 및 부동산 브로커, 보석 세공사 등
→ 특히 일상생활과 관련된 실제적인 분야에서 고객의 요구를 세심하게 맞춰주는 능력이 발휘됨. 한 명의 고객에게 집중해서 꼼꼼하게 맞춰주는 능력이 뛰어남

ESTP(Se Ti F Ni): 뛰어난 임기응변 능력으로 실제적인 문제를 해결하는 사람

ESTP - Se Ti F Ni	
강점패턴 **Se + Ti**	- 영웅(주기능) Se: 현실적인 정보를 바탕으로 매우 활동적이고 도전적으로 문제에 접근하려 함. 융통성이 있으며 실제적인 문제를 선호함(추상적 No!) - 부모(부기능) Ti: 현실적 정보들을 논리로 해석하여 보다 손쉬운 해결방법을 찾을 수 있도록 영웅을 보완함

 # 업무와 관련된 강점
- 책상에 앉아서 하는 업무보다는 활동적인 업무에 능하다(에너지가 넘침).
- 순간순간 상황에 잘 대처하며 방향 전환이 빠르다. 유연하게 문제에 접근하며 틀에 얽매이지 않는다.
- 실용적인 문제해결 능력이 뛰어나다. 날카로운 관찰력과 기억력을 바탕으로 문제에 현실적으로 접근한다(추상적이지 않음).
- 차이를 인정하며 팀의 분위기를 즐겁고 신나게 만든다. 새로운 사람과도 쉽게 사귄다(개방적인 성격).
- 위기 상황에도 잘 적응한다(뛰어난 적응력). 해결해야 할 문제가 무엇인지, 현실적으로 필요한 것이 무엇인지 잘 판단한다.
- 논리적이지만 다른 사람의 제안을 일방적으로 판단하지 않는다(유연한 태도).

약점패턴 **F + Ni**	- 소년·소녀(3차기능) F: 자신의 결정이 사람들에게 어떤 영향을 미치는지 잘 고려하지 못함 - 수치스러운 나(열등기능) Ni: 이면의 의미, 추상적 개념, 직관적 통찰, 미래에 대한 내적 이미지를 형성하는 것 등에 매우 미숙함

 # 업무와 관련된 약점
- 타인의 감정에 둔감한 편이다. 말하기 전에 자신의 발언이 타인에게 미칠 영향을 고려해보라는 피드백을 종종 받는다.
- 장시간 혼자 일하는 것을 힘들어한다. 오랫동안 앉아서 깊이 생각하고 몰입해야 하는 일에서는 능력을 잘 발휘하지 못한다.
- 지나친 규율이나 관료주의를 싫어하며, 행정적인 절차나 규칙대로 하는 것을 힘들어한다. 충동적으로 행동하거나 쉽게 태만해지는 경향이 있다.
- 행동의 장기적인 결과를 보지 못하며, 현재 존재하지 않는 기회나 대안을 찾는 것을 어려워한다.
- 미리 준비하는 것을 싫어한다(시간 관리가 잘 안됨). 장기적인 목표를 세우고, 마감 시한을 맞추는 것을 어려워한다.

ESTP와 잘 맞는 직업

판매, 서비스 및 활동적인 분야

- 경찰관, 소방관, 형사, 수사관, 교도관, 응급구조원, 운동생리학자, 항공기 승무원, 운동용
품 판매원, 사설탐정, 개인 트레이너, 항공기관사, 카지노 매니저, 군 장교, 손해사정사 등
→ 활동적인 직업에서 만족감을 느끼는 경우가 많음(Se). 다양한 변화를 경험할 수 있고
다양한 배경을 가진 사람들과 교류하는 일을 선호하며, 급속히 변화하는 상황에서 냉
정함을 가지고 신속하게 대처. 논리성과 관찰력은 수사관이나 형사 같은 직업에서 잘
활용될 수 있음

금융 분야

- 재무상담가, 회계감사관, 주식중개인, 투자가, 보험설계사, 예산분석가
→ 상황이 빠르게 변화하고 위험부담이 있는 투자의 세계에 흥미를 느낌. 현실적이고 실
질적인 방법으로 문제해결을 즐김. 개방적이고 유연한 스타일은 고객을 확보하는 데 도
움이 됨

엔터테인먼트 및 스포츠 분야

- 스포츠 캐스터, 기자, 프로모터, 여행 가이드, 무용수, 바텐더, 경매인, 프로 운동선수 및
코치, 헬스 강사 및 트레이너, 연예기획사, 토크쇼 진행자, 배우
→ 재미와 흥미는 ESTP에게 필수적인 요소임. '지금 이 순간'의 경험과 활동을 통해 가장
깊은 몰입을 경험하는 타입. 사람들과 어울려 재미와 흥미를 느끼는 '활동'을 하는 분야
에서 능력을 발휘함

사업 및 수공업 분야

- 요리사, 전기기사, 전자공학 전문가, 물류 매니저, 토목기사, 방사선기사, 기계 엔지니어,
컴퓨터 게임 개발자, 시청각자료 전문가, 운동 생리학자, 사진작가, 건축감리사 등
→ 추상적이지 않은 실질적 대상을 가지고 일할 수 있는 분야를 선호함. 기계에 대한 이해
나 손재주가 뛰어남. 육체적인 활동을 즐김

ESFP(Se Fi T Ni): 융통성과 사교성을 바탕으로 상황에 잘 적응하는 사람

ESFP - Se Fi T Ni	
강점패턴 Se + Fi	- 영웅(주기능) Se: 현실적인 정보를 바탕으로 매우 활동적이고 도전적으로 문제에 접근하려 함. 융통성이 있으며 실제적인 문제를 선호함(추상적 No!) - 부모(부기능) Fi: 존중, 배려 등 인간 중심적 가치를 중시함. 주기능인 '영웅'을 보완하여 다른 사람의 요구에 맞추어 우선순위를 정함

업무와 관련된 강점

- 책상에 앉아서 하는 업무보다는 활동적인 업무에 능하다(에너지가 넘침).
- 순간순간 상황에 잘 대처하며 방향 전환이 빠르다. 유연하게 문제에 접근하며 틀에 얽매이지 않는다. 새로움과 다양성을 기쁘게 받아들인다(변화에 잘 적응함).
- 딱딱한 분위기를 부드럽게 만들고 다른 사람들을 즐겁게 해준다(즐겁고 활기차게 일함).
- 협조적인 구성원이 된다. 기본적으로 남을 배려하고 존중하고 협력하려 한다. 사교성이 좋고 유머러스하다.
- 상식에 입각하여 현실적으로 일을 처리한다. 실용적인 방법으로 문제에 접근한다.
- 예측 가능한 위험이라면 기꺼이 감수하고 새로운 방식을 시도하려 한다.

약점패턴 T + Ni	- 소년·소녀(3차기능) T: 논리적, 비판적으로 상황을 평가하는 것에 약함 - 수치스러운 나(열등기능) Ni: 이면의 의미, 추상적 개념, 직관적 통찰, 미래에 대한 내적 이미지를 형성하는 것 등에 매우 미숙함

업무와 관련된 약점

- 비판이나 부정적 피드백을 개인적으로 받아들인다. 지식적 논쟁과 갈등을 피한다. 사람들 사이의 감정 싸움이 일어났을 때 논리적으로 판단하는 것을 힘들어 한다.
- 즐거운 것에 너무 관심을 둔 나머지 업무를 완수하지 못한다. 시간 관리에 어려움을 느낀다(마감 기한을 잘 맞추지 못함). 미리 준비하는 것을 싫어한다.
- 문제를 깊이 검토하거나 장기적 영향을 고려하지 못하는 경향이 있다(문제의 이면에 있는 의미를 찾는 것에 약함). 현재 존재하지 않는 기회나 대안을 찾는 것을 어려워한다.
- 혼자 일하는 것을 힘들어한다. 오랫동안 앉아서 깊이 생각하고 몰입해야 하는 일에서는 능력을 잘 발휘하지 못한다.
- 지나친 규율이나 관료주의를 싫어하며, 행정적인 절차나 규칙대로 하는 것을 힘들어한다. 충동적으로 행동하거나 쉽게 유혹에 넘어가는 경향이 있다.

ESFP와 잘 맞는 직업

 # 교육 및 사회복지 분야

- 초등학교 교사, 보육사, 교사(예술, 음악, 체육), 운동 코치, 가정보건 담당 사회복지사, 아동복지사, 교육용 소프트웨어 개발자, 특수교육 교사 등
→ 어린이를 가르치는 교육 분야에서 만족감을 느끼는 경우가 많음. 초등학생 아이들의 활동성과 에너지, 학습의 다양성을 선호함. 또한 사람을 좋아하기 때문에 친절하고, 열정적인 교사가 많음

 # 보건의료 분야

- 응급실 의사 또는 간호사, 사회복지사, 개 조련사, 의료보조원, 치과 위생사, 간호조무사, 물리치료사, 마사지 치료사, 응급 구조대원, 방사선기사, 수의사 등
→ '실용적인 기능의 습득과 반복적 사용'을 잘하며 '남을 도울 수 있는 분야'에서 능력을 발휘함. 순간적인 대처가 빠르므로 위기 상황에서도 적응력을 잘 발휘함(응급실)

 # 엔터테인먼트 및 활동적인 분야

- 여행사 직원, 사진작가, 영화제작자, 음악가, 무용수, 코미디언, 이벤트 코디네이터, 화가, 일러스트레이터, 조각가, 의상 전문가, 비행교관, 연예 및 스포츠 에이전트, 만화가, 소방관, 경찰관 등
→ 자신이 하는 활동에서 재미와 흥미를 느끼기 원함. 또한 그 활동을 통해 남을 즐겁게 해주는 일을 선호함(예를 들어 자신이 여행을 즐기면서 고객이 원하는 여행지를 잘 찾아줌)

 # 서비스 분야

- 항공기 승무원, 비서, 접수 담당자, 웨이터 및 웨이트리스, 조경사, 주방장, 실내 장식가, 놀이치료사, 에어로빅 강사, 전지 제작자 등
→ 사람들과 접촉이 많고 그들에게 자신이 습득한 기술을 사용할 때 만족감을 느낌. 따뜻하고 친절한 면 때문에 사람들을 편안하게 해줄 수 있음

INTJ(Ni Te F Se): 추상적인 이론을 개념화하여 어려운 문제를 해결하는 사람

INTJ - Ni Te F Se	
강점패턴 **Ni + Te**	- 영웅(주기능) Ni: 직관적 통찰력으로 상황을 해석함(이면의 의미와 패턴에 주목). 추상적 개념을 토대로 미래의 비전을 그려나감(창의적, 혁신적) - 부모(부기능) Te: '영웅'을 보완하여 '추상적인' 생각을 개념화하고 표현할 수 있도록 도움. 미래의 비전을 논리적, 체계적인 방식으로 구조화

업무와 관련된 강점
- 미래 가능성과 이면에 있는 의미를 파악하는 능력이 있다.
- 복잡한 이론과 개념을 포함하는 지적인 도전을 즐긴다(철학자, 과학자의 느낌). 따라서 장시간 혼자서 생각하고 몰입하는 일을 잘한다. 독립적이고 자기주도적으로 일을 하는 타입이다.
- 명확한 사고, 논증, 논리, 관찰을 통해 문제를 객관적으로 검토하고 혁신적이고 창의적인 해결책을 제시한다. 시스템과 모델을 창조하여 문제를 해결한다.
- 자신의 논리에 입각한 주관이 뚜렷하다. 자신의 비전에 대한 자신감이 있다. 반대 의견에도 쉽게 흔들리지 않고 자신의 주장을 펼친다.
- 탁월하고자 하는 욕구가 강하며, 자신과 동료에 대해 높은 기준을 설정한다.
- 논리와 분석에 입각하여 의사결정을 내린다. 한번 내린 결정에 대해서는 매우 단호하고 결단력 있는 태도를 보인다.

약점패턴 **F + Se**	- 소년·소녀(3차기능) F: 자신의 말과 행동이 사람들에게 어떤 영향을 미치는지 잘 고려하지 못함(감정적, 정서적 부분 취약) - 수치스러운 나(열등기능) Se: 지금 현재 일어나고 있는 눈앞의 현실적 사항들을 고려하는 것에 매우 미숙함(사실적 정보를 잘 인식하지 못함)

업무와 관련된 약점
- 자신에게 하는 것만큼 다른 사람들에게도 높은 기준을 요구하고 밀어붙이는 경향이 있다. 자신에 비해 능력이 떨어진다고 생각되는 사람들과 일하는 것을 힘들어한다(기본적으로 동료를 칭찬하거나 좋은 평가를 하는데 인색함)
- 협업이 요구되는 경우에도 독립적으로 일하려고 한다. 특히 바쁜 상황에서 다른 사람에게 상황을 이해시키는 데 많은 시간을 쓰거나 칭찬과 감사 등 인간적인 대화를 해야하는 상황에서 차갑고 냉정한 태도를 보일 수 있다(대인관계 요령이나 대화 기술이 부족).
- 지나치게 이론적이어서 현실을 고려하지 못하는 경향이 있다. 그래서 변화가 사람들에게 미치는 영향에 대해 충분한 주의를 기울이지 않거나, 창조적인 시스템과 구조를 지나치게 많이 만들 수 있다(더 이상의 향상이 필요하지 않은 일도 향상시키려 함).
- 융통성이 없이 자신의 아이디어만 고집하는 경향이 있다. 자신의 내면에서 결정된 문제는 다시 검토하기를 꺼린다. 반대 의견에 대해 비판적인 태도로 일관하는 모습을 보인다.
- 세세한 일상에 대한 관심이 부족하다. 일상생활을 희생하면서까지 일에만 몰두하는 경우가 많다.

INTJ와 잘 맞는 직업

비즈니스 및 금융 분야

- 경제학자, 개인재무 상담사, 통신보안가, 국제금융인, 신용분석가, 애널리스트, 전략기획자, 회계 담당자, 감정평가사 등
→ 고도의 분석 능력과 지적인 역량을 잘 발휘할 수 있는 분야. 지적인 자극과 성장이 지속적으로 이루어질 수 있는 분야에서 만족감을 느낌. 전문가로서 인정받는 것을 선호함

기술 분야

- 과학자, 전자장비 기술자, 천문학자, 컴퓨터 프로그래머, 데이터 분석가, 정보 서비스 개발자, 자바 프로그래머 및 분석가, 컴퓨터 소프트웨어 엔지니어, 애플리케이션 설계자 등
→ 논리적인 구조를 세우고 독창적인 시스템을 개발하는 것에 흥미를 느낌. 빠르게 발전하는 첨단 기술 장비를 활용하여 자신만의 혁신적인 문제해결 능력을 발휘하는 것을 선호함

교육 분야

- 교사(수학, 컴퓨터, 과학), 대학교수, 학습 과정 설계자, 수학자, 인류학자 등
→ 보다 넓은 시각으로 복잡한 이론과 체계를 가르치는 일을 선호하기 때문에 초등학교나 중학교보다는 대학이나 대학원 교육에 더 끌리는 경우가 많음. 자신과 비슷한 수준의 지적인 사람들과 상호작용을 통해 지적인 자극을 받을 수 있는 환경에 끌림

전문직 분야

- 변호사, 경영 컨설턴트, 전략기획자, 투자 및 사업 분석가, 판사, 엔지니어, 금속 공학자, 변리사, 토목기사, 항공우주공학자, 핵공학자, 정신과 의사 등
→ 자신만의 독립적인 관점으로 기획하고 연구할 수 있는 일을 선호함. 미래지향적인 관점에서 장기 계획을 세우고 전략적인 체계를 만들 수 있는 분야에서 역량을 발휘함. 작은 조직에서 자신과 비슷한 능력의 사람들과 함께 일하는 것을 선호함

크리에이티브 분야

- 작가, 논설위원, 예술가, 발명가, 그래픽 디자이너, 건축가, 인포그래픽 디자이너, 칼럼니스트, 전시기획자 및 제작자 등
→ INTJ가 크리에이티브 분야에 흥미가 있을 경우 자신만의 독창적인 작품을 만들어내는 것에서 만족감을 느낄 수 있음. 독립적으로 일하면서 자신의 복잡한 생각을 직접 구조화하고 디자인하는 것을 선호함

INFJ(Ni Fe T Se): 인간에 대한 가치를 중심으로 창의적이고 혁신적인 아이디어를 제시하는 사람

INFJ - Ni Fe T Se	
강점패턴 **Ni + Fe**	- 영웅(주기능) Ni: 직관적 통찰력으로 상황을 해석함(이면의 의미와 패턴에 주목). 추상적 개념을 토대로 미래의 비전을 그려나감. 창의적, 혁신적 - 부모(부기능) Fe: '영웅'을 보완하여 자신과 타인의 잠재력을 깨우고 성장을 촉진할 수 있도록 환경을 구축하려 함(조용한 지지와 협력, 공감)

업무와 관련된 강점
- 가치 있다고 믿는 일에 깊이 헌신하려는 태도를 가지고 있다(의미와 목적의식을 중시하며 개인적 신념이 강함). 그러한 면으로 인해 타인으로 하여금 진정성을 느끼게 한다.
- 타인에 대해 순수한 관심을 가지며, 사람들이 성장하고 발전하도록 돕는 재능이 있다. 공감 능력이 뛰어나며 사람들의 이면에 있는 욕구를 잘 파악한다.
- 헌신과 열정으로 다른 사람을 격려하여 강요 없이 협조를 잘 이끌어낸다. 조용히 영향력을 발휘하여 의미와 목적의식을 고취시키는 환경을 조성하는 데 기여한다.
- 복잡한 개념을 잘 이해하며, 큰 그림을 보는 통찰력을 바탕으로 창의적이고 혁신적인 해결책을 제시한다. 미래 가능성과 이면에 있는 의미를 파악하는 능력이 있다.
- 장시간 혼자서 생각하고 몰입하는 일을 잘한다(독립적인 성향). 중요하다고 판단되는 프로젝트일수록 강한 집중력을 발휘한다.
- 생산적으로 목표를 달성하려는 욕구가 있으며, 조직적이고 체계적으로 일을 처리한다.

약점패턴 **T + Se**	- 소년·소녀(3차기능) T: 장기적인 비전과 계획, 혁신적 아이디어 등을 논리적으로 평가·분석하는 것에 미숙함 - 수치스러운 나(열등기능) Se: 지금 현재 일어나고 있는 눈앞의 현실적 사항들을 고려하는 것에 매우 미숙함(사실적 정보를 잘 인식하지 못함)

업무와 관련된 약점
- 아이디어의 실행 가능성이나 현실적인 면을 고려하는 것을 어려워한다. 현실적인 세부 사항들을 감안하여 본인의 견해를 객관적으로 평가하는 부분이 취약하다(대표적인 예로 일을 완료하는 데 얼마의 시간이 걸릴지에 대한 현실 감각이 떨어짐).
- 모든 일에 지나치게 의미 부여를 하면서 일의 효율성을 떨어뜨린다. 단순한 지시사항도 다르게 해석하거나 너무 복잡하게 받아들이는 경향이 있다.
- 자신의 관심사에만 깊이 빠져 외곬으로 빠지기 쉽다. 이러한 면으로 인해 자신의 가치와 충돌하는 업무에는 몰입도가 현저히 떨어지며, 한번 결정한 일을 다시 고려하거나 결론을 뒤집는 것을 꺼려한다(융통성 부족).
- 자신의 복잡한 아이디어를 단순하게 표현하는 것을 어려워한다(지나치게 복잡하거나 비유적인 방식이 많음).
- 경쟁적이거나 긴장도가 높은 환경에서 일하는 데 어려움을 느낀다. 자신의 부하 직원이라 할지라도 객관적이고 직접적인 방식으로 다루는 것을 어려워한다(비판적 견해나 껄끄러운 이야기는 전달하지 않으려 함).

INFJ와 잘 맞는 직업

상담 및 교육 분야

- 직업 상담사, 임상심리학자, 교사, 대학교수, 교육 컨설턴트, 사서, 특수교육 교사, 아동복
  지사, 약물중독 상담사, 사회학자, 교육 프로그램 책임자, 발달심리학자 등
→ 상담 및 교육 분야는 INFJ의 '인간에 대한 가치'를 구현할 수 있는 대표적인 분야라고
  볼 수 있음. 일대일 관계를 기본으로 하는 상호작용을 통해 사람을 돕고 성장시키는 일
  을 선호함. 연구와 학습을 통한 지속적인 성장을 추구함(학구적인 환경 선호)

종교 분야

- 사제, 목사, 승려, 수녀, 종교사업가, 종교 교육 책임자 등
→ 종교 분야는 개인적인 가치를 헌신과 소명으로 구현할 수 있는 분야임. 자신의 철학과
  신념을 타인과 나누는 일에서 깊은 만족을 느낄 수 있음

크리에이티브 분야

- 예술가, 극작가, 소설가, 시인, 실내 장식가, 잡지 편집자, 아트 디렉터, 멀티미디어 연출
  가, 다큐멘터리 영화 제작자, 전시기획자, 의류 생산 디자이너 등
→ 예술을 통해서 자신의 내면세계를 표현할 수 있으며, 사람들이 그 결과물을 통해 영향
  을 받을 때 만족감을 느낄 수 있음. 또한 독립적으로 일할 수 있고 업무 과정과 결과물,
  근무환경 등을 스스로 통제하는 것을 선호함

보건의료 및 사회복지 분야

- 의료기관 행정가, 사회복지단체 책임자, 사회과학자, 사회복지사, 정신건강 상담사, 대
  체의학자, 직업치료사, 기금조달 책임자, 법률중재인 등
→ 일을 통해 남을 돕는 일에 헌신할 수 있음. 자신과 가치가 잘 맞는 사람들과 소규모의
  조직에서 일하는 것을 선호함(고객, 동료와 긴밀한 일대일 관계를 맺으려고 함). 자신의 창의
  적인 접근 방식을 통해 도움을 주기 원함

비즈니스 분야

- 인적 자원 관리자, 마케팅 기획 담당자, 조직개발 컨설턴트, 기업 및 단체 교육 전문가,
  상품기획자, 자선 컨설턴트, 큐레이터, 재취업 컨설턴트 등
→ 비즈니스 분야는 INFJ가 전형적으로 끌리는 분야는 아님. 기업에서 일을 해야 할 경우
  에는 창의적인 관점과 아이디어를 통해 사람들에게 도움을 주는 분야를 찾으려는 경향
  이 있음(인간에 대한 가치, 의미, 목적의식)

ENTP(Ne Ti F Si): 독창적이고 창의적인 통찰력으로 새로운 가능성에 도전하는 사람

ENTP - Ne Ti F Si	
강점패턴 Ne + Ti	- 영웅(주기능) Ne: 열린 사고방식으로 다양한 혁신적 아이디어를 탐색함. 미래의 가능성에 초점을 두고 비전을 그리는 데 초점을 둠. 에너지와 열정이 넘침 - 부모(부기능) Ti: 주기능인 '영웅'을 보완하여 아이디어와 계획 실행이 과정을 논리적으로 분석하고 평가함

업무와 관련된 강점
- 기존의 틀을 깨는 새로운 가능성에 초점을 둔다. 새로운 방식으로 문제를 해결하는 데 탁월성을 보인다(다양한 관점으로 접근). 변화가 있을 시 쉽고 빠르게 방향전환이 가능하다(적응력이 좋음).
- 리스크를 감수하고 새로운 시도를 잘한다. 장애가 있을 시 전략적으로 극복해나간다. 본인의 능력 밖에 있는 일은 없다는 확신으로, '할 수 있다'는 태도를 가진다.
- 흥미롭게 자신의 주장을 표현할 줄 알며, 자신의 아이디어로 사람들을 자극할 수 있다(뛰어난 설득력). ENTP는 기본적으로 사교성이 좋으며(밝고 활기차고 유머러스함) 동시에 논리적이다(토론을 즐김).
- 관심 분야가 다양하고 새로운 것을 신속하게 흡수한다. 타고난 호기심을 바탕으로 새로운 정보를 흡수하는 기술이 뛰어나다. 자신의 지식을 계속 확장하고자 한다.
- 전체 맥락을 잘 읽어내며 문제의 이면에 있는 의미를 잘 파악한다.
- 동시에 여러 가지 일을 처리하는 능력이 있다.

약점패턴 F + Si	- 소년·소녀(3차기능) F: 다른 사람의 감정을 배려하는 것에 미숙함 - 수치스러운 나(열등기능) Si: 현실적 한계를 고려하는 것에 매우 미숙함(사실적 세부사항 간과). 체계적으로 계획을 수립하고 실행하는 것에 매우 미숙함

업무와 관련된 약점
- 가능성에만 집중하다가 현실적인 정보들을 간과하는 경향이 있다(물리적, 재정적, 시간적 한계 간과). 또한 세부사항을 놓치는 경우가 많다.
- 조직적이고 체계적으로 일하는 것을 어려워한다. 또한 새로운 가능성에 열려 있다 보니 우선순위를 정하고 끝까지 마무리하는 것을 힘들어한다(계획이 자주 바뀜).
- 단순 반복적인 일을 매우 싫어해서 잘 집중하지 못한다. 판에 박히거나 전통적인 방식으로만 일하는 것을 못 견딘다.
- 창의적인 문제해결 부분이 마무리되면 프로젝트에 대한 관심과 흥미가 급격하게 떨어진다. 프로젝트를 완결하기 위한 세부사항에서는 쉽게 지루해하고 딴 길로 새려는 경향이 있다.
- 상상력이 부족한, 고지식한 사람과 일하는 것을 매우 답답해하며, 종종 그런 사람들과 마찰을 일으키기도 한다(감정을 배제한 직설적 어투로 상대방에게 본의 아닌 상처를 주기도 함).

ENTP와 잘 맞는 직업

기업 활동 및 비즈니스 분야

- 기업가, 발명가, 경영 컨설턴트, 벤처 투자가, 사진작가, 저널리스트, 식당 및 바 주인, 배우, 변호사, 판매 중개인, 옴부즈맨, 인사노무 전문가 등
→ 새롭고, 유연하고, 변화하는 업무 환경을 창출하는 능력이 뛰어남. 논리와 창의적인 접근 방식으로 가능성에 도전하고 문제를 해결하는 업무를 선호함

마케팅 및 크리에이티브 분야

- 광고 크리에이티브 디렉터, 홍보 전문가, 마케팅 기획자, 스포츠 마케터, 토크쇼 사회자, 프로듀서, 잡지 아트 디렉터, 웹 마케터, 영화감독 및 연출가, 칼럼니스트, 비평가 등
→ 창의적인 관점을 가진 다른 사람들과 관계를 맺을 수 있고, 자신의 아이디어를 개발하여 실행할 수 있는 분야를 선호함. 시장의 동향을 잘 파악하며, 호기심과 상상력이 자극되는 일에서 능력을 잘 발휘함

기획 및 개발 분야

- 전략기획자, 인사시스템 개발자, 공인중개사, 부동산개발자, 투자 브로커, 컴퓨터 분석가, 산업 디자인 관리자, 개인금융 자문역, 투자은행 직원, 도시계획자 등
→ 동향을 예측하고 혁신적인 해결책을 잘 제시함. 기획 및 개발의 장점과 성공 가능성에 대해 뛰어난 설득력을 발휘할 수 있음

정치 분야

- 정치인, 정책 매니저, 정치분석가, 사회과학자 등
→ 동향과 대세, 여론의 흐름을 잘 읽어내며 토론에도 능력을 발휘할 수 있음. 영향력이 있는 사람과 우호적인 관계를 잘 형성함(ENTP는 영향력이 있는 사람에게 끌리는 경향이 있음). 원대한 비전과 혁신적 아이디어를 제시하는 대중 연설에서 능력을 발휘할 수 있음

ENFP(Ne Fi T Si): 창의성, 열정, 따뜻함을 바탕으로 긍정적 가능성을 열어주는 사람

ENFP - Ne Fi T Si	
강점패턴 **Ne + Fi**	- 영웅(주기능) Ne: 열린 사고방식으로 다양한 혁신적 아이디어를 탐색함. 미래의 가능성에 초점을 두고 비전을 그리는 데 초점을 둠. 에너지와 열정이 넘침 - 부모(부기능) Fi: 존중, 배려 등 인간 중심적 가치를 중시함. 주기능인 '영웅'을 보완하여 다른 사람들의 가능성과 잠재력을 깨우는 것을 도우려 함

업무와 관련된 강점
- 기존의 틀을 깨고 열정적으로 새로운 가능성을 찾는다. 위험을 감수하고 새로운 시도를 한다. 기본적으로 '불가능은 없다'는 태도를 가지고 있다.
- 다양성을 추구하며, 즐겁게 협력할 수 있는 분위기를 잘 조성한다(밝고 활기차며 유머러스함). 의사결정의 과정에서 사람들에게 미치는 영향까지 고려하는 안목이 있다.
- 의사소통 능력이 뛰어나고 다른 사람의 열정을 불러 일으키는 재능이 있다. 사람들의 요구와 동기를 잘 파악한다(사람을 이해하는 통찰력이 뛰어남).
- 큰 그림을 볼 수 있고 행동, 아이디어의 이면에 있는 의미를 잘 파악한다.
- 관심 분야가 다양하고, 흥미 있는 일은 빠르게 배운다. 타고난 호기심을 바탕으로 새로운 정보를 흡수하는 기술이 뛰어나다.
- 창의적이고 유연하게 문제에 접근하며, 필요시 방향과 속도를 빠르게 조절하는 적응력이 있다.

약점패턴 **T + Si**	- 소년·소녀(3차기능) T: 자신의 아이디어에 대해 논리적으로 분석하는 것에 미숙함 - 수치스러운 나(열등기능) Si: 현실적 한계를 고려하는 것에 매우 미숙함(사실적 세부사항 간과). 체계적으로 계획을 수립하고 실행하는 것에 매우 미숙함

업무와 관련된 약점
- 경직된 분위기에서 일하는 것을 힘들어한다. 논리적인 토론을 불편해하며 부정적 피드백에 대해 개인적으로 반응하는 경향이 있다(인간관계가 좋지 않을 시 업무 능률이 급격히 저하됨).
- 가능성에만 집중하다가 현실적인 정보들을 간과하는 경향이 있다(물리적, 재정적, 시간적 한계 간과). 또한 세부사항을 놓치는 경우가 많다.
- 조직적이고 체계적으로 일하는 것을 어려워한다. 또한 새로운 가능성에 열려 있다 보니 우선순위를 정하고 끝까지 마무리하는 것을 힘들어한다(계획이 자주 바뀜).
- 단순 반복적인 일을 매우 싫어해서 잘 집중하지 못한다. 판에 박히거나 전통적인 방식으로만 일을 하는 것을 못 견딘다.
- 창의적인 부분이 마무리되면 프로젝트에 대한 관심과 흥미가 급격하게 떨어진다. 프로젝트를 완결하기 위한 세부사항에서는 쉽게 지루해하고 딴 길로 새려는 경향이 있다.

ENFP와 잘 맞는 직업

크리에이티브 분야

- 저널리스트, 시나리오 작가, 칼럼니스트, 개성파 배우, 음악가 및 작곡가, 실내 장식가, 예술가, 교육용 소프트웨어 개발자, 멀티미디어 연출가, 만화가, 전시기획자 등
→ 새롭고 독창적인 접근 방식을 지속적으로 활용할 수 있는 환경에서 능력을 발휘함. 특히 다른 사람들과 함께 협력하면서 영감을 얻는 환경을 선호함(상호작용을 통해 에너지가 충전됨). 자유롭고 유연한 작업 환경을 선호함

마케팅 및 기획 분야

- 홍보 전문가, 마케팅 컨설턴트, 광고기획자, 카피라이터, 잡지 편집자, 아트 디렉터 등
→ 큰 그림을 볼 수 있고 이면의 의미를 잘 파악하기 때문에 어떤 아이디어나 서비스가 사람들에게 미치는 효과를 쉽게 파악할 수 있음. 사람들의 요구를 계획 속에 반영하고 인간적인 면을 고려해 혁신적인 해결책을 제시하는 경우가 많음. 홍보 전문가로서 한 조직의 대변인이 되는 것에서 의미를 느낄 수 있음

교육 및 상담 분야

- 특수교육 교사, 교사(미술, 희곡, 음악, 영어), 아동복지사, 약물중독 상담사, 사회복지사, 직업 상담사, 성직자, 재활상담사, 교육 심리학자, 상담 심리학자, 자선 컨설턴트 등
→ 사람들에게 긍정적인 영향을 주는 것에서 만족을 느낌. 사람들이 새롭고 독창적인 해결책을 찾도록 돕고 긍정적인 변화를 일으키는 것에서 의미를 찾음. 따뜻하고 열정적이고 창의적인 상담가, 교육자가 많음

보건의료 및 사회복지 분야

- 영양사, 대체의학자, 마사지 치료사, 물리치료사, 법률 중재자, 공중보건 교육자 등
→ 남을 도울 수 있을 뿐 아니라 독립성과 유연성이 보장되고 자기 관리가 가능한 일에서 만족감을 느낌

비즈니스 분야

- 컨설턴트, 발명가, 인적 자원 관리자, 인력 개발 전문가, 컨퍼런스 기획자, 고용 개발 전문가, 상품기획자, 기업 및 단체 교육 전문가, 재취업 컨설턴트, 인사채용 담당자 등
→ 자신이 원하는 프로젝트를 골라서 함께 일하고 싶은 사람과 일하는 것을 선호함. 사람들에게 영향을 주는 아이디어를 제시하고 실현하기 원함. 특히 상품보다는 무형의 서비스나 아이디어를 파는 것을 선호함. 규제와 규칙, 표준화된 업무를 선호하지 않으므로 기업조직에 들어가는 것을 꺼리지만, 만약 들어가게 된다면 사람을 성장시키는 일을 하면서 의미를 발견할 수 있음

ISTP(Ti Se N Fe): 논리적 분석과 실용성을 바탕으로 문제를 해결하는 사람

ISTP - Ti Se N Fe	
강점패턴 Ti + Se	- 영웅(주기능) Ti: 자신만의 논리체계로 상황을 관찰하고 분석하는 데 초점을 둠. 심사숙고하는 관찰자, 초연한 분석가 - 부모(부기능) Se: 주기능인 '영웅'을 보완하여 당면해 있는 현실에 초점을 두고 상황을 분석하도록 도움(현재 사실과 세부사항 활용). 실용적이고 유연한 방식(융통성)으로 문제에 접근

업무와 관련된 강점
- 규율이 많지 않은 유연한 업무 환경에서 실용적이고 논리적인 방식으로 일할 때 자신의 기량을 가장 잘 발휘한다.
- 긴급한 상황에서도 당황하지 않고 침착하고 냉정하게 대응하며 실용적인 해결책을 제시한다. 갑작스러운 변화에도 잘 적응한다.
- 추상적 이론이나 새로운 아이디어보다는 현실적이고 사실적인 정보를 중심적으로 문제에 접근하여 실제적인 문제를 해결하는 데 초점을 둔다(실용적, 상식적으로 현재 상황에 대응).
- 관찰력이 뛰어나고 사실적인 세부사항들을 잘 기억한다. 또한 그러한 사항들을 논리적으로 분류해서 질서를 부여할 수 있다.
- 구체적으로 무엇을 해야 할지, 또 어떤 자원이 필요할지를 잘 파악한다. 이용 가능한 자원을 잘 활용할 줄 안다.
- 손과 장비를 사용하는 일을 좋아한다.

약점패턴 N + Fe	- 소년·소녀(3차기능) N: 미래 가능성이나 새로운 아이디어를 떠올리는 것에 미숙함. 이면의 의미나 패턴을 읽는 것에 미숙함 - 수치스러운 나(열등기능) Fe: 사람들의 감정적 요구에 적절히 반응하는 것에 매우 미숙함(상호작용과 대인관계에 매우 취약함)

업무와 관련된 약점
- 어떤 행동에 대한 장기적인 결과를 예측하는 것을 어려워한다. 미래의 가능성과 선택 사항을 예측하는 데 어려움을 느낀다.
- 장기적인 목표를 세우고 미리 계획하고 준비하는 면이 취약하다. 그래서 시간 관리에 어려움을 겪을 때가 많으며 마감 기한을 잘 맞추지 못한다.
- 추상적이고 복잡한 이론을 습득하는 데 인내심이 부족하다. 흥미가 없는 영역에 대해서는 쉽게 지루해하고 집중하지 못한다. 프로젝트에 따라 심각한 역량 차이를 보일 수 있다.
- 독립적인 성향이 매우 강하고, 지나친 규율이나 계층적인 조직을 싫어한다. 또한 행정적인 세부사항과 절차를 잘 견디지 못한다.
- 다른 사람의 요구와 감정에 둔감하다. 대화를 통한 의사소통에 관심이 별로 없다(다른 사람들과 생각을 잘 공유하지 않아서 무관심한 것처럼 보임).

ISTP와 잘 맞는 직업

판매, 서비스 및 활동적인 분야

- 경찰관, 교도관, 카레이서, 조종사, 첩보원, 소방관, 측량기사, 스포츠 장비 및 상품 판매원, 사립탐정, 학교 운동부 코치, 사진작가, 범죄학자 등
→ 조직의 규율에 의해 제한을 받지 않고, 자연스럽게 발생하는 상황에서 즉흥적으로 행동하는 것을 선호함. 손과 장비를 사용하거나 신체활동을 즐기는 경우가 많음. 논리와 실용성을 고려해 실제적 문제를 해결하는 것을 선호함

기술 분야

- 토목기사, 전자제품 전문가, 정보 서비스 개발자, 소프트웨어 개발자, 물류 담당자, 컴퓨터 프로그래머, 시스템 유지 운용자, 정보처리기사, 지질학자, 정보통신 전문가 등
→ 사물의 작동원리를 파악하고 활용하는 것을 선호함(사실적 정보활용 능력 + 논리 분석력)

보건의료 분야

- 방사선 기술자, 응급 구조대원, 운동 생리학자, 치과 위생사, 응급실 전문의, 수송 코디네이터 등
→ 정밀함과 고도의 기계적 감각, 그리고 진단 장비를 운용하고 유지하는 데 필요한 집중력이 뛰어남

경영 및 금융 분야

- 증권분석가, 구매대행인, 은행원, 경제학자, 법률보조원, 원가관리사, 기계공학자, 손해사정인 등
→ 실용적이고 숫자에 강하며 복잡한 자료를 논리적으로 분류해서 질서를 부여할 수 있음. 근무환경이 유연하고 자율적으로 일하는 것이 가능할수록 업무성과가 높아질 수 있음

INTP(Ti Ne S Fe): 논리적 분석과 창조적 관점으로 복잡한 문제를 해결하는 사람

INTP - Ti Ne S Fe	
강점패턴 **Ti + Ne**	- 영웅(주기능) Ti: 자신만의 논리체계로 상황을 관찰하고 분석하는 데 초점을 둠. 심사숙고하는 관찰자, 초연한 분석가 - 부모(부기능) Ne: 주기능인 '영웅'을 보완하여 아이디어와 미래 가능성, 패턴 등에 초점을 두고 지적 호기심을 자극함. 열린 사고방식으로 다양한 혁신적 아이디어를 탐색(유연한 사고방식)

업무와 관련된 강점

- 매우 복잡하고 추상적인 자료나 아이디어를 이해하는 능력이 있다. 그러한 정보들을 자신만의 논리로 분류하고 종합할 수 있다. 복잡한 문제를 해결하기 위해 합리적으로 접근할 수 있을 때 일을 잘한다.
- 문제를 사적으로 받아들이지 않고 객관적으로 분석하고 파악한다. 한 가지 사안에 대해 깊이 분석하고 평가하는 경향이 있다.
- 합리적인 이유가 있으면 리스크를 감수하고 새로운 시도를 하려 한다. 변화에 대한 적응력도 좋은 편이다. 위기 상황에서도 침착하고 냉정한 모습을 유지한다.
- 기존의 틀을 깨는 새로운 가능성에 주목하며, 창의적으로 문제를 해결한다. 관례나 규칙을 벗어나서 일하고 생각하는 경향이 있다. 자신의 아이디어와 비전에 자신감이 있다.
- 전체 맥락을 잘 읽어내며 문제의 이면에 있는 의미를 잘 파악한다.
- 전략적인 관점으로 장기적인 계획을 세우고 근본적인 문제를 해결하려 한다. 논리에 근거한 시스템을 설계하는 능력이 있다.

약점패턴 **S + Fe**	- 소년·소녀(3차기능) S: 현실적이고 실용적인 측면을 고려하는 것에 미숙함 (구체적인 실행으로 이어지지 못함) - 수치스러운 나(열등기능) Fe: 사람들의 감정적 요구에 적절히 반응하는 것에 매우 미숙함(상호작용과 대인관계에 매우 무관심)

업무와 관련된 약점

- 다른 사람에게 미치는 영향을 고려하지 않고 너무 논리적이고 비판적으로 접근하는 경향이 있다(비판을 할 때 타인에게 미치는 영향을 고려하지 않아서 종종 인간관계에 문제 발생).
- 다른 사람의 요구와 감정에 둔감하다. 다른 사람들과 생각을 잘 공유하지 않아서 업무에 문제가 발생하는 경우가 있다.
- 독립적인 성향이 강하고, 지나친 규율이나 계층적인 조직을 싫어한다(정해진 역할과 위계를 별로 존중하지 않는 경향). 또한 행정적인 세부사항과 절차에 둔감하며, 단순 반복적인 업무를 싫어한다.
- 조직적이고 체계적으로 일하는 것을 어려워한다. 지나치게 이론에 집중하다가 현실적인 세부정보들을 간과하거나 놓칠 수 있다. 마감 시한을 지키는 것을 힘들어한다.
- 논리와 창의성을 발휘할 필요가 없는 단순 업무에서는 싫증을 느낀다. 프로젝트의 성격에 따라 현저한 역량 차이를 보일 수 있다.

INTP와 잘 맞는 직업

컴퓨터 및 기술 분야

- 컴퓨터 프로그래머, 연구원, 개발전문가, 전략기획자, 경영 컨설턴트, 개인금융 자문역, 웹 마스터, 웹 구축 전문가, 애널리스트, 비즈니스 분석가 등
→ 복잡한 시스템을 이해하고 시스템의 오류와 단점을 제거하는 능력을 발휘할 수 있음

보건의료 및 의료기술 분야

- 신경과학자, 물리학자, 성형외과 의사, 약사, 과학자, 제약연구원, 수의사, 유전학자 등
→ 복잡한 개념을 다룰 수 있고, 끊임없이 배울 수 있으며, 추론 능력을 활용할 수 있음. 또한 독립적으로 일할 수 있음

전문직 및 서비스 분야

- 변호사, 경제학자, 심리학자, 심리분석가, 건축가, 수사관, 변리사, 정신과 의사, 사업분석가 등
→ 논리적 사고와 혁신적 접근 방식을 사용해서 복잡한 문제를 해결할 수 있음. 어떤 요소나 사건이 시스템 전체에서 어떤 역할을 하는지를 분석하는 능력을 발휘할 수 있음

학술 분야

- 수학자, 고고학자, 역사학자, 철학자, 대학교수, 연구원, 논리학자, 천문학자 등
→ 혼자 일하면서 자신의 통찰을 지적인 동료와 나누는 것을 선호함. 자신만의 창조적 관점으로 탐구하고 사유하는 일에서 만족을 느낌. 지나친 규칙과 관료주의가 없는 곳에서 최고의 능력을 발휘함

크리에이티브 분야

- 사진작가, 예술가, 연예인, 무용수, 음악가, 에이전트, 발명가, 인포그래픽 디자이너, 칼럼니스트, 평론가, 프로듀서, 영화감독 및 연출가, 필름 편집자 등
→ 혼자 일하거나 소수의 재능 있는 사람들과 함께 일하면서 독창적인 창작물을 만들어 내는 일을 선호함

ESTJ(Te Si N Fi): 논리적, 체계적, 진취적으로 실제적인 결과를 성취해내는 사람

ESTJ - Te Si N Fi	
강점패턴 **Te + Si**	- 영웅(주기능) Te: 자원을 체계적으로 조직하여 목표를 달성하려 함. 당면한 문제를 도전적이고 전략적으로 해결하는 데 초점을 둠(추진력, 진취적). 결단성, 자기주장 강함, 행동지향적 - 부모(부기능) Si: 주기능인 '영웅'을 보완하여 '현실적인 정보'를 바탕으로 체계적이고 '실용적인 계획'을 세울 수 있도록 도움

 # 업무와 관련된 강점
- 현실적이고 성과 지향적이다. 초지일관 조직의 목표를 향해 나아간다. 추진력도 뛰어나다.
- 조직적이고 체계적으로 일한다. 목표에 맞게 사람과 자원을 효율적으로 조직한다. 미리 짜여진 계획과 절차에 따라 프로젝트를 관리한다. 마감 기한을 넘기는 일이 없다.
- 명확한 논리를 근거로 과업을 정의하고, 표준화된 작업 절차를 확립한다(이미 확립된 것이 있다면, 그 순서와 절차를 잘 따른다). 논리적으로 맞지 않거나 효율성이 떨어지는 요인을 잘 파악한다.
- 분명하고, 구체적이며, 정확하게 피드백이나 의견을 전달한다. 본인의 생각을 단도직입적이고 간단명료하게 표현한다.
- 책임감이 강하며, 자신의 의무를 성실하게 이행한다(분명한 직업윤리를 갖고 있음). 분위기에 휩쓸리지 않고 냉철하게 일을 진행한다.
- 위계가 분명하고 일의 절차가 표준화되어 있는 전통적인 조직에서 일을 잘한다.

약점패턴 **N + Fi**	- 소년·소녀(3차기능) N: 계획 실행이 가져올 장기적인 파급효과와 새로운 가능성을 고려하는 것에 미숙함. 이면적 의미와 패턴을 잘 읽지 못함 - 수치스러운 나(열등기능) Fi: 인간적, 감정적인 영향을 고려하는 것에 매우 미숙함(공감, 동정, 자비와 같이 '논리가 결여된' 인간적 가치나 감정을 중요시하지 않음)

 # 업무와 관련된 약점
- 검증되지 않은 새로운 아이디어를 수용하는 것을 꺼린다. 기존의 틀을 깨는 변화에 대해 불편해한다(보통 논리적인 근거를 들어 저항한다).
- 현재의 필요에만 초점을 두고 미래의 가능성을 잘 보지 못한다. 진행되는 작업을 효율적으로 관리하고 유지·보존하는 일에는 능력을 보이지만, 장기적인 비전과 전략을 세우고 실행하는 일에는 취약하다.
- 목표를 추구하는 과정에서 다른 사람들의 입장을 고려하지 못하여 인간관계에서 문제가 발생하는 경우가 많다. 어떤 정책이나 결정이 사람들에게 미칠 영향에 대해 잘 고려하지 못한다.
- 타인의 감정을 잘 고려하지 못한다. 표준화된 절차를 따르지 않거나 꼼꼼하지 못한 사람들을 직설적인 언어로 지적하거나 감정에 호소하는 사람들의 의견을 듣지 않는 경향이 있다.
- 반대 의견에 귀 기울이지 않는 경향이 있다.

ESTJ와 잘 맞는 직업

판매 및 서비스 분야

- 보험설계사, 부동산 영업사원, 군 장교, 공무원, 보안요원, 약품 영업사원, 경찰관, 교도 관, 손해사정사, 신용분석가, 원가관리사, 건축감리사, 호텔 지배인 등
→ 표준 절차에 따라 현실적인 프로젝트를 수행하는 것을 선호함. 실제 물건을 파는 일은 즉각적이고 분명한 결과를 성취할 수 있음. 특히 자신이 통제하고 지시할 수 있는 일을 선호함

기술 및 노동 분야

- 기계 엔지니어, 컴퓨터 분석가, 회계감사관, 임상기술자, 내부감사인, 기술 코치, 법률보 조인, 시스템 관리자 등
→ 실제적인 기술과 기계를 다루는 일을 선호함. 또한 정보를 수집, 정리하여 논리적으로 분석하고 연역적으로 추론하는 데 능력을 발휘함. 조직적인 업무 스타일도 잘 맞을 수 있음

경영 분야

- 프로젝트 관리자, 공장 감독관, 준법감시인, 예산 담당자, 최고 정보 책임자, 경영 컨설 턴트, 물류와 공급 매니저, 건설 책임자, 최고 재무 책임자 등
→ 표준화된 절차를 중심으로 통제하고 관리하고 평가하는 일을 선호함(지시, 감독, 평가 선호)

전문직 분야

- 판사, 기술 교사, 치과 의사, 기계공학자, 변호사, 전기기사, 산업기사, 교장 등
→ 제도화된 기관의 권위 있는 자리에서 일할 수 있는 직업을 선호함. 실질적인 영역을 다 루는 기술 분야에서 논리적 사고를 잘 사용할 수 있음

ENTJ(Te Ni S Fi): 논리적, 전략적, 체계적으로 혁신적인 결과를 성취해내는 사람

ENTJ - Te Ni S Fi

강점패턴 Te + Ni	- 영웅(주기능) Te: 자원을 체계적으로 조직하여 목표를 달성하려 함. 당면한 문제를 도전적이고 전략적으로 해결하는 데 초점을 둠(추진력, 진취적). 결단성, 자기주장 강함, 행동지향적 - 부모(부기능) Ni: '직관적 통찰력'으로 '영웅'을 보완하여 '장기 계획'과 '비전'을 세우고 '전략'을 개발하도록 도움(현재와 미래 속에 내재된 패턴과 가능성 파악)

업무와 관련된 강점
- 문제에 대한 장기적 비전을 그리고 큰 그림의 관점에서 전략적으로 접근하는 능력이 있다(미래 가능성과 이면에 있는 의미를 파악할 수 있음).
- 비전을 착안한 다음 그것을 달성하기 위한 시스템과 모델을 만들어내는 능력이 있다(장기적 관점에서의 전략적 구조화). 자신의 생각을 개념화할 수 있다.
- 복잡한 문제에 대한 이해를 잘한다(종합적인 관점에서 문제를 파악). 복잡한 프로젝트나 문제에 도전하는 것을 선호한다.
- 결단력이 강하고, 목표에 맞게 사람과 자원을 전략적으로 조직한다(체계적). 문제를 논리적, 객관적으로 분석하는 능력이 있다(논리적 의사결정).
- 자신감을 바탕으로 프로젝트를 주도하려 하며, 성공에 대한 열망이 강하다. 능숙하게 일을 처리하고 탁월해지려는 열의 또한 높다(높은 기준을 가지고 있음).
- 토론에 강하다. 감정에 치우치지 않으며, 자신의 생각을 논리적으로 개념화해서 표현하는 능력이 있다. 기존의 방식에 대해 토론하고 노선을 개선할 기회를 원한다(혁신과 개선).

약점패턴 S + Fi	- 소년·소녀(3차기능) S: 목표를 달성하기 위해 필요한 세부사항과 단계들을 고려하는 것에 미숙함 - 수치스러운 나(열등기능) Fi: 인간적, 감정적인 영향을 고려하는 것에 매우 미숙함 (공감, 동정, 자비와 같이 '논리가 결여된' 인간적 가치나 감정을 중요시하지 않음)

업무와 관련된 약점
- 친밀한 관계, 공감에 대한 다른 사람의 욕구를 간과한다. 자신이 생각하는 비전과 목표에 대한 부분만 강조하며 사람들을 압박하거나 통제하려는 경향이 있다.
- 자신의 복잡한 생각을 이해하지 못하거나 빠르게 따라오지 못하는 사람들에 대한 배려가 부족하다. 자신의 생각을 부드럽고 세심하게 표현하는 것이 서투르며 다른 사람들이 충분히 이해할 때까지 기다리는 인내심이 부족하다.
- 동료들의 생각에 대해 충분한 시간을 들여 듣지 않는 경향이 있다. 그러다 보니 성급하게 결정하고 진행하는 듯한 느낌을 줄 때가 많다.
- 해결책을 제시할 때 중요한 세부사항을 고려하지 못할 때가 있다(기본적으로 세부사항에 대한 관심이 부족). 또한 지나치게 결과 중심적이어서 문제해결 과정의 중요성을 간과하는 경우가 있다.
- 칭찬이나 격려에 인색하다. 특히 업무로 바쁠 때 프로젝트에 열중하여 팀 동료들의 개인정보나 감정상태 등을 파악하지 못하는 경우가 많으며, 그러한 요소들이 팀 전체의 성과를 떨어뜨리고 있다는 점을 인지하지 못할 때가 있다.

ENTJ와 잘 맞는 직업

비즈니스 분야

- CEO, 임원, 간부, 인사채용 담당자, 기술 코치, 경영 컨설턴트, 물류관리 컨설턴트, 영업 관리자, 무대 연출가, 인적 자원 관리자, 프로젝트 매니저, 공인중개사, 점장 등
→ 사고능력을 활용하여 장기적 계획을 세우고 목표를 달성하는 일을 선호함(기본적으로 기업세계와 잘 맞음). 권위와 권한이 있고 통솔력을 발휘하는 위치를 선호함. 공정한 판단을 내리고 전략적인 정책을 수립하는 것을 선호함

금융 분야

- 경제분석가, 개인 재무 상담사, 기업 재무 담당 변호사, 국제금융인, 경제학자, 최고 재무 책임자, 회계 담당자, 벤처 투자가, 주식중개인 등
→ 금융 분야의 치열한 경쟁 환경에 빠르고 쉽게 적응함. 전략적인 능력으로 높은 성과를 내고 커다란 보상을 받을 수 있을 때 만족감을 느낌. 핵심적인 부분에 집중할 수 있고 단순 업무나 정리 등은 위임할 수 있는 일을 할 때 최상의 능력을 발휘함

컨설팅 및 트레이닝 분야

- 경영 컨설턴트, 교육 컨설턴트, 프로그램 디자이너, 고용 개발 전문가, 노사관계 전문가, 기업교육 전문가, 정치 컨설턴트 등
→ 컨설팅 분야의 독립성과 다양성을 선호함. 경영컨설팅 쪽에서 두각을 나타내는 경우가 많고, 전문성과 강의력을 갖춘 강사가 되는 경우도 많음. 성장 욕구가 높은 사람들에게 능력을 개발하는 법을 가르치는 것을 선호함

전문직 분야

- 변호사, 판사, 심리학자, 케미컬 엔지니어, 변리사, 정신과 의사, 환경공학자, 정치학자, 병리학자, 교사, 대학교수 등
→ 특정 분야의 전문가가 되는 것을 선호함(전문성을 통한 지위와 영향력을 갖기 원함). 교육 분야에서는 고등학교나 대학생 수준을 선호함

기술 분야

- 컴퓨터 시스템 관리자, 로보틱스 네트워크 관리자, 데이터베이스 관리자, 프로젝트 매니저 등
→ 복잡한 정보를 이해하는 능력, 논리적 역량, 전체 그림을 파악하고 문제를 구조화하는 역량 등을 발휘할 수 있음

ISFP(Fi Se N Te): 따뜻함과 겸손함으로 실용적인 도움을 주는 사람

ISFP - Fi Se N Te
강점패턴 **Fi + Se**	- 영웅(주기능) Fi: 친화, 온정, 동정과 같은 '인간적인 가치'를 지키고 내적인 조화를 유지하는 데 초점을 둠. 감정적 배려를 잘함(부드럽고 차분한 이미지) - 부모(부기능) Se: 주기능인 '영웅'을 보완하여 현실적이고 실용적인 정보를 바탕으로 사람들이 필요를 충족시키려 함. 실용적이고 유연한 방식(융통성)으로 문제에 접근

업무와 관련된 강점

- 협조적이고 따뜻한 조직 구성원이다. 다른 사람의 요구를 주의 깊게 듣고 배려, 열린 마음, 겸손한 태도로 대한다(조화와 관용 중시). 팀의 분위기를 수평적이고 협력적으로 만드는 데 조용히 기여한다.
- 다른 사람이 자신의 방식대로 일할 수 있도록 배려하고 지원한다. 타인의 요구에 민감하게 반응하며 실질적인 방식으로 돕고자 한다.
- 동료애를 가지고 일한다. 함께 일하는 동료들에 대한 진심 어린 관심을 보이며, 상급자에 대한 존경하는 마음을 가지고 일하고자 한다(사람들과의 관계가 좋을수록 일을 잘한다).
- 구체적이고 현실적이며 정확한 정보를 제공한다. 특히 사람과 관련된 세부사항을 잘 기억한다. 현재 상황에서 실제적으로 도움을 줄 수 있는 것이 무엇인지 잘 파악한다.
- 열린 마음을 가지고 있다 새로운 상황에도 잘 적응한다(유연성).
- 상식적으로 판단한다. 실용적이고 현실적인 방식으로 상황에 대처해나간다.

| **약점패턴**
N + Te | - 소년·소녀(3차기능) N: 미래 가능성이나 새로운 아이디어를 떠올리는 것에 미숙함. 전체적인 맥락을 읽거나 이면의 패턴을 파악하는 것에 미숙함
- 수치스러운 나(열등기능) Te: 논리적으로 상황을 평가하고 문제를 해결하는 것에 매우 미숙함. 체계적으로 계획을 세우고 추진력 있게 목표를 달성하는 것에 매우 미숙함 |

업무와 관련된 약점

- 상황을 액면 그대로 받아들여 보다 깊은 의미를 찾지 못하는 경향이 있다(현재 존재하지 않는 가능성과 대안을 잘 보지 못함). 여러 가지 요소가 종합적으로 얽혀 있는 복잡한 업무를 처리하기 힘들어한다.
- 장기적인 목표를 세우는 것을 어려워하며 미리 계획하고 준비하는 면이 취약하다. 그래서 시간 관리에 어려움을 겪을 때가 많으며 마감 기한을 잘 맞추지 못한다.
- 부정적인 피드백을 매우 개인적으로 받아들이는 경향이 있다. 갈등 상황에서 논리적으로 판단하고 직면하는 것을 어려워한다(갈등 회피).
- 토론에 약하다. 부정적인 사안일수록 토론의 과정을 객관적인 논의로 받아들이는 것을 힘들어한다(말다툼으로 느껴짐). 타당한 의견이라 하더라도 반대에 부딪히면 쉽게 의견을 접는 경향이 있다.
- 과도한 규율이나 지나치게 관료주의적인 분위기를 힘들어한다.

ISFP와 잘 맞는 직업

수공입 및 기능 분야

- 패션 디자이너, 목수, 보석 세공사, 정원사, 도예가, 화가, 무용수, 인테리어 디자이너, 예술가, 만화가, 재단사, 악기 제작자 등
→ 실제적인 대상을 실용적인 방식으로 다룰 수 있는 일을 선호함(물건을 손으로 직접 만드는 일). 또한 짜여진 스케줄이나 통제 없이 유연한 시간 사용을 원함

보건의료 분야

- 가정 방문 간호사, 물리치료사, 방사선기사, 의료보조원, 치과 위생사, 가족 건강 도우미, 영양사, 안경사, 미술치료사, 간호조무사, 외과의, 수의사, 약사 등
→ 실제적, 감정적인 부분에서 다른 사람들을 도울 수 있음(다른 사람들의 행복에 기여하기 원함). 또한 자신이 기여한 결과를 보고 느낄 수 있음(자신이 하는 일의 중요성을 느끼고 싶어함)

과학 및 기술 분야

- 측량기사, 산림감독관, 식물학자, 정비사, 동물학자, 토양보전 전문가, 항공조사관 등
→ 이론보다는 사실을 다루는 일을 선호함. 실용적이고 활동적인 기술을 선호함

판매 및 서비스 분야

- 초등학교 교사, 청소 대행업자, 웨이터(웨이트리스), 미용사, 여행상품 판매원, 아동복지사, 유치원 교사, 동물 조련사, 항공 교통 관제사, 운동부 코치, 플로리스트 등
→ 눈에 보이는 구체적인 방법으로 사람이나 동물의 요구를 만족시켜주는 직업에서 만족감을 느낄 수 있음. 틀에 얽매이지 않고 유머 감각도 있어서 어린아이들과 교감하는 능력이 좋음

비즈니스 분야

- 회계 담당자, 법률 비서, 사무감독관, 관리자, 보험 피해 조정인 등
→ 조직에서 일을 할 경우, 실용적 기능을 활용할 수 있을 뿐 아니라 인간적인 존중과 개인의 스타일을 인정해주는 분위기가 함께 고려되는 것이 중요함

INFP(Fi Ne S Te): 이상적인 가치와 신념을 가지고 사람들의 성장과 발전을 돕는 사람

INFP - Fi Ne S Te	
강점패턴 **Fi + Ne**	- 영웅(주기능) Fi: 친화, 온정, 동정과 같은 '인간적인 가치'를 지키고 내적인 조화를 유지하는 데 초점을 둠. 감정적 배려를 잘함(부드럽고 차분한 이미지) - 부모(부기능) Ne: 주기능인 '영웅'을 보완하여 사람들의 잠재력과 가능성에 초점을 두고 그들을 돕기 위한 아이디어를 제공. 열린 사고방식으로 다양한 혁신적 아이디어를 탐색(유연한 사고방식)

업무와 관련된 강점

- 자신의 '개인적 가치'와 연관이 클수록 헌신적으로 몰입한다(의미 중시). 타인의 성장과 개발에 관심이 많으며, 사람들의 잠재력을 최대한 발휘하도록 도울 수 있을 때 가장 일을 잘한다(그런 업무를 하거나 또는 그런 조직 환경에 있을 때).
- 타인의 요구사항과 동기에 민감하게 반응한다(세심한 배려와 경청). 팀 사람들과 개인적으로 관계를 잘 맺으며, 진심으로 대한다(일대일 관계 강함).
- 팀의 분위기가 화합적이길 원하며, 그렇게 될 수 있도록 조용히 기여한다(화합과 결속 중시).
- 동료애를 가지고 일한다. 함께 일하는 동료들에게 진정성과 동정심, 충성심을 보인다(사람들과 관계가 좋을수록 일을 잘한다).
- 상황의 큰 그림을 보고 행동과 아이디어의 이면에 있는 의미를 잘 파악한다.
- 기존의 틀을 깨는 새로운 가능성을 탐구한다. 변화에 대해서도 유연하게 대처한다(적응력이 좋음). 특히 사람들에게 부정적인 영향을 주는 시스템이나 프로세스를 개선하려 한다.

약점패턴 **S + Te**	- 소년·소녀(3차기능) S: 현실적이고 실용적인 측면을 고려하는 것에 미숙함 (구체적인 실행으로 이어지지 못함) - 수치스러운 나(열등기능) Te: 논리적으로 상황을 평가하고 문제를 해결하는 것에 매우 미숙함. 체계적으로 계획을 세우고 추진력 있게 목표를 달성하는 것에 매우 미숙함

업무와 관련된 약점

- 우선순위를 정하거나 일을 조직화하는 데 어려움을 느낀다(체계적이지 못함). 일이 얼마나 걸릴지에 대해 현실적으로 파악하지 못하여 마감 기한을 지키지 못할 때가 많다.
- 틀에 박힌 전통적인 방식으로 일하는 것을 힘들어한다.
- 자신의 가치관과 맞지 않은 일에는 몰입도가 급격하게 떨어진다. 이상주의적 성향으로 인해 상황에 대해 비현실적인 기대를 할 수 있다.
- 경쟁이 심하거나 긴장도가 높은 환경에서 위축되는 경향이 있다. 경직된 구조나 분위기에서 일하는 것을 힘들어한다.
- 남을 비판하는 것을 힘들어한다. 직속 부하라 하더라도 비판하거나 평가하는 것을 꺼린다. 또한 자신에 대한 부정적인 피드백 역시 개인적으로 받아들이는 경향이 있다.

INFP와 잘 맞는 직업

크리에이티브 분야

- 예술가, 시인, 소설가, 저널리스트, 연예인, 건축가, 배우, 음악가, 인포그래픽 디자이너, 잡지 편집자, 멀티미디어 연출가, 실내 장식가 등
→ 창의적으로 자기 자신과 아이디어를 표현할 수 있음(내면의 목소리를 진실하게 독창적으로 표현하고 싶은 욕구). 개인적 자유와 유연한 생활 방식을 선호함

교육 및 상담 분야

- 인물, 예술 대학교수, 임상심리학자, 상담사, 사회복지사, 사서, 교육 컨설턴트, 특수교육 교사, 아동복지사, 기금조성 담당자, 자선 컨설턴트, 직업 상담사, 큐레이터 등
→ 다른 사람들의 성장과 자기 계발을 도울 수 있음(개인적 가치와 맞음). 의미 있는 지식을 탐구하는 것을 선호함. 사람들이 자신을 이해하고 삶의 의미를 찾아가도록 돕는 것을 즐김

종교 분야

- 목사, 사제, 종교 교육자, 교회 직원, 목회 상담사 등
→ 종교가 자신의 내면적 가치와 신념에 일치할 때 깊은 헌신과 몰입을 경험할 수 있음. 타인의 영성개발을 돕고 일대일로 만나 좋은 영향을 미치는 것을 선호함

보건의료 분야

- 가정보건 담당 사회복지사, 직업치료사, 물리치료사, 수공예치료사, 유전학자, 윤리학자 등
→ 환자, 고객들과 일대일의 긴밀한 관계를 맺고 도움을 줄 수 있음. 또한 자율성이 보장되는 직업을 선호함

조직개발 분야

- 고용 개발 전문가, 인력 개발 전문가, 사회과학자, 팀 구축 및 갈등 해결 컨설턴트, 산업 조직 심리학자, 재취업 컨설턴트, 노사관계 전문가, 기업교육 전문가 등
→ 사람들이 자신에게 맞는 직업을 찾도록 도와주는 일을 선호함. 보통 기업조직을 선호하지는 않지만 들어가게 될 경우 사람들이 성장하도록 도울 수 있는 일에서 만족을 찾음

ESFJ(Fe Si N Ti): 사람과 일을 조화롭게 조직하여 실제적인 결과를 성취해내는 사람

ESFJ - Fe Si N Ti	
강점패턴 **Fe + Si**	- 영웅(주기능) Fe: 누군가에게 도움을 주고 친절을 베풀고자 함. 상대방의 감정을 공감하고 지지하는 데 초점을 둠. 협조적이고 표현적이며 인정이 많음. 체계적, 조직적, 계획적, 추진력 - 부모(부기능) Si: '영웅'을 보완하여 '구체적'이고 '상세한' 현실 정보를 바탕으로 주위 사람들의 '실질적인' 필요를 돌볼 수 있는 환경을 만들 수 있도록 도움

업무와 관련된 강점

- 적극적으로 주변 사람을 보살피고 도우려고 한다(모든 팀원들의 감정을 고려함). 다른 사람의 좋은 점을 칭찬하고 격려한다. 사람들과 조화로운 관계를 유지한다.
- 조직적이고 체계적으로 일한다. 사람과 과업이 조화롭게 조직될 수 있도록 노력한다.
- 추진력과 결단력이 있다. 에너지가 넘치고 생산적이며 일을 마무리지으려는 욕구가 강하다(시간 관리, 마감 시한을 잘 지킴).
- 확립된 규칙과 절차를 잘 따른다. 조직의 전통을 잘 유지하는 능력이 있다. 조직의 규범과 전통을 지키고 그것을 계승하고 기념하는 것을 좋아한다.
- 책임감이 강하다. 자신의 의무를 성실하게 이행한다(확고한 업무 윤리).
- 현실적이고 실용적이며, 사실과 세부사항을 잘 다룬다. 실제 현장의 최전선에서 실용적 서비스를 제공하는 역할을 잘한다.

약점패턴 **N + Ti**	- 소년·소녀(3차기능) N: 계획 실행이 가져올 장기적인 파급효과와 새로운 가능성을 고려하는 것에 미숙함. 전체적인 맥락을 읽거나 이면의 패턴을 파악하는 것에 미숙함 - 수치스러운 나(열등기능) Ti: 상황을 논리적, 객관적으로 평가하는 것에 매우 미숙함(감정적으로 대응)

업무와 관련된 약점

- 비판에 매우 민감하다. 특히 인정받고 싶은 대상에게 비판을 받으면 감정적으로 많이 흔들린다. 긴장된 업무 환경에서 스트레스를 받는다.
- 장시간 혼자 일하는 것을 힘들어한다. 사람들과 사귀고 교제하는 것이 필요하다. 칭찬이나 감사의 표현이 없을 경우 풀이 죽기 쉽다.
- 감정에 치우쳐서 편파적인 태도를 보이는 경향이 있다. 그럴 경우 상대방의 의견을 경청하고 받아들이는 것을 어려워한다.
- 검증되지 않은 새로운 아이디어를 수용하는 것을 꺼린다. 기존의 틀을 깨는 변화에 대해 불편해한다. 새로운 변화에 적응하는 것을 힘들어한다(종종 독선적이고 완고한 태도를 보이기도 한다).
- 현재의 필요에만 초점을 두고 미래의 가능성을 잘 보지 못한다. 미래에 필요한 일에 집중하는 것을 어려워하며, 전체 맥락을 읽거나 이면의 숨은 뜻을 파악하지 못한다.

ESFJ와 잘 맞는 직업

보건의료 분야

- 간호사, 가정의, 치과 의사, 의료 담당 비서, 마사지 치료사, 약사, 제약기술자, 수의사, 물리치료사, 개인 트레이너, 방사선 치료사, 교정 치료사 등
→ 사람들을 직접 상대하면서 실용적인 기술로 도움을 줄 수 있음. 표준화된 절차에 따라 일을 할 수 있음

사회복지 및 상담 분야

- 사회복지사, 전문 자원봉사자, 종교 교육자, 상담가, 성직자, 아동복지사, 입법 보조원 등
→ 전통적인 단체에서 구체적으로 사람들을 돕는 일을 할 수 있음(평소에도 자신이 속한 공동체에서 자원봉사를 하는 사람이 많음)

비즈니스 분야

- 보험설계사, 홍보 책임자, 텔레마케터, 중간관리자, 신용상담사, 상품기획자, 고객 서비스 관리자, 어린이집 원장, 급식관리자, 호텔 지배인, 감정평가사 등
→ 목표달성을 위해 체계적으로 바쁘게 일하는 것을 선호함. 원만한 대인관계 능력, 타인의 요구를 잘 알아채는 능력, 상품 판매 능력 등을 발휘할 수 있음(개념이나 아이디어 같은 무형 상품보다는 유형 상품 판매를 선호)

판매와 서비스 분야

- 비행기 승무원, 고객 서비스 대행업자, 장례식장 책임자, 미용사, 메이크업 전문가, 연회 진행자, 기금조달자(Fundraiser), 여행사 직원, 공인중개사 등
→ 사람들을 직접 상대하여 일하면서 보다 즐거운 경험이 되도록 서비스를 제공할 수 있음. 장례식장 책임자와 같이 세심하고 실제적인 배려가 필요한 일에서 능력을 발휘함

당신이 알던 MBTI는 진짜 MBTI가 아니다

ENFJ(Fe Ni S Ti): 인간 중심적 가치와 커뮤니케이션 능력으로 창의적인 결과를 성취해내는 사람

ENFJ - Fe Ni S Ti	
강점패턴 Fe + Ni	- 영웅(주기능) Fe: 누군가에게 도움을 주고 친절을 베풀고자 함. 상대방의 감정을 공감하고 지지하는 데 초점을 둠. 협조적이고 표현적이며 인정이 많음. 체계적, 조직적, 계획적, 추진력 - 부모(부기능) Ni: '직관적 통찰력'으로 '영웅'을 보완하여 사람들이 자신의 잠재력을 인식할 수 있도록 하는 혁신적 방법을 개발하려 함(사람들의 가능성에 초점)

업무와 관련된 강점
- 사람에 대해 순수한 관심을 가지며, 타인의 필요를 공감하고 예측하는 능력이 있다. 타인의 성장과 개발에 관심이 많다.
- 조직의 분위기와 사기를 향상시키는 데 기여한다. 조직과 팀원의 중요성을 인식하고 동료들을 격려하며 활기를 북돋는다(따뜻하고 힘이 되어주며 친절함).
- 가치 있다고 여기는 일에 깊게 헌신하는 모습을 보인다. 자신의 일과 개인적 가치가 연결되어 있다고 느낄수록 깊은 몰입감과 진정성을 보여준다.
- 발표 능력이 뛰어나다. 자신의 생각을 창의적으로 잘 표현한다(영감을 주는 비유나 이야기를 잘 활용). 또한 모든 사람의 목소리를 반영하여 합의와 협력을 이끌어내는 능력이 있다.
- 전체 맥락을 잘 이해하고 이면에 숨은 의미를 잘 파악한다. 여러 요소들을 종합하여 장기적인 비전과 목표를 세울 수 있다. 기존의 틀을 깨는 새로운 가능성과 아이디어를 잘 제시한다.
- 조직적이고 체계적이다. 생산적으로 일하고 목표를 달성하려는 욕구가 강하다. 관계를 중시하지만 일과 관련해서는 단호한 모습을 보이기도 한다.

약점패턴 S + Ti	- 소년·소녀(3차기능) S: 세부사항과 단계들을 고려하는 것에 미숙함(세부사항, 실용적 측면 간과) - 수치스러운 나(열등기능) Ti: 상황을 논리적, 객관적으로 평가하는 것에 매우 미숙함(감정적으로 대응)

업무와 관련된 약점
- 비판에 매우 민감하다. 특히 인정받고 싶은 대상에게 비판을 받으면 감정적으로 흔들리는 경향이 있다.
- 경쟁적이거나 긴장이 팽배한 환경에서 능력을 잘 발휘하지 못한다.
- 갈등을 피하려 하고, 불만을 표현하지 않고 쌓아두는 경향이 있다.
- 자신의 가치관과 충돌하는 프로젝트를 수행하는 것을 힘들어한다. 가치관과 상충되는 일일 경우에는 거부 의사를 표시할 수도 있다.
- 종종 지나치게 이상주의적으로 문제에 접근해서 세부사항이나 현실적 문제를 간과하는 경우가 있다. 특히 갈등 상황에서 현실적이고 논리적인 측면을 잘 놓친다.

ENFJ와 잘 맞는 직업

커뮤니케이션 분야

- 광고 기획자, 홍보 전문가, 작가, 저널리스트, 연예인, 예술가, 기금조달자, 레크레이션 지도사, 정치인, 마케팅 책임자, 인포그래픽 디자이너, 잡지 편집자, 카피라이터 등
→ 공감 능력이 뛰어나고 사람들에게 기쁨을 주려는 욕구가 강함. 사람을 만나서 이야기를 나누고 정보를 수집하는 것을 선호함. 말과 글을 통해서 커뮤니케이션하는 일을 선호함

상담 분야

- 심리학자, 퍼실리테이터, 직업 상담사, 성직자, 교육심리학자, 학생 생활지도 상담사 등
→ 사람들이 자신에 대한 이해를 통해 삶의 행복을 누릴 수 있도록 돕기 원함. 자신의 가치관을 나누고 사람들로 하여금 잠재력을 최대한 실현하도록 돕는 일을 선호함

교육 및 사회 복지 분야

- 사회복지사, 비영리단체 책임자, 특수교육 교수, 인문대학 교수, 아동복지사, 노인복지 분야 복지사, 요양시설 원장, 자선 컨설턴트, 교육 프로그램 책임자 등
→ 사람들과 직접 접촉하고 성장을 도울 수 있는 교육 분야에 흥미를 느낌. 자신의 가치관에 기반한 의미와 해석을 기반으로 가르칠 수 있는 과목을 선호함. 단체에 소속되는 경우 자신이 직접 결정권을 가지고 리더로 일하는 것을 선호함

보건의료 분야

- 대체의학자, 영양사, 지압사, 수송 코디네이터, 교정 치료사 등
→ 사람을 전반적인 관점에서 평가·진단·치료하는 것을 선호함(질병의 정신적, 감정적, 영적 원인을 분석하고 대체 치료법에 끌리는 경우가 많음). 자신만의 창의적인 방법으로 문제를 해결하고 도움을 주려 함

비즈니스 및 컨설팅 분야

- 인력 개발 전문가, 판매 교육 전문가, 인사채용 담당자, 프로그램 설계자, 영업 관리자, 경영 컨설턴트, 기업교육 전문가, 노사관계 전문가, 산업조직 심리학자, 마케팅 관리자, 이벤트 기획자 등
→ 타인들과 밀접한 관계를 맺고 일하면서도 독립성을 유지하는 일을 선호함(컨설팅 분야). 강의나 코칭을 통해 사람의 능력을 향상시킬 수 있음. 사람들에게 유익을 주는 프로그램과 서비스를 창의적으로 설계할 수 있음

이번 챕터를 마무리하며

성격유형에 맞는 직업에 대해 더 자세하게 알아보고 싶다면 『나에게 꼭 맞는 직업을 찾는 책(민음인)』을 읽어보기 바란다. 여기서 제시한 직업들 역시 그 책에 나온 내용을 발췌한 것이다. 다만 필자가 본 챕터에서 주기능과 부기능을 연결지었던 것처럼, 자신의 심리구조를 인식한 상태에서 읽어보면 훨씬 더 도움이 될 것이다.

또한 앞서 말했듯이 커리어 선택을 위해서는 성격유형 이외에도 가치관, 흥미, 재능, 자존감 등 다양한 정보들이 함께 고려되어야 한다. 이 부분이 궁금하다면 필자의 또 다른 책 『셋업』을 참고하기 바란다.

다음 챕터에서는 Part 2와 Part 3에서 지금까지 다루었던 내용을 토대로 '같은 성격유형 간에도 차이가 나는 이유'에 대해 정리하고 Part 3을 마무리지으려 한다.

활용을 위한 Key Point　이것만은 꼭 기억하자!

 # 주기능, 부기능을 중심으로 커리어를 만들어나갈수록 유능감과 만족감을 동시에 경험할 가능성이 높아진다.

- 커리어의 영역에서도 유형역동이 적용되는 기본 원리는 같다. 주기능과 부기능은 강점 패턴을 만들고 3차기능, 열등기능은 약점패턴을 형성한다. 적어도 주기능, 부기능의 강점과 지나치게 동떨어지거나 3차기능, 열등기능의 취약성이 치명적인 약점으로 작용하는 일은 피해야 한다.

 # 커리어 선택을 위해서는 성격유형 이외에도 가치관, 흥미, 재능, 자존감 등 다양한 정보들이 함께 고려되어야 한다. 그러한 내면적 특징들이 함께 어우러져서 그 사람만의 독특한 성과패턴을 형성하기 때문이다.

Chapter 14

같은 성격유형 간에도
차이가 나는 이유

지금까지 Part 2와 Part 3을 통해 성격유형이 '유형역동'이라는 심리적 메커니즘(작용원리)에 의해 형성되는 것임을 분명하게 살펴보았다. 이번 챕터에서는 '같은 성격유형 간에도 차이가 나는 이유'에 대해 알아보면서 유형역동 파트를 마무리짓고자 한다. "같은 성격유형인데 왜 다른 것 같죠?"라는 질문 역시 현장에서 많이 받는 질문 중 하나이다. 이제 우리는 '유형역동'의 원리를 이해하고 있으므로 이 부분에 대해서도 명확하게 이해할 수 있다.

'성격유형이 같다'라는 것의 의미

같은 성격유형 간에도 차이가 나는 이유를 이해하려면 먼저 '성격유형이 같다'라는 말의 정확한 의미를 알아야 한다. 앞에서 충분히 살펴보았듯이, **MBTI에서 '성격유형이 같다'는 말의 의미는 유형역동을 일으키는 '심리구조가 같다'는 뜻이다.** 주기능, 부기능, 3차기능, 열등기능의 심리적 틀이 같을 때 '성격유형이 같다'고 정의하는 것이다. 예를 들어 만약 당신이 ESTP라면 당신은 ESTP라는 성격유형을 가진 사람들과

Se Ti F Ni라는 동일한 심리구조를 가지고 있는 것이다.

　MBTI에서 '성격이 변하지 않는다'고 말하는 것도 바로 이 기본적인 심리구조의 불변성을 의미한다. 우리 안의 영웅(주기능), 부모(부기능), 소년·소녀(3차기능), 수치스러운 나(열등기능)의 기본적 위계는 변하지 않는다. **단지 몇 가지 행동패턴이 달라졌다고 해서 성격유형의 고유한 메커니즘이 달라지는 것은 아니다.**

'성격유형이 다르다'라는 것의 의미

　그렇다면 '성격유형이 다르다'라는 말의 정확한 의미는 무엇일까? 먼저 다음의 그림을 살펴보자.

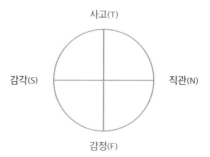

　위의 그림은 챕터 6에서 유형역동의 원리를 설명하기 위해 사용했던 것이다. MBTI 이론의 창시자라고 할 수 있는 칼 융은 사람의 마음이 위의 그림과 같은 모습으로 작동하고 있다고 생각했다. 융에 따르면, 인간의 의식 안에는 S, N, T, F의 4가지 심리기능이 있고, 사람은 누구나 위의 4가지 기능을 모두 사용한다. 다만 사람마다 각 기능의 발달 정도에 따른 심리구조가 다른 것이다. 예를 들어 T(사고)를 잘 발달된 영웅(주기능)이나 부모(부기능)로 쓰는 사람이 있고, 덜 발달된 소년·소녀(3차기능)나 수치스러운 나(열등기능)로 사용하는 사람이 있는 것이다. 이러한 차이로 인해 겉으로 드러나는 성격의 차이가 발생하게 된다.

칼 융은 사람의 성격유형이 다양한 이유가 전혀 다른 심리기능을 가지고 있기 때문이라고 보지 않았다. 사람은 칼로 자르듯 사고(T)만을 사용하거나 감정(F)만을 사용하지 않는다. 우리의 마음속에는 사고(T)와 감정(F)의 두 요소가 모두 어느 정도씩 내재되어 있다. 다만 그 심리기능들이 우리의 마음 안에서 영향력을 미치는 순위가 다른 것이다. 그러한 심리기능 간 영향력의 차이가 성격유형의 다름을 형성하는 것이다.

MBTI에서 말하는 성격유형은 칼로 자르듯 나눌 수 있는 것이 아니다. 우리 마음속의 4가지 심리기능이 서로 상호작용하는 방식에 의해서 구분될 뿐이다. 예를 들어 ENTJ와 ISFP는 정반대의 유형으로서 매우 상반된 모습을 보이지만, **두 유형 모두 4가지 기능을 다 사용한다. ENTJ라고 T만 사용하는 것이 아니고, ISFP라고 F만을 사용하지 않는다.** ENTJ는 Te Ni S Fi의 구조 안에서, ISFP는 Fi Se N Te의 구조 안에서 S, N, T, F를 모두 사용하고 있다. **다만 심리기능 간 상호작용하는 구조와 방식에서 커다란 차이가 있을 뿐이다.**

'성격유형이 다르다'라는 말의 의미는 전혀 다른 심리기능을 가지고 있다는 뜻이 아니라 S, N, T, F가 우리 안에서 영향력을 행사하는 순위(위계)가 다르다는 뜻이다.

같은 성격유형 간에도 차이가 나는 이유(1)

아주 간단하게만 요약하면, **성격유형이 같다는 것은 주기능에서 열등기능까지의 '심리구조'가 같다는 것이고, 성격유형이 다르다는 것은 '심리구조'가 다르다는 것이다.** 같은 유형끼리 매우 유사한 행동패턴을 보이는 이유는 근본적인 심리구조가 같기 때문이다. **반면 같은 유형 간에도 차이가 나는 이유는 이 기본적인 심리구조 안에서 '4가지 심리기능들이 관계 맺는 방식'이 끊임없이 변화하기 때문이다. 성격유형은 환경과의 상호작용 안에서 끊임없이 변화한다.**

필자는 ENTJ로서 Te, Ni를 주기능과 부기능으로 쓰는 사람이지만, 가정에서는 S와 Fi(3차기능, 열등기능)를 사용해야 할 때가 더 많다. 아내와 딸아이가 F 유형이기 때문이다. 그들과 대화하면서 자연스럽게 보다 부드러운 ENTJ가 되어가고 있다. 아울러 아빠로서 현실적인 부분을 신경 쓰고 챙겨야 할 부분이 많아지다 보니 Ni보다는 S를 써야 할 때가 많다. 이런 환경에서 생활하다가 주기능인 Te를 보다 집중적으로 사용하고 있는 ENTJ를 만나면, 같은 유형임에도 괴리감을 느낄 때가 많다. 필자보다 훨씬 강하고 진취적인 느낌이 들기 때문이다. 하지만 기본적인 심리구조는 같기 때문에 상대방을 이해하거나 대화를 이어나가는 데 있어서는 편안함을 느낀다.

직업, 일하는 환경 역시 중요하다. 자신의 주기능, 부기능과 잘 맞는 환경에 있으면 그 유형의 전형적인 모습이 나타나지만, 그렇지 않을 경우 같은 유형이라도 많은 차이를 보인다. 필자가 아는 INFP(주기능 Fi) 연구원은 매우 논리적인 대화 방식을 사용한다. 그래서 처음엔 INTP라고 생각했다. 그런데 업무적인 회의 이후에 개인적인 대화를 나눠보니 전형적인 F 유형이었다. 자신은 Fi를 주기능으로 쓰는 사람이 맞지만, 논리를 주로 쓰는 일을 하다 보니 논리적인 대화 방식에도 어느 정도 익숙해졌다고 한다. 하지만 Ti를 주기능으로 쓰는 자신의 배우자를 보면 자신이 Fi를 주기능으로 쓰는 사람이라는 것은 분명하다고 한다.

이렇듯 환경과의 상호작용으로 인해 끊임없는 유형역동이 일어나며, 이는 같은 유형 간의 차이를 만들어낸다. 검사결과를 읽으면서 어떤 것은 맞는 것 같고, 어떤 설명은 틀린 것 같이 느껴지는 이유는 이러한 유형역동 때문이다. 검사결과는 전형적인 특징을 설명하고 있는 것이기 때문에 유형역동의 기본적인 '심리구조'를 중심으로만 받아들이면 된다.

'심리구조'와 '심리역동'을 구분하기

자신의 성격유형이 변했다고 말하는 사람들이 많다. "옛날에는 ENFP였는데 지금은 ENTJ가 된 것 같아요", "저는 T에서 F로 변했어요"라는 식이다. 하지만 이 말은 MBTI에서 말하는 성격유형이 올바르게 이해되지 않았기 때문에 나오는 반응이다. 아주 틀린 말이라기보다는 개념적으로 잘못된 표현이다.

유형역동의 관점에서 보면 ENFP가 ENTJ가 되는 것은 불가능하다. T가 F가 되는 것도 마찬가지다. **그렇게 되면 주기능, 부기능, 3차기능, 열등기능의 기본적인 '심리구조'가 달라졌다는 의미가 되기 때문이다.** 그러나 MBTI에서는 이러한 심리구조는 그 사람만의 고유한 특징이므로 변하지 않는다고 본다. 강호동이 유재석과 같은 몇 가지 행동을 한다고 해서 유재석과 같은 유형이 될 수 없는 것과 같다. 각자의 심리구조와 주기능이 완전히 다르기 때문이다. 그들이 가지고 있는 고유한 아우라를 떠올려보면 쉽게 와닿을 것이다.

다만 환경과의 상호작용으로 인해 '심리역동'에서는 큰 변화가 있을 수 있다. 우리는 누구나 자신의 성격유형과 다른 심리기능을 사용해야 하는 상황을 마주하게 된다. 이때 우리 안에서 급격한 역동변화가 일어날 수 있다. **따라서 보다 정확한 표현은 "나는 ENFP지만, 요즘 T를 사용해야 하는 상황이라서 심리역동이 활발하게 일어나고 있어요"라고 하는 것이다.**

필자는 MBTI 검사를 통해 수많은 사람들을 만난다. '심리구조'의 렌즈로 그들을 바라보면 같은 유형에게만 보여지는 고유한 아우라가 있다. 주기능이 같은 사람을 몇 사람 대해보면 그들의 유사한 분위기를 느끼는 것이 어렵지 않다. 그러나 일반인의 경우 자신과 같은 유형을 만나더라도 유형역동에 대한 개념이 없는 상태에서 변화를 감지하게 된다. 그래서 자신의 유형이 변했다고 믿는 경우가 많은 것이다.

다시 한번 말하지만, 변화는 있을 수 있어도 그것은 '심리구조'가 변한 것이 아니라 '심리역동'으로 인한 변화가 일어나고 있는 것이다. 이 개념을 정확히 이해하고 구분할 수 있으면 자신의 유형을 이해하는 데 큰 도움이 된다.

같은 성격유형 간에도 차이가 나는 이유(2)

　우리의 내면에는 MBTI 이외에도 고려되어야 할 특성들이 많이 있다. 예를 들면 대인관계 욕구, 가치관, 흥미, 역량, 정서적 민감성 등이다. 그러한 여러 요인이 복합적으로 작용해서 개인의 독특성을 만들어내는 것이다. 물론 그중에서도 성격유형은 매우 핵심적인 요인임에는 틀림없다. 자신의 유형을 분명히 확인한 상태에서 여러 다양한 심리적 요인들을 살펴보면 같은 성격유형 간에도 큰 차이가 나는 이유를 이해할 수 있다. 필자는 MBTI 이외에도 다양한 심리도구들을 통합해서 사용하고 있다. 여기서는 그러한 요인들이 성격과 어떤 연관성을 갖는지, 또 같은 유형 간에 어떤 차이를 만들어내는지 간략하게 정리하고자 한다.

① 대인관계 욕구와 성격

　흔히 외향형은 대인관계 욕구가 높고 내향형은 낮다고 생각한다. 그러나 꼭 그렇지만은 않다. 대인관계 욕구를 측정하는 Firo-B라는 심리검사가 있다. 그 검사에서는 '사람들과 상호작용하는 것이 얼마나 개인의 목적을 달성하는 데 있어 중요한 요소이며 만족감의 원천이 되는지'에 대한 정도로 대인관계 욕구를 측정한다. 재미있는 점은 외향형이라고 해서 무조건 대인관계 욕구 점수가 높게 나오고 내향형이라고 낮게 나오는 것은 아니라는 점이다(물론 대체로 일치하는 편이다). 외향과 내향은 '에너지의 방향'을 기준으로 구분될 뿐 대인관계 욕구의 세부적인 영역까지 측정하는 것은 아니기 때문이다. 외부와의 상호작용을 즐기는 것이 꼭 대인관계 욕구가 높다는 의미는 아닐 수 있다. 사람들과 함께 어울리는 것이 반드시 관계 자체에 대한 욕구로 인한 것은 아닐 수도 있다는 뜻이다. 필자 역시 외향형이지만 대인관계 욕구는 낮은 편이다. 그래서 사람들 앞에서 강의하는 것은 즐겨하지만 사적인 모임은 아주 가까운 소수의 사람들과 하는 것을 선호한다. 반대로 필자 주변에는 전형적인 내향형이면서도 대인관계 욕구가 높은 사람들도 꽤 많다. 대인관계 욕구가 다를 경우 같은 유형이라도 차이를 보일 수 있다.

② 가치와 성격

가치란 '개인이 중요하게 여기는 것으로, 실제로 어떻게 행동하는가를 결정하는 내적 판단이나 믿음'을 의미한다. 자신을 움직이는 근본적인 'WHY'를 가치라고 볼 수 있다. 보통 개인의 가치 역시 자신의 성격과 비슷하게 나오는 경우가 많다. 예를 들어 성실, 안정감, 책임을 중시하는 ISTJ의 경우 그와 관련된 가치가 나올 때가 많다. 문제는 그렇지 않은 경우도 종종 있다는 것이다. 성격과 완전히 상반되진 않더라도 어느 정도 차이가 나는 가치를 가진 사람들이 있다. 가령 성격유형상으로는 인간관계를 중시하시만 '성취'의 가치를 가신 경우, 같은 유형이다 하더라도 보다 일 중심의 모습을 보일 수 있다. 가치는 근본적인 'WHY'에 대한 부분이기 때문에 매우 중요한 심리요소이다. 팀 빌딩을 하다 보면 성격유형이 같아도 가치관이 달라서 갈등을 겪는 경우를 종종 본다. 많은 사람들이 인간관계에 있어 어떤 유형끼리 궁합이 좋은지를 묻는다. 물론 유형 정보는 관계에 있어 여러 유용한 정보를 준다. 하지만 성격유형보다는 가치관이 잘 맞는 것이 훨씬 더 중요하다. 가치관이 맞으면 유형이 달라도 함께할 수 있지만, 가치관의 차이가 클수록 같은 성격유형 간에도 갈등이 발생할 확률이 높아진다. 성격유형은 같지만, 정치 이념이 완전히 반대인 두 사람을 떠올려보면 이해가 쉬울 것이다.

③ 흥미와 성격

흥미란 '하고 싶은 것', '좋아하는 것'을 의미한다. 흥미와 관련된 대표적인 심리검사는 Holland와 Strong 검사이다. 두 검사에는 RIASEC이라는 공통된 코드가 포함되어 있다. RAISEC이란 6가지의 흥미 분야를 의미한다. 흥미 분야를 현장형(R), 탐구형(I), 예술형(A), 사회형(S), 진취형(E), 사무형(C)으로 나누어 사람들이 자신의 흥미를 찾는 것을 도와준다. 흥미코드와 성격유형이 유사한 경우도 있지만 매우 상반되는 경우도 있다. 그럴 경우 같은 유형이라도 차이를 보인다. 필자의 경우도 ENTJ이지만, 교육 및 서비스 분야를 선호하는 사회형(Social)분야에 가장 큰 흥미를 느낀다(사회형의 경우 MBTI로는 F 유형이 많이 분포하는 흥미 분야이다). 그렇다 보니 종종 ENFJ가 아니냐는 질문을 받는 경우가 있다. 필자 역시 처음엔 헷갈리기도 했다. 하지만 주기능을 분명히 인식한 뒤로는 ENTJ임을 분명히 알게 됐다. 사람을 돕고 교육하는 분야에 커다란 흥미를 느끼지만 그 분야 내에서 일하는 방식은 전형적인 T의 모습을 보이기 때문이다.

④ 역량과 성격

역량과 성격은 밀접한 연관이 있지만, 항상 성격과 일치하는 것은 아니다. 예를 들어 모든 T(사고형)가 논리적 문제해결에 뛰어나지는 않다. 역량이란 단순한 특성이 아닌 남보다 뛰어난 성과를 낼 수 있는 능력을 의미한다(보다 정확하게는 '탁월한 성과를 내는 데 원인이 되는 개인의 내적 속성'이라고 한다). 따라서 같은 사고형이라 하더라도 논리적 문제해결에서 동일한 역량을 보이는 것은 아니다. 다만 의사결정을 내리는 방식에서의 성격적 특징이 유사하다. 때문에 논리적 문제해결에 뛰어난 사람들은 F(감정형)보다는 T(사고형)에 더 많이 나타난다. 반면 자신의 성격적 특징과 상반되는 역량을 가진 사람들도 있다. 필자가 아는 어떤 사람은 평소에는 완전히 조용한 내향형인데 대중연설에는 탁월한 역량을 가지고 있다. 사람들 앞에서 강연을 할 때는 완전히 다른 사람을 보는 듯하다. 이렇듯 역량과 성격이 차이가 날 경우 같은 성격유형이라도 차이를 보인다.

⑤ 정서적 민감성과 성격

최근 MBTI 척도에 '정서적 민감성'을 새로 추가해야 한다는 의견들이 나오고 있다. MBTI에서 말하는 F(감정) 척도와 정서적인 민감성은 전혀 다른 개념이기 때문이다. 칼 융 역시 정서(affect)와 감정(feeling)이라는 용어를 구분해서 사용했다. F(감정)는 판단기능으로 의사결정의 과정에서 공감적인 태도와 인간적인 측면을 중시하는 심리기능이다. 즉 친화,

온정, 동정, 자비 등과 연관이 있다.

그러나 불인, 우울, 분노와 같은 개인의 감정들을 포함한 개념은 아니다. 사실 이러한 감정들은 T(사고형)와 F(감정형) 상관없이 모든 사람들이 느낄 수 있는 보편적 감정들로 보는 것이 적절하다. T(사고형)라고 해서 불안감을 느끼지 않는 것은 아니기 때문이다. 반대로 F(감정형)라고 해서 모두 다 불안과 우울에 민감하지는 않다. 이는 필자가 현장에서 경험하고 있는 바이기도 하다.

MBTI가 개발되는 과정에서도 이러한 부분을 인식하였으나, 과거에는 '정서적 예민함'을 '타고난 성격'이 아닌 '미성숙한 상태'로 인식하는 경향이 있었기 때문에 유형 지표에 포함시키지 않았다. 그러나 현대 심리학에서는 정서적으로 예민한 것 역시 하나의 '선천적 기질'로 인식하고 있다. 즉, 성숙함과 미성숙함의 문제가 아니라 하나의 타고난 기질로 보는 것이 타당하다는 것이다(필자 역시 이 말에 동의한다).

정서적으로 민감한 정도에 따라 더 예민하고 상처를 잘 받는 사람이 있으며 보다 둔감한 사람이 있을 수 있다. 이러한 차이 역시 같은 유형 간의 차이점을 만들어낸다.

⑥ MBTI와 에니어그램

MBTI 외에도 여러 성격검사가 존재한다. 개인적으로 MBTI와 함께 사용했을 때 가장 반응이 큰 검사는 에니어그램이다. "MBTI만으로는 2% 부족했던 부분이 있었는데 에니어그램과 함께 살펴보니 나에 대한 이해가 훨씬 더 명확해졌습니다"라는 반응을 매우 자주 접하고 있다.

에니어그램은 인간이 에너지를 얻는 원천으로 세 개의 중추를 가지고 있다고 본다. 그에 따라 장형(본능형), 가슴형, 머리형으로 나눈다. 장형은 선천적으로 타고난 본능에 따른 즉각적인 행동을 하는 타입이다(행동파). 가슴형은 타인과의 관계를 중시하며, 머리형은 사고나 내면의 성찰을 중심으로 상황을 분석하는 과정을 중시한다. 우리 모두에게는 이 3가지 에너지 중추가 모두 있지만, 각 유형은 단 하나의 중추를 집중적으로 발달시킨다. 같은 MBTI 유형이라도 이러한 에너지의 중심에 따라서 매우 커다란 차이가 날 수 있다.

예전에 ENTJ 유형을 가진 세 사람을 한 클래스에서 교육한 적이 있다. 유형역동을 학습하면서 '심리구조가 같다는 것은 세 사람 모두가 동의하였지만, 뭔가 차이가 나는 부분이 있음을 느끼고 있었다. 에니어그램 결과를 확인해보니, 3명이 각각 장형, 가슴형, 머리형으로 나왔다. 그 결과를 접하고 나서야 자신들이 비슷하면서도 다른 이유를 훨씬 더 명확하게 이해할 수 있게 되었다. 같은 ENTJ 유형이지만, 장형은 훨씬 더 행동지향적이고 직설적인 경향이 있었고, 가슴형은 보다 부드럽고 관계 중심적이었으며, 머리형은 다른 두 사람에 비해 어느 정도 거리를 두고 냉철하게 관찰하는 모습이 두드러졌기 때문이다. 이런 사례는 현장에서 빈번하게 나타난다. 에니어그램을 MBTI와 함께 사용하면 같은 유형 간에도 차이가 나는 이유를 보다 구체적으로 이해할 수 있다.

'심리구조'를 중심으로 다양한 정보들이 통합될 수 있다

에니어그램 이외에도 DISC, OPQ, FIRO-B, BIRKMAN 등 다양한 심리검사가 MBTI와 함께 활용될 수 있다. 단 단순히 결과만을 비교하기보다는 각각의 검사들이 무엇을 기준으로 심리적 특성을 구분하는가를 명확히 이해하는 것이 필요하다. **따라서 먼저 MBTI가 단순히 '행동패턴'을 측정하는 것이 아니라 '심리구조'를 파악하는 검사라는 것을 이해하는 것이 중요하다. 그러한 이해가 전제되었을 때 다른 검사결과들과 연결짓는 것이 보다 수월해지기 때문이다.** 만약 단순히 MBTI 검사결과만을 가지고 다른 검사와 연결한다면 더욱 혼란을 겪을 수도 있다.

이 책을 통해 MBTI에 대한 이해를 충분히 높인 후에 다양한 심리검사들을 받아보면 자신만의 독특성을 이해하는 데 큰 도움이 될 수 있을 것이다. 필자 역시 위에서 언급한 심리도구들을 종합하여 자신에게 적용해보았으며 다른 사람들 역시 여러 심리도구들을 통합하여 활용할 수 있도록 돕고 있다.

똑같은 사람은 단 한 사람도 없다

유형역동의 관점에서 보면 같은 유형 간에도 차이가 나는 것은 너무나도 당연하다. 심리구조는 같지만, 환경과의 상호작용으로 인한 심리역동에 따라 커다란 차이가 생기기 때문이다. 아울러 가치관이나 흥미와 같은 다른 심리요인들과 연결해서 통합적인 관점에서 바라보면 그러한 차이는 더 커질 수밖에 없다. 마치 '파란색'이라는 색깔 안에도 색조가 조금씩 다른 파란색이 무한하게 존재할 수 있는 것과 같다. 같은 유형의 사람들 안에서도 완전히 똑같은 사람은 단 한 사람도 없다. **다만 추상적인 인간의 내면을 성격유형이라는 언어로 개념화하고 범주화하는 것이 우리에게는 커다란 도움이 되기 때문에 MBTI라는 도구를 사용하는 것일 뿐이다.**

같은 유형과 비교해서 자신의 어떤 부분이 다른지를 보다 쉽게 알아볼 수 있는 방법 중 하나는 MBTI FORM Q 검사를 받아보는 것이다. MBTI 검사는 크게 FORM M과 FORM Q의 두 가지 버전이 있다. FORM M은 ISTJ, ENTJ와 같이 기본적인 성격유형을 찾아보는 검사이고, FORM Q는 세부적인 특징들에 대한 정보까지 제공해주는 검사이다. 예를 들어 같은 외향형이라도 부분적으로는 내향형의 성향을 가지고 있을 수 있는데 그런 세부적인 특징들까지 확인해볼 수 있는 검사이다. FORM Q 검사 안에 FORM M 검사결과도 포함되어 있기 때문에 FORM Q 검사만 받으면 2가지 결과를 모두 받아볼 수 있다. 온라인으로 검사가 가능하므로 관심이 있는 사람은 한 번 받아볼 것을 권한다. 한국MBTI연구소 홈페이지에 접속해서 'MBTI 검사'를 클릭하고 '검사기관'을 클릭하면 검사받을 수 있는 곳을 확인할 수 있다.

\# '성격유형이 같다'는 것은 유형역동의 '심리구조'가 같다는 뜻이다.

\- '성격유형이 같다'는 말의 정확한 의미는 '주기능, 부기능, 3차기능, 열등기능의 심리구조가 동일하다'는 것이다.

\# '심리구조'는 변하지 않지만 그 틀 안에서 끊임없는 '심리역동'이 일어난다. 같은 유형 간에도 차이가 날 수밖에 없는 이유는 '심리역동'으로 인한 차이가 발생하기 때문이다.

\# 가치관, 흥미, 역량, 정서적 민감성 등 다른 심리적 요인들과 연결해서 살펴보면 같은 유형 간에도 차이가 나는 이유를 더욱 분명하게 이해할 수 있다.

나만의 탁월성을 깨우는 원리: 유형발달

Part 4에서는 Part 2~3에서 학습한

'심리구조'를 활용하여 인생 전반에 걸쳐

자신만의 '탁월성을 깨우는 원리'에 대해 살펴본다.

'심리구조'를 중심으로 자신의 과거와 현재, 미래를

통합적인 관점에서 조망해본다.

Chapter 15

성장의 방향을
안내하는 나침반:
칼 융의 발달모형

Part 2에서는 성격유형이 '유형역동'이라는 '심리구조'로부터 기인한다는 것을 살펴보았고, Part 3에서는 그러한 '심리구조'가 스트레스, 커뮤니케이션, 커리어의 영역에서 구체적으로 어떻게 작용하는지 살펴보았다. **이제 Part 4에서는 '심리구조'를 활용하여 인생 전반에 걸쳐 '탁월한 존재'로 성장해가는 원리를 다루고자 한다.**

나만의 탁월성을 깨우는 원리

MBTI 이론의 창시자인 칼 융은 각 유형에 따라 '탁월함을 깨우는 과정'이 다르다고 생각했다. 선천적으로 타고난 성격유형이 다르기 때문에 '자아실현'의 꽃을 피워가는 과정 역시 다를 수밖에 없다고 본 것이다. 그리고 그러한 모습을 '개별화(Individuation)'라는 용어로 설명했다. 예를 들어 꽃의 씨앗 속에는 이미 무슨 꽃으로 피어날 것인지가 내재되어 있다. 코스모스는 장미로 피지 않고 코스모스로 피어나는 것이 그 씨앗의 '개별화'인 것이다. 그리고 꽃이 피어나는 과정을 '개별화 과정'이라고 하였다.

마찬가지로 인간의 내면에도 성격유형에 따른 청사진(Blue Print)이 내재되어 있으며, 일생에 걸쳐 그러한 청사진을 실현시켜나간다. 그렇게 우리는 '최상의 자신'이 되어간다. 코스모스가 코스모스답게 피어나듯이 우리는 가장 자기 자신다운 모습으로 성장하고 통합되어가는 것이다. 그래서 융은 '개별화'를 '자기실현'이라는 개념으로도 묘사했다.

융의 말처럼, 각 사람은 자신의 성격유형에 맞는 성장과정이 있다. MBTI에서는 이를 '유형발달'이라고 한다. 우리가 Part 4를 통해 최종적으로 다룰 주제는 '유형발달'이다. **성격유형이 발달하는 원리는 각 성격유형에 따라 전혀 다르다.** 자신만의 잠재된 능력을 의식적으로 개발시키기 위해서는 유형발달을 이해하는 것이 필수적이다.

유형발달을 한마디로 정의하면 **자신의 성격유형에 따른 '탁월함에 이르는 원리'**라고 할 수 있다. 유형발달 원리를 이해하게 되면 자신의 장점을 극대화하고 개선점을 건강하게 보완하는 방법을 이해할 수 있다. **나아가 자신의 전체적인 삶을 '나다움'의 토대 위에 디자인하는 것이 가능해진다.**

무엇보다 유형발달이 중요한 이유는 발달 정도에 따라 같은 성격유형 간에도 커다란 차이를 보이기 때문이다. 예를 들어 건강하고 유능한 INTP가 있을 수 있고, 위축되고 무능한 INTP가 있을 수 있다는 의미다.

자기 자신을 '탁월한 존재'로 인식하고 있는가?

당신은 스스로를 '탁월한 존재'라고 생각하는가? 다시 한번 묻겠다. 당신은 당신 자신이 '탁월한 존재'라고 생각하는가? 만일 그렇지 않다면 자아정체성에 있어서 당신의 현재나 과거가 어딘가 잘못 디자인되었다는 뜻이다. MBTI의 관점에서 보면, 자신의 성격유형의 장점을 위주로 '건강한 자아정체성을 형성하지 못했다'는 의미이기 때문이다. 필자는 당신이 완벽한 스펙을 갖추고 있냐고 묻지 않았다. 그런 외부적 조건과 상관없이 자신을 훌륭한 잠재력을 가진 탁월한 존재로 여기고 있는지를 물었다. 즉 '자신을 어떤 존재로 인식하고 있는가'에 대해 물었다.

만약 이에 대해 확신에 찬 대답을 하지 못했다면 성격유형을 중심으로 자신의 과거를 성찰해보는 시간이 필요하다. 코스모스가 최상의 모습으로 피어나려면 코스모스의 삶 전체를 고려해야 한다. 코스모스가 코스모스답게 피어나지 못하고 있다면, 과거에 코스모스에 맞는 재배방법으로 돌봄을 받지 못했다고 볼 수 있기 때문이다. 코스모스의 잠재력을 최대한 끌어내고 싶다면 코스모스의 특징을 바탕으로 과거와 현재를 살펴보고 미래의 재배계획을 다시 세워야 한다.

마찬가지로 당신이 '탁월한 존재'로 살아가고 싶다면 당신의 성격유형을 중심으로 과거와 현재와 미래를 연결하여 삶 전체를 조망할 수 있어야 한다. 유형발달은 '삶 전체에 걸쳐' 당신이 '탁월한 존재'로 성장해나가는 것에 대한 내용을 다루고 있다.

당신의 현재가 '탁월하지 못한 것'들로 채워져 있다면, 자신의 성격유형을 중심으로 자신의 과거를 살펴보고 현재를 다시 디자인해야 한다.

그리고 그것을 토대로 미래의 성장 계획을 세울 수 있어야 한다. 유형발달은 자신의 유형에 따른 성장과정을 하나의 큰 지도처럼 제시해준다. 그 지도를 가지고 우리는 자신의 과거와 현재, 미래를 통합적으로 바라볼 수 있게 된다.

같은 코스모스라도 아름답게 피어난 코스모스가 있고 시들해져서 곧 죽어버릴 것 같은 코스모스가 있을 것이다. 사람도 마찬가지다. **같은 성격유형이라도 건강하게 성장하여 유능한 사람이 있고 반대로 자신의 유형적 장점을 전혀 꽃피우지 못한 사람도 있다. 당신은 어느 쪽인가?**

일생에 걸쳐 자신만의 탁월성을 깨우고 싶은가? 그렇다면 유형발달의 원리를 진지하게 학습하고 활용해보기 바란다.

자신의 심리구조 재확인

마지막 Part 4 역시 자신에게 적용해보는 것이 핵심 포인트다. 이 책은 단순히 개념을 이해하는 것이 아닌 '나다움'을 깨워가는 것에 목적을 둔 책이기 때문이다. 이쯤에서 다시금 자신의 주기능에서 열등기능을 상기해보는 작업이 필요할 것 같다. 자신의 심리구조를 다시금 아래의 표에 기입해보기 바란다. 각 기능의 특징이 두리뭉실하게 떠오른다면 챕터 8 말미에 있는 Key point를 다시 한번 훑어보고 시작하자.

나의 성격유형	주기능	부기능	3차기능	열등기능

먼저 본 챕터에서는 유형발달의 이론적 내용을 간략히 정리하고자 한다. 그리고 다음 챕터부터는 인생의 전반기와 후반기를 나누어서 적용 포인트를 찾아볼 예정이다. 이 모든 과정을 자신의 유형 정보를 기반으로 함께해주기 바란다.

성장의 방향을 안내하는 나침반: 칼 융의 발달모형

칼 융은 유형의 발달과정을 이론적 모형으로 정리했다. 아래 그림은 융의 발달모형을 시각적으로 정리해놓은 것이다.

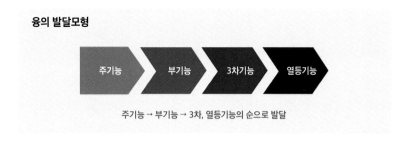

융의 발달모형에 따르면, 인간의 심리는 주기능, 부기능, 3차기능, 열등기능의 순서로 발달한다. 인생의 전반기에는 주기능과 부기능이 발달하며, 후반기에는 3차기능과 열등기능이 발달한다. 융은 자신의 발달모형을 **성장의 방향을 안내하는 '나침반'**이라 여겼다. 이러한 모형을 통해 각 유형의 사람들이 자신에게 적합한 발달과정을 이해하고 방향을 잡을 수 있기 때문이다. 따라서 이사벨 마이어스(Isabel Myers)는 융의 발달모형을 **'탁월함으로 이르는 16가지 길'**이라고 표현했다. 발달모형을 활용하면 자신의 유형에 맞는 효과적인 발달과정을 이해할 수 있다. 즉, '나다움'에 이르는 보다 구체적인 행로를 이해할 수 있게 된다.

발달은 '환경과의 상호작용'을 통해 이루어진다

발달은 '타고난 심리 선호경향과 환경과의 상호작용' 안에서 이루어진다. 따라서 성격유형이 같은 두 사람이라 할지라도 그들이 자라온 환경과의 상호작용을 탐색하는 과정이 반드시 필요하다. 환경을 통해 자신의 유형을 지지받은 사람과 그렇지 않은 사람은 커다란 차이가 날 수 있다. 햇빛 아래서 충분한 영양분을 공급받은 코스모스와 최악의 환경에서 자란 코스모스가 똑같을 수는 없을 것이다.

자신이 성격유형에 맞는 발달과정에 따라 건강하고 유능한 사람으로 성장했는지 궁금한가? 그렇다면 발달모형의 흐름에 따라 자신의 삶을 성찰해보면 된다. **특히 자신의 성격유형을 그다지 좋아하지 않는다면 더욱 그러한 성찰이 필요할 수 있다.**

각 발달단계를 간략히 정리해보면 다음과 같다.

① 주기능의 발달

삶의 초기에 발달의 초점은 '주기능'에 집중된다. 이는 아이들의 행동에 반영되어 나타난다.

- **Te(외향적 사고)**를 선호하는 아이는 자신의 논리를 중심으로 자신 있게 주상을 펼치는 모습을 보일 것이다.
- 반대로 **Fi(내향적 감정)**를 선호하는 아이는 자신과 다른 사람의 감정에 대해 민감함을 지닌 조용한 관찰자의 모습을 보일 것이다.
- **Fe(외향적 감정)**를 선호하는 아이는 자신의 감정을 적극적으로 표현하면서 상대방과 상호작용하려는 모습을 보일 것이다.
- **Ti(내향적 사고)**를 선호하는 아이는 조용히 자신의 논리적 세계 안에 머무르면서 상황을 관찰하고 분석하는 모습을 보일 것이다.
- **Ne(외향적 직관)**를 선호하는 아이는 어떨까? 아마도 열린 사고방식으로 다양한 분야에 흥미를 보이면서 열정적인 모습을 보일 것이다.
- 반면 **Si(내향적 감각)**를 선호하는 아이는 현실적이고 사실적인 정보를 중심으로 자신이 해야 할 일에 차분하게 집중하는 모습을 보일 것이다.
- **Se(외향적 감각)**를 선호하는 아이들은 운동이나 그림 그리기 등 활동적인 경험을 하면서 활발한 모습을 보일 것이다.
- **Ni(내향적 직관)**를 선호하는 아이는 뭔가 상상의 세계 안에서 여러 공상을 하면서 조용한 모습을 보일 것이다.

환경의 지지를 받을수록 아이들은 자신의 주기능을 효과적으로 발달시켜나간다. **이러한 발달이 잘 이루어질수록 주기능을 중심으로 자신에 대한 확신감을 갖게 되며 건강한 자아상을 형성하게 된다. 즉, '자기확신감'과 '자기존중감'이 강화된다.**

만일 당신이 어린 시절 주변 사람들로부터 주기능을 지지받지 못했다면, '자기확신감'과 '자기존중감'에 있어 결핍감을 느낄 가능성이 높다. 예를 들어 주기능이 Fi(내향적 감정)인 아이의 부모가 '넌 왜 이렇게 자기표현도 불분명하고 툭하면 우니?'라는 식으로 부정적인 반응을 보였다면 그 아이의 주기능이 건강하게 발달되기는 어려웠을 것이다(이 부분은 다음 챕터에서 좀 더 자세히 다룰 것이다).

② 부기능의 발달

주기능이 어느 정도 발달되면 부기능의 사용을 발달시키는 단계로 옮겨간다. 앞서 유형역동 파트에서 살펴보았듯이, **부기능은 상보성의 원리에 의해 주기능을 보완하는 방식으로 발달한다(상보성의 원리는 챕터 6에서 설명했다).** 부기능은 주기능을 보조하고 보완하면서 심리적인 균형을 유지해준다.

인생의 전반기에는 주기능과 부기능이 상호작용하면서 유형발달이 이루어진다. 챕터 9에서 확인했듯이 주기능과 부기능은 각 성격유형의 '강점패턴'을 형성한다. 발달의 관점에서 보면 먼저 주기능이 믿을 만한 심리기능으로 자리를 잡고, 부기능에 의해 건강한 균형을 찾아간다. **이러한 발달이 제대로 이루어질수록 '일관성' 있고 '예측 가능한' 성격유형의 패턴이 나타나게 된다. 또한 자신의 성격유형 패턴을 통해 '효율성'을 경험하게 된다.** 반대로 주기능과 부기능이 잘 발달하지 못했다면 성격유형 패턴이 일관성 있게 나타나지 않을 뿐 아니라 '효율성'을 경험하지도 못한다.

③ 3차기능, 열등기능의 발달

인생의 전반기에 주기능과 부기능이 건강하게 발달했다면, 인생의 후반기에는 발달의 초점이 3차기능과 열등기능으로 이동한다. 3차기능과 열등기능은 내 마음속의 왼손 같은 심리기능으로, 보다 무의식적인 영역에서 덜 발달되어 있는 심리기능이다. 그래서 3차기능을 '소년·소녀', 열등기능을 '수치스러운 나'로 표현하기도 하는 것이다(영웅과 부모에 비해 소년·소녀 정도로만 발달된 모습을 보인다는 의미). 인생의 후반기가 되면 주기능, 부기능에 비해 거의 의식되지 않았던 마음속의 '소년·소녀'와 '수치스러운 나'를 자연스럽게 마주하게 된다.

융은 이러한 중년기의 전환을 '인생 후반기의 발달과 만족으로 이르는 통로'라고 보았다. 실제로 주기능과 부기능을 인생 전반기에 충분하게 사용해온 사람들은 인생의 중년기가 되면 자연스럽게 3차기능과 열등기능에 눈을 뜨는 모습을 보인다. 그러면서 자신 안에 있는 새로운 모습을 마주하게 된다. 과거에는 논리적이기만 했던 사람이 영화를 보면서 눈물을 훔치기도 하고 감정적이고 관계 중심적이었던 사람이 논리를 중심으로 자신의 의견을 표현하는 모습을 보이기도 한다. 새로운 미래 가능성에만 집중하던 사람이 현실적인 한계를 직시하는 모습을 보이거나, 현실 감각에만 의존하여 삶을 살아가던 사람이 갑자기 새로운 일들을 시도하고 도전하는 모습을 보이는 것도 이 시기에 이루어진다.

발달 시기의 차이를 고려해야 한다

융의 발달모형을 올바르게 사용하려면 '아동기에 나타나는 발달 특성'을 이해하는 것 역시 중요하다. 인간은 '선천적 선호경향'을 지니고 태어나지만, 성격유형과 상관없이 아동기의 발달 시기에 보편적으로 나타나는 특성 역시 존재하기 때문이다. 예를 들어 아동들은 외향형이 아니더라도 자기표현적이고 활동적일 수 있다. 아동들은 보통 큰 목소리로 말하고 행동반경도 크다. 따라서 초등학교 저학년 학생들에게 MBTI 검사를 실시하면 ENFP(주기능 Ne)나 ESFP(주기능 Se)가 많이 나온다(초등학생용 MBTI 검사는 CATi라고 한다). 아직 성격유형적 특징보다는 아동기의 보편적 특성이 행동에 반영되는 경우가 많기 때문이다.

개인의 발달과정은 사람마다 다르다. 아동 때부터 일찌감치 자신의 유형적 특성이 뚜렷하게 나오는 아이가 있고 조금 더 나이가 들면서 서서히 드러나는 아이가 있다. 따라서 어린 시절에 자신의 주기능이 행동에 반영되었던 시기를 기준으로 주기능의 발달과정을 확인해보면 된다.

발달모형은 단순히 '발달 순서'를 설명하기 위한 도구가 아니다

발달모형에서 설명하는 것처럼 우리의 심리기능은 주기능, 부기능, 3차기능, 열등기능 순으로 발달한다. **그러나 융의 발달모형이 단순히 발달의 순서를 알려주기 위한 도구라고 생각하면 안 된다.** 발달모형은 단순히 주기능과 부기능이 먼저 발달하고 3차기능과 열등기능이 나중에 발달한다는 사실을 알려주기 위해 고안된 것이 아니다. **발달모형은 각 성격유형이 가장 딕월한 존재로 싱장하기 위한 원리를 설멍해준다. 그것이 핵심 포인트다.** 당신이 어떤 과정을 거쳐 탁월한 존재로 성장할 수 있는지를 큰 그림의 지도로 제시해주는 것이 발달모형의 핵심 역할이다. 그 지도를 통해 당신이 당신의 잠재력을 최대한 끌어내고 있는지 확인할 수 있게 되는 것이다. 이 점을 분명히 인식하고 Part 4 전체를 읽어주기 바란다.

각 단계가 오는 시기는 사람마다 다르다

또 한 가지 중요한 점은 각 단계가 발달하는 시기가 사람마다 다르다는 것이다. 삶의 초기 단계에서 자신의 주기능과 부기능을 지지받았던 사람은 20대에 이미 자신의 성격유형을 안정적으로 발달시켰을 수 있다. 반면, 자신의 주기능과 부기능을 인정받지 못한 채로 삶의 전반기를 보낸 사람들은 불안정한 발달을 경험하게 된다. 또한 인생의 중반기에 정신적으로 큰 어려움을 겪게 되면 좀 더 빠른 후반기 발달이 찾아올 수도 있다.

발달 시기의 차이로 인해 같은 유형 간에도 여러 차이점을 보일 수 있다. 자신의 유형발달 과정을 차근차근 정리해보는 것이 중요한 이유다. **당신 역시 당신만의 발달 스토리를 형성해왔을 것이기 때문이다.**

유형발달의 의미

그렇다면 유형발달이란 정확히 무엇을 의미하는 것일까? 흔히 유형발달을 모든 심리기능들이 동일한 정도로 개발되는 것으로 오해하는 경우가 많다. 당신이 Te(외향적 사고)를 주기능으로 쓰는 사람이라면, Fi(내향적 감정) 역시 비슷한 정도로 발달해서 균형을 잡을 거라고 생각하는 것이다. 그러면서 우리 안에 있는 8가지 심리기능들(Se, Si, Ne, Ni, Te, Ti, Fe, Fi)이 모두 동일한 정도로 발달하여 균형을 이룬 모습을 떠올린다. 마치 우리 안에 심리기능들이 서로 대등한 입장이 되는 것을 발달이라고 생각하는 것이다.

그러나 칼 융에 의하면 이런 모습은 '미숙한 성격(primitive personality)'에 속한다. 우리의 마음 안에 있는 모든 심리기능에 동일한 주의와 에너지가 향하게 되면, 어느 한 기능도 제대로 발달하지 못하는 결과를 초래하기 때문이다. 그렇게 되면 어떨 때는 Ne의 의견을 듣게 되고, 또 어떨 때는 Ti의 의견을 듣게 되면서 내면이 매우 혼란스러워질 것이다. 즉, 일관성이 없어지고 스스로를 믿을 수 없게 된다. 중요한 의사결정을 내려야 하는 순간에 기준점을 잡지 못해 이도 저도 아닌 상태에 놓인 경험을 떠올려보라. 각 심리기능이 모두 대등한 입장이 되면 우리는 방향성을 상실할 가능성이 매우 높다. 그렇게 되면 자신이 어떤 사람인지에 대해서 혼란이 일어날 것이다.

앞에서 여러 번 이야기했듯이, 우리 안에 있는 심리기능 간에는 분명한 위계(hierarchy)가 있고, 그 위계로 인해 고유한 성격패턴이 나타난다. 영웅(주기능), 부모(부기능), 소년·소녀(3차기능), 수치스러운 나(열등기능)라는 기본구조는 늘 변함이 없다.

발달의 초기 단계에서는 영웅과 부모를 위주로 발달이 이루어진다. 우리의 주의 초점은 마음속의 영웅에 집중되어 있다. 그러나 환경과의 상호작용을 거치면서 때때로 소년(소녀)이나 '수치스러운 나'의 관점이 도움이 되는 것을 이해하게 된다. 그러면서 네 기능 간의 상호작용이 점점 더 유연하게 이루어지게 되는 것이다. 한쪽에만 치우치지 않고 필요할 때 상황에 맞는 기능을 적절히 사용하게 되는 것이다.

요약해보면, 발달이란 모든 심리기능들의 동일한 발달과 사용을 의미하지 않는다. **유형발달이란 각각의 기능을 적절한 상황에서 손쉽게 사용할 수 있는 능력을 말한다. 즉, 각 기능 간의 조화와 균형, 유연성의 증가**를 말한다.

'탁월함'을 발휘하는 건강한 One Team이 되다

좀 더 쉽게 설명하자면 마음 안에 있는 심리기능들이 건강한 팀워크를 갖춘 One Team이 되는 것이라고 생각하면 된다. 팀장은 물론 주기능이다. 주기능이 영웅이 되어 목적과 전체적인 방향을 제시한다. 주기능은 성격유형의 핵심이기 때문에 주기능이 존중받고 지지받을수록 '자기확신감'이 상승한다. 여기에 '부모(부기능)'가 적절한 균형과 지지를 제공하며, 상황에 따라 '소년·소녀'나 '수치스러웠던 나(발달로 인해 이제는 수치스럽지 않은)'가 적절한 역할을 할 수 있게 된다. 위계에 따른 분명한 역할은 존재하지만 이 네 기능 간의 관계는 수직적이고 경직되어 있지 않고 수평적이고 유연한 모습을 띤다. 건강하고 성숙한 One Team으로서의 상호작용이 이루어지기 때문이다. **그리고 그것은 그 팀만이 가진 '탁월함'으로 작용한다. 유능감을 기반으로 한 '고성과 팀'의 모습을 떠올리면 된다.**

그래서 발달을 다른 말로 '성숙함'이라고 표현하기도 한다. 발달이 건강하게 이루어진 사람의 마음속에서는 4가지 심리기능들이 건강하게 조화를 이루고 있기 때문이다. 이러한 내적 조화는 다른 사람과의 건강한 대화로 이어질 가능성이 높다. 자신의 심리기능에 대한 이해가 높아짐에 따라 자신과 다른 심리기능을 쓰는 사람 역시 존중할 수 있게 되는 것이다. 같은 유형이라도 성숙함으로 인한 차이가 클 수 있다는 의미다.

융의 발달모형에 전제되어 있는 믿음

융의 발달모형에는 두 가지 중요한 전제가 있다. **첫째, 융은 인간은 본질적으로 성장을 추구하는 존재라고 믿었다.** 인간에게는 본래의 자기 모습에 맞게 성장하려는 내적 욕구가 있다. **이러한 욕구는 '자기 자신이 되기 위한 꿈'을 향해 가도록 계속 압박을 가한다.** 따라서 유형발달의 측면에서 봤을 때 당신이 지금 공허함이나 내적 어려움을 느끼고 있다면 그것은 그다음 단계로 나아가라는 내적인 압박일 수도 있다.

둘째, 그러한 성장을 위해 필요한 모든 것을 이미 자신의 내부에 가지고 있는 존재라고 믿었다. 우리 안에 있는 주기능, 부기능, 3차기능,

열등기능이 적절한 발달과정을 거쳐 조화를 이룰수록 우리는 효율적이고 건강한 인간이 될 수 있나. 나반 인생 선반기에 주기능과 부기능이 잘 발달되고 그 이후에 3차기능과 열등기능이 발달되는 원리를 잘 이해하고 적용하는 것이 필요할 뿐이다. 중요한 것은 이미 우리 안에 성장을 위한 모든 것들이 내재되어 있다는 것이다. **이미 우리 안에 존재하는 심리기능들을 적절하게 활용하면 우리는 '탁월한 나'로 성장해나갈 수 있다.**

유형발달모형을 활용해야 하는 이유

이러한 칼 융의 믿음은 우리가 발달모형을 사용해야만 하는 이유를 설명해준다. **먼저 발달모형은 우리가 행복하고 의미 있는 삶을 살기 위해 '어떤 과정을 거쳐야 하는지'를 이해할 수 있게 해준다.**

발달모형에 따르면 인생의 전반기에는 주기능과 부기능이 잘 발달되어야 하고 후반기에는 3차기능, 열등기능과 통합을 이루는 것이 중요한 과제가 된다. 이러한 원리를 이해했을 때 우리는 자신의 삶을 적절히 해석할 수 있다.

또한 발달모형 안에는 **'자신의 타고난 강점을 먼저 사랑하라'**는 메시지가 담겨 있다. 발달모형은 우리가 **'주기능과 부기능을 중심으로 건강한 자존감을 형성해야 한다'**고 말해준다. 먼저 타고난 자신의 강점을 이해하고 수용했을 때 건강하고 안정적인 심리상태를 형성할 수 있기 때문이다. 그러한 심리적 토대 위에 3차기능과 열등기능을 유연하게 활용하면서 '성숙하고 통합된 나'를 경험하게 되는 것이다.

따라서 자신의 단점을 보완하고 싶다면 3차기능, 열등기능에 집중하여 열등감을 느낄 것이 아니라 주기능과 부기능을 중심으로 '자신의 존재방식을 수용하는 것'이 선행되어야 한다. 그렇게 됐을 때 자연스럽게 3차기능과 열등기능이 보완될 수 있는 심리적 환경이 조성될 수 있다. 자기 자신의 선천적인 강점(주기능, 부기능)을 싫어하는 상태에서 단점에만 집중하게 되면 심각한 열등감으로 이어질 가능성이 매우 높다. **발달모형에는 '먼저 자신의 타고난 존재방식을 받아들이고 그 이후 단점을 보완하라'는 메시지가 전제되어 있다.** 먼저 자신을 있는 그대로 사랑해줄 때 더욱 '균형 있게 성장하는 나'가 될 수 있는 것이다.

이는 챕터 2에서 다루었던 'MBTI 검사 이후 자주 나오는 질문 3가지' 중 마지막 세 번째 질문, "단점을 개선하기 위해서는 무엇을 어떻게 해야 하죠?"에 대한 분명한 대답이기도 하다.

유형발달모형을 사용하는 목적

지금까지의 내용을 한 문장으로 요약하면 다음과 같다.

"당신의 마음은 주기능과 부기능이 먼저 발달하고 그 토대 위에 3차기능과 열등기능이 발달하도록 디자인되어 있다."

MBTI를 활용하여 자신의 탁월함을 깨우고 싶다면 위의 사항을 분명하게 기억해야 한다. 먼저 타고난 주기능과 부기능을 중심으로 자신을 인식하고 존중하라. 그러면 자연스럽게 3차기능과 열등기능을 보완하는 흐름으로 이어질 것이다. 그렇게 당신은 더욱 유능하고 탁월한 존재가 되어갈 것이다(Part 3에서 스트레스, 커뮤니케이션, 커리어 등에 '심리구조'를 대입해본 가장 큰 이유는 당신이 자연스럽게 주기능과 부기능을 중심으로 자신을 인식하기를 바랐기 때문이다).

우리가 유형발달모형을 사용하는 목적은 분명하다. **'나다움'을 극대화하여 실제 삶 속에서 '만족감'과 '유능감'을 경험하기 위해서다.** 다음 챕터부터는 이러한 원리를 실제 삶 속에 적용해볼 것이다.

활용을 위한 Key Point · **이것만은 꼭 기억하자!**

융은 성장의 방향을 안내하는 나침반으로서 '발달모형'을 제시했다.
- 발달모형에 따르면 인생의 전반기에는 주기능과 부기능이 발달되고, 후반기에는 3차기능과 열등기능이 발달된다.

발달모형은 단순히 '발달 순서'를 설명하기 위한 도구가 아니다.
- 발달모형의 핵심 역할은 당신이 어떤 과정을 거쳐 탁월한 존재로 성장할 수 있는지 큰 그림을 제시해준다는 것이다.

발달은 개인의 선천적인 심리경향과 '환경과의 상호작용'이다. 따라서 개인이 처한 환경에 따라 각 단계가 발달하는 시기는 다를 수 있다.

발달이란 각 심리기능 간의 조화와 균형, 유연성의 증가를 뜻한다. 즉, 모든 기능들이 동일하게 발달하는 것이 아니라 각각의 기능을 적절할 때 손쉽게 사용할 수 있는 능력을 말한다.

건강한 발달을 위해서는 '주기능과 부기능을 중심으로 자신을 인식하고 존중하는 것이 선행'되어야 한다.
- 주기능과 부기능을 중심으로 발달이 이루어지면, 자연스럽게 3차기능과 열등기능을 보완하는 흐름으로 이어질 것이다.

Chapter 16

내면의 상처 치유하기: 성격유형과 환경과의 상호작용

당신의 자존감은 안녕한가? 당신의 자존감에 점수를 매긴다면 몇 점을 줄 수 있는가? 10점 만점으로 점수를 매겨보라. 그런 다음 왜 그렇게 점수를 주었는지 생각해보라.

자존감이란 '자신에 대한 주관적인 느낌'이다. 자신이 사랑받을 만한 가치가 있는 '소중한 존재'이고, 좋은 성과를 낼 만한 '유능한 사람'이라고 믿는 마음을 우리는 자존감이라고 부른다. 건강한 자존감을 가진 사람은 건강한 정체성을 형성한다. 그리고 그러한 정체성을 바탕으로 삶의 여러 영역에서 자신의 능력을 마음껏 발휘할 가능성이 높다. 대인관계에서도 역시 건강한 반응을 보인다.

문제는 이러한 자존감이 한번 형성되면 쉽게 바뀌지 않는다는 점이다. 그래서 어린 시절에 받았던 상처가 어른이 되어서도 지속적인 영향을 미치는 경우가 많은 것이다. 성격유형의 관점에서 봤을 때, 자존감이 낮다는 것은 전반적으로 '자신의 성격유형을 좋아하지 않는다'는 의미라고 볼 수 있다.

이번 챕터에서는 당신의 인생 전반기에 건강한 유형발달이 이루어졌는가를 살펴보려 한다. **인생의 전반기를 돌아보는 과정은 자존감이 낮은 사람에게는 '내면의 상처를 치유'하는 과정이 될 수 있다.** 타고난 성격유형을 건강하게 지지받지 못한 과정을 돌아보고 재해석하는 과정이 포함되어 있기 때문이다.

꼭 큰 상처를 받지 않은 사람이라도 현재와 미래를 더욱 건강하게 살아갈 수 있는 단서들을 찾을 수 있다. 자, 그럼 인생의 전반기에 당신의 유형발달이 건강하게 이루어졌는지 살펴보자.

이번 챕터의 목적: '인생의 전반기'에 대한 성찰(내면의 상처 치유하기)

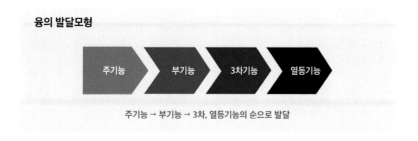

이전 챕터에서 살펴보았듯이, 융의 발달모형에 따르면 유형발달은 크게 인생의 '전반기'와 '후반기'로 나뉜다. 인생의 전반기에는 주기능과 부기능이 발달하며, 인생의 후반기에는 3차기능과 열등기능이 발달한다. 그리고 이러한 발달은 '환경과의 상호작용' 안에서 이루어진다. 환경은 자신의 유형발달을 지지할 수도 있고 방해할 수도 있다.

칼 융은 그의 저서 『심리유형론(Psychological Types)』에서 "한 식물이 꽃을 활짝 피우고자 한다면, 우선 자신이 뿌리를 두고 있는 토양에서 성장할 수 있어야 한다"라고 했다. 우리의 성격유형은 선천적으로 타고

나는 것이지만 지지적인 환경이 뒷받침되어야만 건강한 유형발달을 이룰 수 있다는 사실을 비유적으로 표현한 것이다. 햇빛을 충분히 받고 자란 식물이 건강하게 꽃피울 수 있듯이 우리의 성격 역시 충분한 환경적 지지가 있을 때 아름답게 피어날 수 있다. 성공적이고 건강한 유형발달이 이루어지기 위해서는 지지적인 환경은 필수조건인 셈이다.

따라서 자신의 성격유형이 건강하게 발달했는지를 확인하려면 인생의 전반기를 되돌아보는 것이 필요하다. 인생 전반기에 주기능과 부기능이 건강하게 발달했는지, 만약 그렇지 않다면 어떤 환경적 요인들로 인해 어려움을 겪었는지를 파악할 수 있기 때문이다. **이러한 이해는 내적성장과 치유를 위한 중요한 단서들을 제공해준다.**

이번 챕터에서는 융의 발달모형을 토대로 인생의 전반기를 성찰하는 방법에 대해 살펴보고자 한다. 그 과정을 통해 성격유형의 관점에서 자신이 어떤 환경 속에서 자라왔는지, 그것이 지금 자신에게 어떤 영향을 미치고 있는지를 정리해볼 수 있을 것이다.

인생의 전반기와 후반기를 구분하는 기준?

인생의 전반기와 후반기라고 하면 막연한 느낌이 들 수 있을 것 같다. 그래서 먼저 조금 더 구체적인 기준을 제시하려 한다. 저명한 융 분석가인 Harold Grant는 다음과 같이 주장했다.

우리를 둘러싼 환경이 타고난 성격을 지지한다면,

- 우리는 생의 초기인 6~12세에 자신의 주기능을 개발시킬 것이고,
- 13~20세의 시기에 자신의 부기능을 개발시킬 것이며,
- 20대 중반~30대 초반에 부기능의 반대인 3차기능을 개발시킬 것이다.
- 그리고 30대 후반에서 50대에 걸쳐서 자신의 열등기능을 개발시킬
  것이다.

  물론 이러한 주장이 절대적인 기준은 아닐 것이다. 하지만 이렇게 대략적인 연령대를 구분할 수 있다면, 어느 정도의 기준점을 세우고 인생의 전반기를 성찰해볼 수 있다. Harold Grant의 주장을 근거로 인생의 전반기를 구분해보면 대략 '6세~30대 초반'을 인생의 전반기로 생각해볼 수 있다. 20세가 되기까지는 주기능과 부기능을 중심으로 자아개념 형성이 이루어지고, 20세에서 30대 초반이 되는 과정에서 주기능과 부기능을 중심으로 유능감이 발현되는 과정을 경험할 것이다. 그렇게 안정적인 심리적 토대가 형성되면 20대 중반에서 30대 초반에 3차기능의 개발이 이루어지고 30대 후반에서 50대에 걸쳐 열등기능이 개발되는 시기를 맞이하게 된다.

  물론 이는 어디까지나 자신을 둘러싼 환경이 성격유형을 지지해주었다는 가정하에서의 이야기다. 또한 아동기 때부터 일찌감치 자신의 유형이 나타나는 아이가 있고 중학생 정도가 되어서야 분명하게 나타나는 아이가 있다. 다만 어느 시점까지를 인생의 전반기로 봐야 하는지에 대한 가이드라인으로는 충분하지 않을까 한다. 숫자에 너무 얽매일 필요는 없다. 20세라고 해서 '21세는 절대 해당되지 않는다'는 식은 아니라는 뜻이다. 대략적인 흐름 정도로 받아들이고 적용해보면 될 것 같

다. 정리해보면 다음과 같다.

- 6세~20세까지는 주기능과 부기능을 중심으로 건강한 자아개념을 형성했는지, 환경은 지지적이었는지를 살펴보고,
- 20세~30대 초반에는 주기능과 부기능을 활용하여 유능감을 발휘하면서 살았는지(또는 살고 있는지)에 대해 생각해보면 된다.

　이번 챕터에서는 30대 초반까지의 '인생의 전반기'에 대해서만 살펴볼 것이다(35세까지를 전반기로 보는 학자들도 있기 때문에 35세까지를 전반기로 봐도 무방하다). **인생의 전반기에 주기능과 부기능이 잘 발달했을 때 후반기 발달과제(3차, 열등기능의 개발)를 건강하게 다룰 수 있기 때문이다.** 주기능과 부기능이 충분히 존중받고 인정받지 못했다면 당신이 인생의 어느 시기에 있든 간에 주기능과 부기능을 먼저 돌봐야 한다. 그렇지 않은 상태에서 3차, 열등기능을 개발시키고자 한다면, 당신의 내면은 매우 혼란스럽고 불균형적인 상태가 되어버릴 것이다.
　자, 그럼 '발달에 영향을 미치는 대표적인 환경요인'을 중심으로 인생의 전반기를 성찰해보자.

여기서 잠깐!

　"3차기능, 열등기능은 꼭 인생의 후반기에만 발달시킬 수 있나요? 저는 지금 당장 발달이 필요한 상황인데요." 현장에서 융의 발달모형을 설

명할 때마다 가장 많이 나오는 질문이다. 물론 3차기능, 열등기능을 꼭 저 시기에 발달시켜야 하는 것은 아니다. 융의 발달모형은 자연스러운 성장의 흐름을 모형을 통해 설명하는 것일 뿐이다. 시기와 상관없이 3차기능, 열등기능을 의식적으로 발달시키는 방법은 다음 챕터에서 다룰 것이다. 여기서는 인생 전반기의 발달과정에만 집중하기 바란다.

유형발달에 영향을 미치는 대표적인 환경요인

유형발달에 영향을 미치는 대표적인 환경요인에는 어떤 것들이 있을까? 여러 요인들이 발달에 영향을 미칠 수 있지만, 가장 크게 영향을 미치는 요인은 '가족관계'일 것이다. 우리는 인생의 전반기의 가장 중요한 시기를 가족 내에서 보내기 때문이다. 수많은 심리치료 이론들 역시 가족관계의 경험이 자존감과 대인관계에 지대한 영향을 미친다고 설명하고 있다.

따라서 성격유형을 중심으로 어린 시절의 가족관계를 살펴보는 것은 유형발달을 이해하는 데 가장 중요한 과정이 될 수 있다. 먼저 가족관계를 중심으로 유형발달 정도를 살펴보고 그 이후에 다른 요소들도 살펴보면서 인생의 전반기 시절을 성찰해보도록 하자. 다음 챕터에서는 그렇게 정리된 내용을 바탕으로 지금 시점에서 무엇을 어떻게 하면 좋을지 생각해볼 것이다.

가족관계

누군가에게는 어린 시절 가족관계를 떠올리는 것 자체가 힘겨운 일이 될 수 있을 것이다. 가족은 가장 소중한 존재이기도 하지만, 상호 이해와 존중이 결여됐을 때는 가장 큰 상처를 주는 대상이 되기도 하기 때문이다. 개인 상담을 해보면 치명적인 상처를 주고받은 대상이 가족 구성원인 경우가 가장 많다. 여러 원인이 있을 수 있겠지만, 그 출발점은 서로의 '다름'을 이해하지 못한 것일 때가 많다. 먼저 다음의 질문들에 대해 생각해보자.

"당신의 부모님은 당신의 성격유형의 특성을 지지하고 이해하는 편이었는가?"
"형제와 자매는 어떠했는가?"
"가족의 규준(집단의 이상적인 기준)은 당신의 성격을 지지하는 편이었는가?"
"가족 내에서 당신의 성격유형은 존중과 지지 속에 잘 발달했다고 생각하는가?"

아마 구체적으로 생각을 정리하기가 쉽지는 않을 것이다. 우선 자신의 성격유형이 가족 내에서 존중받고 지지받았는지에 대해 큰 흐름만 떠올려보기 바란다.

좀 더 구체적인 적용을 위해서 '가족으로부터 성격유형을 이해받는다'는 것이 무엇을 의미하는지, 또 '건강한 자녀양육을 위해서는 어떤 관점으로 접근해야 하는지'에 대해 살펴보려 한다. 당신의 어린 시절은 어떠했는지 떠올리면서 읽어보자.

① '이상한 아이'라는 말을 들어본 적이 있는가?

"쟤는 애가 좀 이상해."

혹시 어린 시절 부모나 형제자매로부터 위와 같은 말을 들어본 적이 있는가? 또는 직접적인 표현을 들은 적은 없지만 가족 내에서 뭔가 '이상한 아이'로 취급받고 있다는 느낌을 받은 적이 있는가? 만약 그렇다면 그것이 지금 당신에게 어떤 영향을 주고 있는가? **말하는 사람의 의도가 어찌 됐든 위와 같은 식의 표현은 '존재를 무시하는 발언'이 될 수 있다. 이러한 말을 하거나 그와 같은 관점으로 가족 중 누군가를 대하는 것은 '삶 전체의 근간이 흔들릴 만큼의 치명적인 상처'를 줄 수 있다는 의미다.**

필자는 그런 상처를 지닌 사람들을 너무 많이 보고 있다. 대기업의 임원이든, 대학 수업에서 만난 학생이든 그들의 나이나 겉으로 보여지는 모습과 상관없이 어린 시절 가족으로부터 '이상한 아이' 취급을 받은 기억은 평생에 걸쳐 악영향을 미친다. **단순히 '행동을 지적받는 것'과 '존재 자체를 무시당하는 것'은 완전히 다른 이야기이기 때문이다.**

성격유형이 다르다는 것은 '잠재력이 깨어나는 과정이 전혀 다르다'는 것을 의미한다. 그러나 가족 구성원 중에서 다른 가족들과 유형적으로 큰 차이가 있는 아이가 있는 경우 그 과정을 이해받는 것은 쉽지 않다. 성격유형이란 '심리적 메커니즘 자체가 다르다'는 의미를 포함하고 있지만, 따로 교육을 받지 않는 이상 그런 차이를 이해하는 것은 매우 어려운 일이다. 아무리 좋은 의도를 가진 부모라도 자신과 유형적으로 많이 다른 아이를 있는 그대로 받아들이고 존중하는 것은 쉽지 않다.

② 가족 안에는 '보이지 않는 우세한 규준(집단의 이상적인 기준)'이 존재한다

우리의 내면에는 '주기능'이라는 더 우세한 심리기능이 존재한다. 그와 유사하게 가족 내에도 더 우세하게 작용하는 심리기능이 있다. 예를 들어 주기능이 Te(외향적 사고)인 아버지가 있는 가정이 있다고 하자. 나머지 가족은 F(감정형)를 더 선호한다 하더라도 가정 전체의 분위기는 논리와 사고가 지배할 가능성이 높다. 특히 권위적인 문화에서 성장한 아버지라면 그러한 분위기는 강화된다. A는 이러한 가정의 맏딸로서 Fi(내향적 감정)를 주기능으로 쓰는 사람이었다(아버지와 정반대). 아버지는 A의 행동을 너무나 답답해하셨다고 한다. '너는 자기주장도 없냐?', '울지 말고 얘기해', '근거가 없는 얘기는 인정받지 못해'와 같은 이야기를 지속적으로 들은 A는 지금도 목소리가 크고 논리적으로 비판하는 사람을 만나면 두려움을 느낀다고 한다.

또는 어떤 한 사람의 심리기능이 독단적인 영향을 미치지는 않지만, 가족 구성원의 대다수가 속한 심리기능이 자연스러운 규준이 되는 경우도 있다. 필자가 아는 B는 전형적인 T(사고형)이지만 나머지 가족 모두가 F(감정형)를 선호한다. 다른 가족들이 보기에 B는 자기주장이 매우 강하고 깐깐하며 까다로운 사람이었다. 그러다 보니 어린 시절부터

'까다로운 아이', '못된 놈', '따지기 좋아하는 사람' 등 좋지 않은 얘기를 듣고 자랐다. 이러한 B가 건강한 유형발달을 경험하기는 쉽지 않았을 것이다. 실제로 B는 사회에서 자신의 논리적 역량을 인정받고 있었지만, 자신의 사고적인 기능을 그리 좋아하지는 않았다. 어린 시절 형성된 '자아개념'으로 인해 스스로의 성격유형 자체를 좋지 않게 평가하고 있었기 때문이다.

어린 시절 스스로에 대해 어떻게 생각해야 할지 정립되지 않은 상태에서 이러한 경험을 하게 되면 당연히 건강한 유형발달이 이루어지지 못한다. 그것은 성장의 과정뿐만 아니라 성인이 된 이후에도 지속적인 영향을 미친다.

③ '틀린 것'이 아니라 '다른 것'임을 분명히 알려줘야 한다

그렇다면 어떻게 해야 자신과 다른 가족을 잘 돌볼 수 있을까? 사실 자신과 다른 성격유형을 가진 아이를 지지하고 존중하는 것은 쉽지 않은 일이다. 필자 역시 두 딸이 있지만, 두 아이의 성격유형을 이해하지 못했다면 필자와 많이 다른 둘째 딸아이를 '문제아'로 바라봤을 것 같다. Te(외향적 사고)를 주기능으로 쓰는 필자에게 Fe(외향적 감정)를 주기능으로 쓰는 둘째 딸아이는 일관성이 없어 보일 때가 많기 때문이다.

하지만 성격유형의 원리를 이해하고 있기 때문에 적어도 둘째 딸아이가 '이상한 아이'가 아니라는 점은 확실히 인지하고 있다. 그리고 그것을 아이에게도 분명히 알려준다. "너는 틀린 게 아니라 다른 거야. 그래서 아빠처럼 행동할 필요는 없단다. 너만의 스타일로 네가 해야 할 일들을 해나가면 돼." 필자는 둘째 딸아이를 대할 때 '또다른 세계'를 공부한다는 관점으로 접근한다. 필자가 성격유형과 관련한 전문가라 하더라도 실제 그 유형으로 살아본 것은 아니기에 늘 새로이 배우고 공부한다는 관점으로 접근한다. 아이가 잘못된 행동을 했을 때는 그에 대해 분명히 야단을 치고 책임을 지도록 하지만 "너는 참 이상하다"는 식으로 존재를 무시하는 발언은 절대로 하지 않는다. '너는 너만의 스타일이 있고 그것 자체를 부정하지는 않는다'는 점을 분명히 한다.

부모가 이러한 태도만 견지해도 아이는 큰 상처를 받지 않고 건강하게 자랄 수 있다. 모든 과정에 존중감이 내재되어 있다는 것을 아이가 느끼기 때문이다. **문제는 아이의 성격유형에 대해 '틀리다', '잘못됐다'는 관점으로 접근할 때 발생한다. 아무리 선한 의도를 가진 부모라 하더라도 '다름'을 '틀림'으로 생각하고 아이를 키우게 되면 필연적인 상처를 남기게 된다.**

④ '성격을 이해한다는 것'은 '존재방식을 이해한다는 것'

혼히 성격유형을 이해한다는 것을 '행동패턴'을 이해하는 것으로만 오해하는 경우가 많다. 예를 들어 내향적인 사람의 특성을 듣고 나서 "그래요. 내향형의 특징이 무엇인지는 잘 알았습니다. 그렇다고 저렇게 소극적으로 행동하는 것은 문제가 있다고 생각해요"라는 식으로 반응하는 식이다. 그러나 이러한 반응은 '성격유형의 차이가 의미하는 바'를 제대로 모르는 데서 오는 것이다. 이러한 반응에는 자신의 입장에서만 생각하는 '가치판단'이 전제되어 있다. '내향형은 뭔가 모자라고 부족하다'

는 뉘앙스가 내재되어 있는 것이다. 이러한 관점에서는 성격유형의 차이라는 말이 마치 부족한 부분에 대한 변명으로 여겨진다. 그러나 '성격유형이 다르다'는 말은 단순히 행동패턴이 다르다는 것을 의미하지 않는다.

성격유형이 다르다는 것은 '존재방식'이 다르다는 것을 의미한다. '성격유형이 다르다'라는 말 속에는 '각 사람마다 가장 편안하고 존중감을 느끼는 특정한 존재방식이 있다'는 사실이 전제되어 있다. 사람은 누구나 그러한 존재방식을 이해받고 존중받을 때 자신감을 가지고 성장할 수 있다는 뜻이다. 내향적인 아이를 조금 더 활발하고 자신감 있는 아이로 만들고 싶은가? 그렇다면 먼저 내향이라는 특성이 선천적으로 타고난 고유한 특성임을 인정하고 존중해주어야 한다. 그 사람만의 성장과정이 다르다는 것을 이해하려고 노력해야 한다. 그런 이해와 존중이 깊으면 깊을수록 사회성이 우수한 내향형이 될 것이다. **'존재방식'을 존중받은 사람은 심리적 안정감을 느끼기 때문에 장점을 위주로 자신을 인식한다. 그래서 개선점을 보완하기가 쉬워진다.**

이러한 존중과 지지가 결여된 상태에서 평가와 지적을 하는 것은 심각한 '병리현상'으로 이어질 수 있다. MBTI 전문가로서 진심으로 부탁한다. 성격유형의 몇 가지 특성만을 파악하고 나서 마치 이제 다 알았다는 식으로 비판하고 판단하지 않기를 바란다. **자신이 원하는 방식으로 억지로 바꾸려고 강요하지 않기를 바란다. 그러면 그럴수록 상대방은 스스로를 '부족하고 이상한 존재'로 여기게 될 것이다.** 당신의 의도와는 반대로 더 위축된 모습을 보일 것이다.

가장 심각한 문제는 이러한 '몰이해'의 과정을 통해 아이의 자존감이

무너졌다는 것을 인식하지 못한다는 것이다. 그리고 핵심 원인을 아이의 심리적 문제로만 인식한다. '우리 애는 너무 예민해요', '우리 애는 대인관계가 약해요', '너무 산만해요'라고 말하면서 아이 자체가 심리적 문제를 타고난 것처럼 생각한다. 성격유형으로 인한 '존재방식'의 차이가 크면 클수록 가족 간에 의도치 않은 상처를 주고받게 되는 것이다. 필자는 특정 부모를 비난하려는 것이 절대 아니다. 다만 이런 식으로 가족 간에 깊은 상처를 주고받는 과정이 너무나 안타까울 뿐이다. 가족 내에서 받은 상처는 그 무엇보다 깊고 치명적인 악영향을 끼친다는 것을 너무나 많이 목격하고 있기 때문이다.

⑤ 잘 모르는 식물의 재배방법을 공부하듯이 접근하라

그래서 필자는 자녀 문제로 상담을 요청하는 부모들에게 다음과 같은 조언을 준다. "식물이 병들었을 때 '이상한 식물이네'라고 말하는 사람은 없습니다. 식물이 병든 이유를 찾고 공부하려 하죠. 즉, 자신의 재배방법에 문제가 있다는 것을 전제로 접근합니다. 자녀 양육도 그러한 관점으로 접근해야 합니다. 자신과 다른 성격유형의 아이일수록 어머님 자신과는 전혀 다른 양육방법을 사용해야 합니다. 아이를 자신의 입장에서 바라보지 마시고 잘 모르는 식물을 키우듯이 탐구하고 공부한다는 자세를 취하셔야 합니다."

아이가 자신의 선천적 특성을 '이상하다'고 받아들인다면 '병들어가는 식물'처럼 '이상 행동'을 보일 가능성이 높다. 정상적인 아이가 정말로 이상한 아이가 되어가는 것이다. 필자는 '모든 행동을 성격유형이라는 말로 정당화하라'고 주장하는 것이 아니다. **자신과 많이 다른 성격유형을 가진 자녀가 있다면 그 아이만의 성장과정을 인정하고 존중해 주는 과정이 선행되어야 한다는 것을 말하고 싶은 것이다.** 자신을 잘 알고 이해하는 사람이 하는 얘기와 나를 전혀 이해하지 못하는 사람이 하는 얘기는 완전히 다른 결과를 가져온다. 그렇지 않은가?

이 시점에서 다시 한번 질문하겠다.

"당신은 당신의 성격유형으로 인한 '존재방식'을 가족 내에서 충분히 이해받고 존중받았는가?"
"만일 그렇지 않다면 그것이 당신의 삶에 어떤 영향을 미쳤다고(또는 미치고 있다고) 생각하는가?"

⑥ 가족 가계도 그려보기

가족 구성원과 그들 간의 관계를 열거한 도표를 '가족 가계도'라고 한다. 정신과 전문의이자 가족치료 전문가인 보웬(Murray Bowen)에 의해 처음 사용되기 시작하였으며, 사회복지학자인 맥골드릭(Monica McGoldrick)이 체계적인 기호로 발전시켜 활용되고 있다. 가족 가계도를 그려보면 가족 내 상호작용을 효과적으로 분석해볼 수 있다. 가족 내 문제를 일으키는 핵심 관계나 그러한 관계 문제가 가족 구성원에게 미치는 영향 등을 발견할 수 있다.

여기서는 유형발달을 중심으로 간단한 가계도를 그려보는 것에 대해 설명하려 한다. 우리는 인생의 전반기에 주기능과 부기능을 중심으로 유형을 발딜시킨다. 그 점을 인식하고 사세도를 분석해본다면 의미 있는 정보들을 얻을 수 있을 것이다. 다른 가족의 성격유형을 알고 있다면 더욱 좋다. 혹시 가족들의 유형을 알지 못한다면 앞에서 배운 내용들을 토대로 유추를 해보는 것도 도움이 된다. 정확한 유형 정보가 아니더라도 괜찮다. 자신의 주기능, 부기능이 발달하는 데 어떤 영향을 미쳤는지를 유추해보는 것만으로도 충분하다.

⑦ 가족 가계도를 그리는 목적

가계도를 그리는 가장 큰 이유는 가족 내에서 이루어지는 패턴을 정리해봄으로써 **객관적인 시각을 형성하기 위해서다.** 가족 간의 관계를 그림으로 그려보면 가족관계의 강점과 약점을 발견하기가 용이하다. 만약 갈등이 있다면 갈등의 원인을 객관적으로 정리해볼 수도 있다. 다만 가계도는 기본적으로 그리는 사람의 입장에서 주관적으로 느끼는 가족관계를 표현한 것이므로 단순히 가해자와 피해자를 나누는 방식으로 접근하지 않도록 주의해야 한다. 핵심은 객관적 관점으로 접근함으로써 상황을 재해석해보는 것이다. 물론 여기서의 **핵심 포인트는 어린 시절 가족관계를 통해 자신의 주기능과 부기능이 건강하게 발달했는지를 성찰해보는 것**이다.

⑧ 가족 가계도 샘플

다음은 필자의 어린 시절의 가계도이다.

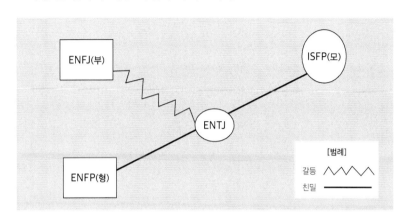

위의 가계도 샘플은 필자와 가족 구성원 개인과의 관계만 표현했다.
더 자세하게 살펴보고 싶다면 각각의 가족 구성원 간의 관계를 표시해
도 무방하다. 여기서는 샘플을 통해 가계도를 어떤 식으로 활용하면 되
는지에 대해서만 간략히 설명하려 한다. 필자가 하는 것처럼 어린 시절
가족과의 관계를 정리해본다면 자신의 유형발달을 이해하는 데 많은
도움이 될 것이다.

- 전반적인 가족관계

아버지	ENFJ	Fe Ni S Ti
어머니	ISFP	Fi Se N Te
형	ENFP	Ne Fi T Si
필자	ENTJ	Te Ni S Fi

성격유형을 중심으로 가족관계를 분석하려면 주기능과 부기능을 중심으로 살펴보면 된다. 필자의 주기능과 부기능뿐 아니라 다른 가족들의 주기능과 부기능을 중심으로 살펴보면 가족관계에 대한 새로운 해석이 가능해질 것이다.

다만 앞에서 이야기했듯이 주기능의 발달을 확인해보는 것이 가장 중요하다. 주기능이 먼저 잘 발달되면 주기능을 보완하는 방식으로 부기능이 발달하기 때문이다. 따라서 자신의 주기능이 가족 안에서 건강하게 지지받았는지를 가장 중점적으로 살펴봐야 한다.

Te(외향적 사고)를 주기능으로 쓰는 필자를 제외하고 아버지, 어머니, 형은 모두 F(감정)를 주기능이나 부기능으로 가지고 있다. 필자는 어린 시절부터 Te의 강점을 활용하여 리더 역할을 하는 경우가 많았던 것 같다. 유치원 때의 기억을 떠올려보면 그때부터 자기주장이 강하고 사람들을 이끌고 분위기를 주도하는 것을 즐겼던 듯하다(초·중·고 시절에도 반장을 여러 차례 했다). 고등학교 때는 논리적 사고가 어느 정도 발달해서 글이나 말로 생각을 표현하는 것을 통해 주변 사람들로부터 좋은 평가를 받았던 것 같다. 이런 부분에 대해서는 가족 내에서도 충분한 인정과 지지를 받았다.

다만 필자가 그린 가계도를 보면 아버지와는 '갈등'으로 표시가 되어 있고 어머니, 형과의 관계는 '친밀'로 표시가 되어 있다. 아버지와의 관계에서는 유형발달에 있어 큰 어려움을 겪었다는 뜻이다.

- 아버지와의 관계

아버지께서는 필자의 논리적이고 진취적인 면에 대해서는 지지와 기대를 표현하셨다. 그러나 기본적으로 인생을 바라보는 관점이 많이 달랐기 때문에 의견 충돌이 많았다. 무엇보다 대화 방법의 차이로 인해 본의 아닌 상처를 주고받는 경우가 많았던 것 같다.

아버지는 ENFJ(Fe Ni S Ti)이고 필자는 ENTJ(Te Ni S Fi)이기 때문에 MBTI상으로는 T와 F 한 코드만 다른 것처럼 보인다. 하지만 유형역동의 관점에서 보면 주기능이 Te와 Fe였으므로 서로 반대되는 주기능을 가졌다는 것을 알 수 있다(주기능을 위주로 분석하는 것은 이만큼 중요하다).

Fe(외향적 감정)가 주기능인 분답게 아버지는 매우 따뜻하고 친밀감이 느껴지는 분이셨다. 어린 시절에 '아빠'라고 부르면서 편한 친구와 대화하듯이 얘기를 나누던 기억이 난다. 그런 부분은 분명 필자의 성장에 좋은 영향으로 작용했을 것이다.

반면 가부장적인 문화에서 성장하셨기 때문에 의견이 다를 때는 매우 권위적인 반응을 보이셨다. 아버지는 장남을 우대하는 것이 당연시되던 문화에서 자라오셨다. 그러다 보니 별 문제의식 없이 형과 필자를 대놓고 차별하셨다. 형과 다툼이 있어도 다툼의 이유를 묻기보다는 '동생이 형을 화나게 해서는 안 된다'는 식의 논리를 펴실 때가 많았다. Te(외향적 사고)가 주기능인 필자는 당연히 이런 상황을 납득하지 못했다. 적어도 논리적인 설명이라도 해달라고 요구했지만 그럴 때마다 '무조건 따르라'는 식의 호통을 듣기 일쑤였다. 이에 대해 필자는 지속적으로 '불공정함'에 대한 반론을 제기하였으며 이는 큰 충돌로 이어지는 경우가 많았다.

가장 큰 갈등은 '문제해결 방식의 차이'에서 발생했다. 아버지의 직업은 법률적인 문제를 다루는 '법무사'였는데 그 분야에서 매우 유능한 분이셨다. 늘 주변에 사람이 많으셨고 그 분들로부터 아버지의 성과에 대해서 자주 들을 수 있었다. 그런데 아이러니하게도 아버지는 정작 본인의 일에는 상당히 비합리적인 모습을 보이실 때가 많았다. 한번 신뢰를 준 사람은 맹목적으로 믿는 경향이 강하셨기 때문이다. 몇 마디 말을 듣고서 큰돈을 빌려주시거나 보증을 섰다가 낭패를 보는 경우가 많았다. 법률적인 분야에서는 매우 합리적으로 다른 사람들의 문제를 해결해주시던 분이 자신의 일에서는 왜 이렇게 허술하게 사기를 당하는지 도무지 이해가 되지 않았다. 결국 가정의 경제상황이 심각한 지경에 이르게 되었고, 아버지는 빚을 갚으시느라 평생을 허비하셨다. 가족들 역시 그런 상황을 함께 감내해야 했기에 아버지에 대한 불만은 매우 컸던 것 같다. 그래서 아버지의 일처리 방식을 비판할 때가 많았다. Fe(외향적 감정)를 주기능으로 쓰시는 아버지에게는 Te(외향적 사고)를 주기능으로 쓰는 필자의 논리적이고 직설적인 언어가 매우 섭섭하게 들렸던 것 같다(중·고등학교 시절엔 지금보다 훨씬 더 다듬어지지 않은 표현방식으로 비판을 했을 것이다).

발달 측면에서 아버지가 필자에게 미친 영향을 한마디로 정리하면 '능력은 뛰어나지만 인성은 좋지 않은 아들'로 요약해볼 수 있을 것 같다. 아버지는 필자의 논리적인 능력을 자랑스러워하셨기 때문에 기본적으로 필자의 주기능은 지지와 인정을 받았다고 생각한다. 그러나 관계 측면에서는 '못되고', '건방지고', '아버지를 무시하는' 아들로 바라보셨던 것 같다. Fe(외향적 감정)를 주기능으로 쓰시는 아버지에게는 Te(외향적 사고)를 주기능으로 가진 아들이 퉁명스럽고 정이 없는 모습으로 비쳤을 것이다. 그렇다 보니 필자의 내면에는 무의식적으로 논리적인 사고는 필요한 것이지만 '좋지 못한 것'이라는 생각이 있었던 것 같다. 즉, 마음속의 영웅(주기능)을 온전히 좋은 것으로 받아들이지 못했다.

물론 이제는 아버지의 사랑을 조금 더 깊이 있게 이해하고 있다고 분명히 말할 수 있다. 필자의 말과 행동이 아버지와의 관계에 미친 영향도 새롭게 인식할 수 있게 되었다. 무엇보다 지금은 아버지의 모든 행동이 가족에 대한 사랑에서 비롯된 것임을 분명하게 인식하고 있다. 하지만 그런 이해와는 별개로 필자의 주기능을 있는 그대로 받아들이고 존중하기까지는 많은 시간이 필요했다. 그만큼 인생 전반기의 가족관계는 유형발달에 커다란 영향을 미친다.

필자와 아버지의 갈등을 단순히 성격유형의 차이로 인한 문제로만 볼 수는 없을 것이다. 즉, 단순히 ENTJ와 ENFJ의 문제로만 볼 수는 없다는 뜻이다. 실제로 지금 필자 주변에는 건강한 영향을 주고받고 있는 ENFJ들이 여럿 있다. 가계도를 올바로 활용하기 위해서는 유형적 차이에 앞서 '상황적 요인'을 분석하는 것이 필요하다. 특정한 상황 안에서 심리기능 간의 상호작용이 발생하기 때문이다.

당시 아버지는 경제적인 문제로 '스트레스 상황'에 계실 때가 많았기 때문에 주기능인 Fe(외향적 감정)를 과도하게 사용하실 때가 많았던 것 같다(챕터 11에서 살펴봤듯이 스트레스 상황에서는 동일한 심리기능이 과도하게 사용된다). 평소의 Fe의 모습이 아닌 '과민한 반응을 보이는' Fe의 모습으로 인해 갈등을 빚을 때가 많았다. 또한 가부장적 문화에서 살아오셨기 때문에 그러한 문화적 영향으로 인한 '대화 방식의 차이'가 매우 컸다. 이러한 특정 상황 안에서 유형 간 차이가 더해지다 보니 심각한 갈등으로 이어졌던 것이다.

- 어머니와의 관계

어머니와 필자와의 관계는 '진밀'로 표시되어 있다. 필자의 어머니는 필자와는 정반대의 유형을 가지고 있다(ISFP = Fi Se N Te). 유형상으로는 정반대이지만 유형적 차이로 인한 갈등은 거의 없었던 것 같다. Fi(내향적 감정)를 주기능으로 쓰시는 어머니는 항상 차분하고 따뜻하게 필자를 대해주셨으며 필자의 존재방식을 있는 그대로 지지해주려고 노력하셨다. ENTJ로서 가지고 있는 필자의 장점들, 예를 들어 거시적인 안목, 지적인 호기심, 사람을 이끄는 리더십, 언변 능력과 같은 면에 대해 끊임없는 지지와 격려를 보내주셨다. 특히 필자와 아버지 사이에 갈등이 있을 때도 필자의 입장을 이해해주실 뿐 아니라 아버지의 입장 역시 올바로 이해할 수 있도록 설명해주셨던 기억이 난다.

물론 주기능과 부기능이 정반대였기 때문에 종종 필자의 직설적인 표현방식에 대해 걱정스러워하실 때도 있었고, N과 S의 차이로 인해 관점의 차이를 느낄 때도 있었다. 하지만 늘 필자의 입장에 서서 '경청'하고 이해해주시려는 태도를 취하셨기 때문에 인격적인 존중감을 느낄 수 있었던 것 같다. 이러한 '지지와 존중'은 필자의 주기능과 부기능의 발달에 좋은 영향을 미쳤다.

Fi(내향적 감정)를 주기능으로 쓰는 어머니로부터 건강한 지지를 받아본 경험은 현재 시점에서 F(감정형)인 사람들과 관계를 맺는 것에 있어서도 매우 긍정적인 요소로 작용하고 있다. Fi(내향적 감정)가 열등기능인 필자에게는 아주 큰 도움이 되고 있는 셈이다.

- 형과의 관계

형과의 관계 역시 '친밀'이다. 일반적인 남자 형제들이 그렇듯이 어렸을 때는 우리 형제도 많이 싸우면서 성장했다. 필자의 형은 ENFP(Ne Fi T Si)이다. 초등학교 시절에는 ENTJ인 필자와 주로 T와 F 차이로 많이 싸웠던 것 같다. 그러나 그런 유형적 차이와 상관없이 필자의 형은 '동생은 지키고 보호할 존재'라는 인식이 있었던 듯하다. 그래서 늘 더 좋은 것을 필자에게 양보해주었고 함께 놀 때도 필자가 원하는 대로 할 수 있게 해줄 때가 많았다. 무엇보다 필자의 재능과 능력을 높이 평가해주고 주변 사람들에게 자랑하곤 하였다.

어머니로부터 따뜻한 감정적 지지는 받았지만 N과 S의 차이로 인한 답답함을 느낄 때가 종종 있었는데 그런 부분은 형과의 대화에서 충족을 받을 때가 많았다. 형과는 '인생의 의미와 비전', '가치관', '어떻게 살아갈 것인가'와 같은 본질적인 주제에 관한 이야기가 잘 통했다. 필자의 부기능인 Ni(내향적 직관)는 형과의 관계에서 보다 구체적으로 지지를 받았던 것 같다. 형은 지금도 인생에서 깊은 대화가 가능한 '영혼의 친구 같은 존재'이다.

필자가 한 것처럼 상황을 다각적인 측면에서 객관화해보고 그것이 당신의 주기능, 부기능의 발달에 어떤 영향을 미쳤을 지 생각해보기 바란다. 이 과정에서 자연스러운 내적 치유가 일어날 것이다.

가족 이외의 환경적 요인들

가족 이외에도 유형발달에 영향을 미치는 요소들은 많다. 다만 실제 상담 현장에서는 가족과의 관계가 가장 큰 영향을 미쳤던 경우가 많았으므로 가족관계에 대해서 보다 자세하게 다룬 것이다. 지금부터는 가족관계 이외에 유형발달에 영향을 미치는 환경적 요인들을 간략하게 정리하려 한다. 이 역시 자신의 유형발달에 적용해보면서 읽기 바란다.

① 사회적 가치관

"오늘날 우리는 한쪽으로만 치우쳐진 편향된 성격유형에만 점수를 준다. 사람들은 훌륭해지려면 대담해야 하고, 행복해지려면 사교적이야 한다고 생각한다. 우리는 이곳을 외향적인 사람들의 나라라고 여긴다. 이것은 우리가 누구인지 잊어버렸다는 뜻이다. 3분의 1 내지 2분의 1 가량의 미국인이 내향적이다."

2012 아마존, 뉴욕타임즈 상반기 베스트셀러였던 『콰이어트(Quiet)』라는 책에 쓰여 있는 내용이다. 이 책에서 말하고 있듯이 나라마다 주류 문화로 일컬어지는 성격유형이 있다. 현재 우리나라의 사회적 가치관 역시 내향보다는 외향형의 모습을 보다 바람직한 행동으로 여긴다고 볼 수 있다. 당신이 내향형이라면 "더 사교적이고 적극적으로 행동해야 성공할 수 있다"라는 말을 한번쯤 들어봤을 거라 생각한다. 필자는 주변에서 그런 말을 듣고 위축된 경험이 있는 내향형의 사람들을 너무나 많이 보고 있다(물론 모든 내향형이 그런 경험을 한다는 뜻은 아니다).

유형발달은 이러한 사회적 가치관으로 인해 많은 영향을 받을 수 있다. 결국 부모님의 관점도 사회적 가치관의 영향으로부터 기인한 부분이 많을 것이다. 이렇게 외향형의 성격을 선호하는 문화에서 내향형의 사람들의 주기능은 적절히 발달하기가 어렵다. 그래서 부기능을 더 발달시키는 경우가 많다. 예를 들어 ISFP(Fi Se N Te)인 A는 외향적인 행동이 '바람직한 행동'이라는 얘기를 많이 듣고 자랐다. 그러다 보니 주기능인 Fi(내향적 감정)보다는 부기능인 Se(외향적 감각)를 의식적으로 더 많이 쓸 수밖에 없었다. 이렇게 될 경우 A의 주기능인 Fi는 충분히 발달하지 못하며, 신뢰할 수 있는 '영웅'으로서의 기능을 발휘하지 못한다.

② 학교

학교 역시 유형발달에 매우 중요한 영향을 미치는 환경요인이다. 성격유형의 관점에서 가장 바람직한 학교 환경은 학생들이 '자신의 주기능을 자유롭게 사용하고 발달하도록 돕는 환경'이다. 칼 융은 '교육의 목적은 아동이 모든 경향을 똑같이 발달시키도록 돕는 것이 아니라 아동 자신만의 고유한 경향을 지닌 잠재력의 계발을 돕는 것'이라고 하였다. 물론 균형 있는 성장을 위해서는 주기능뿐 아니라 다른 기능들도 건강하게 사용해볼 수 있는 기회 역시 제공되어야 할 것이다.

그러나 개별적인 유형 선호를 지지하는 환경이 구축되어 있는 학교는 거의 없다. 많은 학생들이 자신의 선호와는 상관없이 획일화된 과정과 기준으로 평가를 받는다.

필자의 현장 경험을 토대로 이야기를 해보자면, 첫째, '성적'이 좋은 아이의 경우에는 성격유형과 상관없이 인정과 지지를 받는 경향이 있다. 같은 유형이라도 성적의 좋고 나쁨에 따라 지지를 받기도 하고 그렇지 못한 상황에 놓이기도 하는 것이다. 둘째, 교사의 성격유형이 아이의 유형발달에 큰 영향을 미치는 경향이 있다. 교사와 학생 간의 유형차이가 큰 경우 유형발달에 좋은 환경을 구축하는 것이 어려울 가능성이 높다.

필자가 아는 B는 ENFP의 성격유형을 가지고 있으며, 학창 시절 성적이 그리 좋지 않았다고 한다. B는 초등학교 4학년 때 선생님과의 관계로 인한 트라우마가 있다고 했다. 현재 시점에서 선생님의 성격유형을 유추해보면 자신과 반대인 ISTJ였던 것 같다고 했다. 선생님은 B의 행동을 '산만하고', '엉뚱하고', '문제가 있는' 행동으로 평가하실 때가 많았고, 그런 표현을 통해 B는 자신이 '문제가 많은 아이'라는 생각을 갖게 되었다. B는 가정에서는 자신의 성격유형을 존중받는 편이었으나 4학년 때의 기억으로 인해 주기능과 부기능의 발달에 좋지 않은 영향을 받았던 것이다.

예전에 비해 덜해진 것 같긴 하지만, 전통적인 학교의 경우에는 규칙을 잘 지키고 돌발적인 행동을 하지 않는 것을 선호하는 곳이 대부분이다. 그래서 SJ의 조합을 가진 아이들(ISTJ, ESTJ, ISFJ, ESFJ)을 바람직한 표준으로 보는 경향이 있다. SJ 조합을 가지려면 주기능이나 부기능이 Si(내향적 감각)이어야 한다. Si는 조직의 전통과 구조를 있는 그대로 수용하고 따르는 것이 자연스러운 심리기능이다. 학교의 규칙을 잘 따르고 주어진 일을 책임감 있게 수행하는 아이들이 학교 입장에서는 '모범생'으로 일컬어지는 경우가 많은 것이다.

그래서 소위 문제아 상담에 들어오는 아이들을 보면 '성적이 좋지 않은' Se(외향적 감각)나 Ne(외향적 직관)를 주기능으로 쓰는 아이들이 많은 것을 볼 수 있다(ENTP, ENFP, ESFP, ESTP).

③ 성 역할(gender role)

'성 역할'이란 성별에 따라 사회적으로 적합하다고 여겨지는 특징을 의미한다. 즉, 여성은 여성에게 적합한 특성을, 남성은 남성에게 적합한 특성을 가질 것으로 기대되는 것이다. 이 역시 유형발달에 크게 영향을 미칠 수 있는 환경적 요인이다.

예를 들어 T(사고형)를 가진 여자아이에게 "여자가 왜 이렇게 거칠어?"라고 말하거나 F(감정형)의 남자아이에게 "남자가 찔찔 짜면 안 돼"라는 식으로 말하는 것은 유형발달에 치명적인 영향을 줄 수 있다.

ESTJ 성향의 C는 여성이다(주기능 Te). 어린 시절부터 '여자가 너처럼 기가 세면 안 된다', '여자가 좀 고분고분하게 굴어라'라는 등의 이야기를 많이 듣고 자랐다고 한다. 여성의 입장에서도 기분이 나빴지만 자신의 존재 자체를 부정당하는 것이 가장 힘들었다고 한다. 자신이 뭔가 불완전하고 잘못되었다는 생각이 들었기 때문이다.

INFP의 P는 Fi(내향적 감정)를 주기능으로 쓰는 남성이다. P는 어린 시절 눈물을 보일 때마다 아버지로부터 혼이 나곤 했다. '남자가 그렇게 마음이 약해 빠져서 어디다 쓰냐?'는 얘기를 많이 듣다 보니 스스로가 너무 한심하게 느껴졌다고 한다.

④ 결혼 / 직업

　인생 전반기의 발달은 개인차는 있지만 보통 35세 정도까지 이루어진다. 따라서 결혼과 직업 역시 큰 영향을 미친다. 반대유형을 가진 배우자를 만나거나 자신의 유형과 잘 맞지 않는 직업을 선택할 경우 주기능과 부기능의 발달이 어려워질 수 있다.

환경의 지지를 받지 못했을 때 생기는 문제들

　자신의 타고난 성격유형이 환경의 지지를 받지 못하게 되면 건강한 유형발달이 이루어지지 못할 뿐 아니라 여러가지 병리현상이 나타나게 된다. 자신의 '존재방식'을 존중받지 못한 사람은 기본적으로 건강한 자존감을 형성하지 못한다. 본인 스스로가 괜찮은 사람이라는 인식이 부족하기 때문이다. 무엇보다 이는 단순히 '자신을 좋아하지 않는 것'으로 끝나지 않는다. 낮은 자존감은 우울감, 대인관계에서의 어려움, 자신감의 결여, 낮은 성과 등 여러 문제로 이어지게 된다. 여기서는 환경의 지지를 받지 못했을 때의 문제들을 간략히 살펴보고 전반기 발달에 미친 영향을 생각해보자.

① 심리적 문제 유발

환경의 지지를 받지 못한 아이들은 인정받기 위해 환경에 부응하려는 노력을 하게 된다. 그러나 자신의 본래 모습과 다른 행동을 해야 하는 상황은 기본적으로 '심리적 긴장감'을 유발한다. 그러한 상황이 지속될 경우 '심리적 혼란'이 가중되면서 '자기회의'에 빠지기 쉽다. 주변으로부터 자신의 '존재방식'을 지속적으로 거부당하면 자신에 대한 가치를 느끼기 어렵기 때문이다. 누군가 계속 '틀렸어', '잘못된 거야', '그렇게 하면 안 돼'라고 말한다고 생각해보라. 이러한 사람은 자기 자신을 신뢰하지 못하게 될 것이다('자기 확신감' 결여).

'진정한 나'로서 행동하지 못하게 되면 '분노'와 '증오'를 느끼기도 한다. 분노를 느끼는 사람은 자신의 주기능을 치우치게 사용한다. 예를 들어 T(사고형)가 분노감을 가지게 되면 세상의 모든 것들에 대해 부정적인 비판만 하는 사람이 될 수도 있다. 실제로 필자가 아는 K는 어린 시절 자신의 논리적인 부분을 인정받지 못했다는 분노가 매우 큰 사람이었다. 그러다 보니 '감정은 쓸데없는 거야'라는 가치관을 가지게 되었고 모든 사람을 차갑게 대할 뿐 아니라 단호한 태도를 취했다. 그런 K의 인간관계가 좋을 리는 없었다.

후에 MBTI를 활용한 상담을 받으면서, 자신에게 '자기 확신감'이 없었다는 것을 알게 되었고, 자신의 지나친 비판적 태도가 사실은 상처받기 싫은 '내면적 두려움'으로부터 비롯되었다는 사실을 인지하게 되었다. 이에 대해 K는 자신의 존재방식을 부정당하기 전에 '선제공격을 가하게 되었다'는 표현을 하였다.

자신의 존재방식을 지속적으로 부정당한 사람은 심리적으로 위축되면서 '예민한 반응'을 보이게 된다.

② 주기능에 대한 신뢰 부족

'환경의 지지를 받지 못했다'는 것은 기본적으로 '주기능을 존중받지 못했다'는 뜻이다. 앞에서 지속적으로 살펴봤듯이 주기능은 우리 마음 속에서 '영웅'의 역할을 한다. 자신이 '가장 신뢰하고 의지하는 심리기능'이며 '유능감의 원천'이 되기 때문이다.

인생의 전반기에 유형발달이 잘 이루어지지 못한 사람들은 자신의 주기능을 신뢰하지 못한다. Ne(외향적 직관)를 주기능으로 쓰는 Y는 '뭐 하나 제대로 끝내지 못하는 한심한 사람'으로 자신을 평가한다. 그는 자신의 창의적인 면이 아무 짝에도 쓸모없는 재능이라고 말했다. 그런 생각을 말할 때마다 아버지로부터 '엉뚱한 생각 그만하고 네 할 일이나 제대로 하라'는 핀잔을 들으면서 자라왔기 때문이다. 그러다 보니 새로운 가능성에 도전하는 것을 두려워하게 됐다. Y의 내면적 '영웅'이 신뢰를 받지 못하고 자신감을 잃은 채로 방치된 것이다.

③ 치우친 관점

앞서 말한 K의 경우처럼 특정 기능이 한쪽으로 치우쳐서 왜곡된 관점으로 나타날 수 있다. T(사고형)인 K가 균형 잡힌 논리와 유연한 태도를 취하지 못하고 외부에 대한 비판으로만 자신의 사고기능을 사용했던 것처럼, 주기능이나 부기능이 건강하게 발달하지 못한 사람은 주기능이나 부기능이 오용되는 경향이 있다.

유연한 대화가 가능하고 자신을 객관적으로 인식하는 데 논리를 사용하는 T(사고형)가 있는가 하면 가혹한 비난을 하는 데만 사고기능이 사용되는 사람도 있을 수 있는데, 이는 발달로 인한 문제일 수 있다.

④ 부기능의 발달 부족

부기능은 주기능을 보완하면서 적절히 상황을 평가하고 현명한 선택을 할 수 있도록 도와주는 기능이다. 그래서 '부모'라고 표현하기도 하는 것이다. '상보성의 원리'에 의해서 주기능이 판단기능을 쓰면 부기능은 인식기능을 쓰는 식으로 작용한다(챕터 6에서 설명했던 개념). 즉, 주기능과 부기능 중 하나는 인식기능이 되고 하나는 판단기능이 되는 것이다. 예를 들어 ESFP(Se Fi T Ni)의 주기능은 인식기능인 Se(외향적 감각)이고 부기능은 판단기능인 Fi(내향적 감정)이다.

판단기능은 말 그대로 판단을 하는 기능이다. '옳고 그름', '싫고 좋음' 등을 판단한다. 반면 인식기능은 정보를 인식하는 기능이다. 오감이나 직관을 통해 정보를 인식하는 것이다. 만일 어떤 사람이 판단기능을 잘 발달시키지 못하면, 그는 '방향키가 없는 배'가 될 수 있다. 정보만 계속 인식하고 판단은 못 내리는 우유부단한 사람을 떠올리면 된다. 반면, 인식기능이 잘 발달되지 못하면 자기주장만 하는 '독재자'가 될 수 있다. 새로운 정보는 받아들이지 않고 자신의 판단만 강요하는 독재자를 생각하면 된다.

발달과정에서 주기능은 어느 정도 발달하였으나 부기능이 잘 발달하지 못하는 경우가 있다. 그렇게 되면 주기능이 균형을 잡지 못하고 많은 문제를 일으키게 된다. '방향키가 없는 배'나 '독재자'가 발생시키는 문제들을 떠올려보라. 당신의 부기능이 적절히 발달하지 못했을 경우 주기능의 불균형적인 모습을 보게 될 것이다.

⑤ 외향과 내향의 균형 부족

상보성의 원리는 에너지의 방향에도 적용된다. 주기능이 외향이면 부기능은 내향이 되고 주기능이 내향이면 부기능은 외향이 된다. 그렇게 부기능은 주기능을 보완한다. 발달이 건강하게 이루어지지 못하는 경우 이러한 균형 역시 무너지게 된다. 주기능과 부기능을 모두 외향적으로 쓰거나 내향적으로 쓰게 되는 것이다.

외향과 내향의 균형 없이 외향적으로만 초점을 두고 주기능과 부기능을 사용하는 사람을 떠올려보라. 그렇게 되면 잠시 멈추어 서서 다시금 심사숙고하는 일은 없을 것이다. 외향적이기만 한 사람은 외부적 활동에만 몰입하고 혼자 있는 것을 두려워한다. 자신의 내부에서 일어나고 있는 일들을 잘 인지하지 못하기 때문에 중요한 정보들을 놓치게 될 것이다.

반대로 자신의 주기능과 부기능을 모두 내향적으로 사용하는 사람은 자신의 내면적 생각을 외부에 효과적으로 표현할 방법을 찾지 못한다. 내향적이기만 한 사람은 대인관계에서 적절한 반응을 보이지 못하고 혼자 고립되게 된다.

우리는 누구나 외향과 내향의 균형 있는 사용이 필요하다. 만일 어느 한쪽으로만 치우치게 되면 그로 인한 문제에 직면하게 된다.

요약 질문

이번 챕터에서는 가족관계를 중심으로 인생 전반기 발달에 영향을 미치는 다양한 환경적 요인을 살펴보고 그로 인한 영향에 대해 살펴보았다. 그 내용을 질문으로 요약해보면 다음과 같다.

"인생의 전반기(대략 35세까지)에 가족, 사회적 가치관, 학교, 성 역할, 결혼, 직업 등에 의해 기대되었던 행동에는 어떤 것들이 있는가(주요 사건을 중심으로)?"
"그러한 기대는 당신의 주기능, 부기능의 발달에 어떤 영향을 미쳤는가?"
"전반기 발달이 현재 자신의 삶에 어떤 영향을 주고 있다고 생각하는가?"

중요한 건 인생의 전반기 발달이 지금 당신에게 어떤 영향을 주고 있는지를 확인하는 것이다. 당신은 어떤가? 현재 자신의 성격유형의 강점을 건강하게 드러내고 있는가? 아니면 아직도 주변으로부터 자신의 성격유형을 이해받지 못해 힘들고 어려운 상황에 놓여 있는가?
만일 당신이 인생의 전반기(35세 이전)에 놓여 있다면 당신의 주기능과

부기능이 유능감의 원천으로서 활발하게 사용되고 있어야 한다. 당신이 인생의 후반기(35세 이후)에 들어선 사람이라면 전반기의 유형발달이 지금 자신에게 어떤 영향을 미치고 있는지를 확인할 수 있어야 한다.

사랑하는 사람이 있다면

당신에게 사랑하는 사람이 있다면 성격유형을 토대로 서로의 인생 전반기를 함께 정리해보기 바란다. 그 과정에서 서로에 대해 보다 깊은 이해가 수반될 것이다. 아울러 앞으로 어떻게 서로를 더 존중해나갈지 이해할 수 있게 된다. 성숙한 사랑은 '깊은 존중'으로부터 나온다는 사실을 기억하고 꼭 함께해볼 것을 권한다. 생각보다 큰 효과를 볼 수 있을 것이다.

다음 챕터에서는 '그렇다면 지금 처한 상황에서 자신을 성장시키기 위해서 무엇을 어떻게 해야 할까?'에 대해 생각해보려 한다. 우리는 의식적으로 우리 자신의 내면을 '자기 자신답게' 가꾸어갈 수 있다. 만약 당신이 전반기에 적절한 유형발달을 이룩하지 못했더라도 근심할 필요는 없다는 뜻이다. 우리는 얼마든지 지나간 시간들을 회복할 수 있는 내적 능력이 있다.

 # 발달은 크게 '인생의 전반기'와 '후반기'로 나누어 이루어진다.

- 인생의 전반기는 대략 35세까지로 보면 된다. 인생의 전반기에는 주기능과 부기능이
  발달된다.

 # 발달에 가장 영향을 미치는 환경요인은 '가족관계'이다.

- 가족 내에는 심리기능상 더 우세한 기능이 존재한다. 그리고 그러한 기능은 '보이지 않
  는 우세한 규준'을 형성한다. 그 규준이 자신의 주기능, 부기능 발달에 어떤 영향을 주
  었는지 살펴보아야 한다. 이때 '가속 가계도'를 그려보는 것이 큰 노움이 된나.

**# 환경적 요인으로서 사회적 가치관, 학교, 성 역할, 결혼 및 직업 등의 영향을 살펴보
는 것도 중요하다.**

- 특히 어린 시절 가족 내에서 주기능과 부기능이 어느 정도 지지를 받았음에도 건강한
  발달이 이루어지지 못했다고 느낀다면 다른 환경요인 역시 면밀히 살펴보아야 한다.

**# 주기능, 부기능이 환경의 지지를 받지 못했을 경우 다양한 '심리적 문제들'이 야기될
수 있다.**

Chapter 17

이상적인 심리구조 만들기: 의식적 유형발달

융의 발달모형은 '인생 전반에 걸쳐' 성장의 방향을 안내해 주기도 하지만, '바로 지금 여기에서' 내적성장을 위해 무엇을 해야 하는지에 대해서도 매우 유용한 정보를 제공한다. 즉, **우리는 융의 발달모형을 활용해 의식적으로 자신의 현재 상태에 맞는 성장전략을 세울 수 있다. 이를 '의식적 유형발달'이라고 한다.**

앞서 언급했듯이, 유형발달은 '환경과의 상호작용'안에서 이루어진다. 이상적인 환경이 전제되어 있다면 우리는 자연스럽게 탁월한 존재로 성장해나갈 것이다. 하지만 안타깝게도 우리 인생은 그렇게 이상적으로 진행되지 않을 때가 많다. 우리는 가족, 학교, 사회 등 다양한 환경 속에서 살아가야 하기 때문이다.

그렇기에 '의식적 유형발달'은 더욱 중요하다. **환경의 지지를 받지 못했더라도 '의식적으로 자신의 내면적 문제를 자각하고 해결할 수 있는 방법이 있다'는 뜻이기 때문이다. 무엇보다 의식적 유형발달은 현재 상황에서 '최상의 나'로 존재하기 위해 무엇을 해야 할지 알려준다.**

당신이 알던 MBTI는 진짜 MBTI가 아니다

후반기 발달 이해하기

'의식적 유형발달'에 대해 보다 잘 이해하려면 '인생의 후반기'의 발달의 원리에 대해 살펴보는 것이 필요하다. 그러한 이해가 전제되었을 때 '의식적인 유형발달'의 필요성을 보다 분명하게 이해할 수 있기 때문이다. 따라서 인생의 후반기 발달에 대해 먼저 간략히 살펴본 다음에 의식적인 유형발달의 방법에 대해 다루고자 한다.

혹시 당신이 인생의 전반기(35세 이전) 연령대의 사람이라면 인생의 후반기와 관련한 내용에는 흥미가 없을 수도 있을 것 같다. 그러나 그렇게만 생각할 일이 아니다. 인생의 후반기는 누구에게나 올 뿐 아니라 유형적 관점에서 미리 대비를 해두지 않으면 무척 고통스럽게 다가올 수 있기 때문이다. 유형발달은 과거, 현재, 미래를 통합적인 관점에서 바라봤을 때 큰 의미를 갖는다. 그러니 당신에게 다가올 후반기를 미리 한번 진지하게 들여다보기 바란다.

인생의 오후 프로그램

이전 챕터에서 우리는 인생의 전반기(35세 정도까지)에 자신의 주기능과 부기능이 잘 발달되었는지 확인하는 방법에 대해서 살펴보았다. 우리는 인생의 전반기에 주기능과 부기능을 중심으로 자아정체성을 확립해나간다. 그러나 인생의 후반기에 이르면 3차기능과 열등기능의 발달을 필요로 하게 된다. 인생에서 새로운 관점이 필요한 시점을 맞이하게 되는 것이다. 만일 자신의 주기능과 부기능만을 계속해서 사용한다면, 새로운 관점으로 인생을 볼 수 없게 될 것이다. **이는 타인뿐 아니라 자기 자신에 대해서도 싫증을 느끼게 하는 원인이 되며, 성장과 배움을 멈추는 결과를 초래한다.** 즉, 우리는 성장하기 위해 새로운 심리기능의 사용을 필요로 하게 된다.

칼 융은 '인생의 전반기에 잘 적용되었던 규칙이 인생의 후반기에도 잘 적용되리라는 보장은 없다'고 말했다. 인생의 후반기에 3차기능과 열등기능 같은 '새로운 존재방식'을 받아들이면서 발달을 이루어가는 것이 내적성장에 있어 꼭 필요한 일이 될 수 있다는 의미다.

> "우리는 인생의 오전 프로그램에 따라 인생의 오후를 살아갈 수 없다. 아침에는 대단했던 것이 저녁에는 사소한 것이 될 수 있고, 아침에 진실했던 것이 저녁에는 거짓이 될 수 있기 때문이다." - 칼 융

융이 말한 것처럼, 우리는 인생의 후반기에 새로운 관점을 받아들이고 보다 통합적인 자신의 모습으로 나아가는 것이 필요하다. **융은 인생의 후반기의 과제를 '개인의 총체적인 발달을 향해 나아가는 것'으로 보았다. 왼손과 같이 잘 쓰지 않던 심리기능들(3차기능, 열등기능)을 적절히 사용하면서 보다 통합적이고 총체적인 발달이 이루어지는 것이 필요한 시기라는 것이다.**

이러한 새로운 변화 안에서 우리는 삶에 대한 보다 높은 만족감을 경험하게 된다. S, N, T, F의 네 가지 기능이 균형 있게 통합적으로 사용된다는 것은 그만큼 시야가 넓어져서 새로운 관점으로 인생을 대할 수

있다는 뜻이기 때문이다. 인생의 오후에 접어들면서 우리는 새로운 관점으로 삶을 바라볼 필요성을 느낀다.

이러한 발달과정은 개인마다 차이가 있다. 어떤 사람에게는 이러한 전환이 매우 자연스럽게 일어난다. 마치 발달 시기에 따라 자연스럽게 꽃이 피어나듯이, 물 흐르듯 자연스러운 변화를 맞이하게 되는 것이다. 그러나 대부분의 사람들에게는 우울과 불안을 동반하는 경우가 많다. 인생의 중년에 이르게 되면 인생에 대한 회의가 들고, 권태가 찾아온다고 하지 않는가. 특히 이혼, 실직, 가까운 주변 사람들의 죽음과 같은 커다란 사건이 함께 찾아오면, 심각한 상처와 극심한 고통을 통해 전환이 이루어지게 된다. 그래서 중년을 '인생의 후반기로 가는 관문'으로 부르기도 한다.

그 과정이 자연스럽든 아니면 고통을 수반하든 간에 인생의 중년기에 우리는 자신 안에 있는 새로운 모습을 마주하게 된다. 지극히 현실적이던 사람이 새로운 영역에 도전하고자 하는 충동을 느끼거나 한없이 감성적이고 부드러웠던 사람이 논리적인 비판에 초점을 두게 된다.

중년기 전환은 매우 어려운 일일 수 있다

융은 이 시점에서 유형발달이 고정된 상태로 멈추는 사람들이 있는 것에 대해서도 언급했다. 누군가에게는 이러한 전환이 너무 혼란스럽고, 어렵고, 위험해 보이기 때문이다. 지금까지 살아왔던 방식이 아닌 전혀 새로운 방식으로의 전환을 요구받기 때문이다.

그러나 이 시점에서 발달을 멈추게 되면 인생을 제한적인 관점으로만 살아가게 된다. 성장하고 배우지 않는 고집스러운 노인과 같은 모습을 보일 수 있다. 인생의 오후 프로그램에 적응하지 못하고 경직된 상태에 머무르게 되는 것이다. 이렇게 되면 **자신의 강점이었던 주기능이 문제를 일으키는 주요 원인이 될 수도 있다.** 예를 들면 다음과 같다.

- **Si(내향적 감각)**는 현실적인 정보들을 세부적이고 정확하게 기억하지만 경직된 상태에서는 자신의 '현실적 정보에만 갇혀서 고집이 세고 독단적인 주장'을 하게 된다(ISTJ / ISFJ).
- **Se(외향적 감각)**는 외부의 정보를 있는 그대로 받아들이고 다양한 경험을 즐기지만 경직된 상태에서는 '과도하게 재미를 추구하는 행동(소비적 탐닉)'을 보이게 된다(ESTP / ESFP).
- **Ni(내향적 직관)**는 이면의 의미를 잘 파악하고 다양한 관점을 통합한 통찰력을 가지고 있지만 경직된 상태에서는 '자신의 통찰에 대한 고집스럽고 맹목적인 주장'을 하게 된다(INTJ / INFJ).
- **Ne(외향적 직관)**는 새로운 가능성을 탐색하고 기발한 아이디어와 열정을 보여주지만 경직된 상태에서는 '흥미롭고 새로운 생각에만 강박적으로 과도하게 몰입'하게 된다(ENTP / ENFP).
- **Ti(내향적 사고)**는 내적인 논리체계로 상황을 관찰하고 해석하는 강점을 가지고 있지만 경직된 상태에서는 '모든 것들을 자신의 내적 논리체계에 끼워맞추려는 강박적 충동'을 보이게 된다(ISTP / INTP).
- **Te(외향적 사고)**는 사람과 자원을 조직하고 체계화해서 추진력 있게 목표를 달성하는 강점을 가지고 있지만 경직된 상태에서는 '사람과

사건에 대해 단정적이고 부정적인 판단에 치우쳐 '공격적이고 지배적인 모습'을 보이게 된다(ESTJ / ENTJ).

- **Fi(내향적 감정)**는 내적 가치에 따라 살아가려 하며 그러한 진실성을 바탕으로 타인을 배려하는 사람이지만 경직된 상태에서는 '자신의 가치만이 옳다고 느끼며 다른 것은 잘못됐다는 왜곡된 판단'에 빠지게 된다(ISFP / INFP).

- **Fe(외향적 감정)**는 적극적으로 나서서 타인에게 인정하고 지지하면서 친절을 베풀지만 경직된 상태에서는 '타인에 대해 맹목적으로 좋게 보려는 경향이 있으며 그러한 가치관을 주변에 강요'하는 모습을 보인다(ESFJ / ENFJ).

변화에 유연하게 대처하지 못하는, 나이 들고 고집스러운 영웅(주기능)의 모습을 떠올려보라. 중년기에 자연스러운 발달이 이루어지지 못하면 주기능은 치우친 모습으로 왜곡될 수 있다. 시야가 더 좁아지고 고정적이 되기 때문이다.

융의 발달모형은 중년기 전환에 있어 매우 효과적인 대처법을 제시해준다. **첫째, 내면적 혼란이 '중년기에 일어나는 자연스러운 심리 현상'이라는 점을 알려줌으로써 내적 혼란에 대한 '적절한 해석'의 틀을 제시한다.** 내면적으로 혼란한 시기를 해석할 수 있는 틀이 있다는 점은 중년기에 큰 위안이 된다. **둘째, 인생의 후반기에 만족스러운 삶을 위한 '변화의 필요성을 자각'하게 해준다. 셋째, 변화를 위해 어떤 심리기능에 집중해야 할지 구체적인 방향을 알려준다.** 즉, 3차기능과 열등기능을 통해 어떤 방향으로 관점을 넓혀야 할지를 구체적으로 이해할 수 있다.

의식적 유형발달: '이상적인 심리구조'를 만드는 것

그렇다면 어떻게 '지금 여기서' 발달모형의 원리를 활용할 수 있을까? 지금부터는 현재에 집중하자. 인생의 후반기에 이르지 않더라도 우리는 3차, 열등기능의 개발이 필요한 상황 속에 놓여 있을 수 있다. 그렇다면 인생의 후반기에 자연스러운 변화가 오기 전에 지금 여기서 '의식적 유형발달'을 시도해보면 된다. 자, 그럼 지금 여기서 '균형 잡힌 나'로 존재하는 방법에 대해 알아보자.

융의 발달모형

주기능 → 부기능 → 3차, 열등기능의 순으로 발달

'의식적인 유형발달'에서도 기본 원리는 같다. **가장 먼저 해야 할 일은 주기능과 부기능의 만족도를 확인하는 것이다.** 당신의 일과 삶 속에서 주기능과 부기능이 충분히 존중받고 만족스럽게 활용되고 있는지를 살펴보는 것이 가장 먼저 선행되어야 한다. 만일 3차기능과 열등기능이 필요한 상황이라 하더라도 당신의 주기능과 부기능이 충분히 존중받지 못하고 있다고 판단된다면 주기능, 부기능을 먼저 존중해주어야 한다. 만일 주기능과 부기능의 사용이 충분히 만족스럽지 않다면, 주기능과 부기능을 만족시킬 활동이나 삶의 변화를 만드는 것이 필요하다.

반면 주기능과 부기능이 충분히 만족스럽게 사용되고 있다면, 3차와 열등기능을 주목하면 된다. 3차와 열등기능을 통해 지금 여기서 균형이 필요한 부분을 인식할 수 있다. 물론 주기능과 부기능이 잘 발달되었다고 해서 무조건 3차, 열등기능을 개발시켜야 하는 것은 아니다. 현재 상황에서 그런 필요를 느끼지 못한다면 굳이 3차, 열등기능을 개발시킬 필요는 없다.

다만 유형발달의 원리로 봤을 때 **심리적으로 안정된 상황에서 3차기능, 열등기능을 의식적으로 주목해서 보게 되면 큰 어려움을 겪지 않고 통합적인 성장을 이룰 수 있다.** 인생의 후반기 원리에서 언급했듯이 많은 경우 유형발달은 고통을 수반한다. 그러나 이렇게 의식적으로 3차와 열등기능을 마주하게 되면 그러한 변화는 훨씬 더 수월해질 수 있다.

'의식적인 유형발달'에서의 핵심은 유형발달의 원리를 활용해서 '이상적인 심리구조'를 만들어가는 것이다. 그러기 위해서 주기능, 부기능을 위주로 자신을 개발시킬지, 아니면 3차기능, 열등기능에 보다 집중할지를 결정하는 것이 필요하다.

실습

필자는 실제로 이 원리를 활용해서 필자 자신의 심리상태를 조율하고 있다. 아울러 코칭이나 상담을 진행할 때도 클라이언트들에게 이 원리를 활용하고 있다. 물론 효과는 매우 좋다. 유형발달은 삶의 현장에서 직접 활용했을 때 훨씬 더 높은 가치를 갖는다. 여기서는 필자의 유형을 예로 들어 어떤 식으로 정리하면 되는지 보여줄 것이다. 당신 역시 필자가 하는 것처럼 꼭 해보기 바란다. 당신은 당신 사신을 사/답게 가꿔야 할 책임이 있다. 병원에서 건강검진을 받고 검진결과를 확인하는 것처럼, 마음의 건강상태를 점검한다는 생각으로 실습에 임해보면 좋을 것 같다.

	주기능	부기능	3차기능	열등기능
나의 유형: ENTJ	Te	Ni	Se	Fi
만족도(5점 만점)	4.8	4.6	3.5	4.0
개발 필요			○	

위의 표와 같이 먼저 자신의 주기능부터 열등기능까지의 만족도를 표시해본다. 만족도란 말 그대로 내가 느끼는 주관적인 척도이다. 주기능과 부기능이 현재 일터와 가정, 중요한 인간관계에서 지지받고 있을수록 만족도는 올라갈 것이다. 챕터 12의 '커뮤니케이션', 챕터 13의 '커리어' 부분에 정리된 자신의 유형 설명 표를 참고하면 현재 자신의 주기능과 부기능이 잘 존중받고 있는지 어느 정도 가늠해볼 수 있을 것이다.

3차기능은 학자마다 의견이 다르므로 보통 에너지의 방향(e, i)을 표시하지 않는다(에너지의 방향이 일관된 방향으로 관찰되고 있지 않음). 앞에서도 그렇게 표시했다. 예를 들어 필자의 3차기능은 Se나 Si가 아닌 S로 표시한다. 다만 만족도를 결정할 때는 자신이 살펴보고 싶거나 개발시키고 싶은 에너지의 방향을 결정하면 된다. 필자의 경우는 만족도를 확인해볼 3차기능으로 Se(외향적 감각)를 선정했다. 그래서 위의 표에는 3차기능이 Se로 표시되어 있다.

3차기능, 열등기능의 만족도는 주기능, 부기능의 만족도를 확인하는 기준과는 사뭇 다르다. 주기능과 부기능은 강점으로 작용하지만, 3차기능과 열등기능은 약점으로 작용하는 기준이므로 강점을 기준으로 보면 무조건 만족도가 낮을 것이기 때문이다. **3차기능과 열등기능의 만족도는 '현재 삶에 영향을 주는 정도'에 따라 표시해야 한다.** 즉, 지금 삶을 살아가는 데 있어 3차기능과 열등기능의 필요성을 느끼지 못하고 있다면 자신의 3차기능과 열등기능에 대해 어느 정도 만족감을 느낄 수 있다(발달의 필요성을 느끼지 못함으로 인한 만족감). 그러나 일터나 가정에서 3차기능과 열등기능의 사용을 요구받고 있는 상황이라면 만족도는 매우 낮을 것이다.

이렇게 만족도를 표시한 다음에는 어떤 심리기능을 집중하여 개발시킬지를 결정하면 된다. 필자의 경우는 3차기능인 Se를 선정했다. 주기능과 부기능은 충분히 만족스럽기 때문에 3차, 열등기능 중 하나를 선정한 것이다.

① 주기능, 부기능의 만속노 확인

주기능과 부기능의 만족도 점수를 줄 때 그렇게 책정한 이유와 현상을 함께 적어보는 것이 좋다. 필자의 경우 주기능인 Te(외향적 사고)는 4.8점, Ni(내향적 직관)는 4.6점으로 매우 높은 편에 속한다. Te는 외부로 논리를 쓰는 기능으로 논리를 중심으로 사람과 자원을 조직하고 체계화해서 전략적으로 문제를 해결하는 심리기능이다. Ni는 이면에 있는 의미와 내적 패턴에 주목하며 직관을 바탕으로 상황과 사건을 해석하는 심리기능이다. 필자는 일터와 가정에서 이 두 심리기능에 대해 건강하게 존중받고 있다.

- **일터**: 비전을 제시하고 비전을 이룩하기 위한 장기적이고 전략적인 안목을 인정받고 있음. 논리적인 토론이 가능한 환경이며 주도적으로 프로젝트를 이끌 수 있는 위치에 있음
- **가정**: 가정이 나아갈 비전을 제시하고 그에 맞는 계획을 제시하는 역할을 하고 있음. 가족들과 MBTI 유형을 공유하고 서로의 장단점을 이해하고 존중하는 분위기

필자와 같은 방식으로 자신의 주기능, 부기능이 존중받고, 지지받고 있는지를 살펴보면 내면의 균형을 잡는 데 큰 도움이 된다. 만약 주기능, 부기능에 대한 만족도가 현저히 낮다면 그에 대한 원인을 분석하고 적절한 대처를 해야 한다. 예를 들어 일이 자신과 지나칠 정도로 맞지 않다면 심각하게 이직을 고민해봐야 한다. 중요한 인간관계에 치명적인 손상을 입히고 있다면 그 역시 어떤 형태로든 조정을 해야 한다. 다만 그렇게까지 심각한 경우가 아니라면 자신의 주기능과 부기능을 만족시킬 구체적인 방법을 찾으면 된다. 그 방법에 대해서는 잠시 뒤에 제시할 것이다.

② 3차기능과 열등기능의 만족도 확인

필자의 3차기능인 Se(외향적 감각)에 대한 만족도는 3.5점이며, 열등기능 Fi(내향적 감정)의 만족도는 4점이다. 필자는 MBTI 전문가로서 오래전부터 3차기능과 열등기능을 의식적으로 개발시켜왔다. 그러다 보니 이 영역에서의 만족도 점수도 꽤 높은 편이다(보통은 3차기능, 열등기능에 대한 만족도 점수는 매우 낮게 나온다. 3차기능, 열등기능을 요구받는 상황으로 인해 스트레스를 받고 있기 때문이다).

특히 열등기능의 경우 '수치스러운 나'와 같은 심리기능이기 때문에 처음에는 직면하는 것이 쉽지 않다. 열등기능이란 말 그대로 덜 발달되어 어린아이같이 미숙하고 서툰 기능이다. 열등기능은 보통 스트레스 상황이나 술에 취했을 때와 같이 '통제력이 약해진 상황'에 등장한다. 그리고 대개는 부정적이고 유치한 어린아이 같은 모습으로 표출된다. 그래서 열등기능의 분출을 커다란 고통으로 느끼게 되는 것이다.

그러나 유형발달의 측면에서 보면 열등기능은 무의식에서 나오는 반응이며, 의식적인 삶에서 무시되었던 중요한 정보를 담고 있는 경우가 많다. 필자 역시 만족도를 4점이나 준 이유는 열등기능인 Fi(내향적 감정)를 마주하면서 삶에 대한 관점과 태도가 아주 많이 달라졌기 때문이다. 열등기능은 자기 자신의 숨겨진 면을 드러내줄 뿐 아니라 자신과 타인에 대한 이해를 깊게 해준다.

필자의 3차기능인 Se(외향적 감각)는 S를 외부로 쓰는 심리기능이다. Se는 외부세계에 존재하는 현실적인 정보들에 관심을 갖고 경험하기를 원한다. 예를 들어 예쁜 옷, 맛있는 음식, 패러글라이딩같이 현실적인 활동을 경험하고 즐기기를 원하는 심리기능이다. 이 심리기능의 초점은 '지금 여기(here and now)'에 있다. 열등기능인 Fi(내향적 감정)는 감정을 내부로 쓰는 심리기능으로 따뜻함과 배려, 존중과 같은 인간적인 가치를 내면에 품고 있는 부드럽고 차분한 사람을 떠올리면 된다.

- **일터**: 일터에서 상대방을 인정하는 표현과 정서적 교감을 통해 함께 하는 사람들과 깊은 우정을 유지하고 있다. 때로는 상대방의 감정을 논리적 평가 없이 경청하는 것이 필요하다는 것을 인식하고 있으며, 조화로운 분위기를 유지하려고 노력한다. 논리가 필요한 일에도 충분히 상대방의 입장을 듣고 나서 설명하고자 한다. 이러한 부분은 일터에서의 만족감을 높여주고 있다. 반면 필자의 업무적 특징과 조직에서의 역할에 있어 3차기능인 Se를 중요하게 써야 할 일은 거의 없다(생각해보니 필자는 뚜렷한 목적이 없는 회식이나 야유회에는 거의 참석하지 않는 것 같다).

- **가정**: 가정에서는 주로 Fi를 사용하고 있다. 주기능인 사고(Te) 역시 필요할 땐 사용하지만 가정에서는 모든 구성원들이 정서적 안정감을 느끼도록 하는 데 최우선을 두려고 노력한다. 그로 인해 때때로 내면적 갈등을 경험하긴 하지만 가정의 조화로운 분위기를 만드는 것이 일차적 목적이므로 충분한 만족감을 느끼는 듯하다. 다만 Se(외향적 감각)의 부족으로 인해 함께 산책을 하거나, 맛있는 것을 먹는 것 등에 있어서는 좋은 아빠가 되지 못한다는 생각이 들 때가 많다. 가족들로부터 '집에 있으면 너무 책만 본다'는 말을 많이 듣고 있다. 일상을 즐기고 현실적인 활동을 함께 하는 것이 필요함을 느

끼고 있다.

이런 식으로 정리를 해보면, 지금 나의 심리기능 중 어떤 것에 더 집중하면서 내면적 균형을 잡아야 할지가 분명해진다.

필자는 주기능과 부기능에 대해서는 충분한 만족감을 느끼고 있기 때문에 3차, 열등기능에 의식적으로 집중하였고 그중에서도 3차기능 개발의 필요성을 자각하게 되었다.

'지금 상황에 맞는' 내면적 팀워크를 이루어가는 것

여기서 꼭 기억해야 할 점은 단순히 주기능이나 열등기능과 같은 특정기능을 개발시키는 것에만 집중하면 안 된다는 것이다. 물론 의식적 유형발달을 통해 우리는 특정 기능을 좀 더 활용하고 개발시킬 수 있다. 그러나 그것은 유형발달의 핵심이 아니다. 유형발달은 단순히 특정 기능을 개발하기 위한 개념이 아니다.

앞서 언급했듯이, 의식적 유형발달에서 핵심은 심리기능 간의 '이상적인 구조'를 형성해나가는 것이나. 비유석으로 표현해 보면 '시금 상황에 맞는' 내면적 팀워크를 이루어가는 것이다. 여기서의 핵심은 '지금 상황에 맞는'이다. 지금 현재 상황에 맞는 이상적 심리구조를 의식적으로 구축해나가는 것이 주요 포인트다.

서로 다른 재능을 가진 4명으로 이루어진 팀이 있다고 생각해보자. 처음에는 논리를 가진 사람과 직관을 가진 사람을 중심으로 성과를 만들어냈다. 그러나 시장 상황이 바뀌면서 새로운 관점을 필요로 하게 되었다. 그러면서 자연스럽게 현실적인 감각이 뛰어난 사람이 좀 더 비중 있는 역할을 하게 되는 상황이 발생한다. 물론 논리를 가진 사람과 직관을 가진 사람 역시 그들의 역할을 충실히 수행한다. 다만 '상황에 맞게' 유연한 팀워크가 이루어지는 것이다. 이는 효과적인 대처와 결과로 이어진다.

필자 역시 3차기능인 Se(외향적 감각)에 주의를 기울임으로써 심리적, 물리적으로 균형감각을 회복할 수 있었고 이는 더 높은 성과로 이어졌다. 현재 상황에 맞는 '이상적인 심리구조'가 형성되면서 필자의 주기능과 부기능 역시 보다 효과적으로 기능하게 된 것이다.

이는 병원에서 건강검진을 받고 '맞춤식 처방'을 해주는 것으로도 비유될 수 있다. 지금 나 자신의 몸 상태에 맞는 처방이 주어지고 그에 잘 따른다면 몸의 건강상태는 급속도로 좋아질 것이다. 마찬가지로 발달모형의 원리를 활용하여 자신에게 맞는 심리기능 간의 '이상적인 구조'를 형성해나간다면 **'지금 나에게 맞는' 적절한 행동을 할 수 있다.** 필자가 3차기능인 Se(외향적 감각)를 적극적으로 사용한 것이 지금 상황에서 주효했던 것처럼 말이다.

지금 시점에서 주기능과 부기능에 집중할 것인지, 아니면 3차기능이나 열등기능에 초점을 둘 것인지를 생각해 보라. 그 과정에서 분명히 어떤 긍정적 변화가 수반될 것이다. 우리의 신체가 가장 건강하고 균형 잡힌 상태에서 생산성이 향상되는 것처럼, 우리의 내면 역시 균형 잡힌 구조 안에서 가장 효과적인 능력을 발휘한다.

실제적인 방법들

어떤 기능을 의식적으로 개발시킬지 결정했더라도 심리기능에 대한 개념적 이해만으로는 실제적인 활동으로 이어지기가 힘들다. 그래서 지금부터는 각 기능을 의식적으로 개발시키기 위한 '실제적 활동들'에 대해 정리해보고자 한다.

① 놀이를 통한 방법

놀이는 일을 할 때 나타나는 긴장감이나 압박감 없이 접근할 수 있는 매우 유용한 방법이다. 편안하게 의식적으로 유형발달을 이룰 수 있는 최고의 장이라고 볼 수 있다. 여기서는 에너지의 방향을 구분하지 않고 S, N, T, F의 각 심리기능과 관련된 놀이활동을 살펴보고자 한다. 예를 들어 에너지의 방향에 따라 Te(외향적 사고), Ti(내향적 사고)를 구분하지 않고 T(사고형)에게 보편적인 놀이활동을 소개하겠다.

S(감각)
오감(시각·청각·촉각·미각·후각)을 통해 정보를 인식하는 기능

- 유명한 사람이나 실제 모험에 관한 이야기 읽기
- 요리, 바느질, 정원 가꾸기 또는 실내 디자인과 같은 집안 꾸미기에 참여하기
- 기계부품이 들어 있는 장난감이나 간단한 장치를 갖고 놀기
- 물건을 분리하고 다시 조합하기
- 야구, 축구, 배구 같은 단체 경기에 참여하기

N(직관)
직관을 활용하여 정보를 인식하는 기능(사실들 간의 연관성, 함축적 의미 등에 관심)

- 공상소설이나 여러 가지 소설 읽기
- 상상력이 풍부한 놀이에 참여하기
- 상상력이 필요한 라디오나 텔레비전의 프로그램 즐기기
- 과학적이거나 수학적인 게임 하기
- 그림, 드라마 또는 그 외 다른 예술 활동에 특별한 관심 갖기

T(사고)
상황과 자신을 분리해서 논리에 근거한 판단을 내리는 기능

- 체스, 바둑, 논리적이고 전략적인 게임을 즐김
- 골프, 소총 사격, 웨이트 리프팅 또는 경마 같은 뛰어난 기능이 필요한 운동 연습하기
- 토론이나 테니스 같은 경쟁에 참여하기
- 철학 책이나 논픽션 읽기

F(감정)
상황을 개인화해서 감정에 근거한 판단을 내리는 기능

- 우정이 깊은 사람과 여유로운 대화를 나누기
- 일기 쓰기, 스크랩하기, 편지 쓰기
- 사회단체에 참여하기
- 비경쟁적인 운동이나 게임에 참여하기
- 연애 이야기나 인간 중심의 문학 읽기

출처: 『일, 놀이 그리고 성격유형』(어세스타)

- 놀이를 통한 유형발달

유형발달모형의 원리에 따라 발달이 잘 이루어지고 있다면 인생의 전반기(아동, 청소년, 청년의 시기)에 있는 사람은 주로 자신의 주기능과 관련된 활동에 참여하는 것을 선호한다. 예를 들어 주기능이 T(사고형)인 필자는 인생의 전반기에 토론, 전략적 게임, 철학 책 읽기 등을 매우 선호하였다. 특히 감정적인 것을 지나치게 요구받는 상황이 지속되거나 스트레스를 받는 상황에서는 여가활동으로 전략적 게임이나 논리적 비판을 하면서 내면적 에너지를 끌어올렸던 것 같다. MBTI를 공부하면서 그런 패턴이 우연이 아니었다는 것을 분명히 이해하게 되었다.

반면 유형발달이 잘 이루어진 사람이 인생의 후반기에 접어들었다면 3차기능이나 열등기능과 관련된 활동을 선호할 수도 있다. 실제로 필자는 열등기능인 F(감정)를 사용하는 여가활동을 즐긴다. 신뢰하는 사람과 여유로운 대화를 나누고, 감정을 정리하는 일기를 쓰거나 청년들에게 재능기부를 하면서 깊은 만족감을 느낀다. 놀이는 3차기능과 열등기능을 안전하고 편안하게 경험할 수 있는 좋은 기회를 제공한다.

당신 역시 위의 내용들을 토대로 지금 상황에 적용해보라. 주기능과 부기능이 만족스럽지 못한 상황이라면 주기능, 부기능을 활용할 수 있는 놀이를 해보기 바란다. 반면 주기능, 부기능이 충분히 만족스러운 상황이라면 3차기능, 열등기능과 관련된 놀이를 해보라. 심리적 균형과 유연함이 향상되는 것을 느낄 수 있을 것이다.

② 8가지 심리기능 개발방법

지금부터는 8가지 심리기능(Se, Si, Ne, Ni, Te, Ti, Fe, Fi)에 대한 실제적 개발방법을 살펴보자. 각각의 기능에 대해 바로 실천으로 옮길 수 있는 행동들을 위주로 정리하고자 한다. 이러한 행동을 함으로써 얻을 수 있는 두 가지 사실을 유념하면서 활용한다면 보다 많은 것을 얻을 수 있을 것이다. 그 두 가지는 다음과 같다.

첫째, '실제적 활동'을 통해 각 기능에 대한 이해가 분명해질 수 있다. MBTI는 이론적 연구만으로 개발된 심리검사가 아니다. 칼 융이 수많은 사람들을 상담하면서 파악한 심리적 패턴을 근간으로 한다. 즉, 실제적인 사람과 상황 안에서 활용됐을 때 그 의미를 정확히 알 수 있다. 따라서 실제적 활동은 각 기능의 이해도를 현저히 높여줄 수 있다.

둘째, 3차기능과 열등기능의 사용이 매우 어렵다는 것을 실제로 느껴볼 수 있다. 우리의 심리적 초점은 주기능과 부기능에 집중되어 있다. 3차와 열등기능에 의식적으로 집중해보면 '덜 익숙하고 덜 발달되어 있다'는 말의 의미를 보다 정확히 알게 된다.

이러한 두 가지를 염두에 두고 활동들을 해보기 바란다. 기본 원리는 동일하다. 당신의 주기능과 부기능을 먼저 살펴본 이후 충분히 만족스럽다면, 3차기능과 열등기능과 관련된 활동들을 해보는 것이다. 만일 주기능, 부기능이 만족스럽지 않거나 충분히 발달되지 못했다고 판단된다면 그와 관련한 활동을 먼저 해보기 바란다.

- Se(외향적 감각)

Se
오감을 사용하여 외부의 정보를 받아들임
(현재에 집중하며 감각적 경험을 즐김)

- 음식을 먹을 때 음식의 감촉, 냄새, 맛, 색깔에 주의를 기울여보기
- 음식을 천천히 꼭꼭 씹어보고, 각양각색의 맛을 느껴보기
- 주관적인 해석을 넣지 말고, 실제로 일어났던 일들만 기록해보기
- 누군가 했던 말을 가능한 정확하게 반복하기(했던 말, 톤의 억양, 바디 랭귀지 등)
- 산책을 하면서 몸의 반응이나 주변의 풍경에만 집중해보기(내면적 생각 X)
- 래프팅, 카누, 파도타기, 볼링, 산악 사이클, 암벽등반 해보기
- 식당에 가서 이전에 먹어보지 못했던 음식 먹어보기

- Si(내향적 감각)

Si
오감을 내부에서 사용하여 정보를 평가함
(과거 경험을 토대로 현재 상황을 평가함)

- 자신의 몸 안에서 어떤 일이 일어나고 있는지 주의 기울여보기(예: 먹을 것을 찾을 때 배고 픈지 체크해보기)
- 이전에 보았던 영화, 사건 등을 사건 순서대로 최대한 구체적으로 자신의 마음 안에 떠 올려보기
- 업무를 완수하기 위해 사용되는 순차적인 단계들을 적어보기
- 식당에서 밥을 먹으면서 과거의 좋았던 식당에서 받았던 서비스와 비교해보기
- 채소를 칼로 자르는 방법을 배우고 빠르고 능숙해질 때까지 계속 반복하기
- 레시피에 따라 음식 만들기, 매뉴얼대로 책장 조립하기
- 규칙적인 일상 목록을 작성하고 반복하기(예: 집 청소, 설거지, 운동, 비타민 먹기 등을 규칙적 인 습관으로 반복하기)

- Ne(외향적 직관)

Ne
미래의 새로운 가능성에 초점을 두고 비전을 그리려 함 (브레인스토머)

- 인간관계에서 어려움을 가져오는 반복적 패턴 목록 작성해보기
- 복권에 당첨되었을 때 어떤 변화가 있을지 상상해보기
- 어떤 문제에 대해 최소한 열 가지 정도 새로운 대안을 생각해보기(과거에 해보지 않았던 아이디어, 현실적인 제한을 두지 않고 생각하기)
- 이번 휴가를 즐겁게 보낼 계획을 세우고 내년에 보낼 휴가를 보낼 것에 대해서도 계획 하기. 그리고 두 계획을 결합해서 새로운 계획 세워보기
- 내가 속한 가정의 분위기를 더 화기애애하게 만들기 위한 아이디어 작성하기(변화를 위 한 새로운 가능성에 집중)
- 기존에 해오던 일들에 대해 새로운 방식으로 행동해보기(예: 출근하는 방식, 일어나서 욕실 로 가는 방식, 식사하기 위해 앉는 곳 변경 등)
- 어려운 상황에서 긍정적인 면 찾아보기(예: 입고 나간 옷에 얼룩이 묻었을 때 발견할 수 있는 긍정적인 점은?)

- Ni(내향적 직관)

Ni
이면에 내재되어 있는 패턴에 주목하며, 영감처럼 나타나는 직관적 통찰력을 신뢰함

- 조용한 곳에서 눈을 감고 떠오르는 것을 그대로 기록해보기(마음의 초점을 통제하지 않으 면서)
- 자신의 인생을 보드게임이라고 상상해보기. 그것이 어떤 게임이며 이유는 무엇인가?
- 한 가지 문제에 대해 다양한 관점으로 접근해보기(예: 자신의 관점, 동료의 관점, 친구의 관 점, 친척들의 관점, 공동체의 관점 등)
- 잠자리에 들기 직전에 무의식에게 문제해결 요청하기. 아침에 일어나서 해결에 대해 무 의식에게 물어보기
- 앞으로의 모습(5년, 10년, 20년 뒤 미래의 자신의 모습)을 상상해보고, 그들이 당신의 계획 에 어떤 아이디어를 주는지 확인해보기
- 자신에게 의미를 주는 상징들을 적어보기(예: 십자가, 다윗의 별, 불상, 만다라, 어린 왕자 등)
- 광고 문구를 읽을 때, 그 말들의 이면에 있는 의도와 의미를 파악하고 표현해보기

- Te(외향적 사고)

Te
논리를 기반으로 당면한 문제를 도전적이고 전략적으로 해결하려 함

- 목표를 정하고, 그 일을 왜 해야 하는지 명시하기, 해야 할 일과 하지 말아야 할 일 정의하기
- 측정 가능한 목표 세워보기(예: '살을 빼야겠어' → '나는 6개월 동안 한 달에 1㎏씩 뺄 거야')
- 논리적으로 우선순위 정해보기(예: 새로운 사업을 위해서는 가장 먼저 무엇을 해야 되는가? 관련 지식 습득? 지인들에게 도움 요청? 자금확보? 무엇이 먼저인가?)
- 논리적 우선순위에 따라 하루 일과 계획하기
- 전화 통화 시 인사말은 간단히 하거나 생략하고 바로 본론으로 들어가기
- 특정 사건에 대해 본인의 생각을 '첫째, 둘째, 셋째'의 방식으로 말해보기
- '좋은 엄마(또는 좋은 아빠)'라는 개념을 명확히 정의하고 그에 대한 행동평가 목록을 만들고 가족들과 객관적으로 평가해보기

- Ti(내향적 사고)

Ti
자신의 논리체계로 상황을 관찰하고 분석하려 함

- 지인들 중 10~15명을 뽑아, 셋 또는 그 이상으로 자신만의 카테고리로 분류해보기(예: '친한 사람', '아는 사람', '가까워지고 있는 사람'과 같은 방식으로)
- 위의 과정에서 어느 카테고리에도 속하지 않은 사람이 있다면 그 사람을 위한 새로운 카테고리 만들어보기(또는 카테고리 전체의 구조를 변경해보기)
- 완성된 카테고리에 정확한 라벨을 붙여보기. 각 카테고리에 붙인 라벨을 한 단어로 표시하기
- 카테고리에서 가장 많이 여가 시간을 할애할 것으로 예상되는 사람에 대한 우선순위 정하기
- 거울을 보고 왼쪽에 있는 사물이 오른쪽에 있고 오른쪽에 있는 사물은 왼쪽에 있는 이유를 알아내기(근본적 원리 파악해보기)
- 체스를 두면서 말이 이동하는 근본적인 원리 구조를 찾아보기
- 일상적 생활에서 따르고 있는 원칙들이 무엇인지 확인해보고 '일관성 있게 이러한 원칙에 의해 살고 있는가?' 질문해보기

- Fe(외향적 감정)

Fe 적극적으로 나서서 도움을 주고 친절을 베풀려 함 (공감과 지지에 초점)
- 가족 구성원이 서로 상호작용하는 방식과 문화를 열거해보기(예: 출근 전 포옹하기, 함께 영화 보기, 식사 때 안부 묻기 등) - 확인된 가치와 문화에 맞게 적절한 시기에 감사, 축하, 공감, 생일, 카드 등을 보내기 - 다른 사람과 대화하면서 그 사람이 열정을 보이는 주제가 무엇인지 파악해보고 지지하기 - 다른 사람과 가벼운 개인적 비밀 공유해보기(자기 정보를 먼저 노출해보기) - 명절 때 주변 사람들에게 동일한 선물이 아닌, 개인에게 맞는 맞춤식 선물하기 - 조직에서 소외된 것처럼 보이는 사람을 찾고 소속감을 느낄 수 있는 방안 찾기, 여러 사람과의 대화에서 말할 기회를 얻지 못하는 사람이 있으면 의견을 물어보기 - 자녀들에게(또는 주변 지인들에게) 자신이 중요하다고 믿는 가치를 교육하고 설득할 방법 생각해보기(그들의 가치를 존중하면서 설득할 방법)

- Fi(내향적 감정)

Fi '인간적인 가치'를 충실히 지키고 그것을 통해 '내적 조화'를 유지하려 함
- 눈을 감고 자신의 감정에 주의를 기울여보기. 그 감정에 이름을 붙이고 자신이 중요시하는 개인적 가치와 연관이 있는지 확인해보기(감정을 통한 가치 확인) - 자신에게 중요한 가치 목록 만들기(예: 존중, 배려, 여가, 여유, 유머, 정서적 안정 등) - 자신의 직업에서 중요시 여기는 '인간적 가치'가 무엇인지 열거하고 순위 매겨보기 - 자신이 생각하는 '이상적인 공동체(유토피아)'가 무엇인지 생각해보기(예: 어떤 사람도 의도적으로 상처를 주지 않는 사회) - 결정을 내릴 때마다 그것이 윤리적이고 인간적인 가치와 일치하는지 체크하기 - 누군가 자신의 요청을 거절했을 때 그에 대해 압박하지 않기(상대의 입장 존중해주기) - 누군가가 감정적 지지가 필요하다고 판단될 때 아무 말 없이 공감하고 경청해주기

유형발달로 인한 변화가 '성격유형이 변했다는 것'을 의미하지는 않는다

유형발달을 설명하면 종종 "그럼 결국 성격유형이 달라질 수 있다는 말이네요?"라고 질문하는 사람들이 있다. 하지만 유형발달은 성격유형의 변화를 의미하지는 않는다. 챕터 10과 챕터 14에서 자세하게 설명했듯이 MBTI에서 말하는 성격유형의 '기본구조'는 변하지 않는다. 주기능에서 열등기능까지의 기본 골격은 변하지 않는다는 의미다. 그러나 그러한 기본구조 안에서 심리기능 간의 역동과 관계는 끊임없이 변화한다. 유형발달 역시 그러한 맥락에서 봐야 한다.

이 말의 뜻을 조금 더 와닿게 느끼고 싶다면 앞서 제시한 개발을 위한 실제적 행동 중 자신의 주기능과 관련된 내용을 살펴보라. 그럼 자연스럽게 "응? 이건 그냥 평소에 내가 자연스럽게 존재하는 방식인데?"라고 느낄 것이다. 그러나 환경의 요구에 의해 의식적으로 노력하는 사람들은 "예전엔 그렇지 않았는데 지금은 이런 행동들을 해요"라는 식으로 말하는 경우가 많다. 특정 영역에서 일시적으로만 나타나는 행동이기 때문이다. 앞에서도 여러 번 강조하였지만, MBTI는 이렇게 실제 상황과 사람에게 적용하면서 익혀가야 제대로 이해할 수 있다. 자신의 내면적 의도에만 집중한 상태에서 이론적으로만 접근하면 자신의 유형이 변했다고 착각하게 된다. 성격유형이 변한 것이 아니라 성격유형 내에서 역동과 발달로 인한 변화가 이루어진 것이라는 점을 꼭 잊지 않기를 바란다.

다만 중년기 이후부터는 유형역동이 더욱 활발하게 이루어지기 때문에 그 변화의 폭이 크게 느껴질 수는 있다. 이 부분을 분명하게 구분할 수 있어야 내면적 혼돈 없이 유형빌딩의 원리를 효과적으로 사용할 수 있다.

Part 4를 마무리하며

Part 4에서는 세 챕터에 걸쳐 유형발달을 활용하여 '나만의 탁월성을 깨우는 원리'에 대해 살펴보았다. 코스모스가 코스모스다운 모습으로 아름답게 피어나듯이, 유형발달의 원리는 우리 자신이 '최상의 나'로 성장하기 위한 방향을 제시해준다. 이제 유형발달과 관련된 주요 내용을 네 가지로 요약, 정리하면서 Part 4를 마무리하고자 한다.

첫째, 유형발달은 주기능과 부기능을 중심으로 자신을 존중하라고 말한다. 각 유형의 탁월함은 주기능과 부기능을 중심으로 나타난다. 따라서 자신의 타고난 주기능과 부기능을 중심으로 자신을 인식하지 않으면 우리는 열등감을 느끼게 된다. **자신만의 탁월성을 깨우고 싶다면 반드시 주기능과 부기능을 중심으로 자아정체성을 형성하라. 그리고 그 토대 위에 자신의 삶을 디자인하라.** 그러면 자연스럽게 3차, 열등기능의 보완이 가능해지면서 당신은 더욱 유능하고 탁월한 존재가 될 것이다.

둘째, **융의 발달모형은 자신의 성격유형을 중심으로 과거, 현재, 미래를 통합적으로 연결할 수 있게 해준다.** 인간의 내면은 과거와 현재, 미래가 서로 유기적으로 연결되어 영향을 주게 되어 있다. 발달모형은 자신의 성격유형을 토대로 폭넓은 관점을 가지도록 해줌으로써 인생 전반에 걸친 성장 계획을 세울 수 있도록 도와준다. 과거에 상처받은 이유를 분명히 알게 해주고, 중년기의 예기치 못한 변화에 어떻게 대처할지 알려준다. 이러한 나침반이 있다는 것은 인생 전반에 걸쳐 커다란 도움이 될 것이다.

셋째, 유형발달 이론은 **'지금 여기서' 의식적으로 이상적인 심리구조를 만들 수 있는 근거가 되어준다.** 현재 처한 상황 안에서 주기능과 부기능을 강화하여 자신감을 높일 것인지, 아니면 3차기능, 열등기능의 새로운 관점을 받아들이고 집중할 것인지에 대한 판단을 내리도록 해준다. 즉, 우리 마음 안에 있는 심리기능 간에 건강한 팀워크를 형성할 수 있도록 이끌어준다. 이는 심리적 안정감과 유연성을 향상시키는 결과를 가져온다.

넷째, 유형발달은 **끊임없는 성장과 발전을 가능케 하여 더욱 '지혜로운 나'가 되게 해준다.** 융의 말을 빌리자면, 지혜란 '모든 것에는 양면이 존재한다는 것을 아는 것'이다. 즉 각각의 심리기능이 가진 잠재력과 가치를 인정하는 것이다. 이러한 과정을 통해 훨씬 더 넓고 통합적인 시야를 가질 수 있게 된다. 이는 타인에 대한 편견을 완화시키고, 자신과 다른 유형을 가진 사람들에 대한 가치를 깨닫게 해준다. 다른 유형의 사람들과 함께 성장할 수 있는 토대를 형성해주는 것이다.

유형발달의 관점에서 보면, 같은 유형이라도 결국엔 저마다의 차이를 가지고 통합적인 존재로 성장해나간다고 볼 수 있다. 우리는 그렇게 세상에 하나뿐인 '최상의 나'가 되어간다. 융이 말한 '개별화'와 '자기실현'으로 나아가는 것이다. 우리의 성격유형은 고정적으로 머물러 있지 않다. 우리의 삶 속에서 지속적이고 역동적으로 움직인다. 유형발달은 그러한 역동 안에서 우리가 어떻게 '파도타기를 즐기듯이' 성장해나갈 수 있을지를 알려준다. 이 부분을 잘 기억하고 꼭 자신에게 적용해보기 바란다.

활용을 위한 Key Point **이것만은 꼭 기억하자!**

우리는 칼 융의 발달모형을 활용해 의식적으로 자신의 현재 상태에 맞는 성장전략을 세울 수 있다. 이를 '의식적 유형발달'이라고 한다.

의식적 유형발달에서 핵심은 심리기능 간의 '이상적인 구조'를 형성해나가는 것이다. 비유적으로 표현하자면 지금 상황에 맞는 '내면적 팀워크'를 이루어가는 것이다.

각 심리기능과 관련된 '실제적 활동'을 통해 의식적인 유형발달을 이루어나갈 수 있다.
- 이러한 실제적인 활동을 통해 각 기능에 대한 이해도가 현저히 높아질 수 있다. MBTI는 실제적인 상황 안에서 활용됐을 때 보다 정확하게 이해될 수 있다.

유형발달로 인한 변화가 곧 성격유형의 변화를 의미하지는 않는다.
- 다만 중년기 이후부터는 유형의 역동이 더욱 활발하게 이루어지기 때문에 그 변화의 폭이 크게 느껴질 수는 있다.

"재미로 사람을 규정하고 폄하하면 즐거우신가요?"

오래전에 한 MBTI 워크숍 참가자로부터 이와 같은 메시지를 받은 적이 있다. 보통 MBTI 교육을 하고 나면 긍정적인 피드백이 대부분이었기 때문에 처음 메시지를 받았을 때는 조금 당혹스러운 마음이 들었다. '어떤 부분에서 마음이 상하셨던 걸까?' 곰곰이 생각해보니 그분이 검사결과를 가장 나중에 제출하셨던 것이 기억났다. 문제는 그 행동의 배경에 어떤 이유가 있었는지 확인도 해보지 않고 "그 유형답게 검사도 맨 나중에 제출하셨네요"라며 유형적 특성으로 설명해버린 것이다. 그것도 매우 익살스럽게 말이다. '재밌게' 진행해달라는 담당자의 요청에만 신경을 썼던 탓일까? 필자도 모르게 MBTI 전문가로서 결코 해서는 안 될 행동을 하고 말았다.

민망한 마음에 바로 사과의 메시지를 보냈다. "불쾌감을 드렸다면 사과드립니다. 정확히 확인도 되지 않은 사안에 대해서 성격의 문제로 일반화시켜 언급한 점은 명백한 저의 잘못입니다." 그러자 얼마 뒤 답장이 왔다. "연락 주셔서 감사합니다. 10년 전 MBTI 워크숍에서 '그 성격유형인데 왜 회사에 다니냐?'라는 피드백을 받은 적이 있었습니다. 심리학 박사까지 하신 분이셨는데, 많은 사람들 앞에서 장난하듯이 했던 그 말이 저에게는 평생 상처가 되었습니다. 그때의 기억이 되살아나서 기분이 많이 상했던 것 같습니다. 제가 조금 민감하게 반응했던 것 같네요. 죄송합니다.”

이 사건은 필자에게 큰 충격으로 다가왔다. 어쩌면 그 기억으로 인해 필자가 이런 책을 쓰게 됐는지도 모르겠다. 그 사건 이후 그와 같은 상처를 가진 사람이 더 이상 생겨나지 않기를 바라는 마음이 간절해졌기 때문이다. 이 책을 읽은 당신 역시 본의 아니게 필자와 같은 실수를 할지도 모른다. 그리고 그것은 누군가의 인생에 평생 동안 치명적인 상처로 남을 수도 있다.

그래서 마지막으로 MBTI 전문가로서 꼭 당부하고 싶은 이야기를 하려 한다. 당신이 배우고 익힌 지식이 아름다운 결과로 이어지기를 바라는 필자의 바람 정도로 생각해주면 좋겠다.

서로에 대해 '공부하듯이 알아가는' 도구로 사용해주길

이제 우리는 같은 성격유형이라 하더라도 커다란 차이를 보일 수 있음을 알고 있다. 따라서 직접 겪어보지 않고 누군가를 성격유형의 특징만으로 '일반화'해버리는 행동은 꼭 삼가해주기 바란다. 유형 정보를 토대로 서로를 '공부하듯이 알아가려는' 태도로 MBTI를 활용한다면, 지금까지 경험해보지 못한 새로운 인간관계를 경험할 수 있을 것이다.

자녀교육을 예로 들어보면, 성격유형으로 자녀의 행동이나 반응을 규정하거나 단정짓는 것은 오히려 부정적인 결과로 이어질 수 있다. 성격유형의 정보들을 함께 살펴보면서 자녀의 성장을 위해 가장 도움이 되는 과정들을 함께 찾아나가는 것이 올바른 적용방법이다. 사랑하는 누군가와 이러한 과정을 꼭 함께해보기 바란다. 그 경험의 깊이가 깊으면 깊을수록 '특별한' 인간관계가 형성될 것이다. 이 책이 그러한 경험을 위한 길잡이가 될 수 있다면 더 바랄 것이 없겠다.

'강점'에 초점을 맞춰주길

MBTI는 '강점(주기능과 부기능)'에 초점을 둔 심리도구'임을 잊지 않기를 바란다. 비슷한 역량을 가지고 있어도 성격특성이 무시되면 전혀 다른 결과를 가져올 수 있다. 마치 유재석에게 강호동과 같은 스타일로 웃겨줄 것을 요구하면 유재석의 역량이 나오지 않는 것과 같다. 현장에서 다양한 인재들을 만나고 있지만, 특정 성격유형의 사람만이 탁월한 역량을 발휘하는 경우는 없었다. 성격유형과 상관없이 자신의 강점을 잘 활용하는 사람이 성과가 높았다.

자신이 가장 성과가 높았을 때 어떤 성격적 요소들이 작용했는지 생각해보라. 자신의 성격특징에 적합한 역량패턴을 만들어가는 데 초점을 둔다면 훨씬 더 높은 성과를 달성할 수 있을 것이다. 환경적 상애요소로 인해 당신의 탁월함이 가려지지 않기를 바란다. 자신의 강점패턴은 자기 자신만이 만들어갈 수 있다.

'결과에 대한 책임'과 '과정의 존중'은 명확히 구분하길

'결과에 대한 책임'과 '과정의 존중'을 명확히 구분하기 바란다. 일하는 과정에서 성격을 존중하는 것은 매우 중요하다. 각 사람마다 역량이 발휘되는 과정이 다르기 때문이다. 그러나 성격이란 그 사람의 능력이 최대한 발휘되기 위해 과정을 존중할 때 활용하는 것이지, 그 결과까지 합리화하기 위한 것이 되면 안 된다. 결과에 대한 책임은 성격과 상관없이 자기 자신이 져야 하는 것이다.

조직에서 MBTI 워크숍을 하고 나면, 이 부분에서 혼동을 느끼는 경우가 많다. '성과가 나지 않는 팀원을 성격에 맞춰 계속 기다려주기만 해야 하나요?'라고 질문하는 팀장도 있다. 그러나 그렇게 되면 성격유형을 아는 것이 오히려 조직의 성과를 떨어뜨리게 된다. 일을 하는 과정에서는 성격에 맞는 방법으로 대화하고 업무 환경을 구축해주는 것이 필요하다(과정의 존중). 그러나 일의 결과에 대해서는 성격유형과 상관없이 명확한 기준에 따라 성과평가가 이루어져야 한다(결과에 대한 책임).

'일하는 과정은 존중하되, 결과는 확실하게 책임지는' 균형 있는 태도를 유지할 때 '자존감'과 '성과'라는 두 마리 토끼를 모두 잡을 수 있을 것이다.

'나다움'을 넘어 '우리다움'으로 나아가길

자기 자신에 대한 존중감은 타인에 대한 존중과 배려로 이어져야 한다. 그렇지 않으면 자기 중심성만 강화되는 결과를 초래할 수도 있다. '나다움'은 '너다움'을 지나 '우리다움'으로 이어져야 한다. MBTI라는 도구를 통해 자신을 이해하고 존중하는 경험을 했다면, 이제는 자신과 전혀 다른 사람을 존중하고 배려해보는 경험을 해보는 것이 필요하다.

필자는 자신을 이해하고 나서 필자와 거의 반대유형인 아내를 배려하는 것으로 관점을 넓혔다. 그런 경험을 통해 다른 유형들과 어떻게 상호작용해야 하는지 이해하게 되었고, 이는 더 많은 사람들을 이해하고자 하는 움직임으로 이어졌다. 그리고 이제는 필자와 함께 일하는 사람들과 다름을 인정하고 존중하는 '문화'를 형성하는 것으로까지 이어지고 있다. '나다움'을 넘어 '우리다움'으로 나아가고 있는 것이다.

이러한 경험은 필자의 인생을 더욱 풍요롭고 행복하게 해주고 있다. 필자는 당신 역시 필자와 같은 경험을 하게 되기를 바란다. 삶이 '건강한 상호작용'과 '존중'의 기반 위에 디자인될수록 '살아가는 의미'를 느끼게 된다. 사람은 더불어 살아가는 존재이기 때문이다.

당신의 삶 역시 '깊은 존중감'을 기반으로 세워져가기를 바란다. 자신이 처한 환경에서 '선한 영향력'을 미치는 존재로 성장해나가기를 진심으로 바란다.

부록에서는 '심리기능 위계의 결정 원리'를 5단계로 정리해 놓았다. 필자가 교육 현장에서 설명하는 노하우를 정리해놓았다고 생각하면 될 것 같다(물론 말로 설명할 때와는 조금 차이가 있다). 분명한 이해를 원한다면, 수학문제를 판서하듯이 종이에 적어가면서 읽어보기 바란다. 먼저 다음의 공식을 살펴보자.

$$ESTJ = Te\ Si\ N\ Fi$$

챕터 6에서 설명했듯이, 왼쪽 편의 'ESTJ'는 'MBTI식 표현방식'이고 오른쪽의 'Te Si F Ne'는 '칼 융의 표현방식'이다. 둘은 형태만 다를 뿐 같은 성격유형을 나타낸다. 칼 융의 표현방식은 성격유형의 '원인'이 되는 '심리구조도'라고 볼 수 있고, MBTI식 표현방식은 그 '결과'로서 겉으로 드러나는 '성격유형적 특징'이라고 볼 수 있다.

1단계: '선천적 심리 선호경향' 리뷰

두 공식이 어떤 원리로 연결되어 있는지 이해하기 위해서 가장 먼저 기억해야 할 개념은 '선천적 심리 선호경향'이다(챕터 3에서 다루었음). '선천적 심리 선호경향'이란 MBTI에서 '성격유형을 결정하는 기준'을 의미한다. '심리 선호경향'이란 말 안에는 '행동'이 아닌 '심리적 특성'을 근거로 성격이 결정된다는 뜻이 내포되어 있다('행동 선호경향'이 아닌 '심리 선호경향'이라고 한 점에 주목하자). 즉, MBTI는 보여지는 '행동'이 아닌 '심리적 특성'을 근거로 성격을 파악한다. MBTI에서 말하는 성격유형이란 겉으로 드러나는 행동이 아닌 '마음속에서 일어나는 심리과정'에 대한 것이다.

MBTI가 행동이 아닌 '심리적 특성'을 다루고 있음을 다시금 분명히 하자. 칼 융은 겉으로 드러나는 행동으로 성격유형을 파악한 것이 아니라 '심리적 특성'을 중심으로 성격유형을 구분했다.

즉, ESTJ라는 성격유형이 나타나는 이유는 Te Si N Fi의 4가지 심리기능이 '마음속에서 상호작용한 결과'라는 의미다. 마이어스와 브릭스는 이것을 일반인들도 쉽게 구분할 수 있도록 겉으로 드러나는 특징 위주로 정리한 것이다.

1단계에서 기억해야 할 포인트는 **'마음속에서'**이다. MBTI는 겉으로 드러나는 행동이 아니라 '마음속에서 일어나는 심리기능들 간의 상호작용'을 중심으로 성격유형을 구분한다.

2단계: 4가지 선호지표 분해하기

그렇다면 마이어스와 브릭스는 칼 융의 표현방식을 어떤 식으로 변형한 것일까? 2단계에서는 '마음속에서 일어나는 심리기능들 간의 상호작용'을 중심으로 4가지 선호지표를 분해해보려고 한다. 그러한 과정을 거치다 보면 어느 부분에서 표현의 차이가 생겼는지 이해가 될 것이다.

먼저 4가지 선호지표 중 '마음속에서 일어나는 심리기능들 간의 선호 작용'과 직접적인 연관이 있는 지표가 무엇인지 찾아보도록 하겠다. 그러한 지표들을 찾게 되면 현재 MBTI 표현방식이 칼 융의 표현방식과 비교해서 어떤 부분이 변형되었는지를 알 수 있다. MBTI와는 다르게 칼 융은 '심리적 특성'과 직접적인 연관이 있는 지표만을 사용했기 때문이다. 그런 부분을 염두에 두고 4가지 선호지표를 살펴보자.

다음의 4가지 선호지표 중에서 행동이 아닌 '심리적 특성'을 직접적으로 다루고 있는 지표는 무엇일까?

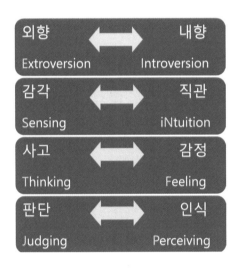

우선 외향(E)과 내향(I)은 '에너지의 방향'에 대한 지표다. 외향적인 사람은 에너지의 초점이 외부를 향해 있기 때문에 '심리적 특성'이 겉으로

드러나는 경향이 있고, 내향적인 사람은 잘 드러나지 않는 경향이 있다. 즉, 외향(E)과 내향(I) 지표는 심리적 특성이 '겉으로 드러나는지' 아니면 '안에서 작용하고 있는지'에 대한 지표이지 심리적 특성 자체를 다루는 지표는 아니라고 볼 수 있다.

다음으로 맨 마지막에 있는 J, P 지표를 살펴보자. 판단(J)과 인식(P)은 '생활양식'에 관한 지표이다. 판단형(J)과 인식형(P)을 나누는 핵심 기준은 '삶을 어떤 방식으로 살아가는가'이다. 판단형은 언제 어떻게 무엇을 할지 신속히 결정하고 추진하려 하고(계획적), 인식형은 융통성을 보이면서 결정을 유보하려 한다(무계획적). 얼핏 보면 '심리적 특성'을 나타내는 지표 같지만 이 또한 '심리적 특성' 자체를 다루는 지표는 아니다. 생활양식이라는 말 자체가 '행동'을 나타내기 때문이다. J, P 지표는 '마음속에서 이루어지는 심리적 과정의 결과'로서 외부에 대처하는 '행동양식'에 대한 지표라고 볼 수 있다. '마음속에서' 판단을 내리고 신속한 결정을 내리려는 사람은 계획적인 생활양식을 선호할 것이고, '마음속에서' 정보를 계속 받아들이고 결정을 유보하는 사람은 보다 유연한 생활양식을 선호할 것이다. 판단(J)과 인식(P)은 마음속에서 이루어지는 내용 자체가 아닌, 심리적 과정의 결과로서의 '외부적 생활양식'을 나타낸다. 이 지표들 역시 '심리적 특성'의 직접적인 내용은 아니라는 뜻이다. 그런 '심리적 특성'으로 인해 나타나는 '행동양식'을 나타내는 지표인 것이다.

결국 '마음속의 심리적 특성'을 직접적으로 다루고 있는 지표는 감각(S)과 직관(N), 사고(T)와 감정(F) 지표이다. **감각(S)과 직관(N)은 '정보인식의 필터가 되는 심리적 특성'을 의미한다.** 명칭 그대로 감각(Sensing)

은 오감(시각·청각·촉각·미각·후각)을 통해, 직관(iNtuition)은 직관을 통해 외부의 정보를 인식한다. 감각과 직관의 성향을 가진 두 사람에게 꽃 한 송이를 보여준다면 감각형의 사람은 꽃의 색깔, 촉감, 향기, 세부적인 모양 등 오감과 연관된 정보가 보다 잘 인식될 것이다. 반면 직관을 쓰는 사람은 꽃과 연관된 에피소드, 시를 짓고 싶은 시상(詩想) 등이 떠오를 수 있다. 꽃의 있는 그대로의 정보가 아니라 꽃에서 연상되는 것, 그 속에 담긴 의미 등에 초점을 두고 정보를 받아들일 것이기 때문이다. 이렇듯 감각(S)과 직관(N)은 우리의 '심리적 특성'과 직접적으로 연관된 지표라고 할 수 있다. 우리가 의식하든 의식하지 못하든 우리는 '마음속에 있는' 감각(S)과 직관(N)이라는 심리기능으로 정보를 인식하고 있다.

사고(T)와 감정(F)은 '판단의 근거가 되는 심리적 특성'을 말한다. 따라서 이들 역시 '심리적 특성'을 직접적으로 다루고 있는 지표다. 상황에 대한 판단을 내리고 결정을 내려야 할 때 사고형(T)은 논리를 중심으로, 감정형(F)은 감정을 중심으로 '심리적 과정'을 거쳐 결론에 도달한다. 그래서 사고형은 어떤 사실을 듣게 되면 자연스레 분석을 한다. 친구가 속상한 일을 얘기하면 가만히 듣고 있다가 "네가 잘못한 것 같은데?" 또는 "이건 네 잘못이고 그건 그 사람이 잘못했네" 하는 식으로 상황을 논리적으로 평가한다. 반면 감정형은 그 사실에 대해 자신의 정서를 대입하여 공감하려 한다. "속상했겠다", "힘내"라는 식의 반응은 감정형의 전형적인 모습이다. 그러한 행동은 우리의 '마음속에서' 작용하는 T(사고)와 F(감정)라는 심리적 특성으로부터 기인한 것이다.

정리해보면 '선천적 심리 선호경향', 즉 '심리적 특성'을 직접적으로 다루는 지표는 S-N, T-F 지표이고 칼 융은 이 4가지 지표만을 가지고 성격유형을 구분하였다. 에너지의 방향을 나타내는 E-I 역시 칼 융의 표현방식 안에 '소문자'로 포함되어 있긴 하지만 MBTI에서 사용하는 의미와는 약간의 차이가 있다. 또한 '겉으로 드러나는 생활양식'을 나타내는 J-P 지표는 칼 융의 표현방식에는 존재하지 않는다. MBTI에서만 사용되는 E-I, J-P 지표가 어떻게 칼 융의 표현방식과 연결되는지는 5단계에서 다루도록 하겠다.

3단계: 심리기능들 간에는 영향력을 미치는 서열이 존재한다!

다시 기본 공식을 들여다보자.

$$ESTJ = Te \ Si \ N \ Fi$$

오른쪽의 칼 융의 표현방식을 보면 S, N, T, F만으로 표시되어 있는 것을 알 수 있다. 2단계에서 '마음속에서 일어나는 심리기능들 간의 상호작용'과 직접적인 연관이 있다고 언급했던 바로 그 선호지표들이다(소문자로 표시된 알파벳 e, i는 외향(E), 내향(I)을 소문자로 표시해놓은 것이다). 칼 융은 바로 이 4가지 지표들만 사용해서 성격유형을 설명했다.

챕터 6에서 설명했듯이, 칼 융에 따르면 우리의 성격이 16가지로 나뉘는 이유는 이 4가지 심리능이 개인의 성격을 형성하는 데 미치는 '영향력의 순위'가 다르기 때문이다. 우리 마음속에서 영향을 미치는 1~4위까지의 순위가 있다는 뜻이다. 어떤 사람은 T가 1위이고 어떤 사람은 F가 1위가 되는 식이다. **즉, 성격유형은 이 4가지 기능이 '영향력을 행사하는 순위'에 따라 결정된다는 것이다.** 이것을 '심리기능의 위계(hierarchy)'라고 한다. 각각의 기능에는 우리의 내면에서 더 크게 작용하는 '위계와 서열'이 있다는 의미다. 예를 들어 ESTJ라는 성격 특징이 나타나는 이유는 마음속에서 Te가 가장 큰 영향력을 행사하고 Si가 두 번째, N과 Fi가 각각 세 번째와 네 번째의 영향력을 미치고 있기 때문이다.

그러한 위계에 따라 우리 마음속에서 가장 크게 영향을 미치는 1위 기능을 '주기능'이라고 하며, 2위를 '부기능', 3위와 4위를 각각 '3차기능', '열등기능'이라고 부른다는 것을 챕터 7에서 설명했다. 다만 여기서는 이해를 돕기 위해 주기능, 부기능이라는 명칭이 아닌 1위, 2위 기능이라는 명칭을 계속 사용하겠다.

4단계: 순위가 결정되는 원리(상보성의 원리)

그렇다면 칼 융이 말한 우리 마음 안에서 영향력을 미치는 심리기능 간 순위(위계)는 어떠한 원리로 결정되는 것일까? 1~4위의 순위가 결정되는 원리를 이해하려면 먼저 '상보성의 원리'를 이해해야 한다. 칼 융에 따르면, 우리의 마음속에는 대립적인 두 개의 심리기능이 서로를 상호 보완하는 '상보성의 원리'가 작용한다. 이 내용은 챕터 6에서 자세하게 설명했기 때문에 여기서는 그 내용을 간략히 요약하고자 한다.

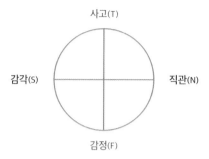

먼저 챕터 6에서 다루었던 그림을 다시금 살펴보자. 칼 융에 의하면 우리의 마음은 세로축의 '판단기능'과 가로축의 '인식기능'이 서로 보완하고 상호작용하면서 성격을 형성한다. 즉, 판단기능을 쓰면 인식기능이 판단기능을 보완하고 인식기능을 쓰면 판단기능이 보완한다.

만일 두 기능이 서로 상호 보완하지 않는다면 심각한 어려움에 빠질 수 있다. 가령 판단기능만 사용한다면 신속하고 분명한 판단을 내릴 수 있지만 '독재자'가 될 것이다. 새로운 정보를 전혀 인식하지 못하고 판단만 하는 사람을 떠올려보라. 자신만의 판단을 맹신하며 저돌적으로 돌진하는 모습을 상상할 수 있을 것이다. 반면 인식기능만 쓰는 사람은 여러 정보를 인식하면서 부드럽고 유연한 모습을 보일 수 있지만 최종 마무리를 못할 것이다. '키 없는 배'의 모습을 떠올리면 된다. 인식기능만 쓰는 사람이 있다면 지속적으로 정보를 받아들이기만 하고 결정을 내리지는 못할 것이기 때문이다.

상보성의 원리는 '에너지의 방향'에도 작용한다. 칼 융은 S, N, T, F 각각의 심리기능을 외향(E)과 내향(I)으로 구분했다.

인식기능	Se, Si, Ne, Ni
판단기능	Te, Ti, Fe, Fi

각 성격유형의 심리기능의 순위를 결정할 때 이러한 에너지의 방향도 포함된다. 에너지의 방향 역시 '상보성의 원리'를 따른다는 의미다. 영향력의 순위에서 1위가 외향이라면 2위는 내향이 되는 식이다. 그렇게 서로 상호 보완을 해나갈 때 심리적 균형이 잡힐 수 있기 때문이다.

1, 2위가 모두 외향이라면 어떻게 될까? 혼자서 숙고나 성찰과 같은 내면적 활동을 하는 데 심각한 어려움을 초래할 것이다. 성찰 없이 외향적으로만 반응하는 사람을 상상해보라. 반대로 1, 2위가 모두 내향이라면 어떨까? 모든 것을 내향화 하는 사람은 의사소통에 큰 어려움을 겪을 것이다. 자신의 내부세계에 지나치게 몰입하여 현실에 적응하지 못하는 사람을 떠올려보라. 건강한 심리기능의 상호작용이 이루어지기 위해서는 외향적인 면과 내향적인 면이 적절히 균형을 잡아야 한다.

4단계에서의 핵심 포인트는 **"우리의 마음속에 있는 심리기능(S, N, T, F)들은 '상보성의 원리'에 따라 영향력을 미치는 순위를 형성한다"**이다.

5단계: 순위 결정 프로세스 실습

이제 5단계에서는 지금까지 설명했던 원리들을 토대로 실제 심리기능의 순위가 결정되는 프로세스를 경험해보도록 하자. 이 과정을 통해 '칼 융의 표현방식'과 현재 'MBTI의 표현방식'이 어떻게 연결되어 있는지가 좀 더 명확히 들어올 것이다.

지금부터 두 가지 성격유형을 예로 들어 순위(위계)를 결정하는 프로세스를 적용해보려 한다. 먼저 앞에서 사용했던 'ESTJ = Te Si N Fi' 공식을 그대로 첫 번째 샘플로 사용할 예정이다. 처음 배우는 수학문제에 '공식을 적용한다'는 기분으로 편안하게 함께해주기 바란다. 첫 번째 예가 이해되면 두 번째 예는 보다 쉽게 이해될 것이다. 수학문제를 이해할 때 가장 효과적인 방법 중에 하나는 직접 써가면서 판서의 과정을 거치는 것이다. 이번 5단계 과정이야말로 직접 써보면서 이해하는 것이 훨씬 더 효과적이다.

① Sample 1: ESTJ = Te Si N Fi

지금부터 우리가 하는 작업은 현재의 MBTI의 표현형식에서 칼 융의 표현형식을 찾아내는 공식을 적용해보는 것이다. 즉 'ESTJ = Te Si N Fi'에서 'ESTJ'가 어떻게 'Te Si N Fi'가 되는지를 공식으로 확인해보는 것이다. 이 점을 인지하고 다음의 과정으로 들어가보자.

- 마지막 글자가 J인지 P인지 확인(1위 기능 확인)

1위 기능을 확인하려면 먼저 성격유형의 **마지막 글자가 무엇인지 확인**해야 한다. ESTJ에서 마지막 글자는 'J(판단형)'이다. 2단계에서 살펴보았듯이 판단(J)과 인식(P)은 '생활양식'에 관한 지표이다. 판단형은 언제 어떻게 무엇을 할지 신속히 결정하고 추진하려 하고(계획적), 인식형은 융통성을 보이면서 결정을 유보하려 한다(무계획적). 2단계에서 강조했던 것처럼 J, P 지표는 '마음속에서 이루어지는 심리적 과정의 결과'로서 외부에 대처하는 '행동양식'에 대한 지표다. 즉, 심리와 직접적인 관련된 지표가 아닌 '행동'에 대한 지표라는 말이다.

마지막 글자가 J(판단형)라는 말은 내면에서 '판단기능'을 사용하여 외부환경에 대처하고 있다는 뜻이다. 즉, 마음속에서 '판단'을 내리고 신속한 결정을 내리려는 사람은 계획적인 생활양식을 선호하게 된다. '판단형'은 '판단기능을 활용해서 외부환경에 대처하는 사람'이라고 생각하면 된다.

이 말을 기억하면서 다시 아래의 그림을 살펴보자.

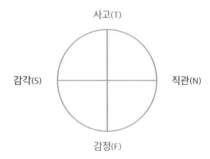

세로축에는 '판단기능'인 '사고(T)'와 '감정(F)'이 있고 가로축에는 '인식기능'인 '감각(S)'과 '직관(N)'이 있다. **마지막 글자가 J라는 뜻은 외부세계에 대처하기 위해 '판단기능'을 주로 사용하고 있다는 뜻이다.**

지금 예로 들고 있는 ESTJ의 가운데 두 글자 S와 T중 '판단기능'을 나타내는 글자는 'T'이다. 즉, 외부세계에 대처하기 위해 사고기능을 사용하고 있다는 뜻이다. '외부세계'에 사용되고 있기 때문에 '외향'을 나타내는 e를 붙인다. 이렇게 해서 ESTJ의 마음속에서 가장 큰 영향력을 미치는 심리기능은 'Te(외향적 사고)'가 된다. ESTJ 유형이 '일의 불도저', '속전속결' 등의 별명으로 불리는 이유는 자신의 논리를 바탕으로 외부의 상황과 사람을 통제하고 관리하려는 Te의 속성 때문이다. 즉, 사고를 사용하여 적극적으로 외부환경을 구축해나가려는 모습이 Te를 1위 심리기능으로 쓰는 ESTJ의 주된 특성이다.

ESTJ의 1위 기능은 'Te'이다. 'ESTJ = Te Si N Fi'라는 공식에서 첫 번째 순위 'Te'는 이러한 원리로 도출된 것이다.

자, 그럼 '순위 결정 프로세스'의 첫 번째 파트 내용을 간단한 공식으로 정리해보자.

- 마지막 글자가 J인지 P인지 확인
- 4글자 중 가운데 두 글자 확인(예: ESTJ의 가운데 두 글자는 'ST')
- 마지막 글자가 J라면 두 글자 중 판단기능이 1위 기능, P라면 인식기능이 1위 기능이 된다(예: ESTJ는 마지막 글자가 J이므로 'T'가 1위)
- '외부세계'에 대처한다는 의미로 e를 붙여준다(예: ESTJ는 'T'에 e를 붙여 'Te'가 됨).

- 여기서 잠깐! J와 P는 어떻게 나오게 되었나?

2단계에서 설명했듯이, J(판단형)와 P(인식형)는 칼 융이 언급한 개념이 아니다. 칼 융은 판단형이나 인식형이라는 용어를 사용하지 않았다. J, P는 마이어스와 브릭스가 추가한 개념이다. 다만 새로운 개념을 제시한 것이라기보다는 칼 융의 이론에 내재되어 있는 내용을 좀 더 명확하게 정리했다고 볼 수 있다. 판단기능(T-F)을 사용하여 외부세계에 대처하는 사람들은 계획적이고, 체계적인 구조를 선호하는 행동양식을 보인다. 결론을 내리고 계획을 세우고 조직적으로 일을 진행하려는 것은 판단형의 심리기능을 가진 사람들이 보이는 일반적인 행동패턴이다. 반면 인식기능(S-N)을 사용하여 외부세계에 대처하는 사람들은 틀에 얽매이지 않는 융통성과 자발적 행동양식을 선호한다. 정보를 인식하려는 성향은 판단을 유보하게 만들고 틀에 얽매이지 않으려는 행동으로 나타날 가능성이 높다. MBTI를 고안한 마이어스와 브릭스는 이런 패턴을 파악하고 성격유형의 표현방식으로 J와 P를 추가한 것이다. 따라서 ESTJ의 성격유형에서 마지막 글자가 J(판단형)라는 것을 확인하면 그 사람이 외부세계에 대처하기 위해서 판단기능인 T를 사용한다는 것을 알 수 있는 것이다.

- 2위 기능 확인(상보성의 원리 활용)

1위 기능이 결정되었다면 2위 기능을 찾는 것은 보다 쉬워진다. ESTJ 가운데 두 글자 'ST' 중에서 나머지 하나가 2위 기능이 된다. ESTJ의 1위 기능이 'Te'였기 때문에 2위 기능은 나머지 한 글자 'S'가 된다. 왜 그럴까? '상보성의 원리' 때문이다. 4단계에서 다뤘던 '상보성의 원리' 말이다. '대립적인 것은 서로 상호 보완한다'는 것이 상보성의 원리다. 즉, 판단기능을 쓰면 인식기능이 그것을 보완하고, 외향을 사용하면 내향이 보완한다. 그런 식으로 우리의 마음은 균형을 맞춰나간다.

ESTJ의 경우 1위가 판단기능인 'Te'를 썼기 때문에 상보성의 원리에 의해 2위는 인식기능인 'Si'를 쓴다. 여기서 i는 에너지의 방향이 내향임을 뜻한다. 1위 기능이 외향이었기 때문에 2위 기능은 이를 보완하는 내향이 된다는 의미다.

ESTJ의 2위 기능은 'Si'이다. 'ESTJ = Te Si N Fi'라는 공식에서 두 번째 순위 'Si'는 이러한 원리를 통해 도출된 것이다.

'순위 결정 프로세스'의 두 번째 파트 내용을 간단한 공식으로 정리해 보면 다음과 같다.

- 1위 기능이 판단기능이면 2위 기능은 인식기능이 된다(상보성의 원리).
- 가운데 두 글자 중 나머지 하나가 2위 기능이 된다(예: ESTJ의 가운데 글자 'ST' 중 'T'가 1위 이므로 2위는 'S'가 됨).
- 1위의 에너지 방향이 'e(외향)'이면 2위의 에너지 방향은 'i(내향)'가 되고 1위가 내향이면 2위는 외향이 됨(상보성의 원리).

- 3위 기능의 확인(2위 기능의 반대)

3위 기능은 2위 기능의 반대 기능을 확인하면 된다. 단, 3위 기능부터는 1, 2위에 비해 무의식의 영역에 속하기 때문에 ESTJ의 네 글자 안에는 포함되어 있지 않다. 마이어스와 브릭스는 드러나는 행동 특성을 위주로 16가지 유형의 표기방식을 정리해놓았기 때문이다. 3위, 4위 기능을 확인하려면 다음의 그림을 다시금 확인해야 한다.

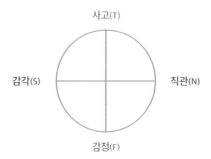

지금 예로 들고 있는 ESTJ의 2위 기능은 감각(S)이었다. 따라서 3위 기능은 2위 기능의 반대편 쪽에 있는 직관(N)이 된다(위의 그림을 보라). 3차기능의 에너지의 방향과 관련해서는 학자들 사이에서도 여러 이견이 존재한다. 따라서 3차기능에는 에너지의 방향을 표시하지 않는다. 즉, 그냥 직관(N)만 표시한다.

ESTJ의 3위 기능은 'N'이다. 'ESTJ = Te Si N Fi'라는 공식에서 세 번째 순위 'N'은 이러한 원리로 도출된 것이다.

'순위 결정 프로세스'의 세 번째 파트 내용을 간단한 공식으로 정리해보면 다음과 같다.

- 3위 기능은 2위 기능의 반대이다(예: ESTJ의 2위 기능이 'S'이므로 3위 기능은 'N'이 된다).
- 3위 기능은 에너지의 방향은 표시하지 않는다.

- 4위 기능 확인(1위 기능의 반대)

4위 기능은 1위 기능의 반대 기능을 확인하면 된다. ESTJ의 1위 기능이 'Te(외향적 사고)'이므로 4위 기능은 'Fi(내향적 감정)'가 된다(T의 반대는 F).

ESTJ의 4위 기능은 'Fi'이다. 'ESTJ = Te Si N Fi'라는 공식에서 네 번째 순위 'Fi'는 이러한 원리로 도출된 것이다.

'순위 결정 프로세스'의 네 번째 파트 내용을 간단한 공식으로 정리해보면 다음과 같다.

- 4위 기능은 1위 기능의 반대이다(예: ESTJ의 1위 기능이 'Te'이므로 4위 기능은 'Fi'가 된다).
- 4위 기능 역시 에너지의 방향까지 표시한다(F에 에너지의 방향 표시인 i를 붙여서 표시한다는 뜻 F+i=Fi).

② Sample 2: ISTJ = Si Te F Ne

두 번째 샘플로 사용할 성격유형은 ISTJ이다. 앞서 첫 샘플로 활용했던 ESTJ와는 E(외향)와 I(내향) 지표만 다르다. 내향형은 순위를 결정하는 과정이 외형형과 약간 다르다. 그래서 ESTJ와 에너지의 방향만 다른 ISTJ를 선택했다. 너무 다른 유형을 예로 들면 처음 접하는 사람들은 더 헷갈릴 수 있기 때문이다. **아울러 단순히 E(외향)와 I(내향)라는 한 가지 지표가 다를 뿐이지만 심리기능의 순위에 따른 '기본구조'로 살펴보면 두 유형은 완전히 다른 메커니즘(작용원리)을 가지고 있음을 알 수 있기 때문이다.** 자, 그럼 내향형은 어떻게 순위가 결정되는지 살펴보자. 원리에 대해서는 앞에서 설명을 했으므로 이번에는 기본 공식만을 가지고 순위를 확인하도록 하겠다.

- 마지막 글자가 J인지 P인지 확인

마지막 글자가 J인지 P인지 확인한다. ISTJ의 마지막 글자는 J(판단형)이다.

4글자 중 가운데 두 글자를 확인한다. ISTJ의 가운데 두 글자는 'ST'이다.

마지막 글자가 J라면 두 글자 중 판단기능이 1위 기능, P라면 인식기능이 1위 기능이 된다. ISTJ의 마지막 글자는 J이므로 'ST' 중 판단기능인 T가 1위가 된다.

'외부세계'에 대처한다는 의미로 e를 붙여준다(J는 명칭 자체가 '외부세계에 계획적으로 대처하는 생활양식을 가진 사람'이라는 의미이므로). 1위 기능인 T에다가 e를 붙여 Te가 된다. 즉, 외향적 사고가 된다.

- 2위 기능 확인(상보성의 원리 활용)

1위 기능이 판단기능이면 2위 기능은 인식기능이 된다(상보성의 원리).

가운데 두 글자 중 나머지 하나가 2위 기능이다. ISTJ의 가운데 글자 'ST' 중 남은 한 글자 'S'가 2위 기능이 된다.

1위의 에너지 방향이 'e(외향)'이면 2위의 에너지 방향은 'i(내향)'가 되고 1위가 내향이면 2위는 외향이 된다(상보성의 원리).

1위 기능 'Te'의 에너지의 방향이 e(외향)였으므로 상보성의 원리에 따라 2위 기능은 i(내향)가 된다. 따라서 'Si'가 2위 기능이 된다.

자, 여기까지는 ESTJ의 기본구조를 파악할 때와 동일하다. 그런데 한 가지 이상한 점이 발견된다. 이렇게 되면 ESTJ와 ISTJ의 차이점이 생기지 않는다. 1위와 2위 기능이 동일하기 때문이다. 1위와 2위가 동일하다는 것은 3위와 4위 역시 같다는 뜻이 된다. 그러나 분명히 두 유형의 기본구조는 다르다. 아래 두 유형의 기본구조를 비교해보자.

ESTJ = Te Si N Fi / ISTJ = Si Te F Ne

ESTJ와 ISTJ는 기본구조에 있어서 1~4위까지의 순서가 확연히 다르다. 자, 그럼 어떻게 다른 걸까? 지금까지의 프로세스는 그대로 두고 여기에 하나의 규칙만 추가하면 된다. 그 규칙은 바로 **'내향형은 i를 쓰는 심리기능이 1위가 된다'**이다. 내향형(I)이라는 말 안에는 '자신의 마음속에서 일어나는 심리적 작용을 외부에 잘 보여주지 않는다'라는 의미가 내포되어 있다. 외향형은 자신이 가장 잘 사용하는 1위 기능을 외부로 보여주지만 내향형은 2위 기능을 외부로 보여준다. 즉, 1위 기능은 마음 속에서 사용한다. 그래서 내향형은 '속을 알기 어렵다'는 말을 듣는 것이다.

따라서 ISTJ의 1위 기능은 Si가 되고 2위 기능이 Te가 된다. 순서가 바뀌는 것이 아니라 내향형에게는 바깥으로 쓰는 기능이 아니라 '안에서 쓰고 있는 심리기능이 1위'라는 의미라고 생각하면 된다.

Te-Si → Si-Te

자, 이렇게 되면 3위와 4위의 순위 역시 자연스럽게 바뀐다. 3위 기능은 2위 기능의 반대이고, 4위 기능은 1위 기능의 반대이기 때문이다.

Si Te F(2위 T의 반대) Ne(1위 Si의 반대)

- 여기서 잠깐! E와 I는 어떻게 나오게 되었나?

ESTJ와 ISTJ의 예에서 보면 알 수 있듯이, MBTI에서 외향(E)과 내향(I)을 표시하는 기준은 '1위 기능의 에너지의 방향이 무엇인가?'이다.

ESTJ의 1위 기능은 Te이므로 에너지의 방향이 외향(e)이다. 반면 ISTJ의 1위 기능은 Si로 에너지의 방향이 내향(i)이다. 즉, MBTI에서는 1위 기능이 E면 외향형, I면 내향형이라고 표시하고 있는 것이다. '각 성격유형의 가장 핵심'이 되는 '1위 기능'을 바깥으로 쓰는 사람은 에너지의 방향 역시 바깥으로 향하는 경향이 크기 때문이다.

내향 역시 마찬가지다. 마이어스와 브릭스는 이러한 경향을 파악하고 외향과 내향 지표를 지금의 형태로 표현한 것이다. 칼 융의 표현방식에서는 'Te Si N Fi'처럼 3위 기능을 제외하고는 각 기능에 에너지의 방향을 표시했지만 MBTI에서는 1위 기능의 방향만을 외향과 내향으로 구분한다.

앞에서도 언급했듯이, 성격유형을 일상적인 삶 속에서 쉽게 활용하기에는 지금의 MBTI 표현방식이 훨씬 더 효과적이다. **반면 칼 융의 방식은 우리에게 성격유형의 이해에 대한 '정교함'을 준다.** 다만 융의 방식은 고도로 훈련된 전문가가 아니면 유형을 구분하기가 매우 어렵다. 마이어스와 브릭스는 외향과 내향 역시 선호지표로 활용함으로써 일반인들도 보다 쉽게 자신의 성격유형을 찾고 이해할 수 있도록 한 것이다.

- 3위 기능의 확인(2위 기능의 반대)

3위 기능은 2위 기능의 반대이다. ISTJ의 2위 기능이 'Te'이므로 3위 기능은 'F'가 된다(T의 반대 F).

3위 기능은 에너지의 방향은 표시하지 않는다. 3위 기능은 에너지의 방향을 표시하지 않으므로 그대로 'F'로 표시한다.

- 4위 기능 확인(1위 기능의 반대)

4위 기능은 1위 기능의 반대이다. 4위 기능은 3위 기능과 달리 에너지의 방향도 표시한다.

ISTJ의 1위 기능이 'Si'였으므로 4위 기능은 반대 기능인 'Ne'가 된다 (에너지의 방향까지 표시).

- 김정택, 심혜숙, 『MBTI 질문과 응답』, 한국심리검사연구소, 2006.
- 박철용, 『MBTI의 의미』, 하움출판사, 2020.
- 스즈끼 히데코, 『에니어그램 성격: 자기발견과 인간관계』, 윤운성 역, 한국에니어그램교육연구소, 2016.
- 정경연, 박정묘, 이동갑, 김영란, 『열여섯 빛깔 아이들』, 어세스타, 2010.
- 폴 D. 티거, 바버라 배런, 켈리 티거, 『나에게 꼭 맞는 직업을 찾는 책』, 이민철, 백영미 역, 민음인, 2016.
- 폴 D. 티거, 바버라 배런, 켈리 티거, 『사람의 성격을 읽는 법』, 강주헌 역, 더난 출판사, 2006.
- 한국MBTI연구소, 『성격유형과 스트레스 자료집』, 한국MBTI연구소, 2010.
- Donna Dunning, 『성격유형과 진로발달』, 한국MBTI연구소 역, 어세스타, 2016.
- Donna Dunning, 『성격유형과 커뮤니케이션』, 한국MBTI연구소 역, 어세스타, 2008.
- Dr. A. J. Drenth, 『The 16 Personality Type: Profiles, Theory and Type Development』, Kindle (e-book), 2014.
- Dr. A. J. Drenth, 『My True Type: Clarifying Your Personality Type, Preferences & Functions』, Kindle (e-book), 2014.
- Elizabeth Hirsh, Katherine W. Hirsh, Sandra Krebs Hirsh, 『성격유형과 팀』, 김명준, 송미리 역, 어세스타, 2018.
- Gary hartzler, Margaret hartzler, 『Facets of type』, Telos Publications, 2004.
- Gary hartzler, Margaret hartzler, 『Functions of type』, Telos Publications, 2005.
- Isabel Briggs Myers, Mary H. McCaully, 『MBTI 개발과 활용』, 한국심리검사연구소, 2006.

- J. A. Provost, 『일, 놀이 그리고 성격유형』, 한국MBTI연구소 역, 어세스타, 2009.

- John Beebe, 『심리기능의 원형과 그림자: 8function model 자료집』, 한국MBTI연구소, 2010.

- Katharine D. Myers, Linda K. Kirby, 『심리유형의 역동과 발달』, 김정택, 김명준 역, KPTI 한국심리검사연구소, 1999.

- Lawrence, Gordon, Martin, Charles R, 『Building People, Building Programs』, Center for Applications of Psychological Type, 2007.

- Nancy I Barger, Linda K. Kirby, 『조직의 변화와 유형』, 한국MBTI연구소 역, 한국심리검사연구소

- Naomi L. Quenk, 『Essentials of Myers-Briggs Type Indicator Assessment』, WILEY, 2009.

- Naomi L. Quenk, 『성격유형과 열등기능』, 한국MBTI연구소 역, 한국심리검사연구소, 2004.

- Susan Nash, 『Let's Split the Difference』, Em-power. 2009.

- Otto Kroeger, Janet M. Thuesen, 『Type Talk』, A Tilden Press Book, 1989.

- Otto Kroeger with Janet, M Thuesen and Hile Rutledge, 『Type Talk At Work, Delta』, 2002.

- Paul D. Tieger & Barbra Barron-Tieger, 『Just Your Type』, Little Brown, 2000.

- Sandra Krebs Hirsh, Jane A. G. Kise, 『성격유형과 코칭』, 김명준, 김은주 옮김, 어세스타, 2008.

- Sharon Lebovitz Richmond, 『성격유형과 CEO 리더십 개발』, 김명준, 윤은희 역, 어세스타, 2009.